OSWALD AND DENICE GRANT

Gott auf Probe:

Wurden wir belogen? Ist Gott ein Mörder?

First edition

This book was professionally typeset on Reedsy.
Find out more at reedsy.com

Contents

EINLEITUNG

Als menschliche Wesen neigen wir alle dazu, uns zu fragen: “Existiert Gott? Wenn ja, wie ist er?” In diesem Buch geht es nicht so sehr um die Beantwortung der ersten Frage als vielmehr um die Erforschung der zweiten. Wenn Sie dieses Buch in die Hand genommen haben, werden wir davon ausgehen, dass Sie sich bereits entschieden haben, dass Gott existiert, und wir werden uns hauptsächlich auf die Natur Gottes konzentrieren.

Wir können nicht herausfinden, wie Gott ist, ohne uns mit einem Thema zu befassen, das sich durch die ganze Bibel zieht - dem Thema des Krieges zwischen Gott und dem Teufel. Dies ist eine äußerst komplexe und faszinierende Geschichte, die sich im Universum hinter den Kulissen unseres Alltagslebens abspielt. Ob wir uns dessen bewusst sind oder nicht, dieses fortwährende Drama betrifft jeden Menschen persönlich und hat direkte Auswirkungen auf unser Leben, unabhängig von unserer religiösen Orientierung.

Wir sind dabei, Sie auf eine Suche mitzunehmen. Wir laden Sie ein, mit uns eine Geschichte von kosmischen Ausmaßen zu entdecken. Dies ist keine Fiktion, es ist real. Es ist die Geschichte eines Vaters, eines Sohnes, eines mächtigen Engels - der vollendeten Schöpfung von Vater und Sohn - und der menschlichen Rasse. Dies ist eine Geschichte von Rebellion, Verrat, Verleumdung, Propaganda und sogar Tragödie. Aber es ist auch eine Erzählung über Erlösung, Hoffnung und die endgültige Ausrottung des Bösen und des Todes. Dies ist die Geschichte Gottes, seines Sohnes Jesus Christus, des gefallenen Engels Luzifer - und von Ihnen und mir.

Der grundlegende Zweck dieses Buches ist es, die Funktionsweise dieser Geschichte hinter den Kulissen im Licht der beiden Bäume zu untersuchen, die inmitten des Garten Eden standen: der Baum des Lebens und der Baum der Erkenntnis von Gut und Böse. Wir hoffen, dass der Leser durch das

Studium dieser beiden Bäume ein tieferes Verständnis der Fragen gewinnt, die mit der großen Kontroverse zwischen Gott und Satan verbunden sind. Auf diese Weise werden wir eine Reihe von Lügen aufdecken, die uns alle unnötigerweise von Gott ferngehalten haben.

Wir werden erfahren, was Luzifer einmal war, was ihn veranlasst hat, sich von Gott abzuwenden, und den grundlegenden Grund für seine Rebellion. Wir werden seine List und Täuschung aufdecken und erfahren, wie er es geschafft hat, uns von Gott zu trennen durch ein Todesprinzip, das so trügerisch ist, dass sogar die Engel des Himmels durch seine Spitzfindigkeit gefangen genommen wurden. Wir werden sehen, welche Rolle Gottes Sohn dabei spielt, uns wieder in eine furchtlose Beziehung zu Gott zu bringen. Wir werden auch zeigen, wie wir selbst unwissentlich in dieses Drama verwickelt waren und was wir tun müssen, um den Krieg zu beenden.

Wenn man sich auf die Suche nach Antworten über Gott begibt, stolpert man unweigerlich über das Thema Krieg. Nehmen Sie zum Beispiel diesen Vers aus dem Buch der Offenbarung:

> *Und* ***im Himmel brach Krieg aus****: Michael und seine Engel kämpften mit dem Drachen; und der Drache und seine Engel kämpften, aber sie setzten sich nicht durch, und es wurde für sie kein Platz mehr im Himmel gefunden. So wurde der große Drache ausgetrieben, die alte Schlange, die Teufel und Satan genannt wird und die* ***ganze Welt verführt****; er wurde auf die Erde geworfen, und seine Engel wurden mit ihm ausgetrieben (Offenbarung 12:7-9, Hervorhebung hinzugefügt).*

Hier gibt es eine Fülle von Informationen. Im Himmel brach ein Krieg aus; die Protagonisten, Michael und seine Engel, befanden sich im Krieg mit den Gegenspielern, dem Drachen und seinen Engeln. Worum ging es in diesem Krieg?

Ein Drache ist ein mächtiges Symbol und ein Sinnbild der Macht. Im Griechischen ist das Wort "**Drache**" Drakon, "eine fabelhafte Art Schlange (vielleicht als eine, die faszinieren soll)" (Strong's Concordance). Das griechische Wort für "**Schlange**" ist ophis, "durch die Idee der Schärfe der

Sicht); eine Schlange, bildlich gesprochen, (als eine Art listige List) eine kunstvolle bösartige Person, besonders Satan)" (Strong's Concordance) (Strong's Konkordanz). Das griechische Wort für "**Teufel**" ist Diabolos, "ein Verräter, insbesondere Satan, falscher Ankläger, Verleumder" (Strong's Concordance), und das Wort Satan ist Satanas, "der Ankläger" (Strong's Concordance).

All diese Worte treffen auf Luzifer zu und helfen uns, ihn besser zu verstehen. Er ist in der Tat faszinierend und bemerkenswert, aber auch hinterlistig, listig und bösartig. Er ist ein falscher Ankläger und ein Verleumder.

Unsere Welt ist durchdrungen von Bildern der Schlange und des Drachen. Von Logos (z.B. The American Medical Association) bis hin zu Videospielen, Filmen, Tätowierungen usw. Die Symbole "Schlange" und "Drache" sind in unserer Welt im Überfluss vorhanden. Das ist nicht unverwandt - "diese alte Schlange", die im Buch der Offenbarung erwähnt wird, "täuscht die ganze Welt".

Die Schlange wurde vom Himmel "auf die Erde" mit "seinen Engeln" "hinausgeworfen". Im Buch Genesis greifen wir einen weiteren Faden auf - der Krieg, der im Himmel begonnen hatte, verlagerte sich an einen bestimmten Ort auf der Erde, den Garten Eden, wo die Schlange wieder auftauchte. Der Garten ist der erste irdische Tatort; daher ist er ein äußerst wertvolles Beweisstück. Er gibt uns mehr Informationen über den Krieg, der im Himmel begann, und über die wahren Hintergründe.

Es gab zwei Bäume im Garten Eden: den Baum des Lebens und den Baum der Erkenntnis von Gut und Böse. Dies waren Symbole; Darstellungen zweier Königreiche. Durch sie erfahren wir die grundlegenden Fragen, die mit dem Krieg zwischen Gott und dem Teufel zu tun haben.

Gott ist der Schöpfer und Spender des Lebens - Sein Prinzip ist der Baum des Lebens. Der Baum der Erkenntnis von Gut und Böse wurde mit der Schlange in Verbindung gebracht. Gott sagte, dieser Baum würde den Tod ins Leben rufen. Adam und Eva aßen davon - das Ergebnis ist, dass die Erde zum Schlachtfeld, zum Schauplatz dieses Krieges geworden ist. Wie Gott es vorausgesagt hatte, ist der Tod hier zu einer alltäglichen Erscheinung geworden. Aber wer ist für den Tod verantwortlich? Gott oder Satan und sein Baum der Erkenntnis?

Dieser Krieg ist noch nicht vorbei. Er ist durch die Jahrhunderte bis in unsere Tage vorgedrungen, und Sie und ich befinden uns mittendrin. Diese Geschichte, die so eng mit der Menschheitsgeschichte verbunden ist, entfaltet sich in der Bibel durch eine Reihe von Symbolen; diese erklärt die Bibel selbst. Tatsächlich ist es wichtig, dass wir sie nicht in unserer eigenen konventionellen Weisheit interpretieren. Auf diese Weise könnten wir zu einer völlig falschen Schlussfolgerung gelangen. Der Apostel Paulus wies seinen jungen Schützling, Timotheus, an, das Wort der Wahrheit richtig zu spalten:

> *Seien Sie fleißig, um sich vor Gott gebilligt darzustellen, ein Arbeiter, der sich nicht schämen muss und* ***das Wort der Wahrheit zu Recht teilt*** *(2. Timotheus 2,15, Hervorhebung hinzugefügt).*

Die Ermahnung des Paulus gilt uns allen. Wenn wir uns in diese Studie vertiefen, wird es offensichtlich werden, dass Gottes Feind uns ein falsches Bild von Gottes Charakter gegeben hat. Und er hat dies auf eine so kluge Weise getan, dass er die ganze "ganze Welt" täuscht. Wir müssen "das Wort der Wahrheit" "richtig" aufteilen, um zu einem richtigen Verständnis dieser Dinge zu gelangen.

Niemand glaubt gerne, dass er getäuscht wird, vor allem diejenigen nicht, die glauben, die Wahrheit zu kennen. Und doch, wenn die Bibel sagt, dass der Drache die ganze Welt täuscht, sollte jeder von uns darauf achten und sich nicht von dieser Zahl ausschließen. Wenn wir getäuscht werden, würden wir dann nicht gerne wissen, wie?

In diesem Buch werden wir uns hauptsächlich auf die Bibel stützen. Aber wir werden auch einen Autor zitieren, der mehr Einblick in den Krieg zwischen Gott und Satan hat als jeder andere, dem wir begegnet sind.

Ellen Gould White (EGW), eine Frau mit lediglich einer Grundschulausbildung, wurde nach Roger Coons Recherchen (ab 1983) in der Library of Congress die viertmeistübersetzte moderne Autorin, die nur von Lenin (222

Sprachen), Georges Simenon (ein französisch-belgischer Krimiautor-143) und Leo Tolstoi (122 Sprachen) vorübersetzt wurde.

Ellen G. Whites Schriften wurden 1983 in 117 Sprachen übersetzt, und bis 1996 war sie bereits auf 140 Sprachen angewachsen, womit sie möglicherweise die am zweithäufigsten übersetzte Autorin aller Zeiten war. Ihr folgten in der Top-Ten-Liste von Coon Karl Marx, William Shakespeare, Agatha Christie, Jakob und Wilhelm Grimm, Ian Fleming (James Bond) und Ernest Hemingway.

Betrachten Sie eine ihrer Aussagen über die Täuschungen Satans:

> ***Die Prinzipien, nach denen Satan im Himmel wirkt, sind die gleichen Prinzipien, nach denen er durch menschliche Agenten in dieser Welt wirkt.*** *Es sind diese korrumpierenden Prinzipien, durch die jedes irdische Reich und die Kirchen zunehmend korrumpiert worden sind. Durch das Ausarbeiten* ***dieser Prinzipien täuscht und korrumpiert Satan die ganze Welt vom Anfang bis zum Ende****. Er setzt die gleiche Politikarbeit fort, die ursprünglich im himmlischen Universum begann. Er belebt die ganze Welt mit seiner* ***Gewalt, mit der er die Welt in den Tagen Noahs korrumpiert hat*** *{4BC 1163.8, Hervorhebung hinzugefügt}.*

Was sagt dieser Text über Satans Täuschung aus? Erstens sagt er uns, dass er "korrumpierende Prinzipien" hat. Zweitens sagt er uns, dass seine "korrumpierenden Prinzipien" die "gleiche Politikarbeit" sind, die er im Himmel begann. Dies deutet darauf hin, dass Satans "korrumpierende Prinzipien" im Zentrum seiner Rebellion gegen Gott stehen, die im Himmel begann. Es zeigt auch, dass er diese Prinzipien auf die Erde gebracht hat, und mit ihnen betrügt er uns, die ganze Welt, "vom Anfang bis zum Ende".

Was ist die biblische Bedeutung des Wortes "korrupt"? Im Wesentlichen bedeutet "korrupt", etwas von einer reinen, unveränderten Form in einen unreinen, veränderten Zustand zu verwandeln. Etwas zu korrumpieren bedeutet, es von seiner korrekten oder ursprünglichen Form zu verändern und es dadurch weniger wertvoll zu machen. In diesem Fall haben die

"Prinzipien", die Satan korrumpiert hat, sie nicht nur weniger wertvoll, sondern auch tödlich gemacht - sie haben den Tod ins Dasein gebracht.

Welches sind nun also die "korrumpierenden Prinzipien", die "politisch arbeitenden" Satan im Himmel begann, mit denen er "jedes irdische Reich" und sogar die "Kirchen" korrumpiert hat? Worüber täuscht er uns "vom Anfang bis zum Ende" und wie macht er das? Was hat "Gewalt" damit zu tun? Die Antworten finden sich im Garten Eden. Haben wir jemals darüber nachgedacht, dass der Baum der Erkenntnis von Gut und Böse vielleicht etwas damit zu tun hat?

Im Mittelpunkt des Angriffs Satans steht letztlich Gott. Satan hat Gott als einen harten, strengen, rachsüchtigen, vergeltenden, vergeltenden, tyrannischen, bestrafenden, willkürlichen und mörderischen Tyrannen dargestellt. Dieses Gottesbild ist so weit von der Wahrheit entfernt wie möglich. Was Sa-tan getan hat, ist, seine eigenen Charaktereigenschaften und "korrumpierenden Prinzipien" auf Gott zu projizieren - und wir dürfen uns von dieser List nicht täuschen lassen. Der Teufel weiß, dass er, wenn wir die Wahrheit über Gott erfahren, diesen Kampf um unsere Herzen und unseren Verstand wahrscheinlich verlieren wird, und wir könnten uns einfach in den Schöpfer verlieben.

Jesus sagte: "Wer mich gesehen hat, der hat den Vater gesehen". Wenn wir auf Jesus schauen, können wir den wahren Gott sehen, und dann können wir seine wahren Zeugen sein.

> *Ihr seid meine Zeugen", sagt der Herr, "und mein Knecht, den ich erwählt habe, damit ihr mich kennt und mir glaubt und versteht, dass ich Er bin. Vor mir wurde kein Gott gebildet, und nach mir wird auch kein Gott gebildet werden" (Jesaja 43:10).*

> *Ich habe verkündigt und gerettet, ich habe verkündigt, und es war kein fremder Gott unter euch; darum seid ihr meine Zeugen", sagt der Herr, "dass ich Gott bin" (Jesaja 43:12).*

> *Fürchtet euch nicht, fürchtet euch nicht! Habe ich euch nicht von*

damals erzählt und es erklärt? Ihr seid meine Zeugen. Gibt es einen Gott außer mir? In der Tat gibt es keinen anderen Felsen; ich kenne keinen" (Jesaja 44:8).

Satan ist der Feind Gottes und des Menschen. Er hat uns über Gott belogen. Aber nicht alles ist verloren - wir können Gott immer noch so erkennen, wie er wirklich ist. Und dieses Wissen wird uns von der Macht des Feindes befreien. Was meinen Sie also - ist das eine Untersuchung wert?

Während wir uns auf diese Erkundungstour begeben, bitten wir Sie, Ihren Geist offen zu halten. Vielleicht haben Sie diesen Krieg noch nie von diesem Standpunkt aus betrachtet gehört. Oder vielleicht haben Sie sich selbst ausführlich damit befasst und sich bereits eine starke Meinung zu diesem Thema gebildet. Wir bitten Sie nicht darum, alles, was wir sagen, als das letzte Wort zu nehmen. Wie Sie kämpfen wir darum, Antworten zu finden. Alles, worum wir Sie bitten, ist, dass Sie diese Beweise einfach abwägen.

Dies ist der ultimative "Wer hat es getan"-Fall, denn es ist Gott selbst, der in diesem Prozess, der im Gerichtssaal eines jeden unserer Herzen stattfindet, vor Gericht steht. Wir hoffen, dass eine umfassende Analyse der Tatorte und Beweise dem Leser ein Gesamtbild der Probleme in diesem Prozess vermittelt und gleichzeitig einige sehr spezifische Fragen beantwortet. Was dabei herauskommt, wird ein großes Licht auf den Charakter sowohl Gottes als auch Satans sowie auf das Wesen der Rebellion Satans werfen. Unser Ziel ist es, Gott von allen falschen Anschuldigungen und Lügen zu entlasten, die sein Feind gegen ihn erhoben hat, denn die Frage ist: *Wurden wir belogen? Ist Gott ein Mörder?*

1

WER IST GOTT?

Es gibt viele Beschreibungen Gottes in der Heiligen Schrift, aber die beiden prägnantesten finden sich in 1 Johannes 4,8 "Gott ist Liebe" und 1 Johannes 1,5 "Gott ist Licht".

Helfen uns diese Worte, Gott zu verstehen? Die Antwort kann Ja oder Nein lauten, je nachdem, was wir darunter verstehen. Wie bei allem neigen wir dazu, Begriffe nach unseren eigenen individuellen menschlichen Erfahrungen und Vorstellungen zu definieren. Das dürfen wir nicht tun.

Beim Studium über Gott ist es sehr wichtig, dass wir uns zuerst mit der Heiligen Schrift, dem Wort Gottes, befassen. Zweitens, dass wir die Schrift ihre eigenen Worte und Begriffe definieren lassen. Wenn wir das Gegenteil tun, könnten wir in Schwierigkeiten geraten und zu Schlussfolgerungen kommen, die völlig entgegengesetzt zu dem sind, was ursprünglich beabsichtigt war. Zum Beispiel Worte wie "Sünde", "Missetat", "Gesetzlosigkeit" und Begriffe wie "der Zorn Gottes" oder "Gottes seltsame Tat" - all solche Begriffe sind Begriffe aus der Schrift, und wir müssen der Schrift erlauben, sie zu definieren.

Wir müssen uns bei der Lektüre der Heiligen Schrift auch vor Augen halten, dass sich ein "großes zentrales Thema" durch die Bibel zieht - die große Kontroverse, der Krieg, die Polemik zwischen Michael und "dem großen roten Drachen", und dass diese Kriegsführung einen direkten Einfluss darauf hatte, wie wir Gott sehen und auf welcher Seite dieses Krieges wir selbst stehen:

> ***Die Bibel ist ihr eigener Exponent. Die Schrift ist mit der Heiligen Schrift zu vergleichen.*** *Der Student soll lernen, das Wort als Ganzes zu betrachten und die Beziehung seiner Teile zu sehen. Er sollte sich ein Wissen über ihr großes zentrales Thema aneignen - Gottes* ***ursprüngliche Absicht für die Welt, über den Aufstieg der großen Kontroverse und über das Erlösungswerk. Er sollte das Wesen der beiden Prinzipien verstehen, die um die Vorherrschaft ringen****, und sollte lernen, ihr Wirken durch die Aufzeichnungen der Geschichte und der Prophezeiung bis zur großen Vollendung zurückzuverfolgen. Er sollte sehen, wie diese Kontroverse in* ***jede Phase der menschlichen Erfahrung*** *eintritt; wie er selbst in* ***jedem Lebensakt*** *das eine oder das andere der* ***beiden antagonistischen Motive*** *offenbart; und wie er, ob er will oder nicht, schon jetzt* ***entscheidet, auf welcher Seite der Kontroverse er zu finden ist*** *{CT 462.1, Hervorhebung hinzugefügt}.*

Beachten Sie diese Erklärung: "Er sollte das Wesen der beiden Prinzipien verstehen, die um die Vorherrschaft ringen, und sollte lernen, ihr Wirken durch die Aufzeichnungen der Geschichte und der Prophezeiung bis zur großen Vollendung nachzuvollziehen. Was sind diese "zwei Prinzipien, die um die Vorherrschaft ringen"? Wie treten sie "in jede Phase der menschlichen Erfahrung" ein? Wie "antagonistisch" sind sie einander gegenüber? Haben wir bei dieser großen Kontroverse etwas verpasst? Aus diesem Zitat geht hervor, dass diese beiden Prinzipien hier die zentrale Frage sind, deshalb werden wir sie im Laufe der weiteren Ausführungen im Detail untersuchen. Wir werden mit Gott und seinem Prinzip beginnen, das eines der beiden oben erwähnten "antagonistischen Motive" ist.

Wie definieren wir die Worte, mit denen Gott erklärt wird? Was ist Liebe? Was ist Licht? Was bedeuten diese Worte gemäss der Bibel?

Im Neuen Testament kommt das Wort "Liebe" vom griechischen Wort "agape". Agape ist in einigen Bibelversionen als "Liebe" und in anderen als "Nächstenliebe" übersetzt worden. Agape ist das Wort, das Jesus, Paulus und andere Autoren des Neuen Testaments verwendeten, wenn sie sich auf eine bestimmte Art von Liebe bezogen - eine Liebe, die Gott eigen ist. Diese Liebe ist völlig anders als die Arten von Liebe, die den meisten von uns vertraut sind. Wir werden dieses Wort bald studieren, aber für den Augenblick wollen wir uns mit der Tatsache beschäftigen, dass Gott Liebe ist - Gott ist Agape-Liebe.

Wenn wir die Aussage "Gott ist Liebe" untersuchen, stellen wir fest, dass die Syntax des Apostels Johannes sehr aussagekräftig ist. Er sagt: "Gott ist Liebe." Er sagt nicht: "Gott hat Liebe." Liebe zu sein ist etwas ganz anderes als Liebe zu haben. Das ist ein bedeutender Unterschied, und der Sprachgebrauch des Johannes deutet darauf hin, dass er versucht, uns darauf aufmerksam zu machen, dass die Liebe, die Agape-Liebe, das eigentliche Wesen Gottes ist und nicht nur eine seiner Eigenschaften.

Die Agape-Liebe ist die eigentliche Essenz von Gottes Wesen. Daher ist sie auch das ewige moralische Gesetz, nach dem Er seine gesamte Schöpfung regiert. Gottes Gesetz der Liebe ist sein höchstes, unveränderliches Gesetz aus der vergangenen Ewigkeit. Warum ist das so?

Gott ist der Schöpfer aller Dinge, und deshalb steht er über allen Dingen. Als Schöpfer hat er das Recht, nicht nur die Hardware seiner Schöpfung zu konstruieren, sondern auch ihre Betriebssysteme zu bestimmen und ihre Parameter, die Regeln, nach denen sie funktioniert, festzulegen. Was immer Gott erschafft, spiegelt wider, wer er ist - seine Schöpfung drückt sein Herz und seinen Verstand aus und offenbart seinen Charakter. Da die Agape-Liebe sein eigentliches Wesen ist, gibt es nichts Größeres als die Agape. Daher kann nichts die absolute Vorherrschaft von Gottes Gesetz der Agape-Liebe übertreffen. Gott hat alle seine Geschöpfe mit der Fähigkeit durchdrungen, ewig zu leben - aber das ist nur möglich, wenn sie der Agape-Liebe entsprechen.

Einige von uns sind verwirrt durch die Unterscheidung zwischen dem Wesen Gottes und seinen Eigenschaften. Wenn Sein Wesen die Agape-Liebe ist, was sind dann Seine Eigenschaften? Gottes Attribute sind ein Spiegelbild seiner Liebe; sie sind die verschiedenen Arten, auf die seine Liebe sichtbar wird. Seine Attribute sind das Auswirken seines Charakters, seines Wesens, seines Gesetzes der Liebe; sie müssen daher immer in Harmonie mit seinem Wesen der Agape-Liebe sein.

Die Bibel sagt, dass Gott unveränderlich, unveränderlich ist. In Maleachi 3,6 heißt es: "Denn ich bin der Herr, ich verändere mich nicht; darum werdet ihr nicht verzehrt, o Söhne Jakobs", und in Hebräer 13,8 heißt es: "Jesus Christus ist derselbe gestern, heute und in Ewigkeit". Unveränderlichkeit ist eine der Eigenschaften Gottes. Diese Verse sagen uns, dass Gott immer gemäß seinem Charakter der Agape-Liebe handelt und reagiert. Somit ist Gottes Charakter singulär und nicht dualistisch.

Da Gott sich nicht ändert, bedeutet dies, dass er immer seinem Charakter der Liebe treu bleiben muss, auch wenn er dem Bösen gegenübersteht. Wenn Gott unveränderlich ist, kann er niemals außerhalb der Parameter der Liebe agieren. Das bedeutet, dass sich auch sein Gesetz der Liebe nicht ändert. Und da Gott ewig ist, ist auch sein Gesetz der Liebe ewig. Dies sind die letzten Wahrheiten über Gott.

Man könnte sagen, Gott ist reine Agape. Aber "reine Agape" zu sagen ist überflüssig, weil Agape per Definition rein, unverfälscht, unverfälscht und unvermischt ist. In der Bibel wird Gottes Reinheit und Einzigartigkeit des Charakters durch das Wort "heilig" definiert. Sowohl in der hebräischen als auch in der griechischen Sprache bedeutet dieses Wort, rein zu sein, moralisch rein, ohne Unreinheit. Biblisch gesehen ist dies also das Gegenteil des Wortes "korrupt", genau das Wort, das die Prinzipien Satans charakterisiert.

Nur Gott ist heilig. Sein Charakter ist einzig, unverfälscht und ohne Vermischung. Daher kann der Schöpfer als Gott der Agape-Liebe keine gegensätzlichen oder gemischten Prinzipien anwenden - das wäre ein Oxymoron. Mit anderen Worten: Gott kann nicht in einem Moment so und im nächsten Moment anders sein, sonst wäre er inkonsequent, unzuverlässig, unzuverlässig und wandelbar. Gott hat keine gespaltene Persönlichkeit, in der Gut und Böse vermischt sind. Die "Reinheit" unterscheidet Gott von uns allen, die wir von der Mischung "gegessen" haben, die im Baum der Erkenntnis von Gut und Böse enthalten ist.

Dieser Reinheitsgedanke kommt auch in der Bibel durch die Metaphern von Licht und Finsternis zum Ausdruck. Die Heilige Schrift sagt:

> *Gott ist Licht und in ihm ist überhaupt keine Finsternis (1. Johannes 1,5).*

Die Worte "Licht", "Reinheit" und "heilig" drücken alle dasselbe über Gott aus: dass sein Charakter aus einem einzigen Motiv besteht, nämlich der Agape-Liebe.

Die meisten von uns würden zustimmen, dass Gott unsterblich, unzerstörbar und allmächtig ist. Die hebräischen Tetragrammatons JWHW und JHVH bedeuten "selbst existierend" oder "ewig". Wir neigen dazu, dies für selbstverständlich zu halten und stellen es normalerweise nicht in Frage. Aber haben Sie sich jemals gefragt, warum Gott unsterblich ist?

Jesus sagte etwas sehr Interessantes, das etwas Licht in diese Angelegenheit bringen könnte:

> *...jedes Königreich, das gegen sich selbst geteilt ist, wird in die Verwüstung geführt; und jede Stadt oder jedes Haus, das gegen sich selbst geteilt ist, wird nicht bestehen (Matthäus 12,25).*

Laut Jesus wird ein Königreich, wenn es "gegen sich selbst" geteilt ist, "zur Verwüstung gebracht" - es wird zu einem Ende kommen. Wenn Gott unsterblich ist, dann ist es logisch, daraus zu schließen, dass sein Reich niemals zur Verwüstung gebracht werden wird. Daraus können wir auch schlussfolgern, dass, da Gottes Reich nie zur Verwüstung gebracht wird, sein Reich in keiner Weise "gegen sich selbst geteilt" werden darf. Könnte es also sein, dass hier Gottes Geheimnis der Unsterblichkeit liegt? Könnte es sein, dass Gott unsterblich ist, weil sein Reich nicht "mit sich selbst uneins ist"?

Dies ist ein äußerst wichtiges Konzept. "Gott ist Licht und in ihm ist überhaupt keine Finsternis" bedeutet, dass er in keiner Weise zwischen Licht und Finsternis gespalten ist, d.h. dass er niemals in einer widersprüchlichen Dualität operiert. Er ist nur Licht, zu jeder Zeit und unter allen Umständen.

Wenn wir fortfahren, wird sich zeigen, wie wichtig es ist, zu verstehen, was "gegen sich selbst geteilt" bedeutet. Für den Augenblick werden wir einfach sagen, dass Gottes Ungeteiltheit das ist, was seine Vollkommenheit ausmacht, da das Wort "Vollkommenheit" biblisch definiert ist (wir werden später zeigen, was dieses Wort nach der Bibel bedeutet). Auch hier dürfen wir Worte nicht durch unsere eigene Interpretation definieren, sondern müssen es der Heiligen Schrift überlassen, sie zu definieren.

Zusammenfassend kann man also sagen, dass "heilig", "rein", "sauber", "Licht", "ungeteilt" und absolut "überhaupt keine Dunkelheit" sind verschiedene Arten, Gottes einzigen, unverfälschten Charakter der Agape-Liebe zu beschreiben. Und dies sind nur einige der Möglichkeiten, mit denen die Bibel unsere Aufmerksamkeit auf diese Tatsache lenkt.

Also fragen wir uns: Warum ist Gott so darauf ausgerichtet, unsere Aufmerksamkeit auf diese Facette seines Charakters zu lenken? Könnte es sein, dass dies der entscheidende Schlüssel ist, um ihn wirklich zu verstehen und seine Schönheit zu sehen?

2

LIEBE IST HIMMEL

Haben Sie sich jemals gefragt, was das Leben hätte sein können, wenn Adam und Eva nicht die Schleusen des Bösen auf der Erde geöffnet hätten? Oder haben Sie sich schon einmal vorgestellt, wie es wäre, in einer Welt zu leben, in der es absolut keinen Schmerz, keine Zerstörung und keinen Tod gibt?

Es fällt uns schwer, uns den Himmel vorzustellen, da wir so etwas noch nie gesehen oder erlebt haben. Aber was auch immer der Himmel ist, wir wissen: "Es ist der Himmel!

Wir verwenden diesen Ausdruck oft, um eine wunderbare, positive, absolut erfreuliche Erfahrung zu qualifizieren. Wenn ein Freund sagte: "Ich war auf den Fidschi-Inseln zu Weihnachten, und oh, es war der absolute Himmel", brauchen wir nichts mehr zu hören. Wir wüssten genau, was er oder sie meinte, und auch wenn wir die genauen Einzelheiten ihres Urlaubs nicht kennen würden, wüssten wir, dass sie eine friedliche, entspannte und durch und durch angenehme Zeit hatten.

Die nächste Frage, die wir uns dann stellen, ist folgende: Was macht den Himmel "himmlisch"? Werfen Sie einen Blick auf diesen Vers aus dem Buch der Psalmen:

> *Du wirst **mir den Weg des Lebens** zeigen; in Deiner Gegenwart ist die Fülle der Freude; bei Deine rechte Hand sind Freuden für immer und*

ewig (Psalm 16,11, Hervorhebung hinzugefügt).

Das ist eine Beschreibung des Himmels, nicht wahr? "Leben", "Fülle der Freude", "Freuden für immer" - ein Paradies. Das klingt wie der Urlaub unseres Freundes auf den Fidschi-Inseln, nicht wahr? Und was macht den Himmel zu einem Ort, an dem es "Fülle der Freude" und "Freuden für immer" gibt? Wenn Ihre Antwort die "Gegenwart" Gottes ist, haben Sie absolut Recht! Was könnte es sonst sein?

Der Psalmist spricht von der "Gegenwart" Gottes - aber er erwähnt auch den "Weg des Lebens". Im Buch Deuteronomium stellt Moses den "Pfad des Lebens" dem "Pfad der Flüche" gegenüber und beschreibt letzteren in blutrünstiger Sprache, wobei er nichts der Fantasie überlässt. Wo, wie und von wem ist dieser andere zerstörerische "Weg" entstanden? Hatte er seinen Ursprung bei Gott, der uns "den Weg des Lebens" zeigt, oder bei jemand anderem?

Wenn Gott Liebe ist, und wenn die Liebe sein eigentliches Wesen, sein vollkommener Charakter, sein Maßstab und einzigartiges Prinzip für die Steuerung jedes Aspekts des Lebens ist - kann er dann auch am Tod beteiligt sein? Wenn Liebe das herrschende Gesetz ist, das Gott selbst in den winzigsten Ereignissen im Universum anwendet - es ist ein Spiegelbild seines Charakters -, kann er dann auch an der Dunkelheit beteiligt sein, die Schmerz, Leid, Elend und Zerstörung verursacht?

Wenn Gott Liebe ist, dann hat Gott alles aus Liebe, durch Liebe, für Liebe, durch Liebe und in Liebe geschaffen. Die Botschaft der Bibel ist, dass Gott Liebe ist, und dass seine Liebe das Leben ist. Gottes Liebe ist "der Weg des Lebens".

Werfen Sie einen Blick auf die folgenden Verse aus dem Buch der Sprichwörter, in denen Salomo das Gebot, das Gesetz Gottes, mit "der Lebensweise" verbindet

> *Denn **das Gebot** ist eine Leuchte und **das Gesetz** ein Licht; der Vorwurf der Belehrung ist die **Lebensweise** (Sprüche 6,23, Hervorhebung hinzugefügt).*

*Das **Gesetz der Weisen ist eine Quelle des Lebens**, um sich von den Fallstricken des Todes abzuwenden (Sprüche 13:14, Hervorhebung hinzugefügt).*

Paulus sagt dasselbe Prinzip im folgenden Vers:

*Denn das **Gesetz des Geistes des Lebens** in Christus Jesus hat mich frei gemacht von dem **Gesetz der Sünde und des Todes** (Römer 8,2, Hervorhebung hinzugefügt).*

Paulus weist nicht nur darauf hin, dass Gottes Gesetz das Gesetz des Lebens, das "Gesetz des Geistes des Lebens" ist, sondern er offenbart, dass es in der Welt noch ein anderes Gesetz gibt - "das Gesetz der Sünde und des Todes". Was ist "das Gesetz von Sünde und Tod", und woher kommt es und mit wem ist es entstanden? Jetzt wissen wir, woher der Tod kommt: "Denn an dem Tage, da ihr davon esset, werdet ihr sterben" (1. Mose 2,17). Gehört also auch dieses Gesetz dem Gott der Liebe und des Lebens?

Wir müssen verstehen, wie heilig das Gesetz Gottes ist:

***Das Gesetz Gottes ist so heilig wie Gott selbst. Es ist eine Offenbarung seines Willens, eine Niederschrift seines Charakters, der Ausdruck göttlicher Liebe und Weisheit.** Die Harmonie der Schöpfung **hängt von der vollkommenen Übereinstimmung** aller Wesen, aller belebten und unbelebten Dinge, mit dem Gesetz des Schöpfers **ab**. Gott hat Gesetze für die Herrschaft nicht nur über die Lebewesen, sondern über alle Vorgänge in der Natur erlassen. Alles steht unter festen Gesetzen, die nicht missachtet werden können. Aber während alles in der Natur durch Naturgesetze geregelt ist, ist der Mensch allein, von allem, was die Erde bewohnt, dem **Sittengesetz unterworfen**. Dem Menschen, dem krönenden Werk der Schöpfung, hat Gott die Macht gegeben, seine Anforderungen zu verstehen, die Gerechtigkeit und Wohltätigkeit seines Gesetzes und seine heiligen Ansprüche an ihn zu begreifen; und vom Menschen wird unbeirrbarer Gehorsam verlangt {PP 52.3,*

> *Hervorhebung hinzugefügt}.*

Gottes Gesetz "ist eine Offenbarung seines Willens, eine Niederschrift seines Charakters, der Ausdruck göttlicher Liebe und Weisheit". Gottes Gesetz ist das, was die Bibel als "Gerechtigkeit" bezeichnet, Gottes Wege, seine Vorstellung davon, was richtig ist. "Rechtschaffenheit" kann sich auch auf Gottes Gerechtigkeit beziehen.

Im Hebräischen bedeutet "Rechtschaffenheit" "Richtigkeit, Rechtschaffenheit, moralische Tugend" (Strong's Concordance). Gottes Gerechtigkeit, seine "Richtigkeit, Rechtschaffenheit und moralische Tugend", ist immer in Harmonie mit seiner Agape-Liebe. So ist seine Gerechtigkeit immer gütig, sanft, unparteiisch, bedingungslos, barmherzig, gerecht, freigebig, friedlich, gewaltlos und liebevoll. Sie ist niemals hart, strafend, grausam, partiell, bedingt, willkürlich, kontrollierend, gewaltsam oder gewalttätig.

Es gibt jedoch eine gefälschte "Gerechtigkeit" in der Welt, eine "Richtigkeit, Rechtschaffenheit und moralische Tugend", die im Widerspruch zu Gottes Gerechtigkeit steht. Diese Fälschung bedient sich all dieser oben aufgeführten negativen Methoden; dies ist die "Gerechtigkeit", die die Welt im Großen und Ganzen kennt und mit der sie arbeitet - aber dies ist nicht die Gerechtigkeit Gottes, wie die Heilige Schrift sagt.

Gottes Gesetz der Agape-Liebe ist ein Ausdruck dessen, wer Er ist - deshalb ist es unmöglich, Gott von Seinem Gesetz der Agape-Liebe zu trennen.

> *Als der Mensch, verführt durch Satans Macht, dem göttlichen Gesetz nicht gehorchte, konnte Gott dieses Gesetz nicht einmal ändern, um die verlorene Rasse zu retten. Gott ist Liebe, und **das Gesetz zu ändern hieße, sich selbst zu verleugnen**, jene **Prinzipien** umzustürzen, **mit denen das Wohl des Universums verbunden ist** {Botschafter 7. Juni 1893, par. 6, Hervorhebung hinzugefügt}.*

Beachten Sie, dass Gottes Gesetz Prinzipien enthält, "mit denen das Wohl des Universums verbunden ist", und dieses Gesetz zu ändern hieße, "sich selbst zu verleugnen".

Wir haben also festgestellt, dass Gottes Gesetz das Gesetz der Liebe ist. Aber wie artikuliert sich sein Gesetz? Ist es ein geschriebener Code, viele Seiten lang, den man sorgfältig studieren muss, bevor man ihn verstehen kann? Ist es so etwas wie die Rechtsdokumente, die uns heute alle begegnen, voll von Kleingedrucktem und unverständlichem Jargon?

Nein - Sein Gesetz ist viel einfacher als das, und doch von viel größerer Tragweite. Sein Gesetz ist ein moralisches Gesetz - und das ist äußerst bedeutsam. Das moralische Gesetz wohnt im Herzen jedes intelligenten Wesens, das Gott erschafft; es ist dieses moralische Gesetz, das jeden unserer Gedanken und Handlungen leitet, denn das Herz ist der Sitz unseres Urteils. Was wir meinen, ist, dass alle unsere Entscheidungen, die auf unseren moralischen Urteilen beruhen, aus unserem Herzen kommen. Um ein modernes Konzept zu verwenden: Gottes moralisches Gesetz ist die "Software", die mit jedem von ihm geschaffenen "Gerät" mitgeliefert wird - eine Software, die optimale Funktionalität gewährleistet.

Wir nähern uns der Antwort auf die Frage, die wir vorhin gestellt haben - was war es, das den Himmel zu einem Himmel gemacht hat? War es nicht die Tatsache, dass im Himmel Gottes Wille (sein Gesetz) von allen getan wurde, dass alle nach seinem moralischen Gesetz der Liebe lebten? War der Himmel nicht ein Himmel, weil alle intelligenten Wesen seinem Charakter nacheiferten, weil sie sich bereitwillig seiner Agape-Liebe anpassten? Es war die gemeinsame Anwendung des Gesetzes der Agape-Liebe, die Harmonie, Frieden und Leben im Himmel ermöglichte und ihn so zu einem Ort der reinen Freude machte.

Einige mögen denken, dass wir auf einem legalistischen Weg abheben; bitte lesen Sie weiter - dies ist nicht der Fall. Es gibt eine angemessene, genaue biblische Position zur Bedeutung des Gesetzes. Ob wir uns dessen bewusst sind oder nicht, wir alle leben nach einem moralischen Gesetz - "dem Gesetz des Geistes des Lebens" oder "dem Gesetz von Sünde und Tod". Dies sind zwei moralische Gesetze, das moralische Gesetz des Lebens oder das moralische Gesetz des Todes. Wir müssen in der Lage sein, zwischen diesen beiden antagonistischen Prinzipien zu unterscheiden, die auf antagonistischen Motiven beruhen.

Die himmlischen Bedingungen der Glückseligkeit, die wir uns in unseren Köpfen vorstellten, waren nur aus einem einzigen Grund möglich: weil Gott von Ewigkeit her das Universum mit dem Gesetz der Liebe, "dem Gesetz des Geistes des Lebens", regierte.

Können Sie sich eine Existenz vorstellen, in der die Liebe der ständige Zustand ist? Wo jede Interaktion im Hinblick auf das höchste Gut anderer Menschen erfolgt? Einen Ort, wo es kein Schreien, Lügen, Stehlen, Verletzen, Zerstören, Täuschen, Betrügen, keinen Grund zum Weinen gibt? Stattdessen gibt es Freundlichkeit, Fürsorge, Besorgnis und höchsten Respekt? Nun, das ist der Himmel - wo das moralische Gesetz der Liebe herrscht.

Aber Liebe fühlt sich nicht wie ein Gesetz an; sie ist keine Plackerei:

> *Aber im Himmel wird der Dienst nicht im* ***Geiste der Legalität*** *geleistet. Als Satan sich gegen das Gesetz Jehovas auflehnte,* ***kam den Engeln der Gedanke, dass es ein Gesetz gibt, fast wie ein Erwachen zu etwas Ungedachtem. In ihrem Dienst sind die Engel nicht als Diener, sondern als Söhne****. Es besteht eine vollkommene Einheit zwischen ihnen und ihrem Schöpfer.* ***Gehorsam ist für sie keine Plackerei. Die Liebe zu Gott macht ihren Dienst zur Freude****. So wohnen in jeder Seele, in der Christus, die Hoffnung auf Herrlichkeit, wohnt, seine Worte widerhallend: "Ich freue mich, Deinen Willen zu tun, o mein Gott: ja, Dein Gesetz ist in meinem Herzen. Psalm 40:8 {MB 109.2, Hervorhebung hinzugefügt}.*

In einem Zustand der Liebe zu sein bedeutet, von Freude erfüllt zu sein, und wenn wir jemanden lieben, ist es ein Vergnügen, mit ihm zusammen zu sein. Liebe ruft alle möglichen positiven und wunderbaren Gedanken und Gefühle hervor, und wenn sie als Leitlinie für unser Leben dient, ist es nicht schwer, ihr zu folgen. Die größte Freude der Liebe ist es, einen anderen glücklich zu machen. Wenn absolut jeder von Gottes Liebe erfüllt wäre, wäre die Welt ein friedlicher Ort, denn seine Liebe, die bedingungslos, unparteiisch und freigebig ist, ist der perfekte Mechanismus für soziale Interaktion. Für jeden wird gesorgt, und niemand wird außen vor gelassen. Der Apostel Johannes sagte:

> *Denn das ist die Liebe Gottes, dass wir seine Gebote halten; und seine Gebote sind nicht schmerzlich (1 Joh 5,3).*

Zusammengefasst lautet das Gebot Gottes, dass wir einander lieben. Es gibt nichts "Schmerzhaftes" oder Belastendes daran, einander zu lieben. Hoffentlich haben wir alle bis zu einem gewissen Grad Liebe erfahren. Wer in einer liebevollen Beziehung zueinander steht, tut Dinge füreinander aus Freude, nicht aus Pflicht. Dieses Gesetz der Liebe kann uns nicht aufgezwungen werden - es muss frei akzeptiert und angenommen werden. Wir können dieses Gesetz auch nicht anderen aufzwingen - nicht einmal unseren Kindern. Alle müssen es für sich selbst akzeptieren oder ablehnen. Liebe funktioniert nie mit Gewalt und ist nicht erzwingbar. Per Definition gehen Liebe und Freiheit Hand in Hand. Wenn sie es nicht tun, dann haben wir es mit etwas anderem als Liebe zu tun.

Vor Luzifers Sünde hatten himmlische Wesen nie etwas erfahren, was im Widerspruch zu dem freudigen, glücklichen und harmonischen Zustand stand, den sie unter Gottes Gesetz der Liebe genossen. Ihre Beziehung zu Gott und zueinander war von dieser reinen Freude erfüllt. Ihre völlige Hingabe an Gott und ihresgleichen war ein Ausdruck des freien Willens. Es war ein Liebesaustausch - Gott liebte sie, sie liebten Ihn, und sie liebten einander. Sie sahen nichts Böses in einander.

Die Bewohner des Universums folgten Gott gewiss nicht aus Angst. Im Gegenteil, Furcht gab es damals überhaupt nicht. Wie können wir das wissen? Betrachten Sie den folgenden Abschnitt aus 1 Johannes 4,18:

> *In der Liebe gibt es keine Angst; aber die vollkommene Liebe vertreibt die Angst, denn Angst ist mit Qualen verbunden. Doch wer sich fürchtet, ist in der Liebe nicht vollkommen geworden.*

In diesem Vers gibt es so viel zu erforschen, aber für den Augenblick genügt es, uns darauf aufmerksam zu machen, dass ein Universum mit einem Gott vollkommener Liebe frei von Furcht sein müsste, wenn Gott Liebe ist, in der Tat "vollkommene Liebe" - Affenliebe. Furcht ist also ein Eindringling und hat ihren Ursprung nicht bei Gott.

Furcht und Liebe sind beides Triebfedern, mächtige sogar. Stellen Sie sich eine Welt vor, in der die einzige Motivation für jeden Gedanken und jede Handlung die Liebe ist. Könnte das überhaupt möglich sein? Ja: Das war der Zustand der Dinge vor der Sünde. Alle waren allein durch die Liebe motiviert, und alle Dinge funktionierten in perfekter Harmonie. Gottes Universum der Agape-Liebe war makellos, seine Regierung der Liebe, ein Paradies.

Doch eines Tages stellte Luzifer diese Norm in Frage. Er sah darin einen Fehler, und in der Folge begann er einen Krieg gegen Gottes Regierung der Liebe:

> *Es gibt eine große Rebellion im irdischen Universum. Gibt es nicht einen großen Anführer dieser Rebellion? Ist Satan nicht das Leben und die Seele jeder Art von Rebellion, die er selbst angezettelt hat? Ist er nicht der erste große Abtrünnige von Gott? Es gibt eine Rebellion. Luzifer rebelliert gegen seine Gefolgschaft und* ***führt Krieg gegen die göttliche Regierung*** *{4BC 1163.4, Hervorhebung hinzugefügt}.*

Es ist schwer vorstellbar, dass Luzifer "Krieg gegen die göttliche Regierung" führt, einen Krieg gegen Gottes perfektes System der Liebe. Jemand hätte ihm sagen sollen: "Wenn es nicht kaputt ist, repariere es nicht".

Als er seinen Krieg gegen Gott begann, brachte Luzifer Verwirrung über Gott mit sich. Sein Angriff auf Gottes vollkommenes System der Liebe war direkt auf das Herz Gottes gerichtet, denn von dort kam Gottes Regierungssystem - es kam aus seinem Herzen der Liebe. In dem Augenblick, in dem Luzifer die Regierung Gottes angriff, wurde Gottes Herz vor Gericht gestellt. Gottes Botschaft an uns zu diesem Zeitpunkt in der Weltgeschichte ist es, auf den einzigen wahren Zeugen zu hören, der sein wahres Herz der Liebe offenbaren kann.

Den meisten von uns ist klar, dass wir kurz vor dem Ende der Erdgeschichte leben, und als solche leben wir in der Zeit der laodizeanischen Kirche der

Offenbarung Kapitel drei. Zu uns, der laodizeanischen Kirche, sagt Gott: "Wir leben in der Zeit der Laodizea-Kirche:

> *Und dem Engel der Gemeinde der Laodicener schreibe: "Dies sagt das Amen, der treue und wahre Zeuge, der Anfang der Schöpfung Gottes (Offenbarung 3,14).*

Laodizea ist dazu aufgerufen, dem Wahren Zeugen zuzuhören. Nirgendwo sonst in der Bibel sind die Worte "Wahrer Zeuge" an jemanden gerichtet - nur an Laodizea. Der Grund dafür ist, dass Laodizea die Kirche ist, die in der Zeit der Prüfung Gottes lebt - der Prüfung, die ihn von den falschen Anschuldigungen Satans entlasten wird. Die Zeit von Laodizea ist auch die Zeit der Botschaft der drei Engel, die die Stunde des Gerichts Gottes ist:

> *Fürchtet Gott und gebt ihm Ehre, denn die Stunde seines Gerichts ist gekommen; und betet Ihn an, der Himmel und Erde, das Meer und die Wasserquellen gemacht hat (Offenbarung 14:6, Hervorhebung hinzugefügt).*

Gottes Stunde des Gerichts ist eine gute Nachricht für uns, denn wenn wir uns die Beweise in diesem Prozess ansehen, wird klar werden, dass alle Anschuldigungen gegen den Ankläger Satan falsch sind. Es wird sich zeigen, dass die göttliche Regierung der Liebe nicht nur perfekt ist, sondern auch der einzige gangbare Weg für das Zusammenleben von Lebewesen.

3

AGAPE-LIEBE

Öffne meine Augen, damit ich wundersame Dinge aus Deinem Gesetz sehen kann, (Psalm 119,18).

Das Gesetz Deines Mundes ist für mich besser als Tausende von Goldmünzen und Silber (Psalm 119,72).

Deine Gerechtigkeit ist eine immerwährende Gerechtigkeit, und Dein Gesetz ist Wahrheit (Psalm 119:142).

Großen Frieden haben die, die Dein Gesetz lieben, und nichts verursacht sie zu stolpern (Psalm 119:165).

Liebe schadet dem Nächsten nicht; deshalb ist Liebe die Erfüllung des Gesetzes (Römer 13:10).

Denn alle Gesetze sind mit einem Wort erfüllt, auch in diesem: "Du sollst deine Nächster wie du selbst" (Galater 5:14).

Wenn Sie wirklich das königliche Gesetz nach der Heiligen Schrift erfüllen, "werden Sie Liebe deinen Nächsten wie dich selbst", du tust gut (Jakobus 2,8).

Das Gesetz der Regierung Gottes ist das Gesetz der Agape-Liebe, aber was genau ist Agape-Liebe? Wie definiert die Bibel diese göttliche Art der Liebe? Agape wird in 1. Korinther 13, dem berühmten Kapitel über die Liebe, sehr schön beschrieben:

Liebe ist geduldig, Liebe ist gütig. Sie ist nicht neidisch, sie prahlt nicht, sie ist nicht stolz. Sie handelt nicht ungebührlich, sie sucht nicht das Ihre, sie lässt sich nicht leicht provozieren, berücksichtigt nicht ein erlittenes Unrecht. Sie führt keine Rechenschaft über das Böse. Sie freut sich nicht über Ungerechtigkeit, sondern freut sich an der Wahrheit. Freut sich nicht über die Ungerechtigkeit, sondern freut sich an der Wahrheit. Die Agape-Liebe hält unter allem und jedem stand, was kommt. Sie ist stets bereit, das Beste von jedem Menschen zu glauben. Ihre Hoffnungen sind unter allen Umständen unvergänglich, und sie erträgt alles, ohne zu erlahmen. Die Agape-Liebe scheitert nie, verblasst nie und wird nie obsolet; sie nimmt nie ein Ende (1. Korinther 13,4-8, aus verschiedenen Versionen entnommen).

Was für eine schöne Beschreibung Gottes! Er ist so einzigartig, so anders als alles, was wir bisher kannten! Dieser Abschnitt sagt uns, dass Gott geduldig und freundlich ist. Er ist nicht arrogant oder unhöflich oder neidisch, beharrt nicht auf seinem eigenen Weg und ist nicht leicht zu beleidigen. Er führt keine Aufzeichnungen über Ungerechtigkeiten - das ist für unser Verständnis von Gott von entscheidender Bedeutung, weil wir dazu neigen, ihn als einen strengen Richter zu betrachten, der missbilligend auf uns herabblickt. Gott freut sich nicht über Fehlverhalten, sondern freut sich an der Wahrheit. Er erträgt alle Dinge, glaubt alle Dinge, hofft alle Dinge und erträgt alle Dinge. Seine Liebe hört niemals auf. Das sind die grundlegenden Wahrheiten über Gott.

Diese Worte sagen uns, dass die göttliche Liebe nicht auf sich selbst, sondern auf andere ausgerichtet ist. Sie ist bedingungslos. Sie hat keine egoistischen Absichten, wenn sie "gute" Dinge an oder für andere tut.

Agape-Liebe handelt zum Wohle anderer, selbst wenn man auf eigene Kosten handelt, und sogar bis zu dem Ausmaß, dass man für sie stirbt. Das ist Agape-Liebe.

Diese Worte sagen uns auch, dass es keine Prahlerei, keinen Stolz auf Gott gibt. Das ist bedeutsam, denn ausgerechnet er hat die herrlichsten Dinge, mit denen man sich rühmen kann! Betrachten wir das Universum, die Erde und all ihre Lebensformen... Jeder, der fähig ist, solch herrliche und komplizierte Geschöpfe zu träumen, zu planen und zum Leben zu erwecken, hätte allen Grund, sich zu rühmen. Und doch ist Gott demütig, nicht selbstsüchtig, sondern gibt liebevoll von sich selbst. Wir könnten sagen, dass er sich selbst opfert, aber der Begriff "Selbstaufopferung" impliziert eher ein Handeln aus Pflicht als aus Liebe und könnte sogar ein bußorientiertes Denken fördern. Für Jesus war es kein Akt der Selbstaufopferung, sein Leben für uns hinzugeben, sondern vielmehr ein Akt, alles bereitwillig aufzugeben, um uns vor einem schrecklichen Ende zu retten; alles, was er uns gab, war ein Geschenk, das aus Liebe gegeben wurde. Für jemanden, der andere vor sich selbst stellt, ist das Geben ein natürlicher Impuls und kein Opfer. Für einen solchen Menschen wäre es ein Opfer, sich zuerst um seine eigenen Bedürfnisse zu kümmern, vor den Bedürfnissen anderer.

Wo sonst in der Bibel wird diese Art der Liebe definiert? Das beste Beispiel und die beste Definition von Gottes Liebe ist Jesus Christus. Wahre Liebe, göttliche Liebe, offenbart sich in seinen Worten, seinem Leben und seinem Tod. So könnten wir jeden der oben genannten beschreibenden Ausdrücke aus 1. Korinther 13 verwenden, um auch Jesus darzustellen.

Wenn wir auf sein Leben zurückblicken, sehen wir, dass er geduldig und freundlich war. Er war nicht eifersüchtig und prahlte nicht. Er war weder arrogant noch unhöflich, beharrte nicht auf seine eigene Art und Weise und war nicht leicht zu beleidigen. Jesus führte keine Aufzeichnungen über Ungerechtigkeiten. Er freute sich nicht über das Unrecht, sondern freute sich über die Wahrheit. Er ertrug alles, glaubte alles, hoffte alles und ertrug alles - sogar einen Tod am Kreuz, den schmerzhaftesten und erniedrigendsten Tod. Seine Liebe endete nie und nimmer - nicht einmal am Kreuz.

Jesus ist nicht nur die größte, sondern auch die einzige lebendige Demonstration der Agape-Liebe, die die Welt je gesehen hat. Er ist der sichtbare Ausdruck der Agape-Liebe. Er lebte, um andere zu segnen; um zu geben, zu heilen, zu ermutigen, zu erheben, zu ermächtigen, zu erneuern und ihr Diener zu sein, Gutes zu tun und niemals Schaden anzurichten. Was die Liebe Jesu am einzigartigsten macht, ist, dass er all dies tat, damit er mit uns sein konnte. Er tat es "zur Freude", uns mit der himmlischen Familie wieder zu vereinen, so dass wir eine Ewigkeit zusammen verbringen können:

> *...auf Jesus, den Urheber und Vollender unseres Glaubens, blickend, der* ***um der vor ihm gesetzten Freude willen das Kreuz erduldete****, die Schande verachtete und sich zur Rechten des Thrones Gottes hingesetzt hat (Hebräer 12,2, Hervorhebung hinzugefügt).*

Die Lehren Jesu in der Bergpredigt sind eine Offenbarung der Prinzipien von Gottes Regierung der Agape-Liebe. Gott hatte Moses auf einem anderen Berg-Sinai das Gesetz gegeben. Moses nahm dieses Gesetz und legte es durch Satans strengen, harten, strafenden, grausamen und zerstörerischen Gerechtigkeitssinn aus. Jesus kehrt auf den Berg zurück und gibt uns das Gesetz erneut - aber dieses Mal ist das Gesetz voller Gnade und Wahrheit.

> *Denn das Gesetz wurde durch Mose gegeben; Gnade und Wahrheit kamen durch Jesus Christus (Joh 1,17).*

Jesus, die Personifizierung des Gesetzes, lehrt uns zu lieben; Er lehrt uns sogar, unsere Feinde zu lieben, diejenigen zu segnen, die uns verfluchen, denen Gutes zu tun, die uns hassen, und für diejenigen zu beten, die uns gehässig benutzen und verfolgen. Wenn wir nur diejenigen lieben, die uns gefallen, wie unterscheiden wir uns dann von der Art der Liebe in der Welt? Hat Jesus in diesen Aussagen nicht bedingungslose Liebe definiert?

Beachten Sie, warum Jesus uns sagte, wir sollen unsere Feinde lieben - "damit ihr Söhne eures Vaters im Himmel seid; denn ER lässt seine Sonne aufgehen über Bösen und Guten und lässt regnen über Gerechte und Ungerechte" (Matthäus 5:44, 45; Hervorhebung hinzugefügt). Hat Jesus nicht neu definiert, was Liebe ist, indem er uns mit diesen Worten Gottes Wesen der bedingungslosen, unparteiischen Agape-Liebe zeigte?

Korinther dreizehn endet mit den Worten: "Und nun bleibe Glaube, Hoffnung, Liebe, diese drei; die größte unter ihnen ist die Liebe". Glaube und Hoffnung bedeuten nichts, wenn sie nicht auf den Gott der Agape-Liebe gegründet sind. Wenn unser Glaube und unsere Hoffnung nicht auf einem Gott gründen, der nicht Agape-Liebe ist, werden sie in Stücke zerbröckeln. Wenn unser Glaube auf einen Gott gerichtet ist, der nicht "Licht ist, in dem es gar keine Finsternis gibt", auf einen Gott, der einen gespaltenen Charakter hat, dann ist unser Glaube fehlgeleitet. Wir mögen ihn "Glaube" nennen, aber weil dieser Glaube auf einem falschen Gottesbegriff beruht, ist er ein falscher Glaube. Es ist ein Glaube, der auf einen falschen Gott gerichtet ist. Die Bibel nennt diesen Glauben tatsächlich "Unglauben". Die Anbetung falscher Götter bedeutet nicht nur, sich vor einem geschmolzenen Bild zu verbeugen:

> *Indem sie die Wahrheit zurückweisen, weisen die Menschen ihren Autor zurück.* ***Indem sie das Gesetz Gottes mit Füßen treten, leugnen sie die Autorität des Gesetzgebers.*** *Es ist genauso leicht, aus falschen Lehren und Theorien ein Götzenbild zu machen, wie ein Götzenbild aus Holz oder Stein.* ***Indem Satan die Eigenschaften Gottes falsch darstellt, führt er die Menschen dazu, sich Ihn in einem falschen Charakter vorzustellen.*** *Bei vielen thront ein philosophischer Götze an der Stelle Jehovas, während der lebendige Gott, wie er sich in seinem Wort, in Christus und in den Werken der Schöpfung offenbart, nur von wenigen angebetet wird. Tausende vergöttlichen die Natur, während sie den Gott der Natur verleugnen. Wenn auch in einer anderen Form, so existiert der Götzendienst in der christlichen Welt heute ebenso wahrhaftig wie im alten Israel zur Zeit des Elia.* ***Der Gott vieler angeblich Weisen, von Philosophen, Dichtern, Politikern, Journalisten, der Gott polierter Modekreise, vieler Hochschulen und Universitäten, sogar einiger theologischer Institutionen ist kaum besser als Baal, der Sonnengott Phöniziens*** *{DD 29.1, Hervorhebung*

> *hinzugefügt}.*

Dies sind klare und direkte Worte. Hier wird kein Blatt vor den Mund genommen. Im Grunde genommen beten wir, wenn wir den Gott, den Jesus offenbarte, nicht sehen, in Wirklichkeit Baal an, den willkürlichen, doppelten Gott sowohl der Wohltätigkeit als auch des Zorns. So einfach ist das. Mehr als alles andere braucht die Welt die Offenbarung Gottes durch Jesus.

> *Der Sohn Gottes erklärte positiv, dass* ***die Welt der Erkenntnis Gottes beraubt sei****; aber* ***diese Erkenntnis war von höchstem Wert, und es war seine eigene besondere Gabe, der unschätzbare Schatz, den er in die Welt brachte****. In Ausübung seines souveränen Vorrechts* ***vermittelte er seinen Jüngern das Wissen um den Charakter Gottes, damit sie es der Welt vermitteln konnten. ....Jeder, der an die Botschaft Gottes glaubt, sollte Jesus erheben, die Menschen auf Christus hinweisen und sagen: "Siehe, das Lamm Gottes, das die Sünde der Welt hinwegnimmt"...*** *{LHU 36.5, Hervorhebung hinzugefügt}.*

Sowohl Glaube als auch Hoffnung finden ihre Verwirklichung in dem Gott der Agape-Liebe, den Jesus uns offenbart hat. An und für sich sind Glaube und Hoffnung eigentlich bedeutungslos. Sie erfüllen sich nur, wenn sie auf den wahren Gott gerichtet sind, wie er von Christus geoffenbart wurde, und wenn sie durch die Agape-Liebe Gottes wirken:

> *Denn wir warten durch den Geist sehnsüchtig auf die Hoffnung auf Gerechtigkeit durch den Glauben. Denn in Christus Jesus nützt weder die Beschneidung noch die Unbeschnittenheit etwas, sondern* ***der Glaube wirkt durch die Liebe*** *(Galater 5,5.6, Hervorhebung hinzugefügt).*

Wenn wir Glauben und Hoffnung auf den wahren Gott der Liebe haben, wie er von Jesus Christus offenbart wurde, dann haben wir wahren Glauben und wahre Hoffnung. Nehmen Sie zum Beispiel Saulus' Erfahrung, bevor er der Apostel Paulus wurde. Paulus wurde in vielerlei Hinsicht ein Vorbild für uns, und sein Leben hilft uns, die Wahrheit über Gott zu erkennen.

Bevor er Jesus auf der Straße nach Damaskus begegnete, war Paulus ein glühender Nachfolger Gottes. Tatsächlich war er ein Pharisäer, und als solcher kannte er sich sehr gut mit dem Gesetz aus. Als Pharisäer war er ein glühender Eiferer bis zu dem Punkt, dass er diejenigen verfolgte, von denen er glaubte, dass sie den religiösen Status quo bedrohten. Er half sogar den Mördern von Stephanus, als sie ihn zu Tode steinigten:

> *Dann schrien sie mit lauter Stimme, hielten sich die Ohren zu und rannten einmütig auf ihn zu; und sie warfen ihn aus der Stadt hinaus und steinigten ihn. Und die Zeugen legten ihre Kleider nieder zu den Füßen eines jungen Mannes namens Saulus (Apg 7,57-58).*

Das ist Eifer. Aber es ist fehlgeleiteter Eifer. Beachten Sie, was Paulus nach seiner Bekehrung sagt:

> *Und ich danke Christus Jesus, unserem Herrn, der mich befähigt hat, weil er mich für treu hielt und mich in den Dienst stellte,* ***obwohl ich früher ein Gotteslästerer, ein Verfolger und ein unverschämter Mensch war; aber ich erlangte Barmherzigkeit, weil ich es unwissentlich im Unglauben tat****. Und die Gnade unseres Herrn war überaus reichlich, mit Glauben und Liebe, die in Christus Jesus sind (1. Timotheus 1,12-14, Hervorhebung hinzugefügt).*

Paulus sagt, dass er "früher ein Gotteslästerer, ein Verfolger und ein unverschämter Mensch war". Was meint er mit "früher"? Er meint, dass er das war, was er war, bevor er Jesus Christus auf dem Weg nach Damaskus begegnete, bevor er durch Jesus die Agape-Liebe Gottes lernte.

Beachten Sie dann, was er als nächstes sagt: dass all diese Dinge, die er getan hat, Gotteslästerung, Verfolgung und Unverschämtheit, all das wurde "im Unglauben" getan. Paulus handelte im Unglauben, als er ein

Verfolger und ein unverschämter Mensch war - einer, der andere beleidigte, misshandelte und ihnen Schaden zufügte. Tatsächlich ist der Grund dafür, dass er ein Gotteslästerer war, dass er im Namen Gottes Dinge tat, die Gottes Charakter der Agape-Liebe völlig widersprachen - Dinge wie das Verfolgen und Verletzen von Menschen. Das ist es, was ihn zu einem "Gotteslästerer" machte.

Aber definiert Paulus hier nicht das Wort "Unglaube" neu, und indirekt auch das Wort "Glaube"? Wir wissen, dass Unglaube das Gegenteil von Glauben ist. Aber wenn wir uns Paulus' Vergangenheit ansehen, sehen wir, dass er eine Art von Glauben hatte, nicht wahr? Schließlich war er ein Pharisäer, ein strenger Anhänger von Gottes "Gesetz". Und er verfolgte Menschen im "Namen" Gottes; er tat all dies auf der Grundlage seines "Glaubens". Aber sein Glaube war nicht auf dem Verständnis aufgebaut, dass Gott agape Liebe ist. So war sein Glaube nutzlos und ließ ihn "das Ziel verfehlen", was übrigens eine der biblischen Definitionen des Wortes "Sünde" ist.

Das Fehlen des Zeichens über Gottes Charakter ist "die" Sünde - die schlimmste Sünde, die es gibt. Tatsächlich werden alle Sünden aus dieser Sünde heraus geboren, wie wir bald sehen werden.

Im Einklang mit der Agape-Liebe sprach Jesus Saulus von aller Verurteilung und Schuld frei. Tatsächlich hat er ihn nicht einmal für die grausamen Dinge, die er getan hatte, angeklagt oder verurteilt. Beachten Sie seine Art, mit dem gewalttätigen Saulus umzugehen:

"Saul, Saul, warum verfolgst du mich?" Und er sagte: "Wer bist du, Herr?" Dann sagte der Herr: "Ich bin Jesus, den du verfolgst. Es ist schwer für dich, gegen die Stacheln zu treten." Da sagte er zitternd und erstaunt: "Herr, was willst du, dass ich tue? Da sagte der Herr zu ihm: "Steh auf und geh in die Stadt, und es wird dir gesagt werden, was du tun sollst" (Apg 9,4-6).

Wie freundlich und sanft Jesus mit Saulus umgegangen ist; wie zärtlich und respektvoll er mit uns umgeht. Anstatt Saulus' Schuld auf sein Gesicht zu werfen und seine Dunkelheit zu entlarven, appelliert er an seinen Verstand und sein Herz und fragt: "Saul, Saul, warum verfolgst du mich?" "Erkläre mir, warum du so wütend und gewalttätig gegen diejenigen bist, die mir folgen? Welchen Schaden haben wir dir zugefügt?"

Saulus' Antwort offenbart, dass er diesen Gott nicht kannte; sein Gott war nicht so. Vielmehr glich der Gott, den Saul anbetete, viel mehr der griechischen Gottheit Zeus - Blitze, Feuer und Schwefel. "Wer bist du, Herr?", fragte er. Dies war ein neuer Gott - Saulus hatte diesen sanften Gott noch nie zuvor erlebt.

Etwas an Jesus veranlasste Saulus, ihn sofort als seinen Herrn anzuerkennen. Sofort erkannte er, dass er sich sein ganzes Leben lang in Bezug auf Gott geirrt hatte. Und in diesem einen Moment des Erkennens, der Reue im wahrsten Sinne des Wortes - der Metanoia -, eines Sinneswandels - gab sich Saulus dem wahren Gott des Universums hin. Zitternd und erstaunt sagte er: "Herr, was willst du, dass ich tue?

Jesu Gnade gegenüber Saulus war "überaus reichlich" - sehen Sie hier das Ausmaß von Gottes Liebe? Das liegt daran, dass Christus in der Agape-Liebe keine Aufzeichnungen über Ungerechtigkeiten führt. Ist das der Gott, den wir angebetet haben? Ist das die Art und Weise, wie wir einander betrachten und behandeln, ohne uns gegenseitig anzuklagen oder Groll zu hegen?

Die meisten von uns wissen, dass Satan durch Adam die Sünde in die Welt gebracht hat und dass Jesus, das "Lamm Gottes, die Sünde der Welt hinwegnimmt".

> *Darum, wie durch einen Menschen die Sünde in die Welt gekommen ist und der Tod durch die Sünde und somit der Tod sich auf alle Menschen ausgebreitet hat, weil alle gesündigt haben (Römer 5,12).*

> *Siehe da! Das Lamm Gottes, das die Sünde der Welt hinwegnimmt (Johannes 1,29)!*

Wenn wir das Wort "Sünde" im Zusammenhang mit der "Verfehlung" des Charakters Gottes verstehen würden, würden wir sehen, dass die Sünde, die Satan in die Welt brachte, eine verzerrte Sicht von Gott war - er stellte ihn als einen harten, willkürlichen Mörder dar. Jesus nimmt die Sünde der Welt hinweg - Er entfernt diese falsche Sicht von Gott, indem er den wahren Gott der Agape-Liebe offenbart.

Diese falsche Ansicht war die treibende Kraft hinter Paulus, bevor er Jesus begegnete. Er verfehlte das Ziel über den Schöpfer, und infolgedessen war er "ein Gotteslästerer, ein Verfolger und ein unverschämter Mensch". Aber es gab Hoffnung für Paulus, weil er es "unwissend, im Unglauben" tat - ohne die Wahrheit zu kennen. Später schreibt er in Hebräisch:

> *Nun ist der Glaube die Substanz der erhofften Dinge, der Beweis der nicht gesehenen Dinge (Hebräer 11,1).*

Und im Korintherbrief sagt er: Wenn der Glaube nicht durch Liebe wirkt, ist er nichts:

> *Und obwohl ich die Gabe der Weissagung habe und alle Geheimnisse und alles Wissen verstehe und obwohl ich allen Glauben habe, so dass ich Berge versetzen könnte,* ***aber keine Liebe habe, bin ich nichts*** *(1. Korinther 13,2, Hervorhebung hinzugefügt).*

Glaube ist die Substanz oder die Zuversicht, die Gewissheit von etwas, das noch nicht gesehen wird - etwas, das noch immer nur eine Hoffnung ist. Glaube und Hoffnung sind lediglich Instrumente, durch die wir Gottes Liebe begreifen können.

Was erhoffen wir uns? Ein besseres Leben, eine bessere Welt? Hoffen wir nicht auf Gottes Liebe und Licht, das unseren Schmerz und unser Leiden durchschaut? Könnte "das, was wir erhoffen", eine Welt sein, in der Liebe und Frieden herrschen? Sind nicht die Worte "Dein Reich komme, dein Wille geschehe, wie im Himmel so auf Erden" (Matthäus 6,10) der Schrei jedes menschlichen Herzens, das sich nach Liebe, Frieden, Leben und Sicherheit sehnt und darauf wartet, dass Gottes Liebe eine scheiternde Welt rettet?

Die Worte "der Glaube ist der Beweis für Dinge, die nicht gesehen werden" beziehen sich nicht auf das physische Sehen. Die geistliche Bedeutung dieses Abschnitts wird klarer, wenn wir die Worte des Johannes über Jesus lesen:

Niemand hat zu irgendeinem Zeitpunkt Gott gesehen. Den eingeborenen Sohn, der im Schoß des Vaters ist, hat er verkündet (Joh 1,18).

"Niemand hat Gott zu irgendeiner Zeit gesehen", deutet darauf hin, dass niemand den Charakter des Vaters vor Jesus verstanden hatte. Warum nicht? Weil jeder auf dieser Welt Gott nur durch die Linse der Lügen Satans gesehen hat; deshalb wurde unsere Sicht auf Gott verdreht. Wir haben das Ziel verfehlt.

Genau aus diesem Grund hat Gott seinen Sohn in die Welt gesandt, um uns den wahren Gott zu offenbaren. Nur Christus hat jemals den wahren Gott "erklärt". Was "niemand gesehen" hat und nur Jesus "erklärt" hat, ist der Vater - ein gütiger, liebender, bedingungsloser, unparteiischer, demütiger, gewaltloser Gott.

Der einzig gezeugte Sohn kam aus dem Schoß des Vaters und als solcher ist er sein ausdrückliches Ebenbild. Es war nicht Gottes physische Erscheinung, die Jesus erklärte - es war sein Charakter. Als er sagte: "Wer mich gesehen hat, der hat den Vater gesehen" (Joh 14,9), sagte er: "Seht ihr, wer ich bin? So ist Gott." (Johannes 14,9) Jesus ist die sichtbare und greifbare Offenbarung von Gottes Wesen der Agape-Liebe. Er ist die Definition der Agape-Liebe.

Wenn wir also sehen, wie er das Werk des Zerstörers zunichte macht, wie er alle Arten von Krankheiten und Leiden heilt, dann sehen wir Gott. Wenn wir Ihn sehen, wie er wahllos Sünden vergibt (was für die Juden seiner Zeit Blasphemie war, und doch sind das die Sünden, die Satan benutzt, um uns Tag und Nacht vor Gott anzuklagen), sehen wir Gott. Wenn wir Ihn sehen, wie er zu der ehebrecherischen Frau sagt: "Ich verdamme euch auch nicht; geht hin und sündigt nicht mehr" (Johannes 8,11), sehen wir Gott. Wenn wir Ihn sehen, wie er Tag für Tag unermüdlich daran arbeitet, zu heilen, die Menschheit aus ihrer erbärmlichen Hoffnungslosigkeit zu erheben, unaufhörlich, in Hunger und Durst, daran arbeitet, uns die unverfälschte Erkenntnis des wahren Gottes der Liebe zu bringen, dann sehen wir Gott.

Und wenn wir Ihn leiden sehen, schweigend und demütig, angesichts schrecklicher Beleidigungen, sehen wir Gott. Wenn wir sehen, wie er widerstandslos vom Pöbel zerrissen, bespuckt und von physischen und emotionalen Wunden zerfetzt wird und dennoch Segen und Vergebung ausspricht, sehen wir Gott. Wenn wir Ihn am Kreuz hängen sehen, in unerbittlicher Liebe, ohne ein Wort des Fluchs oder der Rache, sehen wir Gott. Das ist charakterliche Einzigartigkeit. Dies ist ein ungeteiltes Herz. Dies ist ein Herz reiner Agape-Liebe und nichts anderes.

Jesus ist Emmanuel, "Gott mit uns". Er ist die einzige wahre Manifestation Gottes, die die Welt je gesehen hat. Wenn wir auf ihn schauen, sehen wir Gott. Er ist der einzig wahre Weg, Gott zu verstehen, das einzig wahre "Licht" über Gott, die einzige Wahrheit über den Charakter Gottes. Er IST Gott.

4

DER FEINDE

Wir alle wissen, wer er ist. Luzifer, Satan, der Teufel. Aber der Teufel war nicht immer ein "Teufel". Er war ein erstaunliches, majestätisches, brillantes und schönes Geschöpf - "voller Weisheit und vollkommen in seiner Schönheit", wie es in Hesekiel 28:12 heißt. Sein Intellekt war unvergleichlich. Er war auch ein vollendeter Musiker.

Seit seinem Sturz ist Luzifers dämonische Karriere in der Menschheitsgeschichte durch Legenden und Mythen belegt. Er ist Mercurius, der alchemistische Geist der Okkultisten. Er ist Hermes der hermetischen "Weisheit", nach dem solche Wörter und Begriffe wie "Hermeneutik" und "hermetisch versiegelt" (versiegelt im Sinne von Geheimhaltung - Geheimnis der geheimen Kulte) geprägt wurden.

Der römische Historiker Plutarch behauptet, dass die Götter große Dämonen waren; auch die Bibel behauptet dies. So haben Satan und seine gefallenen Engel durch ein Konzept ihrer eigenen Schöpfung - der "Götter" - versucht, die Menschheit in ihre eigenen Denkweisen zu führen. Der Teufel ist Thoth, Seth, Isis und Osiris und Maat der alten Ägypter. Er ist Zeus, Diana, Apollo und Artemis bei den Griechen; Jupiter, Minerva und Venus bei den Römern, um nur einige zu nennen. Jede Kultur und jedes Zeitalter hat seine Götter, aber sie sind alle ein und dasselbe: die Verkörperung der Prinzipien dieses mächtigen gefallenen Engels.

Die Götter lehren die "Weisheit" der Götter, und die Menschen, die sie verehren, lernen ihre Weisheit. Aber die Götter waren in Wirklichkeit Dämonen, die sich als Gott ausgaben; das wussten schon die alten Philosophen und Historiker. So ist es, dass die Götter durch ihre "Weisheit" das wahre Wissen über Gott pervertieren.

In unserer modernen Kultur ist der Teufel untergetaucht. Er hat viele, vor allem in der so genannten zivilisierten Welt und vor allem die Christen, davon überzeugt, dass er nicht wirklich existiert. Für einige sind schon die Worte "Satan" und "Teufel" tabu, sie sind passé. Für die säkulare Welt ist er einfach eine fiktive, karikaturhafte Figur. Die Mystiker und New Agers glauben, dass das Böse einfach eine dunkle Energie ist, ein abstraktes Konzept, das nichts mit einem bestimmten übernatürlichen Wesen zu tun hat, eine dunkle Energie, die ein unvermeidliches Element der kosmischen Realität ist.

Also... existieren der Teufel und seine Engel wirklich? Die Geschichte sagt, sie existieren. Alte Philosophen und Dichter sagen, dass sie existieren. Und die Bibel sagt, sie existieren.

> *So wurde der große Drache ausgetrieben, die alte Schlange, genannt der Teufel und Satan, der die ganze Welt verführt; er wurde auf die Erde geworfen, und seine Engel wurden mit ihm ausgetrieben (Offenbarung 12,9).*

Zu sagen, dass er nicht existiert, bedeutet, die Autorität der Bibel als akkurate schriftliche Aufzeichnung der großen Kontroverse zu negieren - eine Aufzeichnung, die von Gott inspiriert wurde. Seine Existenz zu leugnen, bedeutet, das größte Thema der Bibel zu versäumen - den Krieg zwischen ihm und Gott. Und seine Existenz zu leugnen bedeutet letztlich, Jesus Christus zu verleugnen, der sagte, er habe ihn "vom Himmel fallen sehen wie einen Blitz" (Lukas 10,18), und der oft von ihm sprach und persönlich mit ihm sprach - zum Beispiel in der Wüste, während der Versuchungen. Seine Existenz ist "sowohl durch das Alte als auch durch das Neue Testament voll und ganz begründet" (Lk 10,18).

> *Die Existenz Satans und das Wirken böser Geister sind Tatsachen, die sowohl im Alten als auch im Neuen Testament vollständig belegt sind. Von den Tagen Adams bis Moses und durch alle nachfolgenden Zeitalter hindurch bis hin zu Johannes, dem jüngsten Verfasser des Evangeliums,* ***wird Satan als aktiver, persönlicher Agent, als Urheber des Bösen, als Feind Gottes und des Menschen anerkannt****. Es stimmt, dass Phantasie und Aberglaube diesen Tatsachen ihre eigene Färbung gegeben und sie mit Legenden und Traditionen heidnischer, jüdischer und sogar christlicher Nationen in Verbindung gebracht haben;* ***aber wie im Wort Gottes offenbart, sind sie von höchster Feierlichkeit und Bedeutung****. Die Verbindung des Sichtbaren mit der unsichtbaren Welt, das Wirken der Engel Gottes und das Wirken der bösen Engel sind* ***untrennbar mit der Geschichte der Menschheit verwoben****. Man erzählt uns vom* ***Fall der Engel aus ihrer Reinheit****, von Luzifer, ihrem Führer, dem Anstifter der Rebellion, von ihrer Konföderation und Regierung, von ihren verschiedenen Ordnungen, von ihrer großen Intelligenz und Subtilität und von ihren bösartigen Plänen gegen die Unschuld und das Glück der Menschen. Man erzählt uns von einem, der mächtiger ist als der gefallene Feind - von einem, durch dessen Autorität Satans Macht begrenzt und kontrolliert wird; und man erzählt uns auch von der Strafe, die für den Urheber der Missetat vorbereitet wurde {4SP 331.1, Hervorhebung hinzugefügt}.*

Die Bibel erkennt Satan als "einen aktiven, persönlichen Agenten, den Urheber des Bösen, den Feind Gottes und des Menschen" an. Der Prophet Hesekiel stimmt zu, dass er der "Urheber der Ungerechtigkeit" war - die Ungerechtigkeit begann in ihm nach Hesekiel 28. Dieses Wort "Missetat" bedeutet den meisten von uns nicht viel. Es vermittelt vage irgendeine Form des Bösen; vielleicht eine überholte Art, es anzusprechen, aber seine eigentliche Bedeutung ist verschwommen. Und doch ist dies ein höchst bedeutsames Wort, besonders wenn Luzifer sein "Urheber" war. Wir werden dieses Wort in den folgenden Kapiteln untersuchen, und seine Untersuchung wird das verborgene Geheimnis von Luzifers Macht aufdecken. Wir werden bestätigen, dass "Missetat" in der Tat das anfängliche Übel ist, dem er entsprang, und wir werden seine Spur bis hinunter in den Garten Eden verfolgen. Aber welche Rolle spielte Luzifer vor der Sünde in Gottes Reich der Liebe? Was bedeutete sein Name Luzifer?

Strong's Concordance definiert "Luzifer" als "den Tagesstern". Im Lateinischen bedeutet "Luzifer" "Lichtträger". Die Bibel nennt ihn auch "den Sohn des Morgens" (Jesaja 14:12). Vor seinem eigenen Fall war er ein lichterfülltes Wesen, eine kraftvolle biblische Metapher für Wahrheit und Leben. So war er ein "Lichtträger" der Wahrheit und des Lebens: Wahrheit über Gott, Licht über den Gott des Lebens. Er war ein Lichtträger, der Wissen über Gott vermittelte.

Einige Bibelstellen beschreiben ihn, seine Anfänge und seinen Untergang. Sie fassen seine gesamte Geschichte in einer Nussschale zusammen. Hier sind nur einige wenige Verse aus diesen Passagen, aber wir ermutigen den Leser, sie in ihrer Gesamtheit zu betrachten. Jesaja Kapitel vierzehn spricht ihn als den König von Babylon an, identifiziert ihn aber auch als Luzifer:

> *"Wie du vom Himmel gefallen bist,*
> *O Luzifer, Sohn des Morgens!*
> *Wie Sie bis auf den Boden niedergemäht werden,*
> *Ihr, die Ihr die Nationen geschwächt habt!*
> *Denn Sie haben in Ihrem Herzen gesagt:*
> *Ich werde in den Himmel auffahren,*
> *Ich werde meinen Thron über die Sterne Gottes erheben;*
> *Ich werde auch auf dem Berg der Kongregation sitzen*
> *Auf den äußersten Seiten des Nordens;*
> *Ich werde über die Höhen der Wolken aufsteigen,*
> *Ich werde wie der Allerhöchste sein'.*
> *Dennoch sollst du nach Sheol gebracht werden,*
> *Bis in die tiefsten Tiefen der Grube" (Jesaja 14:12-15).*

Hesekiel 28 nennt ihn den König von Tyrus, verbindet ihn aber mit Eden, dem Garten Gottes, bevor es Tyrus überhaupt gab:

"Du warst das Siegel der Vollkommenheit,
Voller Weisheit und vollkommen in der Schönheit.
Sie waren in Eden, dem Garten Gottes;
Jeder Edelstein war Ihre Deckung:
Der Sardius, Topas und Diamant,
Beryll, Onyx und Jaspis, Saphir, Türkis und Smaragd mit Gold.
Die Verarbeitung Ihrer Klangfarben und Pfeifen
wurde am Tag Ihrer Erschaffung für Sie vorbereitet".
"Du warst der gesalbte Cherub, der bedeckt;
Ich habe Sie eingerichtet;
Sie waren auf dem heiligen Berg Gottes;
Sie gingen inmitten von feurigen Steinen hin und her.
Sie waren vom Tag Ihrer Erschaffung an perfekt in Ihrer Art und Weise,
Bis die Ungerechtigkeit in Ihnen gefunden wurde".
"Durch den Überfluss Ihres Handels
Sie wurden von innerer Gewalt erfüllt,
Und Sie haben gesündigt;
Deshalb werfe ich Sie als profanes Ding
Aus dem Berg Gottes;
Und ich habe dich vernichtet, oh verhüllter Cherub,
Aus der Mitte der feurigen Steine" (Hesekiel 28,12-16).

Durch Symbole füllt das Buch der Offenbarung mehr Details seiner Geschichte aus:

Und ein anderes Zeichen erschien am Himmel: siehe, ein großer, feuerroter Drache mit sieben Köpfen und zehn Hörnern und sieben Diademen auf seinen Häuptern. Sein Schwanz zog ein Drittel der Sterne des Himmels und warf sie auf die Erde. Und der Drache stand vor der Frau, die bereit war, zu gebären, um ihr Kind zu verschlingen, sobald es geboren war. Sie gebar ein männliches Kind, das mit einem eisernen Stab über alle Völker herrschen sollte. Und ihr Kind

> *wurde zu Gott und seinem Thron entrückt. Dann floh die Frau in die Wüste, wo sie einen von Gott vorbereiteten Ort hat, damit man sie dort eintausendzweihundertundsechzig Tage ernähren sollte. Und im Himmel brach Krieg aus: Michael und seine Engel kämpften mit dem Drachen; und der Drache und seine Engel kämpften, aber sie siegten nicht, und es wurde kein Platz mehr für sie im Himmel gefunden. So wurde der große Drache ausgestoßen, die alte Schlange, die Teufel und Satan heißt, die die ganze Welt verführt; er wurde auf die Erde geworfen, und seine Engel wurden mit ihm ausgestoßen (Offenbarung 12:3-9).*

Hier gibt es eine Fülle von Informationen, Material für viele Bücher. Wenn wir die Bedeutung dieser Worte, Symbole und Metaphern ergründen, beginnen wir wirklich zu verstehen, was, wie, wann und warum sich Luzifer gegen Gott wandte.

Einen Punkt müssen wir von Anfang an klären: Luzifers Angriff auf Gott konzentrierte sich auf Gott selbst. Er richtete sich auf das Wesen Gottes selbst - auf seinen Charakter der Agape-Liebe. Da Gottes Wesen und sein Gesetz ein und dasselbe sind, richtete sich der Angriff auf Gottes Gesetz gegen Gott selbst.

> *Bevor Luzifer vom Himmel verbannt wurde,* ***versuchte er, das Gesetz Gottes abzuschaffen****. Er behauptete, dass die ungefallenen Intelligenzen des heiligen Himmels kein Bedürfnis nach Gesetz hätten, sondern in der Lage seien, sich selbst zu regieren und eine ungefleckte Integrität zu bewahren. Luzifer war der deckende Cherub, das erhabenste der himmlischen Geschöpfe;* ***er stand dem Thron Gottes am nächsten und war am engsten mit der Verwaltung der Regierung Gottes verbunden und identifiziert, am reichsten ausgestattet mit der Herrlichkeit seiner Majestät und Macht****" {ST 28. April 1890, par. 1, Hervorhebung hinzugefügt}.*

Luzifer "versuchte, das Gesetz Gottes abzuschaffen". Seine Vernunft? "Er behauptete, dass die ungefallenen Intelligenzen des heiligen Himmels kein Bedürfnis nach Gesetz hätten, sondern in der Lage seien, sich selbst zu regieren und eine ungefleckte Integrität zu bewahren.

Wir müssen uns vor Augen halten, dass Luzifer genau dies behauptete. Aber was war wirklich seine Absicht hinter dieser Behauptung? Könnte er wirklich ein Drittel der Engel mit einer solchen Behauptung getäuscht haben? Wie hat er von ihnen erwartet, dass sie "ungefleckte Integrität" ohne ein moralisches Gesetz bewahren? Oder verbarg sich hinter diesen Behauptungen ein anderes Moralgesetz, ein anderes Prinzip (eines, das im Gegensatz zu Gottes Gesetz stand)?

Luzifer wusste, dass Gottes Regierung durch sein moralisches Gesetz der Agape-Liebe ermächtigt war, und er wusste, dass jedes intelligente Wesen einen moralischen Ethikkodex haben muss, nach dem es sein Verhalten ordnen kann - alle müssen ein moralisches Gesetz haben, irgendein moralisches Gesetz. Er wusste sehr wohl, dass das Gesetz eine Notwendigkeit, ein integraler Bestandteil von Gottes Universum war. Wenn er das gewusst hätte, hätte er nicht einfach versucht, das Gesetz ganz und gar loszuwerden - das wäre eine Unmöglichkeit gewesen. Vielmehr entwarf er eine Alternative zu Gottes moralischem Gesetz, einen Ersatz; und wir werden Beweise dafür vorlegen.

> *Gottes Regierung ist* ***moralisch, und Wahrheit und Liebe*** *sollen die vorherrschende Macht sein {DA 759.1, Hervorhebung hinzugefügt}.*

> *Gott hätte den Menschen ohne die Macht, sein Gesetz zu übertreten, erschaffen können; er hätte die Hand Adams davon abhalten können, die verbotene Frucht anzurühren; aber in diesem Fall wäre der Mensch nicht ein freier moralischer Akteur, sondern ein bloßer Automat gewesen {PP 49.1}.*

Alle intelligenten Wesen sind "freie moralische Agenten". Freiheit impliziert Wahlfreiheit. Unsere Entscheidungen sind einfach: Wir können entweder das moralische Gesetz Gottes oder das moralische Gesetz Satans wählen - es gibt kein anderes. "Das Gesetz des Geistes des Lebens" oder "das Gesetz von Sünde und Tod". Der Pfad des Lebens oder der Pfad der Flüche. Licht oder Finsternis. Leben oder Tod.

Luzifer "stand dem Thron Gottes am nächsten und war am engsten mit der Verwaltung der Regierung Gottes verbunden und identifiziert" - er kannte Gottes Gesetz aus nächster Nähe. Vor diesem Hintergrund ist sein Angriff auf Gottes Gesetz, gelinde gesagt, überraschend. Wie konnte in seinem Verstand eine Rebellion entstehen, ein Wesen, das in einem vollkommenen und makellosen Universum lebte und das "dem Thron Gottes am nächsten stand" und sein Gesetz förderte? Schauen Sie sich diese oben zitierte Stelle aus Jesaja noch einmal genau an: "Wie bist du vom Himmel gefallen, o Luzifer, Sohn des Morgens! Wie bist du zu Boden gefallen, du, der du die Nationen geschwächt hast!"

Luzifer fiel - er fiel aus einem Zustand, der dem, in dem er sich jetzt befindet, weit überlegen war. Er fiel vom Himmel, jenem Ort reiner Freude und vollkommener Harmonie, an dem Gottes Wille der Agape-Liebe vorherrscht. Wenn der Himmel die höchste Erfahrung ist, die man je machen konnte, wie konnte er dagegen ankommen, wo er doch so brillant war, Gottes höchste Schöpfung? Beachten Sie den "Grund" für seinen Aufstand:

> *Was war es, das Satan zur Rebellion veranlasste?* ***Gab es einen gerechten Grund****, der seiner Sünde zugeordnet werden konnte? Es wurde auf den Entstehungsort der Sünde hingewiesen, aber* ***der Grund für die Sünde kann nicht gefunden werden; denn es gibt keinen Grund für ihre Existenz*** *{ST 18. September 1893, par. 2, Hervorhebung hinzugefügt}.*

> ***Der Eintritt der Sünde in den Himmel lässt sich nicht erklären. Wenn er erklärbar wäre, würde er zeigen, dass es einen Grund für die Sünde gibt. Aber da es nicht die geringste Entschuldigung dafür gab,*** *wird ihr Ursprung immer in ein Geheimnis gehüllt bleiben {RH 9. März 1886, par. 2, Hervorhebung hinzugefügt}.*

Es gab keinen "Grund", keine Notwendigkeit, keine Entschuldigung für Satan, sich gegen Gott und sein Gesetz zu erheben. Warum? In Gottes Regierung war alles in perfekter Ordnung. Gottes Gesetz war der Weg des Lebens, auf dem es Freude, Vergnügen und Leben für immer mehr gab. Das Universum war in vollkommener Harmonie, und den Tod gab es nicht. Wenn es für Luzifer einen Grund gegeben hätte, sich aufzulehnen, dann hätte es einen guten Grund gegeben, Gott und sein Gesetz zu stürzen. Aber es gab keinen. Gottes Regierung war perfekt, und alle intelligenten Wesen gediehen unter seiner Liebe. Luzifer entschied sich aus Gründen, die wir nicht verstehen können, sich gegen Gott zu erheben - aber dass er einen Fehler in Gottes moralischem Gesetz sah, ist offensichtlich. Er sah ihn, auch wenn er nicht da war; er sah ihn und glaubte, er könne ihn beheben. Aber beim Versuch, ihn zu beheben, gelang es ihm nur, Tod und Zerstörung ins Leben zu rufen, weil er ein Moralsystem schuf, das uns vom Schöpfer, der die Quelle des Lebens ist, trennte.

Jesaja sagt, als er fiel, zog er uns mit sich und schwächte uns, die Völker der Erde. Im Hebräischen bedeutet "schwächen" "sich niederwerfen; im Umkehrschluss heißt das: umstürzen, verfallen:-entkommen, verkümmern, schwächen" (Strong's Konkordanz). Dieser Prozess der Schwächung war langsam, aber sicher. Adam und seine Zeitgenossen lebten der Bibel zufolge fast tausend Jahre. Und sie waren zu seiner Zeit Giganten im Vergleich zu uns. Die menschliche Rasse hat sich zunehmend zurückentwickelt und nicht, wie allgemein angenommen wird, Fortschritte gemacht. Wir sind in jedem Sinne des Wortes - physisch, intellektuell und moralisch - nach unten gegangen.

Wie hat Luzifer uns in diesen Zustand gebracht? Wie hat er Verfall und Tod ins Leben gerufen? Wie hat er uns "niedergeworfen"? Indem er einfach versuchte, das Gesetz Gottes abzuschaffen? Ja, das tat er, aber er tat mehr als das - er führte ein neues Gesetz ein. Und wenn wir der Spur des "Todes" folgen, landen wir im Garten Eden, am Baum der Erkenntnis von Gut und Böse.

Gott hatte über diesen Baum zu Adam gesagt: "An dem Tag, da du von ihm issest, wirst du sterben", Genesis 2,17. Das Gesetz, das durch diesen

Baum repräsentiert wird, ist die Quelle des Todes.

Er, der "die Nationen geschwächt hat", hat einen neuen Weg ins Leben gerufen: den Weg der Flüche und des Todes. Dieser Weg ist die Erkenntnis von Gut und Böse. Nun gibt es für uns zwei Wege, auf denen wir uns entscheiden können - zwei Moralgesetze.

Im Garten können wir zwei Prinzipien sehen, die für unsere Herzen und unseren Verstand um die Vorherrschaft "ringen": den Baum des Lebens, Gottes moralisches Gesetz der Liebe, und den Baum der Erkenntnis von Gut und Böse, Satans moralisches Gesetz. Und die Folgen dieser Pfade sind recht schwerwiegend. Wir haben es hier mit Leben und Tod zu tun, weil Gott gesagt hat, dass wir sterben werden, wenn wir vom Baum der Erkenntnis von Gut und Böse "essen"; wenn wir aber vom Baum des Lebens essen, können wir ewiges Leben haben.

Wir müssen eine Entscheidung treffen. Leben und Tod betreffen jeden von uns auf intime Weise - niemand ist davon ausgenommen. Ist es dann nicht entscheidend, dass wir wissen, was unsere Entscheidungen sind? Sollten wir dieses Thema nicht studieren? Wir werden mehr Antworten finden, wenn wir mehr über Luzifer erfahren, darüber, was Ungerechtigkeit ist und was er uns dadurch angetan hat.

5

DIE SÜNDE DES LUZIFERS

Wir haben festgestellt, dass Luzifer gegen Gott rebelliert hat. Er lehnte sich gegen Gottes Regierung auf, genauer gesagt gegen das Gesetz, mit dem Gott sein Universum regierte - das moralische Gesetz der Agape-Liebe - bedingungslose, unparteiische, selbstlose Liebe.

Luzifer begann, Kritik an der Regierung Gottes zu üben - auch dafür gab es keinen Grund, aber es geschah - und in diesem Prozess kam er zu der Überzeugung, dass er die Lösung für ein Problem hatte, das er in der Verwaltung Gottes sah. So begann seine Rebellion.

> ***Luzifer vertrat den Standpunkt, dass als Folge des Gesetzes Gottes im Himmel und auf dieser Erde Unrecht existiert. Dies brachte der Regierung Gottes den Vorwurf der Willkür ein.*** *Aber dies ist eine Unwahrheit, die vom Autor aller Unwahrheiten eingerahmt wird. Gottes Regierung ist eine Regierung des freien Willens, und es gibt keinen Akt der Rebellion oder des Gehorsams, der nicht ein Akt des freien Willens ist {ST 5. Juni 1901, par. 4, Hervorhebung hinzugefügt}.*

Luzifer behauptete, es gebe ein Problem mit Gottes Regierung, und dieses Problem sei Gottes Gesetz der Agape-Liebe. Das "Unrecht", das er "im Himmel und auf dieser Erde" sah, war Gottes Gesetz der Agape-Liebe.

Und weil Gott sein Gesetz der Freiheit nicht ändern wollte, um sich den neuen Ideen Luzifers anzupassen, klagte Luzifer ihn als willkürlich an. Gottes Gesetz schützte den freien Willen aller, und Luzifer hielt dies für ein Problem. Er wollte das ändern, er wollte einen erzwungenen Gehorsam einführen, und da Gott seinen Plänen nicht zustimmen würde, beschuldigte er Gott, willkürlich zu sein, obwohl er in Wirklichkeit die Durchsetzung eines willkürlichen Rechtssystems vorschlug.

> *Luzifer war als der verhüllende Cherub von Herrlichkeit umhüllt. Doch dieser Engel, den Gott geschaffen hatte und dem er Macht anvertraut hatte, wünschte sich, wie Gott zu sein. Er gewann die Sympathie einiger seiner Gefährten, indem er* ***Gedanken der Kritik an der Regierung Gottes vorschlug****. Dieser* ***böse Same*** *wurde auf höchst verführerische Weise verstreut; und nachdem er aufgegangen war und* ***in den Köpfen vieler Menschen Wurzeln geschlagen*** *hatte, sammelte er die Ideen, die er selbst zuerst in die Köpfe anderer eingepflanzt hatte, und brachte sie als die Gedanken anderer Köpfe* ***gegen die Regierung Gottes*** *vor die höchste Ordnung der Engel.* ***So führte Luzifer durch geniale Methoden seiner eigenen Erfindung die Rebellion im Himmel ein*** *{4BC 1143.1, Hervorhebung hinzugefügt}.*

"Gedanken der Kritik". Das ist an sich schon ein Problem. Und warum? "Gedanken der Kritik" begannen im Kopf des Teufels. Sein Verstand war der erste, der sich auf solche Gedanken einließ. Er sah etwas Falsches, wo es nur Perfektion gab. Es gab keinen Makel im Himmel - aber er sah ihn. Die Pharisäer taten dasselbe, als sie die Jünger kritisierten, weil sie am Sabbat Ähren gepflückt hatten. Die Antwort Jesu war:

> *Aber wenn Sie gewusst hätten, was das bedeutet: "Ich will Barmherzigkeit und nicht Opfer", hätten Sie die Schuldlosen nicht verurteilt (Matthäus 12,7).*

Die Pharisäer sahen einen Fehler, wo es keinen gab. Ebenso waren Luzifers

"Gedanken der Kritik" auf etwas gerichtet, das keinen Anlass zur Kritik gab - er "verurteilte die Schuldlosen". Aber mehr noch, seine "Gedanken der Kritik" enthüllen, dass sein Verstand bereits vom Gesetz Gottes abgewichen war, weil Kritik etwas ist, das der Sprache Gottes fremd ist. Beachten Sie, was Paulus in seinem Brief an Titus sagt:

> *Für die Reinen ist alles rein, aber für diejenigen, die verunreinigt und ungläubig sind, ist nichts rein; aber selbst ihr Geist und ihr Gewissen sind verunreinigt. Sie bekennen, Gott zu kennen, aber in ihren Werken verleugnen sie ihn, sind abscheulich, ungehorsam und für jedes gute Werk untauglich (Titus 1,15-16).*

Gott ist rein, heilig, rein, und für ihn "sind alle Dinge rein". Das mag für uns schwer zu verstehen sein, weil wir überall und in jedem das Böse sehen - aber Gott sieht nur den Wert in uns, selbst in den Fällen, die wir für die hoffnungslosesten halten. Jesus sah in allen Menschen Schönheit und behandelte sie entsprechend, ohne sie zu verurteilen. Es war diese Fähigkeit, Menschen ohne Verurteilung zu sehen, die sie zu ihm hinzog. Es war auch dieser Mangel an Verurteilung, der ihre Herzen und ihr Verhalten veränderte, um das Potenzial widerzuspiegeln, das Er in ihnen sah.

Die Kritik an sich ist ein Symptom dafür, dass das, was jetzt aus Luzifer herauskam, verdächtig und verzerrt war. Sein Geist war nicht mehr rein. Er war ein Ungläubiger geworden - der erste Ungläubige - und sein Geist war verunreinigt. Er kannte Gott nicht mehr so, wie er wirklich war, und er wurde "abscheulich, ungehorsam und für jedes gute Werk disqualifiziert". Er war der Ursprung der Sünde - Gott nicht so zu sehen und darzustellen, wie er wirklich ist.

> *Es gab einen bestimmten Moment, als Luzifer zum ersten Mal sündigte: "der Ort, an dem die Sünde eingetreten ist, kann angegeben werden" {4BC 1163.6}.*

Das bedeutet, dass wir den konkreten "Ort" in der Zeit, an dem dies geschah, und die Umstände, unter denen es geschah, genau bestimmen können.

Dieser "Ort" wird im Buch Hesekiel beschrieben. Dies ist der entscheidende Moment, in dem sich Luzifer vom Luzifer zum Teufel wandelte - der Moment, in dem er sich von Gottes Agape-Liebe abwandte. Er wurde dann zu etwas, das das genaue Gegenteil von Gott war. Zoomen wir also heran und sehen wir, was der Prophet sagt:

> *Du warst in Eden, dem Garten Gottes; jeder Edelstein war deine Bedeckung: der Sardius, Topas und Diamant, Beryll, Onyx und Jaspis, Saphir, Türkis und Smaragd mit Gold. Die Verarbeitung Ihrer Klangfarben und Pfeifen wurde am Tag Ihrer Erschaffung für Sie vorbereitet. Du warst der gesalbte Cherub, der deckt; ich habe dich eingesetzt; du warst auf dem heiligen Berg Gottes; du gingst inmitten feuriger Steine hin und her. Du warst* ***vollkommen in deinen Wegen vom Tag deiner Erschaffung an, bis die Ungerechtigkeit in dir gefunden wurde****. Durch die Fülle deines Handels wurdest du im Innern mit Gewalt erfüllt, und du hast gesündigt (Hesekiel 28,13-16, Hervorhebung hinzugefügt).*

Diese Verse verraten viel. Sie offenbaren Luzifers Beziehung zu Gott vor der Rebellion und seine Beschäftigung und Rolle in Gottes Universum. Sie zeigen seinen moralischen Zustand vor seinem Sturz und erklären, was danach mit seinem Charakter geschah. Wir können hier auch viel über Gott lernen. Diese Worte müssen "abgebaut" werden, und wie wir das tun, werden wir einen reichen, verborgenen Schatz finden - besonders, wenn wir die ursprünglichen hebräischen Worte untersuchen.

DU WARST IN EDEN, DEM GARTEN GOTTES...

Luzifer war im Garten Eden. Der Garten muss daher lebenswichtige, entscheidende Informationen für uns enthalten. Der Garten Eden zieht die Fäden der Rebellion Luzifers zusammen - er enthüllt, was Luzifer getan hat. Auch wenn sein erster Aufstand im Himmel begann, finden wir im Garten die Erklärung für seine "Missetaten". Wo war er im Garten Eden? War er dort, bevor oder nachdem "die Ungerechtigkeit in" ihm gefunden wurde?

Wir wissen, dass er am Baum der Erkenntnis von Gut und Böse war - das war sein Treffpunkt, seine Gerichtsbarkeit und sein beanspruchtes Territorium. Er war dort in der Verkleidung einer Schlange - und seitdem ist die Schlange, die in der Bibel oft als "schleichende Dinge" bezeichnet wird, zu einem Symbol seiner Person, seiner Prinzipien und seines Wirkens auf der Erde geworden. Eine - wenn auch oberflächliche - Untersuchung der wichtigsten heidnischen Religionen der Welt wird zeigen, dass es eine Schlange gibt, die irgendwie in ihr Gottesdienstsystem verwickelt ist.

Welches Prinzip stellt also der Baum dar, den die Schlange an Eva "verhökert" hat? War dies dasselbe "hausieren", das sie mit dem Rest des Universums tat? Welchen Anteil hatte er an diesem Baum, von dem Eva essen sollte? Die Bibel sagt:

> *Nun war die Schlange listiger als jedes Tier des Feldes, das Gott der Herr gemacht hatte. Und er sagte zu der Frau: "Hat Gott wirklich gesagt: 'Du sollst nicht von jedem Baum des Gartens essen'? Und das Weib sprach zu der Schlange: "Wir dürfen von den Früchten der Bäume des Gartens essen; aber von den Früchten des Baumes, der mitten im Garten steht, hat Gott gesagt: 'Du sollst sie nicht essen, noch sollst du sie anrühren, damit du nicht stirbst. Da sagte die Schlange zu der Frau: "Du sollst nicht sterben. Denn Gott weiß, dass an dem Tag, an dem ihr davon esst, euch die Augen geöffnet werden, und ihr werdet wie Gott sein und Gut und Böse erkennen. Als die Frau sah, dass der Baum gut für die Nahrung war, dass er den Augen angenehm war, und dass ein Baum wünschenswert war, um einen weise zu machen, nahm sie von seiner Frucht und aß. Auch ihrem Mann gab sie mit ihr, und er aß (1. Mose 3,1-6).*

Dieses Gespräch verrät uns viel. Erstens sagt es uns, dass die Schlange listig war; im Hebräischen bedeutet ârûwm "listig (gewöhnlich im schlechten Sinne): - listig, klug, subtil" (Strong's Concordance). Seine Fragen an Eva verraten, dass er ein persönliches Interesse am Baum der Erkenntnis von Gut und Böse hatte - er wollte wirklich, dass sie seine Früchte isst! Er setzte sein ganzes Charisma, seine List und Täuschung ein, um sie dazu zu bewegen, und verzerrte sogar Gottes ursprüngliche Worte "Du sollst nicht von jedem Baum des Gartens essen? Er erwies sich auch als Lügner, weil Gott gesagt hatte: "Du sollst sicher sterben", und er bejahte das Gegenteil - "Du sollst NICHT sicher sterben".

Bevor sie von seinem Baum aßen, kannten Adam und Eva Gut und Böse nicht. Das bedeutet, dass sie in all ihren Interaktionen nur Agape kannten. Sie sahen einander und Gott durch die Augen der Agape-Liebe, durch bedingungslose, unparteiische, selbstlose Liebe. Sie waren rein, und für sie "waren alle Dinge rein". Nachdem sie vom Baum Satans gegessen hatten, begannen Adam und Eva einander und Gott durch die Augen von Gut und Böse zu sehen - durch partielle, bedingte und egozentrische Augen. Sie begannen, das Böse in einander zu sehen und in die Fußstapfen ihres neuen Meisters zu treten und begannen, einander zu kritisieren. Die anschließenden Gespräche, die sie mit Gott führten, bestätigen dies.

Für die Schlange hing alles davon ab, dass Eva von diesem Baum aß. Er verführte sie mit der Frucht und behauptete, es sei in ihrem eigenen Interesse: "Am Tag, an dem du von ihr isst, werden dir die Augen geöffnet."

Was war an diesem Baum so wichtig für die Schlange? Was ist seine Bedeutung? Warum stand er am Anfang neben dem Baum des Lebens? Und warum wurde er nicht einfach der Baum des Todes genannt? War der Baum der Erkenntnis von Gut und Böse nur eine Prüfung des Gehorsams? Oder war er ein Symbol für etwas, das im Zusammenhang mit der großen Kontroverse von großer Bedeutung war? Sollten wir uns darum kümmern, da dies vor so langer Zeit stattfand? Oder sollten wir es einfach als Mythologie abtun, wie es einige getan haben?

Wir können es nicht abtun. Luzifer war dort. Dies ist eines unserer Hauptbeweisstücke. Anstatt es wegzuwerfen, müssen wir graben, graben und noch mehr graben, bis wir herausfinden, was es bedeutet. Es ist entscheidend, dass wir das herausfinden. Dieser Baum ist für uns heute genauso relevant wie er für Adam und Eva war. Wie eine Schlange lauert er, getarnt unter einer wohltätigen und gerechten Erscheinung, versteckt vor unseren Augen, aber direkt vor unseren Augen. Tatsächlich ist sie dabei, unserer Generation ihre wahre Bedeutung auf eine Weise zu offenbaren, wie dies noch nie zuvor geschehen ist.

Vor der Sünde hatten Adam und Eva diesen Baum einfach so verstanden, dass Gott gesagt hatte: "Iss nicht davon, denn wenn du davon isst, wirst du mit Sicherheit sterben". Für sie war seine Bedeutung in der Tat einfach eine Prüfung des Gehorsams. Darüber hinaus befand sich das Moralsystem, das dieser Baum repräsentierte, im Anfangsstadium; der Baum war damals nur ein Schössling. In unseren Tagen ist er gereift und hat seine volle Frucht entfaltet - seine Früchte sind reif, bereit, vom Baum zu fallen, ohne dass ein Wortspiel beabsichtigt ist.

Wir möchten vorschlagen, dass dieser Baum das korrupte - ein grundlegendes Wort-Prinzip, das Luzifer noch im Himmel erdacht hatte. Das Prinzip, das dieser Baum repräsentiert, ist die "Missetat", die in ihm gefunden wurde. In diesem Baum sind all seine Täuschungen über Gott eingebettet. Wenn wir seine Bedeutung nicht begreifen, werden wir von den Lügen des Feindes Gottes und des Menschen völlig vereinnahmt. Wir werden diesen Baum ausgiebig erforschen, aber zuerst müssen wir weiterhin verstehen, wer Luzifer war, bevor er sündigte, und warum er sich gegen Gott aufgelehnt hat.

JEDER EDELSTEIN WAR IHRE DECKUNG...

Luzifer war von "jedem Edelstein" bedeckt. "Jeder" bedeutet, dass es an nichts fehlte - Gott hatte ihn mit allem geschaffen, was für die Vollkommenheit nötig war.

"Kostbar"-yâqâr, bedeutet "wertvoll". Es kann auch bedeuten "hell, klar, teuer, ausgezeichnet, fett, ehrenwerte Frauen, kostbar, Ruf" (Strong's

Dictionary). An anderen Stellen in der Bibel wird dieses Wort mit "lieb", "prächtig" und "prächtig" übersetzt. In 1 Samuel wird es übersetzt mit "selten:"

> *Und das Wort des Herrn war in jenen Tagen* ***selten****; es gab keine weit verbreitete Offenbarung (1 Samuel 3,1, Hervorhebung hinzugefügt).*

In Sprüche 17:27 wird yâqâr mit "ausgezeichnet:" übersetzt.

> *Wer Wissen hat, spart seine Worte: und ein Mann des Verständnisses ist von* ***"hervorragendem"*** *Geist. Selbst ein Narr, wenn er schweigt, gilt als weise; und wer seine Lippen verschließt, gilt als verständnisvoll (Sprüche 17,27-28, Hervorhebung hinzugefügt KJV).*

Angesichts des Kontextes dieses Verses argumentiert Gesenius' Hebräisch-Chaldäisch-Lexikon, dass yâqâr "vielleicht 'mit einem ruhigen Geist' bedeutet, 'ruhig zu sein', still zu sein, sanftmütig zu sein". Die New King James Version folgt tatsächlich dieser Argumentationslinie:

> *Wer Wissen hat, schont seine Worte, und ein Mann des Verständnisses ist von* ***"ruhigem"*** *Geist. 28 Selbst ein Narr gilt als weise, wenn er schweigt; wenn er seine Lippen verschließt, gilt er als scharfsinnig (Sprüche 17:27-28, Hervorhebung hinzugefügt).*

Diese Qualifikation - "kostbar" - weist darauf hin, dass sein Gegenstand, die Steine, die Luzifer bedeckten, in der Tat etwas ganz Besonderes waren. Was auch immer sie bedeuteten, sie gaben ihm einen ausgezeichneten, prächtigen, prächtigen, ruhigen, sanften und demütigen Geist. Die Ungerechtigkeit, die man in ihm fand, machte ihn zum Gegenteil von sanftmütig und demütig: er wurde stolz und von sich selbst erfüllt.

Wir sehen hier ein Geschöpf, dem Gott außergewöhnliche Eigenschaften verliehen hatte. Hesekiel sagte von ihm:

"Du warst das Siegel der Vollkommenheit, voller Weisheit und vollkommen in der Schönheit" (Hesekiel 28,12).

Das Wort "Siegel" bezeichnet im Hebräischen das Gefühl der Endgültigkeit, das Gefühl, etwas zu verschließen:

...die Alten waren es gewohnt, viele Dinge zu versiegeln, für die wir ein Schloss benutzen... Aus einer Rolle oder einem Brief, wenn man ein Siegel erhalten hat, ergibt sich die Bedeutung... (Lexikon von Gesenius).

Die Idee ist, dass Gott, als er Luzifer schuf, ihm ein Siegel aufdrückte, auf dem stand: "Du bist perfekt, ich bin fertig, mehr kann ich hier nicht tun". Luzifer war die Spitze der Linie.

...JEDEN EDELSTEIN...

Das Wort "Stein" hat in der Bibel eine große Bedeutung. Es bezieht sich auf Jesus als "Eckstein" (Psalm 118:22, Jesaja 28:16, Matthäus 21:42 usw.) und auf seine Nachfolger als "lebendige Steine" (1. Petrus 2:5). Das hebräische Wort für Stein ist eben, was "durch die Bedeutung zu bauen; ein Stein" bedeutet (Strong's Dictionary). Eben kommt von dem Wurzelwort bânâh, was "bauen, Kinder bekommen, machen, reparieren, aufstellen, sicher" bedeutet (Strong's Dictionary).

Gesenius' Lexikon erklärt das Wort bânâh so: "ein Haus, einen Tempel, eine Stadt, Mauern, Verteidigungsanlagen ... zu bauen, zu errichten ... es bedeutet, ein Haus für jemanden zu bauen, d.h. ihm eine feste Wohnstätte zu geben; und im übertragenen Sinne, ihn zum Gedeihen zu bringen".

Ein weiteres Wort, das sich aus dem Wort bânâh entwickelt hat, ist das Wort bên, was "ein Sohn (als Erbauer des Familiennamens)" bedeutet (Strong's Dictionary). Dieses letzte Wort wird in Jesaja 9:6 verwendet, um Jesus, den "Reparierer der Bresche" ((Jesaja 58:12), zu bezeichnen. Jesus wurde gesandt, um den Bruch zu reparieren, den Luzifer im Reich Gottes verursacht hatte. Er kam, um den Namen Gottes wieder aufzubauen, den Luzifer verleumdet hatte.

> *Denn uns ist ein Kind geboren, uns ist ein Sohn (bên) gegeben, und die Regierung wird auf seiner Schulter liegen. Und sein Name wird heißen: Wunderbar, Ratgeber, Mächtiger Gott, Ewiger Vater, Friedefürst (Jesaja 9,6).*

Die Idee, die durch diese Worte dargestellt wird, ist, dass Luzifer vor der Sünde ein ganz besonderes Wesen war, dem "jeder Edelstein" gegeben worden war - alles, was nötig war, um den Zweck zu erfüllen, zu dem er erschaffen wurde: den Bau oder die Errichtung einer Schutzmauer um Gottes universelles Reich der Agape-Liebe.

...DER SARDIUS, DER TOPAS UND DER DIAMANT, DER BERYLL, DER ONYX UND DER JASPIS, DER SAPHIR, DER SMARAGD UND DER KARFUNKELSTEIN UND GOLD...

Bei dem Versuch, die Bedeutung dieser Steine zu verstehen, werden wir an den Brustpanzer des Hohepriesters im Heiligtum des Mose erinnert. Gott gab Mose sehr detaillierte Anweisungen bezüglich der Kleidung des Hohepriesters, weil der Hohepriester eine Art Christus war. Jedes Detail seiner Kleidung hatte eine symbolische Bedeutung, die uns helfen sollte, Gott und sein Herz der Agape-Liebe zu verstehen.

Ein Teil der Gewänder des Hohepriesters, seine "Hülle", war ein Brustpanzer (genannt der Brustpanzer des Gerichts), auf dem zwölf Steine (drei Spalten, vier Reihen) in Gold gefasst waren, von denen einige auch in Luzifers "Hülle" waren. Der Brustharnisch wird nachstehend beschrieben:

> *Sie sollen den Brustharnisch des Urteils bilden. Kunstvoll gewebt nach der Kunstfertigkeit des Ephods sollst du ihn anfertigen: aus Gold-, Blau-, Purpur- und Scharlachgarn und feinem gewebtem Leinen sollst du ihn anfertigen. Es soll zu einem Quadrat verdoppelt werden: eine Spannweite ist seine Länge, und eine Spannweite ist seine Breite. Und du sollst Fassungen aus Steinen hineinlegen, vier Reihen von Steinen: Die erste Reihe soll ein Sardius, ein Topas und ein Smaragd sein; dies soll die erste Reihe sein; die zweite Reihe soll ein Türkis, ein Saphir und eine Raute sein; die dritte Reihe soll ein Jacinth, ein Achat und ein Amethyst sein; und die vierte Reihe soll ein Beryll, ein Onyx und ein Jaspis sein. Sie sollen in Goldfassungen gefasst sein. Und die Steine sollen die Namen der Söhne Israels tragen, zwölf nach ihren Namen, wie die Gravuren eines Siegels, jeder mit seinem eigenen Namen; sie sollen nach den zwölf Stämmen sein (Exodus 28,15-21).*

Der Brustpanzer wurde auf die Brust, das Herz des Priesters, gelegt. Daher wurde er "der Brustpanzer des Gerichts" genannt, weil im Herzen die Urteile - Entscheidungen - gefällt werden.

Auf jedem Stein auf dem Brustpanzer des Hohenpriesters war einer der Namen der zwölf Söhne Jakobs eingemeißelt. Jakobs Söhne sollten die Erbauer des Reiches Gottes auf Erden sein. Ihnen wurden die Orakel von Gottes Gesetz der Agape-Liebe gegeben - das, wenn sie danach lebten, ein "sicheres Haus" für jeden Menschen errichten sollte, der sich entschied, inmitten der großen Kontroverse seine Sicherheit zu suchen. Diese Söhne (Steine) sollten der Kanal für eine "stabile Wohnstätte" für die Menschheit sein; sie sollten die Welt in den Wegen des Lebens - der Agape-Liebe - leiten und dafür sorgen, dass sie gedeiht und gedeiht.

Als Jesus den Schauplatz betrat, setzte er zwölf Apostel ein. Die Namen der Apostel sind auf den Fundamenten des neuen Jerusalem eingraviert:

> *Die Stadtmauer aber hatte zwölf Grundmauern, und auf ihnen standen die Namen der zwölf Apostel des Lammes (Offenbarung 21,14).*

Warum stehen die Namen der Apostel auf den Fundamenten des neuen Jerusalems geschrieben und nicht die Namen der Söhne Jakobs? Vielleicht, weil es die Apostel waren, die das reine Evangelium verbreiteten - die reine Offenbarung Gottes, die sie in der Person Jesu Christi bezeugt hatten. Sie sind also die "Baumeister", die "Steine" des neuen Jerusalem, der Stadt Gottes. Sie bauen sie mit Gottes Gesetz der Agape-Liebe.

Petrus bezieht sich in seinem ersten Brief auf dieses alttestamentliche Konzept der "Steine":

> *Darum lege ab alle Bosheit, allen Betrug, alle Heuchelei, allen Neid und alles Böse, das redet, wie neugeborene Babys, und begehre die reine Milch des Wortes, damit du dadurch wachsen kannst, wenn du wirklich gekostet hast, dass der Herr gnädig ist.* ***Ihr*** *kommt zu ihm wie zu einem* ***lebendigen Stein****, der in der Tat von den Menschen abgelehnt, aber* ***von Gott auserwählt und kostbar ist, und auch ihr werdet***

> ***als lebendige Steine ein geistliches Haus, ein heiliges Priestertum, aufbauen, um geistliche Opfer darzubringen, die Gott durch Jesus Christus annehmbar sind.*** *Deshalb heißt es auch in der Heiligen Schrift: "Siehe, ich lege in* ***Zion einen Eckstein, auserwählt und kostbar, und wer an ihn glaubt, wird keineswegs beschämt werden". Deshalb ist er für euch, die ihr glaubt, kostbar; aber für die Ungehorsamen heißt es: "Der Stein, den die Bauleute verworfen haben, ist zum Eckstein geworden", und "Ein Stein des Anstoßes und ein Fels des Anstoßes".*** *Sie stolpern, weil sie dem Wort ungehorsam sind, zu dem auch sie berufen wurden. Ihr aber seid eine auserwählte Generation, eine königliche Priesterschaft, eine heilige Nation, sein eigenes besonderes Volk,* ***damit ihr den Lobpreis dessen verkündet, der euch aus der Finsternis in sein wunderbares Licht gerufen hat, der einst kein Volk war, sondern jetzt das Volk Gottes ist, der keine Barmherzigkeit erlangt hatte, sondern jetzt Barmherzigkeit erlangt hat*** *(1. Petrus 2,1-10, Hervorhebung hinzugefügt).*

Jesus ist der "lebendige Stein", der Stein des Lebens. Er wurde von den Menschen abgelehnt, aber er war "von Gott auserwählt und kostbar". Jesus ist der "wichtigste Eckstein", auf dem Gottes ganzes Haus gebaut ist. Auch wir sollen "lebendige Steine" sein, und wir mögen von den Menschen verworfen, aber "von Gott auserwählt" sein. Als "lebendige Steine" sollen wir "den Lobpreis dessen" verkünden, der uns "aus der Finsternis in sein wunderbares Licht" gerufen hat. Wir kommen aus der Finsternis, wenn wir glauben, was Jesus über den Vater der Agape-Liebe offenbart hat; dann wissen wir, dass wir Gottes Söhne und Töchter sind - wir sind sein Volk, und wir haben "Barmherzigkeit erlangt". Wenn wir mit unserer Studie fortfahren, werden wir sehen, was dies bedeutet und wie wichtig es ist, Barmherzigkeit zu erlangen.

Luzifers Bedeckung hatte nur neun Steine - Gold ist ein Metall. Gold war eine "Fassung", genau wie im Brustpanzer des Hohepriesters.

Einige haben diese Steine so interpretiert: Luzifer war in der Tat das Siegel der Vollkommenheit vor der Erschaffung der Menschheit - jeder

Edelstein war seine Hülle. Aber als Gott die Menschheit schuf, fügte er der Schöpfung eine neue Dimension hinzu, etwas, das er noch nicht getan hatte. Die drei zusätzlichen Steine in der Brustplatte repräsentierten die drei Arten von Beziehungen der Menschheit: Eltern/Kind, Geschwister und Ehemann/Ehefrau. Dies hängt mit der einzigartigen Zeugungsfähigkeit von Menschen zusammen (im Gegensatz zu Engeln zum Beispiel, die sich nicht fortpflanzen) - wir wurden nach dem Bild Gottes geschaffen - wir sind in diesem Sinne Schöpfer. Wir haben unsere Einzigartigkeit oder Besonderheit noch nicht erkannt. Vielleicht werden wir es eines Tages erkennen.

Es gibt einen weiteren Fall in der Bibel, in dem Steine erwähnt werden. In Hesekiel sagt der Prophet, dass Gott Luzifer "aus der Mitte der Feuersteine" vernichten würde, Hesekiel 28:16. Die Bedeutung von "den Steinen aus Feuer" wird vom Propheten Jesaja beschrieben, der, als er Gott von Angesicht zu Angesicht begegnete, durch seine eigene Sündhaftigkeit gedemütigt wurde - er fühlte sich nackt vor Gott. Aber Gottes Reaktion war es, Liebe, Gnade und Barmherzigkeit durch die symbolischen "Steine aus Feuer" über ihn auszugießen. Hören Sie Jesajas eigene Worte:

> *"Wehe mir, denn ich bin verloren!*
> *Weil ich ein Mann mit unreinen Lippen bin,*
> *Und ich wohne inmitten eines Volkes von unreinen Lippen;*
> *Denn meine Augen haben den König gesehen,*
> *Der Herr der Heerscharen".*
> *Dann flog einer der Seraphim zu mir, in* ***der Hand eine lebende Kohle***
> *die er mit der Zange vom Altar genommen hatte. Und er berührte meine*
> *mit dem Mund und sagte:*
> *Gott auf dem Prüfstand*
> ***"Siehe, dies hat deine Lippen berührt;***
> ***Ihre Missetat wird weggenommen,***
> ***Und deine Sünde ist geläutert"*** *(Jesaja 6,5-7, Hervorhebung hinzugefügt).*

Die "lebendige Kohle" ist ein "Stein des Feuers"; sie repräsentiert Gottes bedingungslose Agape-Liebe, seine Gnade und Barmherzigkeit uns gegenüber, die nicht auf unseren Verdiensten oder deren Fehlen beruht. Im Buch der Sprichwörter sehen wir dieselbe Symbolik, auch im Zusammenhang mit der bedingungslosen Liebe:

Wenn Ihr Feind hungrig ist, geben Sie ihm Brot zu essen;
Und wenn er durstig ist, geben Sie ihm Wasser zu trinken;
Denn so werdet ihr Feuerkohlen auf sein Haupt häufen,
Und der Herr wird Sie belohnen (Sprüche 25,21-22).

Und der Apostel Paulus schließt sich den Worten Salomos an:

Deshalb "Wenn dein Feind hungrig ist, gib ihm zu essen; wenn er durstig ist, gib ihm eine trinkt; denn dadurch werdet ihr Feuerkohlen auf sein Haupt häufen" (Römer 12,20).

Feurige Steine sind daher schimmernde Symbole für Gottes unermessliches Herz der Liebe und Barmherzigkeit. Sie sind Embleme der Unerschütterlichkeit (Der Fels) und der bedingungslosen Natur Seiner Agape-Liebe - einer inbrünstigen Liebe, die so heiß wie Feuer und so stark wie Steine dargestellt wird.

Diese Metapher, dass "Feuer" die Liebe Gottes ist, wird auch durch einen anderen Bibelvers bestätigt, in dem seine Liebe als "Feuerflammen" beschrieben wird.

Denn die Liebe ist so stark wie der Tod, die Eifersucht so grausam wie das Grab; ***ihre Flammen sind Feuerflammen****, eine sehr heftige Flamme (Hohelied Salomos 8,6, Hervorhebung hinzugefügt).*

Könnten die neun Steine, mit denen Luzifer bedeckt war, vielleicht symbolisch für die verschiedenen Facetten der Agape-Liebe stehen, wie sie in 1 Korinther 13 beschrieben sind? Das mag weit hergeholt sein, ist aber eine

Überlegung wert:

1. die Liebe leidet lange (erträgt alle Dinge, erträgt alle Dinge - verliert nie die Geduld)
2. Liebe ist gütig (verhält sich nicht unhöflich)
3. Liebe beneidet andere nicht
4. Liebe zeigt sich nicht, ist nicht aufgeblasen (kein Stolz)
5. Liebe sucht nicht das Eigene (ist nicht egoistisch)
6. die Liebe wird nicht provoziert, denkt nichts Böses (von anderen oder gegenüber anderen - sie ist rein und denkt nur reine Gedanken über andere)
7. Liebe freut sich nicht über Ungerechtigkeit, sondern freut sich über die Wahrheit
8. Liebe glaubt alle Dinge, hofft alle Dinge (ist extrem positiv für die eigene Zukunft)
9. Liebe versagt nie (hört nie auf zu lieben)

Wenn dies die "Edelsteine" waren, die Luzifer bedeckten, dann war er in der Tat perfekt. Aber warum waren neun Steine auf Luzifer und zwölf im Brustpanzer des Hohenpriesters? Vielleicht, weil mit der Erschaffung der Menschheit drei weitere Aspekte des Charakters Gottes ans Licht kamen, Aspekte, die es schon immer gab, die aber vor der großen Kontroverse nicht bekannt gewesen sein konnten, da es für ein sündloses Universum keine Möglichkeit gab, sie zu beobachten. Diese sind:

1. Freiheit
2. Unparteilichkeit
3. Gleichberechtigter Zugang

Wenn diese Interpretation zutrifft, dann würden diese drei zusätzlichen Steine die zwölf statt neun Steine auf dem Brustpanzer des Hohenpriesters erklären. Freiheit, Unparteilichkeit und gleichberechtigter Zugang sind auch grundlegende Eigenschaften von Gottes Agape-Liebe, dem Gesetz, nach dem er seine Regierung führt. Aber ihre wahre Bedeutung kann nur im Zusammenhang mit der Sünde lebendig werden, wie wir sehen werden.

DIE VERARBEITUNG IHRER KLANGFARBEN UND PFEIFEN WURDE AM TAG IHRER ENTSTEHUNG FÜR SIE VORBEREITET.

"Arbeit"-mlâkâh-bedeutet "richtig, Stellvertretung, d.h. Ministerium; allgemein, Beschäftigung" (Strong's Concordance).

Eine "Klangfarbe" ist ein Schlaginstrument, so etwas wie ein Tamburin - ein Musikinstrument. Seine "Pfeifen" -neqeb- bedeuten "Lünetten (für einen Edelstein)". Im Lexikon von Gesenius heißt es aber auch: "eine Fassung zum Fassen eines Edelsteins, pala gemmarum (wie von Hieronymus zu Recht wiedergegeben), so genannt aus seiner Hohlheit...Andere verstehen darunter eine Pfeife", aus einem Wortstamm, der "durchbohren" bedeutet.

Da dieses Wort "Pfeife" in der gesamten Bibel nur einmal vorkommt, ist es unmöglich, es mit einem anderen Kontext zu vergleichen. Allerdings könnten sich diese "Pfeifen" möglicherweise auch auf eine Flöte beziehen. Warum?

Ein paar Verse weiter unten in Hesekiel 28,18 lesen wir dies von Luzifer: "Ihr habt eure Heiligtümer entweiht durch die Menge eurer Missetaten". Das hebräische Wort "befleckt" ist châlal, was "langweilen" bedeutet, aber es bedeutet auch "Flöte spielen".

> *châlal - Eine primitive Wurzel; richtig zu bohren, d.h. (durch Implikation) zu verwunden, aufzulösen; bildlich zu profan (eine Person, ein Ort oder ein Ding), zu brechen (sein Wort), zu beginnen (wie durch einen Öffnungskeil); denominativ (ab H2485) zu spielen (die Flöte): - anfangen (Männer begannen), schänden, brechen, schänden, essen (als gewöhnliche Dinge), zuerst die Traube davon ernten, das Erbe*

> *antreten, Pfeife, Spieler auf Instrumenten, beschmutzen, (als) Profanes (Selbst), Prostituierte, erschlagen (erschlagen), Trauer, Fleck, Wunde (Strong's Concordance).*

Dies bringt eine interessante neue Dimension in diese Studie, da viele der alten Götter der Menschheitsgeschichte, wie Osiris, Krishna, Pan, Kokopelli usw. Flötenspieler waren. Wer sich für diese Studienrichtung interessiert, kann die Dissertation über Mozarts Oper Die Zauberflöte, Die Zauberflöte und das Moralgesetz der Gegenkräfte von Denice Grant in der Bibliothek der University of Washington lesen (Link unter www.grace-unlimited-ministries. org). Wenn es einen Verdienst an dieser Forschungsrichtung gibt, dann wurde Luzifer tatsächlich der kosmische Rattenfänger.

Luzifers himmlisches Wirken scheint definitiv in irgendeiner Weise mit Musik zu tun gehabt zu haben. Die beschreibenden Worte "die Verarbeitung Ihrer Klangfarben und Pfeifen" deuten darauf hin, dass er ein Musiker war. Und da er der höchste aller Engel war, könnten wir annehmen, dass er vielleicht der Meistermusiker des Himmels war. Könnte es sein, dass Musik die Sprache des Himmels war? Und dass Luzifer die Botschaften Gottes durch Musik vermittelte? Das wissen wir natürlich nicht mit Sicherheit, es ist nur eine Vermutung.

DU WARST DER GESALBTE CHERUB...

Wenn wir in unserer Wortstudie weitergehen, kommen wir zu dem Wort "gesalbt". Luzifer war nicht nur ein gesalbter Cherub; er war der gesalbte Cherub. Dies gibt uns einen Hinweis auf seine Einzigartigkeit und seine besondere Rolle unter der gesamten Engelsschar, deren Zahl in der Offenbarung auf diese Weise ausgedrückt wird:

> *Und ich sah, und ich hörte die Stimme vieler Engel um den Thron, der lebendigen Geschöpfe und der Ältesten; und ihre Zahl war zehn-*

tausendmal zehntausendmal tausend und abertausendtausend (Offenbarung 5,11).

Dies ist eine riesige Zahl, was auch immer es ist, und sie gibt uns eine neue Perspektive in Bezug auf Luzifers Rolle vor seinem Sturz, da er der Anführer dieser riesigen Schar war. Dies zu wissen, hilft uns auch zu verstehen, welche Art von Einfluss er hatte und wie sich sein Einfluss in seiner Rebellion auswirkte.

Das hebräische Wort "gesalbt" - mimshach - hat eine interessante Konnotation. Es bedeutet "im Sinne von Ausdehnung; ausgebreitet (d.h. mit ausgestreckten Flügeln):-gesalbt" (Strong's Concordance).

Mimshach entwickelte sich Was war seine Position, sein Beruf und das Amt, für das er geschaffen wurde? Was bedeuteten seine "ausgebreiteten", "ausgestreckten Flügel"? Der nächste Abschnitt soll diese Frage beantworten.

...DER CHERUB...

Ein Cherub ist ein Engel der höchsten Ordnung im Himmel. Luzifer war ein "bedeckender" Cherub, der ihn noch höher machte - die höchste Ordnung des Himmels. Das Wort "bedeckt" heißt im Hebräischen çâkak, was soviel bedeutet wie "richtig, sich wie ein Schirm umschlingen; implizit, einzäunen, bedecken, (bildlich) schützen" (Strong's Konkordanz).

Wir sehen also, dass Luzifer ein Beschützer, ein Verteidiger war. Das erklärt die ausgestreckten Flügel - sie sind ein Symbol dafür, etwas "wie einen Schirm" zu umschlingen, es einzuzäunen, zu bedecken, zu schützen.

Jesus selbst benutzte auch die Idee der "ausgestreckten Flügel" als ein Symbol des Schutzes:

"O Jerusalem, Jerusalem, derjenige, der die Propheten und Steine tötet diejenigen, die zu ihr geschickt werden! Wie oft wollte ich Ihre

*Kinder sammeln zusammen, **wie eine Henne ihre Küken unter ihren Flügeln versammelt**, aber Sie waren nicht willig" (Matthäus 23,37, Hervorhebung hinzugefügt)!*

Luzifers Aufgabe war es, wie der metaphorische "Stein" - der eine sichere Umgebung für alle Geschöpfe aufbaut, schützt und schafft - sicherzustellen, dass das Universum geschützt wird. Ihm war das heilige Amt eines Hüters übertragen worden. Was bewachte, beschützte oder verteidigte er? Was auch immer es war, es muss etwas von großer Bedeutung für Gott gewesen sein.

Um dies zu verstehen, müssen wir uns in das irdische Heiligtum begeben, das Moses in der Wüste gebaut hat. Das Heiligtum war "das Abbild und der Schatten der himmlischen Dinge" (Hebräer 8,5), daher können wir beim Betrachten des Heiligtums von "himmlischen Dingen" lernen. Das Heiligtum war nicht unbedingt eine Kopie eines himmlischen Gebäudes, sondern von himmlischen Dingen, denn im Buch der Offenbarung heißt es: "Und ich sah keinen Tempel darin; denn der Herr, der allmächtige Gott, und das Lamm sind sein Tempel" (Offenbarung 21:22).

Wenn wir den Tempel nur als ein buchstäbliches Gebäude betrachten, werden wir die Botschaften, die Gott uns durch seine symbolischen Bedeutungen vermitteln will, völlig verpassen. Mit diesen Dingen beschäftigen wir uns gerade in diesem Augenblick - Gottes Charakter, Satans Rebellion und jeder Schritt des Plans, den Gott in Gang gesetzt hat, um die menschliche Rasse zurückzufordern und den Rest des Universums zu erleuchten: der Erlösungsplan. Jede Aktivität und jeder Gegenstand im irdischen Heiligtum war ein Spiegelbild dessen, was seit Beginn der großen Kontroverse geschehen ist und noch geschehen wird, und zeigt, wie Gott mit diesem Problem umgeht. Durch das Heiligtum erfahren wir, dass Er nur durch das Prinzip gehandelt hat, das die Grundlage seiner Regierung ist: die Agape-Liebe.

So erfahren wir im irdischen Heiligtum von Luzifers Ziel und seiner Stellung im Himmel vor seiner Rebellion:

> *Du sollst einen Gnadensitz aus reinem Gold machen; zweieinhalb Ellen soll seine Länge und anderthalb Ellen seine Breite sein. Und du sollst zwei Cherubim aus Gold machen; aus gehämmerter Arbeit sollst du sie an den beiden Enden des Gnadenthrons machen. Mache einen Cherub an einem Ende und den anderen Cherub am anderen Ende; die Cherubim an seinen beiden Enden sollst du aus einem Stück mit dem Gnadenthron machen. Und die Cherubim sollen ihre Flügel nach oben ausbreiten und* ***den Gnadenthron mit ihren Flügeln bedecken****, und sie sollen einander zugewandt sein; die Gesichter der Cherubim sollen dem Gnadenthron zugewandt sein. Du sollst den Gnadenthron auf die Spitze der Arche setzen, und in die Arche sollst du das Zeugnis legen, das ich dir geben werde. Und dort werde ich dir begegnen, und ich werde mit dir reden von oberhalb des Gnadenthrons aus, zwischen den beiden Cherubim, die auf der Lade des Zeugnisses sind, über alles, was ich dir im Gebot an die Kinder Israel geben werde (Exodus 25,17-22, Hervorhebung hinzugefügt).*

In Moses' Heiligtum gab es zwei deckende Cherubim. Beide streckten ihre Flügel über den "Barmherzigkeitssitz", der im Abteil des Allerheiligsten Platzes stationiert war. Der Gnadensitz war der Deckel der Arche, die das "Zeugnis", die Tafeln der Zehn Gebote, enthielt. Die beiden Cherubim "bedeckten" oder standen über dem "Gnadensitz" und der Arche des Zeugnisses.

Die Zehn Gebote sind eine kompakte Version von Gottes Gesetz der Agape-Liebe, die speziell für die menschliche Rasse angepasst wurde. Sie verkörpern unsere Beziehung zu Gott und zu unserer Mitmenschenfamilie. Kurz gesagt, das Allerheiligste stellt also den eigentlichen Thronsaal Gottes und die Zehn Gebote dar, was eine Abschrift seines Charakters der Liebe ist. "Barmherzigkeitssitz" ist eine andere Ausdrucksweise für "Thron der Barmherzigkeit". Das Wort "Sitz" bezieht sich auf den Thron Gottes. Der Thron ist ein Symbol der Regierung Gottes, und er wird "Barmherzigkeitssitz" genannt, weil die Barmherzigkeit die Grundlage seiner Regierung ist.

> *Gerechtigkeit und Rechtschaffenheit sind das Fundament Deines Thrones; Barmherzigkeit und Wahrheit gehen vor Dein Angesicht (Psalm 89,14).*

> ***In Barmherzigkeit wird der Thron errichtet werden**, und man wird in Wahrheit darauf sitzen, im Tabernakel Davids, richtend und Gerechtigkeit suchend und eilendGerechtigkeit" (Jesaja 16:5, Hervorhebung hinzugefügt).*

> *Lasst uns daher kühn auf den **Thron der Gnade** kommen, damit wir **Barmherzigkeit erlangen und Gnade finden, um** in Zeiten der Not zu **helfen** (Hebräer 4,16, Hervorhebung hinzugefügt).*

Als "der gesalbte Cherub, der bedeckt", war Luzifer einer jener beiden "bedeckenden", "schützenden" Cherubim, die Gottes Regierung der Barmherzigkeit bewachten. Als solcher hatte er eine der Gott am nächsten stehenden Positionen im ganzen Universum inne - er war ein Beschützer, ein Hüter von Gottes Gesetz der Liebe und Barmherzigkeit. Im weiteren Sinne war er ein Beschützer des Universums, ein Beschützer des Lebens, denn durch Gottes Gesetz der Liebe wird das ewige Leben ermöglicht - Gottes Gesetz ist das, was das Leben schützt. Gottes Gesetz ist der perfekte Mechanismus oder das perfekte System für die Koexistenz. In Gottes Universum gab es keinen Tod. Luzifer selbst hat den Tod ins Leben gerufen, indem er sich gegen genau das auflehnte, worüber er zu wachen pflegte.

Luzifers Anstellung hatte alles mit dem Gesetz der Agape-Liebe zu tun. Da die Agape-Liebe das eigentliche Wesen des Charakters Gottes ist, ist sie auch das wichtigste Element seines Reiches. Der "Hüter des Gesetzes" würde natürlich als die wichtigste Stellung im Himmel angesehen. Daher erhob ihn Luzifers Titel zu einem Ort großer Macht und großen Einflusses im Universum.

Hesekiel sagt, dass Gott selbst Luzifer auf den heiligen Berg Gottes gesetzt hat: "Ich habe dich eingesetzt" (Hesekiel 28,14). Gott hatte ihm diese höchst privilegierte Stellung im Kosmos gegeben, genau dort in seiner Gegenwart -

er hatte ihn genau zu diesem Zweck geschaffen.

Königreiche können ohne Gesetze nicht überleben. Die Ordnung wird durch das Gesetz aufrechterhalten. So ist es auch im Himmel. Gott hat ein Gesetz, von dem das Überleben des Universums abhängt. Aber sein Gesetz schafft vollkommene Harmonie und Ordnung. Gottes Ordnung ist völlig anders als die Ordnung dieser Welt.

Angesichts dieser Tatsachen können wir den Schluss ziehen, dass Luzifer mit Gottes Gesetz der Agape-Liebe engstens vertraut war. Er wusste, dass die Grundlage des Gesetzes die "Barmherzigkeit" ist. Er wurde mit der Fähigkeit geschaffen, nach diesem vollkommenen Gesetz zu leben, und Liebe und Barmherzigkeit waren die einzigen Prinzipien, die seinen eigenen Charakter beherrschten. Wenn wir also sagen, dass Luzifer sich in einer Position großer Macht und großen Einflusses befand, müssen wir erkennen, dass seine Macht und sein Einfluss vor seiner Rebellion nur innerhalb der Parameter der Agape-Liebe ausgeübt wurden.

Wir können mit Sicherheit davon ausgehen, dass er vor seiner Rebellion mit absoluter Freude und ohne Vorbehalte nach Gottes Gesetz der Liebe lebte. Als solcher genoss er Frieden und Harmonie in sich selbst, mit Gott und mit allen anderen Geschöpfen. Er war sanftmütig, er war demütig; er hatte das Herz eines Dieners. Er kannte nichts anderes. So nahm er vom Tag seiner Erschaffung an Gottes ewiges Prinzip der Liebe, von dem das Universum regiert wurde, in vollem Umfang an. Und wegen der Agape hatte er jedoch die Freiheit, sich anders zu entscheiden. Und eines Tages tat er es.

An diesem schicksalhaften Tag wandte sich Luzifer gegen Gott und sein Gesetz. Es wurde zu einem Krieg gegen die Regierung Gottes, ein Krieg, der speziell gegen das Gesetz der Barmherzigkeit gerichtet war, das er bis dahin geschützt hatte.

> *Und im Himmel brach Krieg aus: Michael und seine Engel kämpften mit dem Drachen; und der Drache und seine Engel kämpften... (Offenbarung 12:7).*

Warum? Welche mögliche Kritik könnte Luzifer an Gottes Gesetz gehabt haben? Wir haben eine mögliche Antwort, aber lassen Sie uns zunächst tiefer gehen und sehen, was in seinem Geist geschah, als er sich gegen das "vollkommene Gesetz der Freiheit" (Jakobus 1,25) auflehnte.

DU WARST VOM TAG DEINER ERSCHAFFUNG AN PERFEKT IN DEINER ART...

Wir sind im entscheidenden Moment angekommen; hier beginnen sich die Dinge zu ändern. Hesekiel sagt, dass Luzifer auf seine Weise "vollkommen" war. Schließlich war er "das Siegel der Vollkommenheit, voller Weisheit und vollkommen in seiner Schönheit" (Hesekiel 28,12). Er war Gottes höchste Schöpfung. Es gab absolut keinen Makel in ihm, keine Neigung zum Bösen.

Aber was bedeutet "vollkommen auf seine Weise" nach der Bibel? Das Wort tâmıym - "vollkommen" - bedeutet "ganz", "vollkommen", auch "vollständig" (Strong's Dictionary). "Ganzheitlich" bedeutet, voll, vollständig, ungeteilt zu sein. Tâmıym bedeutet auch, moralisch unbefleckt, ohne Makel oder Flecken, rechtschaffen, integer und wahrhaftig zu sein (Strong's Dictionary). Das bedeutet, dass Luzifer moralisch reinweiß war, ohne jegliche schwarze Flecken. Es gab überhaupt keinen Widerspruch, keine Mischung von Gegensätzen, Dualität oder Doppelzüngigkeit in ihm. Er war rein und heilig wie Gott.

Derek - "Wege" - bedeutet "ein Weg, bildlich gesprochen, ein Lebensweg oder eine Handlungsweise" (Strong's Dictionary). Was ist ein "Lebensweg" und eine "Wirkungsweise" (Strong's Dictionary)? Ist es nicht der eigene moralische, ethische Kodex? Und ist es nicht der Moralkodex, der den Charakter, die "Lebensweise" eines Menschen bestimmt? Das bedeutet, dass Luzifer moralisch einwandfrei war - er hatte einen "vollkommenen", "ganzen", einzigen, nicht-dualistischen Charakter, der auf einer "vollkommenen", "ganzen", einzigen, nicht-dualistischen moralischen Gesetzmäßigkeit beruhte - Affenliebe.

Gottes Gesetz ist "vollkommen" und "heilig:"

> *Wer aber in das vollkommene Gesetz der Freiheit hineinschaut und in ihm fortfährt und nicht ein vergesslicher Hörer, sondern ein Täter des Werkes ist, der wird gesegnet werden in dem, was er tut (Jakobus 1,25).*
>
> *Darum ist das Gesetz heilig und das Gebot heilig und gerecht und gut (Römer 7,12).*

Das Gesetz ist "perfekt" und "heilig", weil es rein, nicht-dualistisch und nicht korrupt ist; es ist unveränderlich. Luzifer war also in keiner Weise gespalten - seine moralische Verfassung war ungeteilt. Er wurde von bedingungsloser Liebe getrieben, und er war unparteiisch. Er war immer derselbe, unveränderlich unter allen Umständen, genau wie Gott.

All dies impliziert, dass Luzifer nicht mehr wie Gott war, als "die Missetat in ihm gefunden wurde". Er war nicht mehr "vollständig", "ganz", sondern zerbrochen und doppelzüngig. Der Apostel Jakobus, dessen Bibel das hebräische Alte Testament war, kannte seine hebräischen Worte gut. Er benutzte auch das Wort "vollkommen" in Verbindung mit dem Wort "ganz" - beides im Zusammenhang mit "Doppelgesinnung".

> *Aber lasst die Geduld ihr vollkommenes Werk haben, damit ihr* ***vollkommen und ganz*** *seid und nichts wollt. Wenn einem von euch die Weisheit fehlt, so bitte er Gott, der allen Menschen freigebig gibt und nicht schimpft; und sie soll ihm gegeben werden. Aber er möge im Glauben bitten, ohne zu wanken. Denn wer schwankt, ist wie eine Welle des Meeres, die vom Wind getrieben und geworfen wird. Denn dieser Mensch soll nicht glauben, dass er etwas vom Herrn empfangen wird.* ***Ein zwiespältiger Mensch ist labil in allen seinen Wegen*** *(Jakobus 1,4-8 KJV, Hervorhebung hinzugefügt).*

Luzifers Vervollkommnung vor der Sünde lässt darauf schließen, dass er in allen seinen Verhaltensweisen "stabil" war. Aber er war nicht von sich aus so; es war Gottes Gesetz der Agape-Liebe, das ihn so machte. Er reflektierte lediglich, was er im Schöpfer sah. Gott erschafft intelligente Wesen, die in der Lage sind, das widerzuspiegeln, was sie in ihm sehen. Dies ist ein biblisches Prinzip, das im Buch Micha dargelegt ist:

> ***Denn alle Menschen wandeln ein jeder im Namen seines Gottes,*** *wir aber werden wandeln im Namen des Herrn, unseres Gottes, von Ewigkeit zu Ewigkeit (Micha 4,5, Hervorhebung hinzugefügt).*

Alle intelligenten Geschöpfe - uns eingeschlossen - wandeln nach ihrer Vorstellung von Gott. Unser Verständnis von Gott wird unsere Beziehung zu anderen Menschen bestimmen und sogar unser eigenes Urteil beeinflussen, denn wir werden nach dem Urteil beurteilt werden, das wir anwenden. Das erklärt, warum Gott so darauf besteht, dass wir ihn so kennen lernen, wie er wirklich ist:

> *Und dies ist das ewige Leben, damit sie* ***dich, den einzigen wahren Gott****, und Jesus Christus, den du gesandt hast,* ***erkennen*** *(Joh 17,3, Hervorhebung hinzugefügt).*

> *"Denn mein Volk ist töricht,* ***es hat mich nicht erkannt****. Es sind törichte Kinder, und sie haben kein Verständnis. Sie sind weise, Böses zu tun, aber um Gutes zu tun, haben sie kein Wissen" (Jeremia 4:22, Hervorhebung hinzugefügt).*

> *Und wir wissen, dass der Sohn Gottes gekommen ist und uns ein Verständnis gegeben hat,* ***damit wir den erkennen, der wahr ist****, und wir sind in ihm, der wahr ist, auch in seinem Sohn Jesus Christus. Dies ist der wahre Gott und das ewige Leben (1 Joh 5,20, Hervorhebung hinzugefügt).*

"Ganzheitlich" zu sein -tâmıym- bedeutet auch, "ohne Makel" zu sein. An anderer Stelle in der Bibel wird dieses Wort erstaunlicherweise verwendet, um ein makelloses, unbeflecktes Opferlamm zu beschreiben. Im Falle des

Lammes bedeutet tâmıym, dass es vollständig weiß sein musste, ohne jegliche schwarze Flecken. Dies ist eine Metapher, durch die wir besser verstehen können, was Gott uns zeigen will. Das reine, völlig weiße Lamm war ein Symbol, das auf den kommenden Messias hinwies und seine Charakterreinheit repräsentierte - er würde einen Gott offenbaren, dessen Charakter reines Licht (Agape-Liebe) ist und in dem "es überhaupt keine Finsternis (Missetat) gibt" (1. Johannes 1,5). Dies wäre die Botschaft des Messias.

Jetzt können wir also sehen, woher die biblischen Metaphern von Schwarz und Weiß, Licht und Finsternis kommen. Moses schrieb:

> ***Euer Lamm soll ohne Makel sein*** *[TÂMIYM], ein Männchen des ersten Jahres: ihr sollt es von den Schafen oder von den Ziegen ausnehmen (Exodus 12,5; KJV, Hervorhebung hinzugefügt).*

Das "makellose" Opferlamm war ein Symbol für Jesus, von dem Johannes der Täufer sagte: "Siehe, das Lamm Gottes, das die Sünde der Welt hinwegnimmt" (Johannes 1,29)!

Als das "vollkommene" Lamm hatte Jesus einen "vollkommenen", "ganzen" Charakter. Er hatte absolut keine dunklen Flecken in sich. Das bedeutet, dass er ganz nach dem Gesetz der Agape-Liebe und -Barmherzigkeit lebte und nicht ein einziges Mal nach außen trat oder davon abwich. Sein Charakter war bedingungslos, unparteiisch, ungeteilt, unvermischt. Der Charakter Jesu war in all seinen Ausprägungen ledig und stabil.

Hesekiels Beschreibung von Luzifer impliziert, dass er einst makellos war, so wie das makellose Lamm Gottes makellos ist, das auf seine Weise vollkommen ist. So hatte Luzifer vor der Sünde denselben reinen, ungeteilten Charakter wie Christus.

> *Das Böse hat seinen Ursprung bei Luzifer, der sich gegen die Regierung Gottes auflehnte. Vor seinem Sturz war er ein deckender Cherub, der sich durch seine Vortrefflichkeit auszeichnete.* ***Gott machte ihn gut***

> ***und schön, so nah wie möglich an sich selbst*** *(The Review and Herald, 24. September 1901) {4BC 1163.1, Hervorhebung hinzugefügt}.*

Der Wendepunkt, die Sache, die Luzifer aus seinem perfekten Zustand herausbrachte, war die "Ungerechtigkeit" - "Du warst perfekt in deinen Wegen, bis die Ungerechtigkeit in dir gefunden wurde". Was auch immer es war, die Ungerechtigkeit veranlasste Luzifer, das Gegenteil von Christus zu werden. Er wurde bedingt, parteiisch, gespalten, zwiespältig, mit Widersprüchen vermischt und dadurch in all seinen Wegen instabil. Tatsächlich nennen die Okkultisten Luzifer mit dem Namen Mercurius (der "alchemistische Geist"), nach dem Metall Quecksilber, eben wegen der Instabilität und Flüchtigkeit dieses Metalls. Über Mercurius sagte Carl Jung, der bekannte Psychiater und Alchimist: "Er ist gut zu den Guten und böse zu den Bösen." Dies ist ein Zeichen für einen instabilen Charakter, der sich je nach den Umständen ändert. Das ist es, was Luzifer wurde, als "die Ungerechtigkeit in ihm gefunden wurde".

Im Gegensatz dazu ist Jesus sowohl gut zu den Guten als auch gut zu den Bösen. Dies hat er in der Bergpredigt angesprochen, als er sagte:

> *"Ihr habt gehört, dass gesagt wurde: 'Du sollst deinen Nächsten lieben und deinen Feind hassen'. Ich aber sage euch: Liebet eure Feinde, segnet, die euch verfluchen, tut Gutes denen, die euch hassen, und betet für die, die euch gehässig benutzen und verfolgen, damit ihr Söhne eures Vaters im Himmel werdet; denn er lässt seine Sonne aufgehen über Bösen und Guten und lässt regnen über Gerechte und Ungerechte. Denn wenn ihr die liebt, die euch lieben, welchen Lohn habt ihr dann? Tun nicht einmal die Zöllner dasselbe? Und wenn ihr nur eure Brüder grüßt, was tut ihr dann mehr als andere? Tun nicht einmal die Zöllner dies? Darum sollt ihr vollkommen sein, wie euer Vater im Himmel vollkommen ist" (Matthäus 5,43-48).*

Im Wesentlichen sagt Jesus: In der Vergangenheit wurde euch gesagt, ihr sollt bedingt und parteiisch sein - eure Nächsten lieben und eure Feinde hassen, in Begriffen wie "wir gegen sie" denken. Wenn ihr aber vollkommen sein wollt - tâmıym - so wie Gott vollkommen ist, dann seid gut zum Guten wie zum Bösen, zum Freund wie zum Feind. Seien Sie bedingungslos. Seien Sie unparteiisch. Denn so ist Gott.

Das ist es, was "vollkommen" und "ganz" aus einem biblischen Kontext heraus bedeutet. Gott wechselt nicht von gut zu böse oder von böse zu gut. Er ist zu allen Zeiten und unter allen Umständen gut. Und hier ist Luzifer von Gott abgewichen; er entwickelte einen doppelten Charakter, eine Doppelgesinnung, die sein ganzes Wesen verunreinigte.

Wenn wir untersuchen, wie Luzifer Eva getäuscht hat, werden wir genau dieses Thema von Einzigartigkeit versus Dualität am Werk sehen. Die Bibel sagt uns genau, wie die Schlange Eva getäuscht hat:

> *Aber ich fürchte, dass, wie die Schlange Eva durch ihre Schlauheit verführt hat, euer Verstand irgendwie von der Einfachheit, die in Christus ist, verdorben werden könnte (2. Korinther 11,3).*

Was können wir aus diesem Vers lernen? Erstens, dass die Schlange Eva getäuscht hat. Dann, dass er sie durch "List" - Subtilität, Gerissenheit - getäuscht hat. Die Klugheit der Schlange lässt sich am besten als "Sophisterei" beschreiben.

> *Eva gab der **lügnerischen Spitzfindigkeit** des Teufels in Gestalt einer Schlange nach. Sie aß die Frucht und erkannte keinen unmittelbaren Schaden {Kon 14.3, Hervorhebung hinzugefügt}.*

> *... der Mensch wurde getäuscht; sein Verstand wurde durch **Satans Sophisterei** verdunkelt. Die Höhe und Tiefe der Liebe Gottes kannte er nicht. Für ihn gab es Hoffnung in der Erkenntnis der Liebe Gottes. Durch die Betrachtung seines Charakters könnte er zu Gott zurückgezogen werden {DA 761.5, Hervorhebung hinzugefügt}.*

"Sophisterei" ist ein interessantes Wort, denn es kommt von der griechischen Wurzel *sophia*, was "Weisheit" bedeutet. Per Definition ist Sophisterei eine trügerische, falsche, trügerische Argumentation, die auf einer falschen Weisheit beruht. Satans Weisheit ist das Wissen, das im Garten Eden im Baum der Erkenntnis von Gut und Böse zu finden ist. Als Eva sah, dass der Baum "begehrenswert war, um einen klug zu machen, nahm sie von seiner Frucht und aß" (1. Mose 3,6).

In der Bibel wird das Wort "daath-knowledge" durch hebräische Parallelität oft mit dem Wort "Weisheit" gleichgesetzt:

> *Hiob spricht ohne Wissen, seine Worte sind ohne Weisheit" (Hiob 34:35).*

> *Die Furcht vor dem Herrn ist der Anfang der Erkenntnis, aber die Toren verachten Weisheit und Unterweisung (Sprüche 1,7).*

> *Denn der Herr gibt Weisheit: aus seinem Mund kommt Erkenntnis und Verständnis (Sprüche 2:6 KJV).*

Nun wissen wir aus der Bibel, dass Satans "Weisheit" die Welt beherrscht, seit Adam und Eva von diesem Baum gegessen haben. Daher muss die so genannte konventionelle "Weisheit der Welt" von ihm und von seinem Baum, der sein Gesetz repräsentiert, kommen. Können Sie hier das Potenzial für Täuschung erkennen? Wer würde die "Weisheit" selbst in Frage stellen?

Satan lehnte Gott und seine Liebe ab. Und seine neue "Weisheit", die wir angenommen haben, hat die unendliche, bedingungslose Liebe des Schöpfers, die Seine Weisheit ist, aus unserer Sicht blockiert. Die in seiner Sophisterei eingebetteten Täuschungen haben uns vom Schöpfer, der einzigen Quelle des Lebens, getrennt, und das ist ein spiritueller Tod. Dieser spirituelle Tod hat uns dazu bestimmt, einen physischen Tod zu sterben. Der spirituelle Tod kam zuerst, und der physische Tod ist eine Folge, eine Konsequenz des spirituellen Todes. Aber obwohl es wahr ist, dass wir nach Satans Weisheit gelebt haben, gab es für uns immer noch Hoffnung, weil wir die Fülle der Liebe Gottes, die seine Weisheit ist, nicht kannten. Ebenso folgt, wenn wir geistlich in die Wahrheit wiedergeboren werden, physisches Leben.

> *Und euch, die ihr* ***tot seid in euren Übertretungen und der Unbeschnittenheit eures Fleisches****, hat Er zusammen mit Ihm lebendig gemacht, indem Er euch alle Übertretungen vergeben hat (Kolosser 2,13, Hervorhebung hinzugefügt).*

Wir können etwas, das wir nicht kennen, weder akzeptieren noch ablehnen. Für uns gab es "Hoffnung in der Erkenntnis der Liebe Gottes", in der Erkenntnis seiner Barmherzigkeit und Vergebung, und das ist es, was Jesus uns geben wollte. Es gab Hoffnung, dass wir, wenn wir die Liebe Gottes in der Person seines Sohnes Jesus Christus erblicken, "zu Gott zurückgezogen werden könnten". Es bestand die Hoffnung, dass wir erkennen könnten, dass Satans "Weisheit" überhaupt keine Weisheit ist und dass Gottes Liebe die letzte Weisheit für die Nachhaltigkeit des Lebens im Universum ist.

Wie wir bereits erwähnt haben, ist die Kenntnis Gottes nach der Bibel äußerst wichtig. Jesus schien anzudeuten, dass das ewige Leben selbst in die wahre Erkenntnis Gottes eingebettet ist. Wenn wir Gott kennen würden, wüssten wir auch, dass wir das ewige Leben haben. Bedenken Sie seine Worte sorgfältig:

> ***Und dies ist das ewige Leben, damit sie Dich, den einzig wahren Gott, und Jesus Christus, den Du gesandt hast, erkennen.*** *Ich habe Dich auf Erden verherrlicht. Ich habe das Werk vollendet, das Du mir zu tun gegeben hast (Johannes 17,3-4, Hervorhebung hinzugefügt).*

> *Und wie Mose die Schlange in der Wüste erhöht hat, so muss auch der Menschensohn erhöht werden, damit jeder, der an ihn glaubt, nicht verloren geht, sondern das ewige Leben hat. Denn so sehr hat Gott die Welt geliebt, dass er seinen eingeborenen Sohn gab, damit jeder, der an ihn glaubt, nicht verloren geht, sondern das ewige Leben hat (Joh 3,14-16).*

> *Denn ich habe nicht aus eigener Autorität gesprochen; aber der Vater, der mich gesandt hat, hat mir einen Befehl gegeben, was ich sagen und was ich sprechen soll. Darum spreche ich, was auch immer ich spreche, wie der Vater mir gesagt hat, so spreche ich" (Joh 12,49-50, Hervorhebung hinzugefügt).*

Gott zu kennen, bedeutet zu wissen, dass wir das ewige Leben haben, denn wenn wir Gott kennen, wissen wir auch, dass er nicht nur die Macht hat, uns das ewige Leben zu schenken, sondern dass er auch den Wunsch, den Willen hat, es zu tun. Jesus wusste, dass Gottes "Befehl", Gottes Wille für uns, "ewiges Leben" ist.

Korinther 11,3 zurückgehen, können wir aus diesem Abschnitt als zweites lernen, wie Satan Eva betrogen hat:

> *Aber ich fürchte, dass, wie die Schlange Eva durch ihre Schlauheit verführt hat, euer Verstand irgendwie von der Einfachheit, die in Christus ist, verdorben werden könnte (2. Korinther 11,3).*

Satan hat Evas Verstand "verdorben". Das bedeutet, dass ihr Geist zunächst rein war; aber die Schlange war in der Lage, ihren Geist irgendwie neu zu verdrahten. Was Satan tat, war, ihren Verstand mit einer Lüge umzuprogrammieren - was mit dem Wort "List" angedeutet wird. Das Wort "verdorben" legt nahe, dass er etwas, das rein war, in etwas Unreines verwandelt hat (wenn sich der Leser erinnert, hat er korrupte Prinzipien).

Aber was hat er korrumpiert? Er verdarb ihre Sicht auf Christus - er verdarb ihren Verstand "von der Einfachheit, die in Christus ist". Es gelang ihm, ihr Verständnis von Christus von seiner korrekten oder ursprünglichen Form in eine veränderte, verdorbene Form zu verwandeln - in eine Falschheit. Indem er ihre Auffassung von Gottes Charakter änderte, veränderte er auch ihren eigenen Charakter - von da an reflektierte sie einen falschen Gott. Sie war nicht mehr nach dem Bild Gottes, sondern nach dem Bild Satans geschaffen. Paulus fürchtete, dass Satan dies auch den Korinthern und letztlich uns antun würde.

Lassen Sie uns eine Sekunde darüber nachdenken. Es war Christus, der die Erde erschaffen hat. Er war derjenige, der kommen würde, um Adam und Eva "in der Kühle des Tages" (1. Mose 3,8) zu treffen. Er traf sich täglich mit dem Paar, von Angesicht zu Angesicht, und man kann sich nur vorstellen, wie wunderbar diese Begegnungen gewesen sein müssen. Auf welche Weise genau brachte die Schlange Eva dazu, anders über Christus zu denken? Was genau hatte diese Verdorbenheit ihres Geistes "von der Einfachheit, die in Christus ist" zur Folge?

Das griechische Wort haplotes - "Einfachheit" - bedeutet "Einzigartigkeit". Tatsächlich ist "Einzigartigkeit" die Hauptbedeutung dieses Wortes. So pflegte sie, bevor die Schlange Eva täuschte, Jesus Christus so zu sehen, wie er wirklich ist, als einen, der eine "Einzigartigkeit" von Charakter hat; aber nachdem die Schlange sie getäuscht hatte, sah sie Christus nicht mehr auf diese Weise. Ihr Verstand war verdorben zu glauben, Er sei das Gegenteil von "Einzigartigkeit" - ein dualistisches Wesen, das einen gemischten Charakter hat, eine dunkle und eine helle Seite zugleich. In ihrem Geist wurde Christus "befleckt", "befleckt", "doppelzüngig".

Wenn Luzifer also aufhörte, "ganz" oder "ganz" zu sein oder eine "Einzigartigkeit" des Charakters zu haben, als in ihm Ungerechtigkeit gefunden wurde, dann muss die Ungerechtigkeit ein geteiltes und ein trennendes Prinzip sein. Es muss etwas sein, das einen Dualismus enthält und verursacht, eine Mischung aus Schwarz und Weiß, eine Vermischung von Licht und Dunkelheit - eine Doppelgesinnung.

Es überrascht nicht, dass diese präzise Mischung von Gegensätzen im Garten zu finden ist und im Baum der Erkenntnis von Gut und Böse verkörpert wird. Hier gibt es etwas, das einen Dualismus enthält und verursacht, eine Vermischung von Gegensätzen wie Schwarz und Weiß oder Licht und Dunkelheit. Deshalb weist uns Hesekiel direkt auf den Garten Eden hin, weil wir dort erfahren können, was mit Luzifer geschehen ist und was er in seinem Krieg gegen Gottes Charakter und Gesetz getan hat.

Nach allem, was wir bisher gesehen haben, muss die Ungerechtigkeit dann etwas sein, das durch den Baum der Erkenntnis von Gut und Böse repräsentiert wird. Dieses "Etwas" ist es, das Luzifer die "Einzigartigkeit" des Charakters verloren hat, die er zuvor hatte, als er "vollkommen" und "ganz" war. Dieses "Etwas" ist es, das ihn vom Himmel und den Prinzipien des Himmels fallen ließ; dem Himmel, wo es nur Agape, "Einfachheit", "Einzigartigkeit" gibt.

Der Baum der Erkenntnis von Gut und Böse muss etwas Bestimmtes darstellen - und was immer es ist, es muss Luzifers Erbsünde sein. Dieses Wissen von Gut und Böse, das die Schlange als "Weisheit" vermarktet hat, ist nicht konstant, weil es eine gegensätzliche Dualität enthält; es ist nicht stabil, wie Agape stabil ist, weil es zwischen Gut und Böse hin und her schwankt, und wir werden später noch ausführlicher darauf eingehen.

Gott kann jedoch nicht zwischen Gut und Böse hin und her schwanken, denn Gott ist Agape-Liebe, und Agape ist beständig, unveränderlich, unbestechlich. Paulus spricht im Buch Römer von Gottes Unbestechlichkeit:

> ***Indem sie sich selbst für weise erklärten, wurden sie zu Narren*** *und verwandelten die Herrlichkeit des* ***unvergänglichen Gottes*** *in ein Bild, das wie ein* ***vergänglicher Mensch*** *und wie Vögel und vierfüßige Tiere und kriechende Dinge gemacht wurde (Römer 1,22-23, Hervorhebung hinzugefügt).*

Aber nachdem sie von diesem Baum der Dualität gegessen hatten, nahmen Adam und Eva Gott genau als solchen wahr: unbeständig, unberechenbar, unbeständig und widersprüchlich, mit anderen Worten: korrumpierbar. Deshalb versteckten sie sich vor ihm: weil sie Angst vor ihm hatten - sie dachten, er würde kommen, um ihnen Schaden zuzufügen, dass er kommen würde, um sie zu bestrafen. Nun sahen sie in ihm einen doppelten Charakter, einen guten und einen bösen Gott.

Jeder Elternteil muss sich daran erinnern, wie er sein kleines, kuscheliges, kostbares Kind zum ersten Mal bestraft hat. Wie dieses ahnungslose, vertrauensselige Baby von den bedrohlichen Tönen, dem Benehmen und den gewalttätigen Handlungen seiner Eltern völlig überrascht worden sein muss. Was passiert, wenn ein Elternteil zum zweiten Mal kommt, um das Kind zu bestrafen? Läuft er/sie weg oder schreckt vor Angst zurück? Was geschieht mit der zuvor liebevollen Beziehung und mit dem Vertrauen, das früher zwischen Eltern und Kind bestand? Das ist das, was mit Adam und Eva passiert ist. Gott hatte sie nicht bestraft, aber weil sie von dem verbotenen Baum aßen, öffneten sie sich dem Einfluss Satans, und er korrumpierte durch die Prinzipien, die in der Erkenntnis von Gut und Böse eingebettet sind, ihr Denken und ihre Sicht auf Gott. Sie nahmen automatisch an, dass Gott kommen würde, um sie zu bestrafen.

Luzifer verlor seine Reinheit, seine Ganzheitlichkeit durch den Dualismus der Ungerechtigkeit. Dies ist grundlegend für unser Verständnis dessen, was in seiner Revolte geschah. Die Ungerechtigkeit, die "in ihm gefunden wurde", bedeutete eine Abkehr von jener "ganzen" Qualität, jener charakterlichen Einzigartigkeit, die das Wort tâmıym impliziert und die Jesus in seinem Leben und Tod hier auf Erden offenbarte. Die Ungerechtigkeit verwandelte Luzifer in ein Wesen, das mit metaphorischen "Makeln", "Flecken" gefüllt war. Um eine visuelle Hilfe zu verwenden, sah er nun eher wie ein geflecktes Lamm aus, das überall eine Mischung aus schwarzen und weißen Flecken hatte.

Was ist also die Erkenntnis von Gut und Böse? Lassen Sie uns darüber nachdenken. Wenn das, was vor der Sünde in Luzifer war, Gottes moralisches Gesetz der Agape-Liebe war - Luzifer "war vollkommen in seinen Wegen", und "Wege" bedeutet "Lebenslauf oder Handlungsweise", und das war es, was ihn vollkommen gemacht hatte -, dann musste das, was ihn unvollkommen werden ließ, ein anderes moralisches Gesetz sein, ein moralisches Gesetz, das ihn innerlich "gespalten" machte - "innerlich". Was könnte dann Ungerechtigkeit anderes sein als ein neues moralisches Gesetz - ein von Luzifer erdachtes moralisches Gesetz - das moralische Gesetz von Gut und Böse?

Dies war die Ausgangsfrage, die grundlegende Ursache für den Krieg im Himmel. Luzifer wandte sich gegen Gott, weil er das Gefühl hatte, er habe bessere Prinzipien als Gott - er fühlte, dass sein neues, doppeltes Moralgesetz von Gut und Böse besser sei als Gottes einziges Moralgesetz der Agape-Liebe. Wenn wir die Punkte weiterhin miteinander verbinden, wird dies immer deutlicher werden.

Satan hatte "Prinzipien" im Himmel, als er rebellierte. Diese Prinzipien sind dieselben Prinzipien, die er auch auf der Erde anwendet:

> ***Die Prinzipien, nach denen Satan im Himmel wirkt, sind die gleichen Prinzipien, nach denen er durch menschliche Agenten in dieser Welt wirkt.*** *Es sind diese* ***korrumpierenden Prinzipien****, durch die jedes irdische Reich und die Kirchen zunehmend korrumpiert worden sind. Durch die Ausarbeitung dieser Prinzipien täuscht und korrumpiert Sa-tan die ganze Welt vom Anfang bis zum Ende. Er setzt die gleiche Politikarbeit fort, die ursprünglich im himmlischen Universum begann.* ***Er belebt die ganze Welt mit seiner Gewalt, mit der er die Welt in den Tagen Noahs korrumpiert hat*** *{4BC 1163.8, Hervorhebung hinzugefügt}.*

Was sind "die Prinzipien des Wirkens Satans im Himmel"? Hesekiel weist uns auf den Garten Eden hin. Die Formulierung der Prinzipien Luzifers, die Erkenntnis von Gut und Böse, begann im Himmel. Sein Prinzip wurde auf der Erde umgesetzt, als Adam und Eva sich dafür entschieden, die Frucht des Baumes der Erkenntnis von Gut und Böse zu essen. Ihre Wahl gab ihm das Recht, auf der Erde eine Regierung auf der Grundlage seiner korrupten Prinzipien einzusetzen.

Was kennzeichnet seine Prinzipien? Sie sind "korrumpierend", was impliziert, dass sie unrein, gemischt und dual sind. Es ist "durch die Ausarbeitung" dieser "korrupten" Prinzipien, die Satan "täuscht". Seine korrupten Prinzipien sind so trügerisch, dass sie es geschafft haben, "jedes irdische Reich" und sogar die "Kirchen" zu erobern - ganz zu schweigen von einem Drittel der Engel. So ist es durch sie, dass Satan die ganze Welt täuscht:

> *So wurde der große Drache ausgetrieben, jene Schlange von einst, die Teufel und Satan genannt wird und die* ***ganze Welt verführt*** *(Offenbarung 12,9, Hervorhebung hinzugefügt).*

Seit Adam und Eva hat Satan die “ganze Welt vom Anfang bis zum Ende” getäuscht. Seine so lange undercover geleistete Arbeit soll entlarvt werden.

6

UNGERECHTIGKEIT

DU WARST PERFEKT IN DEINEN WEGEN VOM TAG DEINER ERSCHAFFUNG BIS ZUR UNGERECHTIGKEIT...

Luzifer war die Summe der Vollkommenheit - bis... hier begannen sich die Dinge zu ändern. Er war perfekt, bis irgendwie etwas in ihm aufzublasen begann. Dieses Etwas war "Ungerechtigkeit". Aus diesem Satz können wir mindestens zwei Dinge schließen: 1. Luzifer verlor seine Vollkommenheit, seine Ganzheit, als die Ungerechtigkeit in ihm gefunden wurde, und 2. Es war die Ungerechtigkeit selbst, die ihn diese Vollkommenheit und Ganzheitlichkeit seines Charakters verlieren ließ. Daher ist hier die Ungerechtigkeit der Schuldige.

Bevor wir vollständig untersuchen, was mit Luzifer geschehen ist, müssen wir erkennen, dass sich sein ganzer Untergang auf dieses eine Wort konzentriert. Die Ungerechtigkeit ist der Grund für seinen Sturz; deshalb ist sie der Grund für den Krieg im Himmel.

Wie können wir wissen, was Ungerechtigkeit ist? Wir können damit beginnen, einige Fragen zu stellen: Was bedeutet sie auf Hebräisch und

Griechisch? Wie hat Jesus sie benutzt? Was sagt die Bibel sonst noch darüber? Wenn wir zu einem biblischen Verständnis dieses Wortes kommen können, sind wir auf dem richtigen Weg zu einem besseren Verständnis der Rebellion Luzifers, und wir werden die wahre Bedeutung seines Baumes der Erkenntnis von Gut und Böse erfassen.

INIQUITÄT-HEBREW

Laut Strong's Dictionary gibt es im Alten Testament zehn hebräische Wörter, die mit "Missetat" (iniquität) übersetzt werden. Wir werden hier nur zwei von ihnen auflisten:

> *evel; oder âvel; und (weiblich) avlâh; oder ôwlâh; oder ôlâh; (moralisch) böse:- Ungerechtigkeit, Perversität, Ungerechtigkeit, Ungerechtigkeit; Bosheit.*

> *âvôn; Perversität, d.h. (moralisches) Böses:-Verschulden, Ungerechtigkeit, Unheil, Wortspiel, Bestrafung (der Ungerechtigkeit), Sünde.*

Das hebräische Wort "evel" ist dem englischen Wort "evil" sehr ähnlich. Die Complete Word Study definiert Ungerechtigkeit als,

> *ein männliches Einzahlennomen, das Ungerechtigkeit, Ungerechtigkeit bedeutet. Das Wortbezieht sich auf alles, was von der richtigen Art und Weise abweicht, Dinge zu tun. Es ist oft das direkte Objekt der asah... Bedeutung zu tun... und steht in direktem Kontrast zu Worten wie gerecht...aufrecht...und Gerechtigkeit...Gott hat keinen Anteil an Ungerechtigkeit (Vollständige Wortstudie).*

Alle zehn hebräischen Wörter stellen "Missetat" in den Kontext einer Perversion der Moral. Gemeinsam definieren sie Ungerechtigkeit als "moralisches Übel", "moralische Verzerrung" und "moralische Perversion"; "in die

Irre gehen", "Bestrafung", "Bosheit", "Ungerechtigkeit", "Verletzung", "Verurteilung" und "Störung".

Dieses Wort hat auch ein Element der "Krummheit". Das ist die Krummheit, die Jesus gerade rücken würde. Johannes der Täufer zitierte Jesajas Prophezeiung des Erlösers als einen, der genau dies tun würde:

> *Alle Täler sollen gefüllt und alle Berge und Hügel erniedrigt werden; die krummen Stellen sollen gerade und die rauhen Wege glatt gemacht werden, und jedes Fleisch soll das Heil des Herrn sehen (Lukas 3,5-6).*

Jesus würde die Dinge wieder an ihren richtigen Platz rücken; Er würde alles, was Luzifer krumm gemacht hatte, wieder in seine ursprüngliche, korrekte Position zurückbringen. Dann würden wir in der Lage sein, "die Erlösung" Gottes zu "sehen".

Einige der anderen Worte für "Ungerechtigkeit" enthalten auch ein zusätzliches Element von "Nichts" und "Nichtexistenz". Das ist deshalb so, weil die Ungerechtigkeit diejenigen, die dadurch getäuscht werden, veranlasst, in die Vernichtung zu gehen und in den ewigen Tod zu gehen, in die vollständige Vernichtung, in die Nichtexistenz - "an dem Tag, an dem ihr davon esst, werdet ihr mit Sicherheit sterben" (1. Mose 2,17). Die Bibel nennt dies "Verdammnis" und nennt diejenigen, die dieses Ende erleiden, "Söhne des Verderbens" - wie im Fall von Judas, dem Apostel, der Jesus verraten hat. Dies wird in einem anderen, demnächst erscheinenden Buch über das Kreuz Christi ausführlicher erläutert werden.

Ungerechtigkeit ist also eine Abweichung von der "richtigen Art und Weise, die Dinge zu tun". Wir könnten mit Sicherheit sagen, dass "die richtige Art und Weise, die Dinge zu tun", Gottes Weg ist - nicht unser Weg oder der Weg der Welt, die beide auf Satans Weg beruhen. Gottes Weg, die Dinge zu tun, ist der Weg der Rechtschaffenheit. Die Ungerechtigkeit tut also Dinge, die außerhalb der Gerechtigkeit liegen, und als solche steht sie in direktem Konflikt mit Gott. Die Ungerechtigkeit steht in völligem Widerspruch zu Gottes Gerechtigkeit und Rechtschaffenheit. Tatsächlich verwendet die Bibel das Wort "Ungerechtigkeit" oft im Austausch mit dem

Wort "Ungerechtigkeit". Beachten Sie die folgenden Verse. Wenn man von Gott spricht, sagen sie:

> *Er ist der Fels, sein Werk ist vollkommen; denn alle seine Wege sind gerecht, ein Gott der Wahrheit und* ***ohne Ungerechtigkeit*** *[evel]; gerecht und rechtschaffen ist er (Deuteronomium 32:4, Hervorhebung hinzugefügt).*

> ***Welches Unrecht*** *[evel] haben eure Väter an Mir gefunden, dass sie sich weit von Mir entfernt haben, Götzen gefolgt und Götzenanbeter geworden sind (Jeremia 2,5, Hervorhebung hinzugefügt)?*

> *Darum hört mich an, ihr Männer des Verstehens: fern sei es von Gott, Böses zu tun, und vom Allmächtigen,* ***Missetat*** *[evel]* ***zu begehen*** *(Hiob 34,10, Hervorhebung hinzugefügt).*

Zunächst einmal verbinden diese Verse eindeutig die Ungerechtigkeit mit der Frage der Gerechtigkeit - dies ist eine rechtliche Frage. Aus diesen Versen gehen wir auch hervor, dass es eine Art "Gerechtigkeit" gibt, die eigentlich Ungerechtigkeit ist, und nicht nur das, sondern geradezu "Bosheit". Man hat auch den Eindruck, dass Gott uns ermahnt, uns zu hüten, damit wir nicht denken, dass in ihm irgendeine Ungerechtigkeit oder Ungerechtigkeit liegt. Er sagt uns, dass "alle seine Wege Gerechtigkeit sind" und dass es in ihm keine "Ungerechtigkeit" gibt. Er stellt auch sicher, dass wir wissen, dass er nicht "Böses tut" oder "Ungerechtigkeit" begeht.

Warum ist es notwendig, dass Gott sich von der Ungerechtigkeit entfernt? Warum sagt Er uns, wir sollen sicherstellen, dass wir nicht denken, dass Er Unrecht begeht? Das Bedürfnis besteht, weil wir darüber verwirrt waren und weil wir ihn als einen Gott der Ungerechtigkeit hingestellt haben. Wenn wir erst einmal genau verstanden haben, was Ungerechtigkeit ist, werden wir sehen, wie wir genau das getan haben.

Wenn Gottes Gerechtigkeit, die mit Seiner Gerechtigkeit in Einklang steht, der Ungerechtigkeit, die Ungerechtigkeit ist, direkt entgegengesetzt ist (eine ungerechte Gerechtigkeit), dann müssen wir sicherstellen, dass wir Gottes Gerechtigkeit nicht falsch interpretieren und sie wie das Markenzeichen der Gerechtigkeit aussehen lassen, das mit der Ungerechtigkeit in Einklang steht. Dies wird klarer werden, wenn wir später das Wort "Gerechtigkeit" diskutieren.

Interessanterweise ist Ungerechtigkeit auch irgendwie mit "Voreingenommenheit", mit "Bestechlichkeit" verbunden:"

> *So laßt nun die Furcht des Herrn auf euch kommen; sorget und tut es, denn es gibt keine Ungerechtigkeit beim Herrn, unserem Gott, keine Parteilichkeit und keine Annahme von Bestechungsgeldern" (2. Chronik 19,7).*

Im weiteren Verlauf wird sich zeigen, in welchem Zusammenhang Ungerechtigkeit mit Bestechungsgeldern steht. Einmal sagte Jesus im Gespräch mit den Pharisäern, die bereits Pläne hatten, ihm das Leben zu nehmen:

> *Du bist von deinem Vater, dem Teufel, und die Wünsche deines Vaters, die du erfüllen willst.* ***Er war von Anfang an ein Mörder*** *und steht nicht in der Wahrheit, denn in ihm ist keine Wahrheit. Wenn er eine Lüge ausspricht, spricht er aus seinen eigenen Mitteln, denn er ist ein Lügner und der Vater der Lüge (Joh 8,44, Hervorhebung hinzugefügt).*

Auf welchen "Anfang" bezog sich Jesus? War es nicht dieser anfängliche rebellische Gedanke, der Luzifers Verstand ergriff - die Ungerechtigkeit, die in ihm gefunden wurde? Und wenn ja, wie konnte er ein Mörder sein, wenn er noch niemanden getötet hatte? Könnte es sein, dass er ein Mörder war, weil in der in ihm gefundenen Ungerechtigkeit ein Todesprinzip eingebettet war, ein moralisches Gesetz, das einen zum Tod führt?

EIGENKAPITAL-GRIECHENLAND

Im Neuen Testament gibt es drei griechische Wörter für "Missetat". Sie sind paranomia, was "Übertretung" bedeutet, adikia, was "Ungerechtigkeit" bedeutet, und anomia, was "Illegalität" bedeutet. Wie im Hebräischen gibt es diese griechischen Wörter sowohl im Zusammenhang mit Recht als auch mit Moral. Sie bedeuten ferner "Gesetzlosigkeit", "Rechtsverletzung", "Illegalität", "Übertretung des Gesetzes", "Ungerechtigkeit", "Widerstand gegen das Gesetz" sowie "moralische Ungerechtigkeit".

Wenn wir diese Definitionen betrachten, müssen wir sie in Bezug auf Gottes Gesetz des Lebens, das Gesetz der Agape-Liebe, verstehen. Gesetzlosigkeit zum Beispiel bedeutet nicht "Gesetzeslosigkeit"; sie bedeutet einen Mangel an Gottes Gesetz. Der Mensch der Sünde, der Gesetzlose (2. Thessalonicher 2,9), hebt Gottes Gesetz nicht auf; er ändert das Gesetz, um es seinen Absichten anzupassen.

Ebenso ist die Ungerechtigkeit ein Betrüger, ein neues Gesetz, eine Ableitung von Gottes Gesetz, das sich selbst als das Wahre anpreist. Als solche setzt sie Gottes Gesetz in unseren Köpfen außer Kraft, und als Folge davon veranlasst sie uns, das wahre Gesetz zu übertreten. Betrachten Sie den folgenden Vers:

> *Soll der Thron der Ungerechtigkeit, der das Böse durch das Gesetz ersinnt, Gemeinschaft mit dir haben (Psalm 94,20)?*

Wir werden diesen Vers später noch ausführlicher besprechen, aber die Idee dabei ist, dass die Ungerechtigkeit "das Böse durch das Gesetz ersinnt". Ungerechtigkeit ist Ungerechtigkeit, eingebettet in ein Gesetz, das sich als "Gerechtigkeit" ausgibt, und so täuscht es uns.

UNGERECHTIGKEIT - WIE VON JESUS DEFINIERT

Paulus sagt, dass Jesus die Weisheit von Gott ist:

> *Aber von ihm bist du in Christus Jesus, der für uns Weisheit von Gott geworden ist (1. Korinther 1,30)*

Jesus kann uns also einen großen Einblick in dieses äußerst grundlegende Konzept der "Missetat" geben. Wie hat Er dieses Wort benutzt und definiert?

Jesus benutzte das Wort "Missetat" nur viermal, wie unten aufgeführt. Wenn wir diese Verse durchgehen, denken Sie bitte daran, dass es Luzifer war, der die "Missetat" verursachte - sie wurde "in ihm gefunden". Die Ungerechtigkeit war der ursprüngliche Gedanke, der in seinem Geist aufkam, als er sich von Gottes moralischem Gesetz der Agape-Liebe abwandte.

a. FALSCHE PROPHETEN - MATTHÄUS 7:15-23

Das erste Mal, dass Jesus das Wort "Missetat" verwendet, war, als er seine Jünger warnte, "sich vor falschen Propheten zu hüten".

> *Hütet euch vor den falschen Propheten, die in Schafskleidern zu euch kommen, aber innerlich sind sie reißende Wölfe. An ihren Früchten werdet ihr sie erkennen. Sammeln die Menschen Trauben von Dornensträuchern oder Feigen von Disteln? Trotzdem trägt jeder gute Baum gute Früchte, aber ein schlechter Baum trägt schlechte Früchte. Ein guter Baum kann keine schlechten Früchte tragen, und ein schlechter Baum kann keine guten Früchte tragen. Jeder Baum, der keine guten Früchte trägt, wird gefällt und ins Feuer geworfen. Darum werdet ihr sie an ihren Früchten erkennen. Nicht jeder, der zu Mir sagt: "Herr, Herr", wird in das Himmelreich kommen, sondern der, der den*

> *Willen Meines Vaters im Himmel tut. Viele werden an jenem Tag zu Mir sagen: "Herr, Herr, haben wir nicht in Deinem Namen geweissagt, in Deinem Namen Dämonen ausgetrieben und in Deinem Namen viele Wunder getan? Und dann werde Ich ihnen erklären:* ***'Ich habe euch nie gekannt; weichet von Mir, die ihr Gesetzlosigkeit übt*** *[ARBEITER DER UNGESETZLICHKEIT, KJV] (Matthäus 7,15-23, Hervorhebung hinzugefügt)!*

Was sagen uns diese Verse über die Ungerechtigkeit? Erstens können wir sehen, dass die Ungerechtigkeit das moralische Gesetz der falschen Propheten ist. Wir müssen uns vor ihnen in Acht nehmen, weil sie nach außen hin gut aussehen; sie kommen im "Schafspelz". Im Inneren jedoch sind sie wild und gewalttätig wie Wölfe. Schon jetzt können wir sehen, dass sie mit einer gegensätzlichen Dualität operieren; sie haben keine charakterliche Einzigartigkeit.

Iniquität ist eng mit Gewalt verflochten, wie wir bald sehen werden. Schließlich offenbaren falsche Propheten durch ihre gewalttätigen Handlungen, "ihre Früchte", wer sie wirklich sind. Beachten Sie das Folgende über die "Arbeiter der Ungerechtigkeit":"

> *Diejenigen, die eine moderne Heiligung fordern, wären prahlerisch vorgetreten und hätten gesagt: "Herr, Herr, kennst du uns nicht? Haben wir nicht in Deinem Namen geweissagt und in Deinem Namen Teufel ausgetrieben und in Deinem Namen viele wunderbare Werke getan? Die hier beschriebenen Menschen, die diese anmaßenden Behauptungen aufstellen und scheinbar Jesus in all ihre Taten einweben, repräsentieren in angemessener Weise diejenigen, die die moderne Heiligung beanspruchen, aber im* ***Krieg mit dem Gesetz Gottes stehen****. Christus nennt sie Arbeiter der Ungerechtigkeit, denn sie sind Betrüger,* ***die die Gewänder der Gerechtigkeit tragen, um die Missbildung ihrer Charaktere, die innere Bosheit ihrer unheiligen Herzen zu verbergen****. Satan ist in diesen letzten Tagen herabgestiegen, um mit aller Betrügerei der Ungerechtigkeit in denen zu wirken, die zugrunde*

> *gehen. Seine satanische Majestät wirkt Wunder im Angesicht falscher Propheten, im Angesicht der Menschen, die behaupten, er sei in der Tat Christus selbst. Satan gibt seine Macht denen, die ihm bei seinen Täuschungen helfen; deshalb* ***können diejenigen, die behaupten, die große Macht Gottes zu besitzen, nur durch den großen Detektor, das Gesetz Jehovas, erkannt werden****. Der Herr sagt uns, wenn es möglich wäre, würden sie die Auserwählten selbst täuschen.* ***Das Gewand der Schafe scheint so real, so echt zu sein, dass der Wolf nicht nur dann erkannt werden kann, wenn wir zu Gottes großem moralischen Maßstab gehen und dort feststellen, dass sie Übertreter des Gesetzes Jehovas sind*** *(The Review and Herald, 25. August 1885) - {5BC 1087.8, Hervorhebung hinzugefügt}.*

Auch hier ist das Einzige, was uns nach der Lektüre dieses Zitats ins Auge springt, die Tatsache, dass die "Arbeiter der Ungerechtigkeit" zwei Gesichter haben - sie haben nicht die charakterliche Einzigartigkeit, die das makellose Lamm hat. Sie beanspruchen Heiligung, stehen aber "im Krieg mit dem Gesetz Gottes". Sie tragen "Gewänder der Gerechtigkeit, um die Missgestalt ihres Charakters zu verbergen, die innere Bosheit ihrer unheiligen Herzen". Sie sind eine Mischung - äußerlich scheinen sie wie Schafe zu sein, aber im Inneren sind sie reißende Wölfe. Sie sind unrein - korrupt. Weil sie so trügerisch sind, gibt es nur einen Weg, um zu wissen, ob sie von Gott sind oder nicht - sie "können nur von dem großen Detektor, dem Gesetz Jehovas, erkannt werden". Nur wenn wir uns an "Gottes großen moralischen Maßstab" halten, können wir wissen, ob sie von Gott sind oder nicht. Wenn wir "feststellen, dass sie Übertreter des Gesetzes Jehovas sind", dann sind sie voller Sünde und definitiv falsche Propheten.

Jesus sagt, dass diese falschen Propheten selbst getäuscht werden, weil sie glauben, dass sie Gott anbeten und seinen Willen tun, während sie in Wirklichkeit den Willen des Teufels tun und von ihm bevollmächtigt werden. Wie kam es, dass sie so getäuscht wurden?

Könnte es sein, dass die falschen Propheten, die in Jesu Gleichnis erwähnt werden, gerade durch die Werke, die sie tun, getäuscht werden? Schließlich prophezeien sie, treiben Dämonen aus und vollbringen wunderbare Werke! Sind diese Werke nicht "gut"? Und doch ist Jesus klar: Diese Werke werden nicht im Namen des wahren Gottes getan. Innerlich sind diese falschen Propheten gefräßige Wölfe, keine Schafe, und es kann nicht sein, dass Gott hinter ihren Wundern steht, denn Gott ist kein grausamer Wolf.

Es ist sehr interessant, dass Jesus uns auf einen Baum hinweist - einen korrupten Baum.

> *Jeder gute Baum trägt gute Früchte, aber* ***ein schlechter Baum trägt schlechte Früchte****. Ein guter Baum kann keine schlechten Früchte tragen,* ***und ein schlechter Baum kann keine guten Früchte tragen****. Jeder Baum, der keine guten Früchte trägt, wird gefällt und ins Feuer geworfen. Darum an ihren Früchten werdet ihr sie erkennen (Matthäus 7,17-19, Hervorhebung hinzugefügt).*

Denken Sie einen Moment lang an die beiden Bäume inmitten des Garten Eden. Dort stand ein guter Baum - der Baum des Lebens. Dieser Baum trug nur gutes Fruchtleben. Es war also ein guter Baum. Deuteronomium 30:15 definiert für uns, was gut und böse ist:

> *Siehe da! Ich habe Ihnen heute* ***das Leben und das Gute, den Tod und das Böse*** *vor Augen gestellt.*

Nach dieser Definition ist Leben gleich Gut und Tod gleich Böse. Der andere Baum - der Baum der Erkenntnis von Gut und Böse - ist ein Rätsel, weil er der Baum der Erkenntnis von Gut und Böse ist. Wenn wir den Kriterien von Jesus und dem Deuteronomium folgen, kann dieser Baum kein guter Baum sein, denn er trägt schlechte Früchte - den Tod. Wenn dies aber ein schlechter Baum ist, wie kann er dann sowohl das Gute als auch das Böse in sich tragen? "Auch ein schlechter Baum kann keine guten Früchte tragen. Was geht hier vor? Wie können wir dieses Rätsel lösen?

Die Antwort lautet: Dieser Baum ist ein korrupter Baum. Als solcher ist seine Behauptung der Güte falsch. Dieser Baum ist ein mit Schafshaut bekleideter Wolf. Wenn der Baum verdorben ist, werden auch seine Früchte verdorben sein, und das ist er auch. Dieser Baum ist eine Mischung aus Gut und Böse, aber seine Behauptung des Guten ist eine Lüge. Dieser Baum hat eine gegensätzliche Dualität, eine "Doppelgesinnung"; er hat nicht jene Einzigartigkeit, die für Christus charakteristisch ist. So ist das Grundproblem der falschen Propheten, dass sie genau wie dieser Baum sind: sie sind dualistisch. Ihr moralisches Gesetz ist nicht Gottes reines Gesetz der Agape-Liebe; ihre Moral ist korrupt, genau wie der Baum der Erkenntnis von Gut und Böse korrupt ist. Diese Verdorbenheit hat keine Gemeinsamkeiten mit Jesus, daher ist jede Vereinigung mit ihm und diesem Baum absolut unmöglich.

B. DER WEIZEN UND DAS UNKRAUT

Das nächste Mal, dass Jesus das Wort "Missetat" verwendet, ist in Matthäus 13,24-30. Dies ist das Gleichnis vom Weizen und Unkraut. Das Unkraut, das dem Weizen täuschend ähnlich sieht, wächst zusammen mit dem Weizen, aber es wurde vom Feind, dem Teufel, gesät:

> *Ein anderes Gleichnis legte Er ihnen vor und sagte "Das Himmelreich gleicht einem Menschen, der guten Samen auf seinen Acker säte; aber während die Menschen schliefen, kam sein Feind und säte Unkraut zwischen den Weizen und ging seinen Weg. Als aber das Korn gesprossen war und eine Ernte brachte, da erschien auch das Unkraut. Da kamen die Diener des Besitzers und sagten zu ihm: "Herr, hast du nicht guten Samen auf deinen Acker gesät? Wie hat es denn Unkraut? Er sagte zu ihnen: "Das hat ein Feind getan. Die Diener sagten zu ihm: "Willst du, dass wir dann hingehen und sie einsammeln? Er aber sagte: "Nein, damit ihr nicht beim Sammeln des Unkrauts auch den Weizen mit ausreißt. Lasst beides zusammen wachsen bis zur Ernte, und zur Zeit der Ernte werde ich zu den Schnitzern sagen: 'Sammelt zuerst das*

Unkraut und bindet es in Bündel, um es zu verbrennen, aber sammelt den Weizen in meine Scheune'" (Matthäus 13,24-30).

Jesus erklärt das Gleichnis in den Versen 36-43:

Da schickte Jesus die Menge weg und ging in das Haus. Und seine Jünger kamen zu ihm und sprachen: "Erkläre uns das Gleichnis vom Unkraut auf dem Felde. Er antwortete und sprach zu ihnen: "Wer den guten Samen sät, der ist des Menschen Sohn. Der Acker ist die Welt, die gute Saat sind die Söhne des Reiches, das Unkraut aber sind die Söhne des Bösen. Der Feind, der sie sät, ist der Teufel, die Ernte ist das Ende des Zeitalters, und die Schnitter sind die Engel. Wie das Unkraut gesammelt und im Feuer verbrannt wird, so wird es auch am Ende dieses Zeitalters sein. Der Menschensohn wird seine Engel aussenden, und sie werden aus seinem Reich alles sammeln, was Anstoß erregt, und die, die Gesetzlosigkeit [Ungerechtigkeit, KJV] üben, und sie in den Feuerofen werfen. Es wird Heulen und Zähneknirschen geben. Dann werden die Rechtschaffenen leuchten wie die Sonne im Reich ihres Vaters. Wer Ohren hat zu hören, der höre" (Matthäus 13,36-43)!

Wer die gute Saat sät, ist der Menschensohn. Welche Samen hat Jesus gesät, als er auf der Erde war? Er säte die Saat des ewigen Evangeliums, die gute Nachricht über den ewigen Vater - das sind die Samen des Baumes des Lebens. Das war die Wahrheit über die charakterliche Einzigartigkeit seines Vaters - seine ewige, bedingungslose, unparteiische Liebe zu jedem Menschen.

Jesus kam, um das Gesetz zu verherrlichen, das Luzifer zu Boden geworfen hatte. Er kam, um den Tod zu vernichten, den uns das Reich der Ungerechtigkeit auferlegt hatte. Der "Same", den Jesus säte, ist die Nachricht, dass Gott Liebe, Gnade und Barmherzigkeit ist und dass wir seine geliebten Kinder sind.

Wie die Wölfe im Schafspelz scheint das Unkraut wahr zu sein, ist es aber nicht. Hier ist wieder Täuschung. Sowohl Schaulustige als auch das Unkraut werden getäuscht. Wir können sie nicht voneinander unterscheiden, und Jesus warnt uns davor, nicht einmal zu versuchen, sie zu trennen. Wir sind nicht in der Lage, die wahren Anbeter Gottes von den falschen zu unterscheiden, denn nur Gott sieht das Herz. Schließlich werden alle Dinge, die beleidigen und "Missetaten" begehen, zur Zeit der "Ernte" - "des Endes des Zeitalters" - aus seinem Reich ausgerottet werden.

b. DIE SCHRIFTGELEHRTEN UND PHARISÄER

Das dritte Mal, dass Jesus das Wort Missetat gebraucht, steht im Buch Matthäus, Kapitel dreiundzwanzig. Dies ist seine berühmte Zurechtweisung der Pharisäer, die von außen schön aussahen, aber innen "voller Totengebeine" und aller Unreinheit waren - ein Hinweis auf den Tod, der durch das Todesprinzip Satans verursacht wird, das durch den Baum der Erkenntnis von Gut und Böse dargestellt wird. Er leitet seine Zurechtweisung ein, indem er in den Versen 1-12 sagt:

> *Dann sprach Jesus zu der Menge und zu seinen Jüngern und sagte "Die Schriftgelehrten und die Pharisäer sitzen auf dem Stuhl des Mose. Was sie euch also sagen, das sollt ihr beobachten, das beobachtet und tut, aber tut nicht nach ihren Werken; denn sie sagen und tun es nicht. Denn sie binden schwere Lasten, die schwer zu tragen sind, und legen sie den Menschen auf die Schultern; aber sie selbst wollen sie nicht mit einem ihrer Finger bewegen. Aber alle ihre Werke tun sie, um von den Menschen gesehen zu werden. Sie machen ihre Phylakterien breit und erweitern die Grenzen ihrer Gewänder. Sie lieben die besten Plätze bei Festen, die besten Plätze in den Synagogen, die Begrüßung auf den Marktplätzen und von den Männern "Rabbi, Rabbi" genannt zu werden. Ihr aber lasst euch nicht "Rabbi" nennen; denn einer ist euer Lehrer, der Christus, und ihr alle seid Brüder. Nennt niemanden*

> *auf Erden euren Vater; denn Einer ist euer Vater, der im Himmel ist. Und laßt euch nicht Lehrer nennen; denn Einer ist euer Lehrer, der Christus. Wer aber der Größte unter euch ist, der soll euer Diener sein. Und wer sich selbst erhöht, der wird erniedrigt werden, und wer sich selbst erniedrigt, der wird erhöht werden" (Matthäus 23,1-12).*

Jesus weist genau auf die Wurzel ihres Problems hin - die Ungerechtigkeit:

> *"Wehe euch, Schriftgelehrte und Pharisäer, ihr Heuchler! Denn ihr gleicht gekalkten Gräbern, die zwar äußerlich schön aussehen, innen aber voller Totengebeine und aller Unreinheit sind. So erscheint auch ihr äußerlich den Menschen gerecht, aber innen seid ihr voller Heuchelei und Gesetzlosigkeit" [Ungerechtigkeit, KJV] (Matthäus 23,27-28, Hervorhebung hinzugefügt).*

Laut Strong's Concordance ist eine hupokritēs "ein Schauspieler unter einer angenommenen Figur (Bühnenspieler), d.h. (im übertragenen Sinne) ein Heuchler". Ein Heuchler ist falsch, doppelzüngig. Er scheint etwas zu sein, was er nicht ist, und aus diesem Grund kann man ihm nicht trauen.

Diese so genannten Anhänger Gottes haben zwei zusätzliche Eigenschaften, die offenbaren, wer sie wirklich sind: Sie "lasten den Menschen schwere Lasten auf" und alles, was sie tun, ist "von den Menschen gesehen zu werden".

Welches waren die schweren Lasten, die die Pharisäer dem Volk aufbürdeten? War es nicht die Vielzahl von Bedingungen, die ihrer Meinung nach erfüllt werden mussten, bevor man die Gunst Gottes finden konnte? Sie förderten ein System von Werken, die angeblich zur Errettung führten. Diese Werke der Ungerechtigkeit sind die gleichen Lehren, mit denen Satan die Welt seit Jahrtausenden unterdrückt hat. Er ist der Hauptunterdrücker, wie im Buch Jesaja beschrieben:

> *...Wie der Unterdrücker aufgehört hat, die goldene Stadt aufgehört hat! Der Herr hat den Stab [DAS GESETZ] der Bösen zerbrochen, das Zepter*

> *[DAS GESETZ] der Herrscher; er, der das Volk mit einem beständigen Schlag in Zorn schlug, er, der [MIT EINEM GESETZ] die Nationen im Zorn regierte... (Jesaja 14:4-6, Hervorhebung hinzugefügt).*

Im Gegensatz dazu ist die Last Jesu, seine Liebe, leicht, nicht schwer.

> *Kommt alle zu Mir, die ihr euch abmüht und schwer beladen seid, und Ich werde euch Ruhe geben. Nehmt Mein Joch auf euch und lernt von Mir, denn Ich bin sanftmütig und von Herzen demütig, und ihr werdet Ruhe finden für eure Seelen. Denn Mein Joch ist leicht, und Meine Last ist leicht (Matthäus 11,28-30).*

Alles, was die Irrlehrer tun, geschieht im Geiste des Stolzes, "um von den Menschen gesehen zu werden". Dies ist ein Merkmal, das der bei Luzifer entstandenen Ungerechtigkeit eigen ist und mit der "bestechlichen" Komponente der Ungerechtigkeit zusammenhängt, die ein Hierarchiesystem schafft. Auch hierauf werden wir später noch ausführlicher eingehen.

Diese falschen Lehrer lieben die Zurschaustellung und lassen sich gerne als Lehrer, als spirituelle Führer, bezeichnen. Sie schwelgen in der Tatsache, dass sie eine Anhängerschaft haben, dass ihr Name ein Begriff ist. Sie lenken die Aufmerksamkeit auf ihre eigenen guten Werke und ihre eigene Weisheit, anstatt die Menschen auf die wahre Quelle der Weisheit hinzuweisen, auf Jesus Christus, "den Weg, die Wahrheit und das Leben" (Joh 14,6). Da sie Christus aus dem Blickfeld lassen, können sie nicht anders, als voller Heuchelei und Ungerechtigkeit zu sein, denn das ist die Verfehlung der Welt.

Jesus lehrte, dass wir all unsere guten Werke in Anonymität tun sollen, weit weg vom Lob der Menschen. Auch hier ist Täuschung der traurige Zustand dieser falschen Gläubigen; sie denken, sie folgen Gott, tun es aber nicht.

c. MATTHEW 24-DAS ENDE DER WELT

Das vierte und letzte Mal, dass Jesus das Wort Missetat gebrauchte, ist in Matthäus 24, wo er erneut vor der Täuschung falscher Propheten warnte:

> *...werden sich viele falsche Propheten erheben und viele täuschen. Und weil die Gesetzlosigkeit [Ungerechtigkeit, KJV] überhand nehmen wird, wird die Liebe [AGAPE] vieler erkalten (Matthäus 24,11-12; Hervorhebung hinzugefügt).*

"Falsche Propheten..." "Täusche viele..." Ist Ihnen aufgefallen, wie "Täuschung" der gemeinsame Nenner all dieser Verse ist? Es scheint, dass alle Beteiligten getäuscht werden - auch die Wölfe und die falschen Propheten selbst. Jesus lehrt uns, wie wir die Täuschung durchschauen können. Nur Er kann uns diese Täuschung nehmen - ohne Ihn sind wir hoffnungslos in die Irre geführt.

Aber warum ist die Ungerechtigkeit so trügerisch? Weil die Ungerechtigkeit richtig zu sein scheint, weil es das Richtige zu sein scheint, das Richtige zu tun, das Richtige zu denken, das Richtige zu glauben. Tatsächlich scheint die Ungerechtigkeit eine personifizierte Weisheit zu sein, und sie ist tatsächlich eine Art von Weisheit - aber es ist die Weisheit Satans. Und weil sie als Weisheit vermarktet wird, hat sie eine ungeheure Macht, zu täuschen.

Salomo hat dieses Phänomen im Buch der Sprichwörter kurz und bündig behandelt:

> *Es gibt einen Weg, der einem Menschen richtig erscheint, aber das Ende davon sind die Wege des Todes (Sprüche 14:12, KJV).*

Die Ungerechtigkeit ist so tief in der menschlichen Psyche verwurzelt, dass ihre trügerische Kraft laut Matthäus 24 bis zum Ende der Erdgeschichte stark bleibt. Aber so richtig die Ungerechtigkeit auch zu sein scheint, sie ist nicht Liebe, sie ist nicht Barmherzigkeit. In der Tat sagte Jesus, dass die Liebe (Agape) vieler erkalten würde, weil die Ungerechtigkeit "im Überfluss" vorhanden wäre. So hat die Ungerechtigkeit auch eine erstaunliche Fähigkeit, die Agape-Liebe zu neutralisieren, wenn wir es zulassen. Jesus wies darauf hin, dass die Ungerechtigkeit besonders in den letzten Tagen gedeihen würde. Das bedeutet, dass auch die Täuschung im Überfluss vorhanden sein würde.

Betrachten wir hier also das Gesamtbild. Wenn wir diese vier Passagen analysieren, sehen wir, dass jedes Mal, wenn Jesus das Wort "Missetat" gebrauchte, dies im Kontext der Täuschung geschah - insbesondere unter den bekennenden Anhängern Gottes. Wenn wir bedenken, dass sogar ein Drittel der Engel durch Satans Prinzip der Ungerechtigkeit getäuscht wurde, erkennen wir, wie mächtig dieses Prinzip sein kann.

Jeder getäuschte Gläubige in den Versen, die wir betrachteten, hatte eine falsche Fassade: Was wie Schafe aussah, waren in Wirklichkeit Wölfe, was wie Weizen aussah, war in Wirklichkeit Unkraut, was wie wahre Propheten aussah, waren in Wirklichkeit falsche Propheten. Diese schienen alle etwas zu sein, was sie nicht waren. Sie schienen gut zu sein - sie vollbrachten sogar wunderbare Werke - aber sie waren von Grund auf böse, "Arbeiter der Ungerechtigkeit".

Es scheint auch bedeutsam zu sein, dass, obwohl die Ungerechtigkeit in der ganzen Welt grassiert, Jesus sich nur an die Anhänger Gottes wandte. Daraus würde man schließen, dass die Ungerechtigkeit besonders in der Religion zu gedeihen scheint, oder zumindest in der falschen oder gefälschten Religion.

Wenn wir also die hebräische und die griechische Definition zusammen mit dem Gebrauch des Wortes "Missetat" durch Jesus kombinieren, können wir zu dem Schluss kommen, dass dies der Fall ist:

1. Ungerechtigkeit hat mit Moral zu tun: Sie ist moralisches Übel, moralische Verzerrung und moralische Perversion.
2. Ungerechtigkeit kann bedeuten, "in die Irre zu gehen".
3. Ungerechtigkeit ist Bosheit, Ungerechtigkeit.
4. Ungerechtigkeit beinhaltet Bestrafung und Verurteilung.

5. Ungerechtigkeit ist Gesetzlosigkeit, Rechtsverletzung, Illegalität, Gesetzesübertretung.
6. Ungerechtigkeit ist Ungerechtigkeit, Widerstand gegen das Gesetz sowie moralische Ungerechtigkeit.
7. Ungerechtigkeit ist Schiefheit, Verzerrung, Übertretung, eine Perversion von Gottes Sittengesetz.
8. Die Ungerechtigkeit ist äußerst trügerisch und täuscht nicht nur den Zuschauer, sondern auch den Schauspieler.
9. Ungerechtigkeit scheint gut zu sein, das Richtige zu denken und zu tun.
10. Die Ungerechtigkeit erlegt der Menschheit schwere Lasten auf - ein werkorientiertes System der Erlösung.
11. Ungerechtigkeit führt dazu, dass Menschen doppelzüngig und heuchlerisch sind.
12. Die Ungerechtigkeit ist mit Stolz erfüllt (Werke, die von Männern gesehen werden müssen).
13. Ungerechtigkeit zerstört die Agape-Liebe (die Liebe vieler wird erkalten).
14. Ungerechtigkeit beinhaltet Korruption (sie ist nicht rein).
15. Iniquität beinhaltet Gewalt (reißende Wölfe).
16. Diejenigen, die Missetaten begehen, wurden vom Feind, Satan, "gesät".
17. Die Ungerechtigkeit wird in den letzten Tagen "überhand nehmen".
18. Ungerechtigkeit führt ins Nichts, in den Tod.
19. Am Ende der großen Kontroverse werden die Ungerechtigkeiten ausgerottet sein.
20. Ungerechtigkeit beinhaltet Parteilichkeit.
21. Ungerechtigkeit beinhaltet Bestechungsgelder.

Diese Definitionen müssen alle im Kontext von Gottes Gesetz verstanden werden. Zum Beispiel ist Missetat eine moralische Verzerrung von Gottes Gesetz, die es moralisch pervers macht. Ungerechtigkeit verstößt gegen Gottes Gesetz der Liebe. Während sie sich damit brüstet, gut zu sein, ist Ungerechtigkeit in Wirklichkeit Bosheit, Ungerechtigkeit nach Gottes

Gesetz - sie ist eine Verletzung von Gottes Prinzipien der Gerechtigkeit. Ungerechtigkeit fördert Bestrafung und Verurteilung, die im Widerspruch zu Gottes Gesetz der Liebe stehen. Sie ist "Gesetzlosigkeit", d.h. sie ist völlig frei von Gottes Gesetz oder vom Geist des Gesetzes Gottes. Sie ist ein Verstoß gegen das Gesetz der Agape-Liebe. Deshalb ist Ungerechtigkeit "Gesetzlosigkeit" - weil sie eine Übertretung des Gesetzes Gottes ist. Während sich die Ungerechtigkeit einer großen Gerechtigkeit rühmt, ist ihre Gerechtigkeit in Gottes Buch tatsächlich Ungerechtigkeit, weil ihre Gerechtigkeit im Gegensatz zu Gottes Gesetz der Barmherzigkeit steht; daher ist die Art der Moral der Ungerechtigkeit tatsächlich moralische Ungerechtigkeit nach Gottes Gesetz.

Darum ist Ungerechtigkeit Schiefheit; sie ist eine Verzerrung, eine Übertretung, eine Perversion von Gottes Sittengesetz. Aus all diesen Gründen ist die Ungerechtigkeit äußerst trügerisch. Sie scheint gut zu sein, sie scheint das Richtige zu denken und zu tun, aber sie legt der Menschheit schwere Lasten auf und entfernt uns von Gott.

Was ist dann Ungerechtigkeit? Es ist ein Sittengesetz - Satans Sittengesetz, das eine Pervertierung von Gottes Gesetz ist. Weil es ein moralisches Gesetz ist, ist die Ungerechtigkeit äußerst trügerisch. Sind wir nicht alle moralisch veranlagt? Glauben wir nicht alle, dass unsere Moral von Gott abstammt? Was aber, wenn unsere Moral nicht von Gott kommt? Was, wenn unser inneres Gefühl dafür, was richtig und falsch ist, auf Satans Täuschungen beruht? Was, wenn wir nach Satans moralischem Gesetz leben? Hat uns gerade das, was wir für "gut" und "weise" halten, getäuscht?

Es gibt Wege, wie wir unsere Moral auf die Probe stellen können. Sind wir dabei, dem Menschen schwere Lasten aufzuerlegen? Betonen wir Werke über Liebe und Barmherzigkeit? Sind unsere Herzen mit Liebe erfüllt oder mit einer Besessenheit von dem, was richtig ist? Sind wir doppelzüngig? Sind wir gut zu einigen und gemein zu anderen, von denen wir meinen, dass sie unsere Verachtung verdienen? Lieben wir unsere Feinde oder hassen wir sie? Sind wir gut zu Gut und Böse, wie unser himmlischer Vater ist, oder sind wir gut zu Gut und Böse zu Böse, wie Mercurius, der alchemistische Geist? Wenden wir im Namen dessen, was vordergründig richtig ist, im Namen des

Guten Gewalt an oder dulden wir sie? Verurteilen wir andere? Und wenn ja, glauben wir, dass sie es verdienen, bestraft zu werden? Glauben wir, dass Gewalt und Gemeinheit der Weg ist, um böses Verhalten zu korrigieren, oder glauben wir, dass Liebe eine bessere Lösung ist? Sind wir parteiisch? Sind wir stolz? Nehmen wir Bestechungsgelder an? Tun wir Gutes, um eine Belohnung zu erhalten?

...WURDE IN IHNEN GEFUNDEN.

Es ist äußerst wichtig zu erkennen, dass die Ungerechtigkeit bei Luzifer "gefunden" wurde. Das hebräische Wort für "gefunden" ist mâtsâ, was so viel bedeutet wie "hervorgehen, d.h. erscheinen oder existieren" (Strong's Concordance). Dies deutet darauf hin, dass die Ungerechtigkeit ihren Anfang in Luzifer hatte und nur in ihm, nicht in Gott.

Die Ungerechtigkeit begann zunächst als ein Gedanke in Luzifers Kopf. In seinem embryonalen Stadium begann seine Abkehr von Gott in Form eines fragenden Gedankens, der sich im Laufe der Zeit zu einer ausgewachsenen Rebellion entwickelte. Alle Handlungen, die seinen Gedanken folgten, waren in der Tat sündhaft, aber die Ungerechtigkeit, die zuerst in ihm gefunden wurde, war zunächst nur ein Gedanke. Seine späteren bösen Handlungen waren lediglich Reaktionen auf das, was in seinen Gedankengängen als erstes begonnen hatte. Seine Handlungen waren die physische Manifestation dieser Gedanken.

Das bedeutet, dass sich die Ungerechtigkeit zunächst empirisch nicht nach außen hin zeigte. Aus diesem Grund konnte sie zunächst nicht ihre ganze Verderbtheit offenbaren. Ihr enormes Potenzial an Bösem und Unheil konnte von den Engeln oder auch von Luzifer selbst noch nicht voll erfasst werden.

Das Prinzip, dass die eigenen Gedanken den eigenen Handlungen vorausgehen und sie tatsächlich vorhersagen, ist in Sprüche 23:7 dargelegt: "Denn wie er in seinem Herzen denkt, so ist er auch." Jesus bestätigte dieses Prinzip auch, als er sagte, dass selbst die Begierde im Herzen Ehebruch ist:

> *Sie haben gehört, dass zu den Alten gesagt wurde: "Du sollst nicht ehebrechen". Ich sage euch aber, dass jeder, der eine Frau ansieht, um sich nach ihr zu sehnen, schon mit ihr in seinem Herzen Ehebruch begangen hat (Matthäus 5,27-28).*

Es ist äußerst wichtig, dass wir erkennen, dass die Ungerechtigkeit in Luzifer begann und in ihm nur - warum? Weil er uns getäuscht hat, indem er uns glauben machte, dass die Prinzipien der "Missetat" Prinzipien sind, die Gott selbst gebraucht. Wenn wir weiter über die Bedeutung von Luzifers Sittengesetz forschen, werden wir genau das Ausmaß seiner Täuschung erkennen, die uns glauben lässt, dass Gott das Sittengesetz der Ungerechtigkeit gebraucht.

7

DER ANGRIFF AUF DAS GESETZ

DURCH DEN ÜBERFLUSS IHRES HANDELS...

Womit hat Luzifer gehandelt? Bezieht sich "Handel" in den frühen Phasen seiner Rebellion auf die Schaffung eines Wirtschaftssystems? Gibt es irgendeinen Hinweis darauf im Zusammenhang mit diesen Versen, die wir studiert haben?

Das hebräische Wort sagt uns nicht viel -rkullah bedeutet einfach "Handel (wie hausieren gehen): Waren, Verkehr" (Strong's Concordance). Was kann das im Zusammenhang mit dem, was wir bisher gesehen haben, sein? Beachten Sie diese Worte aus dem Kommentar der Siebenten-Tags-Adventisten:

> *"Durch die Menge deiner Waren haben sie die Mitte von dir mit Gewalt erfüllt, und du hast gesündigt: ... du hast deine Heiligtümer verunreinigt durch die Menge deiner Missetaten, durch die Missetat deines Handels". **An dieser Stelle ist "Menschenhandel" das Emblem einer korrupten Verwaltung** {4BC 1163.7, Hervorhebung hinzugefügt}.*

Das Wort "Menschenhandel" in diesem Vers ist ein "Emblem" - das heißt, es ist nicht wörtlich, sondern eher symbolisch gemeint. Das Wort "Menschenhandel" ist in diesem Zusammenhang ein Wort, das Luzifers "korrupte Verwaltung" symbolisiert. Seine Verwaltung war korrupt, weil sie, wie wir besprochen haben, von korrupten Prinzipien beherrscht wurde, die er sich im Himmel ausgedacht hatte.

Es gibt nur eine Sache, mit der Luzifer in diesem Stadium seiner Rebellion "hausieren" konnte: sein korruptes Prinzip oder seine moralische Gesetzmäßigkeit, die, wie wir gesehen haben, das Prinzip ist, das durch den Baum der Erkenntnis von Gut und Böse repräsentiert wird. Hesekiels eigene Wortwahl deutet darauf hin, dass Luzifer mit der Ungerechtigkeit hausieren ging. Beachten Sie, wie das Wort "Überfluss" in diesem Abschnitt zweimal verwendet wird. In Vers sechzehn sagt Hesekiel:

> *Durch den* ***Überfluss*** *deines* ***Handels*** *wurdest du innerlich von Gewalt erfüllt, und du hast gesündigt.*

Dann sagt er in Vers achtzehn:

> *Sie haben Ihre Heiligtümer geschändet durch die* ***Vielzahl*** *Ihrer* ***Missetaten****, durch die* ***Ungerechtigkeit*** *Ihres* ***Handels.***

Die englischen Wörter "abundance" (Überfluss) und "multitude" (Menge) werden aus dem gleichen hebräischen Wort rôb, Strong's H7230, übersetzt. Rôb wird zuerst verwendet, um Luzifers "Ware" zu qualifizieren, und dann, um "Ungerechtigkeit", das, was in ihm gefunden wurde, zu qualifizieren. Daraus können wir ableiten, dass mit dem Wort "Ware" Ungerechtigkeit gemeint ist. Luzifer ging mit seiner Ware (einer Reihe von korrupten Prinzipien, die er in seiner korrupten Verwaltung anwandte) im gesamten Universum hausieren. Da Gottes Agape-Liebe ein Prinzip ist, das auf Freiheit beruht, hatte Luzifer nicht nur die Freiheit, seine neue Idee zu vermarkten, sondern jedes intelligente Wesen im Universum hatte auch die Freiheit, eine Entscheidung für oder gegen sie zu treffen. Auch auf anderen bewohnten Planeten gibt es den Baum der Erkenntnis von Gut und Böse:

*Der Herr hat mir eine Sicht auf andere Welten gegeben. Flügel wurden mir gegeben, und ein Engel begleitete mich von der Stadt an einen Ort, der hell und herrlich war. Das Gras des Ortes war lebendig grün, und die Vögel dort trällerten ein süßes Lied. Die Bewohner des Ortes waren von aller Größe; sie waren edel, majestätisch und lieblich. Sie trugen das ausdrückliche Bild Jesu, und ihre Gesichter strahlten vor heiliger Freude, die die Freiheit und das Glück des Ortes zum Ausdruck brachte. Ich fragte einen von ihnen, warum sie so viel schöner waren als die auf der Erde. Die Antwort lautete: "Wir haben in striktem Gehorsam gegenüber den Geboten Gottes gelebt und sind nicht durch Ungehorsam gefallen, wie die Menschen auf der Erde". **Dann sah ich zwei Bäume, von denen einer dem Baum des Lebens in der Stadt sehr ähnlich sah. Die Früchte beider sahen schön aus, aber von einem konnten sie nicht essen. Sie hatten die Macht, von beiden zu essen, aber es war ihnen verboten, von einem zu essen. Da sagte mein Engel zu mir: "Niemand an diesem Ort hat von dem verbotenen Baum gekostet; aber wenn sie essen sollten, würden sie fallen.** {EW 39,3}*

Die Worte "korrupte Verwaltung" haben jedoch enorme Auswirkungen. Zunächst einmal, wie hat Luzifer überhaupt begonnen, eine eigene Verwaltung zu haben? War er nicht in Gottes Verwaltung tätig? Arbeitete er nicht für Gott als Lichtträger, als Förderer von Gottes Gesetz?

Aus diesen wenigen Informationen gewinnen wir den Eindruck, dass Luzifer etwas Hinterhältiges tat, vielleicht sogar seine von Gott gegebene Autorität nutzte, um heimlich zu versuchen, das Gesetz in den Köpfen der Engel zu ändern. Wir wissen bereits, dass er die Macht und den Einfluss, die Gott ihm gegeben hatte, benutzte, um sein trügerisches Vorhaben voranzutreiben.

Es war ein Wesen von wunderbarer Macht und Herrlichkeit, das sich gegen Gott gestellt hatte. Von Luzifer sagt der Herr: "Du versiegelst die Summe, voller Weisheit und vollkommen in der Schönheit".

> *Hesekiel 28:12. Luzifer war der deckende Cherub gewesen. Er hatte im Licht der Gegenwart Gottes gestanden. Er war das höchste aller erschaffenen Wesen gewesen und hatte an erster Stelle die Absichten Gottes dem Universum offenbart.* ***Nachdem er gesündigt hatte, war seine Macht zur Täuschung um so trügerischer, und die Enthüllung seines Charakters war um so schwieriger, wegen der erhabenen Stellung, die er beim Vater eingenommen hatte*** *{DA 758.4, Hervorhebung hinzugefügt}.*

Luzifer benutzte seine Position, um zu täuschen. Es hat sogar den Anschein, dass er eine korrupte Version des Gesetzes verbreitete - in Wirklichkeit betrieb er eine Rebellenverwaltung genau dort, in der Gegenwart Gottes, und untergrub damit sein Gesetz. Sein ganzes Ziel war es, Gottes Gesetz loszuwerden.

> ***Seit dem Beginn der großen Kontroverse im Himmel war es Satans Absicht, das Gesetz Gottes zu stürzen. Um dies zu erreichen, trat er in seine Rebellion gegen den Schöpfer ein****, und obwohl er aus dem Himmel verstoßen wurde, hat er denselben Krieg auf der Erde fortgesetzt. Die Menschen zu täuschen und sie so dazu zu bringen, Gottes Gesetz zu übertreten, ist das Ziel, das er unerschütterlich verfolgt hat. Ob dies nun durch die völlige Aufhebung des Gesetzes oder durch die Zurückweisung eines seiner Gebote erreicht wird, das Ergebnis wird letztlich dasselbe sein. Wer "in einem Punkt" beleidigt, zeigt Verachtung für das ganze Gesetz; sein Einfluss und sein Beispiel stehen auf der Seite der Übertretung; er wird "an allen schuldig". Jakobus 2:10 {DD 28.1, Hervorhebung hinzugefügt}.*

Luzifer benutzte List und Manipulation, um eine Anhängerschaft zu gewinnen. Er schuf auf listige Weise Unzufriedenheit mit Gottes Gesetz und behauptete, dass seine Änderungsvorschläge alle dem Wohl von Gottes Regierung dienten.

> *Unter Ausnutzung des liebevollen, loyalen Vertrauens, das die heiligen Wesen unter seinem Kommando in ihn setzten, hatte er ihnen auf so kunstvolle Weise* **sein eigenes Misstrauen und seine eigene Unzufriedenheit** *eingeflößt, dass seine Handlungsfähigkeit nicht erkannt wurde. Luzifer hatte die Absichten Gottes in* **einem falschen Licht** *dargestellt –* **er hatte sie missverstanden und verzerrt, um Unzufriedenheit und Uneinigkeit zu erregen.** *Er zog seine Zuhörer auf listige Weise dazu an, ihren Gefühlen Ausdruck zu verleihen; dann wiederholte er diese Äußerungen, wenn es seinem Zweck diente, als Beweis dafür, dass die Engel nicht völlig mit der Regierung Gottes im Einklang waren.* **Während er für sich selbst vollkommene Loyalität gegenüber Gott beanspruchte, drängte er darauf, dass Änderungen in der Ordnung und den Gesetzen des Himmels für die Stabilität der göttlichen Regierung notwendig seien. Während er also daran arbeitete, Widerstand gegen das Gesetz Gottes zu erregen und seine eigene Unzufriedenheit in den Verstand der Engel unter ihm einzuflößen, versuchte er angeblich, Unzufriedenheit zu beseitigen und unzufriedene Engel mit der Ordnung des Himmels zu versöhnen**. *Während er insgeheim Zwietracht und Rebellion schürte, ließ er es mit vollendetem Handwerk als sein einziges Ziel erscheinen,* **Loyalität zu fördern und Harmonie und Frieden zu bewahren** *{PP 38.2, Hervorhebung hinzugefügt}.*

Wie hinterhältig, geheimnisvoll und klug waren seine Aktivitäten! Beachten Sie, dass seine Strategie dieselbe war, die er auch im Garten anwandte: Er schuf das Problem, versteckte sich dann aber, so dass es so aussah, als hätte er nichts damit zu tun.

> **Luzifer hatte seine Versuchungen zunächst so geführt, dass er selbst ungebunden war**. *Die Engel, die er nicht ganz auf seine Seite bringen konnte, warf er der Gleichgültigkeit gegenüber den Interessen der himmlischen Wesen vor. Gerade die Arbeit, die er selbst verrichtete, übertrug er den loyalen Engeln. Es war seine Politik, mit subtilen*

> *Argumenten über die Absichten Gottes zu verwirren. Alles, was einfach war, hüllte er in ein Mysterium, und durch kunstvolle Perversion ließ er Zweifel an den einfachsten Aussagen Jehovas aufkommen.* ***Und seine hohe Position, die so eng mit der göttlichen Regierung verbunden war, verlieh seinen Darstellungen mehr Kraft*** *{PP 41.3, Hervorhebung hinzugefügt}.*

Von Anfang an ging es in der Kontroverse um das Gesetz Gottes. Wir müssen uns fragen: Warum versuchte Luzifer, Gottes Gesetz zu ändern? Der einzig mögliche Grund ist, dass er irgendwann nach und nach irgendwie dazu kam, das Gesetz der Liebe als unwirksam, fehlerhaft zu betrachten. Also machte er sich daran, es in Ordnung zu bringen. Beachten Sie die folgende Erklärung sorgfältig:

> ***Satan behauptete, Gesetze vorlegen zu können, die besser seien als Gottes Gesetze und Urteile****, und er wurde vom Himmel vertrieben. Auf der Erde hat er einen ähnlichen Versuch unternommen. Seit seinem Sturz hat er sich bemüht, die Welt zu täuschen, die Menschen ins Verderben zu führen, damit er sich an Gott rächen kann, weil er überwältigt und vom Himmel heruntergestoßen wurde.* ***Seine Bemühungen, sich selbst und seine Geräte dorthin zu bringen, wo Gott sein sollte, sind sehr ausdauernd und hartnäckig. Er hat die Welt in seiner Schlinge gefangen genommen, und viele, sogar aus dem Volk Gottes, wissen nichts von seinen Taten, und sie geben ihm alle Möglichkeiten, um die er bittet, um den Untergang der Seelen zu bewirken.*** *Sie offenbaren nicht den brennenden Eifer, Jesus aufzurichten und der verderblichen Menge zu verkünden: "Siehe, das Lamm Gottes, das die Sünde der Welt hinwegnimmt" {RH, 17. Juni 1890 par. 12, Hervorhebung hinzugefügt}!*

"Satan behauptete, Gesetze vorlegen zu können, die besser sind als Gottes Gesetze und Urteile". Satan präsentierte "Gesetze"? Welche Gesetze? Haben wir schon einmal gehört, dass er ein Gesetz hat? Beachten Sie auch hier die folgenden Zitate genau:

> *Gottes Umgang mit der Rebellion wird dazu führen,* ***dass die Arbeit, die so lange im Verborgenen geleistet wurde, vollständig entlarvt wird****. Die Früchte der* ***Aufhebung der göttlichen Statuten werden*** *der Sicht aller erschaffenen Intelligenzen zugänglich gemacht werden.* ***Das Gesetz Gottes wird in vollem Umfang gerechtfertigt sein****. Satan selbst wird in der Gegenwart des bezeugenden Universums* ***die Gerechtigkeit der Regierung Gottes und die Gerechtigkeit seines Gesetzes*** *bekennen {***EP*** 237.1, Hervorhebung hinzugefügt}.*

> *Aber* ***wie soll das Universum wissen****, dass Luzifer kein* ***sicherer und gerechter Führer*** *ist?* ***In ihren Augen erscheint er richtig****. Sie sehen nicht, wie Gott sieht, unter der äußeren Hülle. Sie können nicht wissen, wie Gott weiß. Ihn zu entlarven und der Engelschar klarzumachen,* ***dass sein Gericht nicht Gottes Gericht ist, dass er sich einen eigenen Maßstab gesetzt*** *und sich der gerechten Empörung Gottes ausgesetzt hat, würde einen Zustand der Dinge schaffen, der vermieden werden muss {CTr 11.5, Hervorhebung hinzugefügt}.*

Satan setzte "die göttlichen Gesetze außer Kraft" und "behauptete, Gesetze vorlegen zu können, die besser als Gottes Gesetze sind", und damit "hat er sich einen eigenen Maßstab gesetzt". Aber wir haben nie gehört, dass er ein eigenes Gesetz oder "einen eigenen Maßstab" hat. Warum nicht? Weil seine Arbeit "lange Zeit im Verborgenen weitergeführt wurde". Wie wurde sie verdeckt weitergeführt? Sie wurde "lange Zeit im Verborgenen weitergeführt", weil wir dachten, dass "sein Urteil" ein "Gottes Urteil" sei.

Die nächste Frage, die wir uns stellen müssen, ist folgende: Warum dachte Luzifer, dass Gottes Gesetz unwirksam sei? Hat nicht Gottes Gesetz den Himmel zu einem Paradies gemacht? Schließlich hatte der Himmel nur Frieden und Harmonie gekannt - von Ewigkeit her. Welcher mögliche Fehler könnte an etwas liegen, das solchen Frieden und solche Freude brachte? Die nächste Aussage enthüllt etwas sehr Wichtiges:

> ***Gott selbst hatte die Ordnung des Himmels errichtet; und wenn*** *Luzifer* ***von ihr abtrat,*** *würde er seinen Schöpfer entehren und den Ruin über sich selbst bringen {DD 2.2, Hervorhebung hinzugefügt}.*

"Gott selbst hatte die Ordnung des Himmels errichtet;" wie? Durch sein Gesetz; und Satan "entfernte" sich von der Ordnung des Himmels. Wie? Durch die Gesetze, von denen er behauptete, sie seien besser als Gottes "Gesetze und Urteile". Wir haben gerade ein paar Absätze zuvor gelesen:

> *Während er für sich selbst vollkommene Loyalität gegenüber Gott beanspruchte,* ***drängte er darauf, daß Änderungen in der Ordnung und den Gesetzen des Himmels für die Stabilität der göttlichen Regierung notwendig seien*** *{PP 38.2}.*

"Er drängte darauf, dass Änderungen in der Ordnung und den Gesetzen" Gottes notwendig seien - wozu? "Für die Stabilität der göttlichen Regierung". Warum tat er das? Glaubte er wirklich, dass Gottes Gesetz bei der Schaffung von Ordnung wirkungslos sei? Versuchte er, eine neue "Ordnung" auf der Grundlage eines neuen Moralgesetzes zu schaffen? Dachte er, dass "Missetat" besser sei als Agape?

Der Prophet Jesaja sagt von Luzifer:

> *Denn Sie haben in Ihrem Herzen gesagt:*
> *Ich werde in den Himmel auffahren,*
> *Ich werde* ***meinen Thron*** *über die Sterne Gottes erheben;*
> *Ich werde auch auf dem Berg der Kongregation sitzen*
> *Auf den äußersten Seiten des Nordens;*
> *Ich werde über die Höhen der Wolken aufsteigen,*
> ***Ich werde wie der Allerhöchste sein"*** *(Jesaja 14,13-14, Hervorhebung hinzugefügt).*

Luzifer war dabei, seinen Thron über den Thron Gottes zu erheben. Er stellte sich Gott gleich und beanspruchte die gleiche Autorität wie der Allerhöchste und wollte wie er sein. Aber wie wollte Luzifer wie der Allerhöchste sein? Die Bibel sagt, dass Gott der Gesetzgeber ist:

> ***Das Zepter soll nicht von Juda weichen, noch ein Gesetzgeber von seinen Füßen****, bis Schilo kommt; und ihm soll der Gehorsam des Volkes gelten (1. Mose 49,10, Hervorhebung hinzugefügt).*

> *(Denn der Herr ist unser Richter,* ***der Herr ist unser Gesetzgeber****, der Herr ist unser König; Er wird uns retten) (Jesaja 33:22, Hervorhebung hinzugefügt).*

> ***Es gibt einen Gesetzgeber****, der in der Lage ist, zu retten und zu zerstören. Wer bist du, dass du einen anderen richtest (Jakobus 4,12, Hervorhebung hinzugefügt)?*

Es gibt nur einen Gesetzgeber - nur einen wahren Gesetzgeber im Universum - er ist der Schöpfer. Wie rettet der Schöpfer? Er rettet, indem er uns die Wahrheit über Seinen Charakter der Agape-Liebe durch Sein Gesetz, das Gesetz des Lebens, gibt. Wie zerstört Er? Er zerstört, indem er die Ordnung der Dinge festlegt, wozu Er als Schöpfer das Recht hat. Wenn Er Wesen erschafft, die, um am Leben zu bleiben, atmen müssen, dann zerstört Er in gewisser Weise jene Wesen, die sich dafür entscheiden, nicht zu atmen. Er vernichtet nicht aktiv oder willkürlich diejenigen, die sein Gesetz - ihre Ablehnung des Gesetzes des Lebens - ablehnen, das allein führt schon zu ihrer Vernichtung. Wir werden vernichtet, wenn wir Gottes Gesetz der Barmherzigkeit ablehnen, also vernichtet Gott in diesem Sinne durch sein Gesetz.

> *Durch falsche Philosophie hat Satan einen weit verbreiteten Einfluss auf viele Geister, die in ihren Gefühlen, aber nicht in der Praxis Gottes Geboten treu sind. Was ist der Charakter Gottes? - "Barmherzig und gnädig, langmütig und reich an Güte und Wahrheit, er bewahrt die Barmherzigkeit für Tausende, vergibt Missetaten und Übertretungen*

> *und Sünden, und das wird die Schuldigen keineswegs reinwaschen.* ***Hier haben wir den Charakter des Herrn Jesus klar dargelegt und die Prinzipien, nach denen er als Gesetzgeber handelt*** *{Ms45-1894 (November 1894) par. 9, Hervorhebung hinzugefügt}.*

Jesus "handelt als Gesetzgeber". Aber Luzifer sagte: "Ich werde meinen Thron erhöhen" - eine neue Regierung, eine neue Reihe von Gesetzen... "Ich werde wie der Allerhöchste sein" - "Ich werde wie der Gesetzgeber sein, ich werde mein eigenes moralisches Gesetz haben"... Er war perfekt in seiner Art und Weise, bis man Ungerechtigkeit in ihm fand - bis eine Reihe "korrupter Prinzipien" sein Herz erfüllte. Ein neues Gesetz... Eine neue Weltordnung... Eine Ordnung, die angeblich besser war als Gottes Ordnung... Ein besseres Gesetz, mit dem einzigen Zweck, Harmonie und Frieden zu bewahren... die Stabilität von Gottes Regierung zu bewahren... Erstaunlich... Wer würde das glauben, so absurd ist es?

Doch nun müssen wir die unvermeidliche Frage stellen: Warum dachte Luzifer, dass Gottes Regierung instabil sei? Was waren seine Beweise? Was hat ihn dazu gebracht, so zu denken?

Lassen Sie uns eine Sekunde darüber nachdenken. Wir wissen aus der Bibel, dass die Weisheit der Welt mit der Weisheit Satans gleichzusetzen ist. In diesem Sinne betrachten wir die folgende Passage aus dem 1. Korintherbrief:

Denn die Botschaft des Kreuzes **ist Torheit** für die, die zugrunde gehen, aber für uns, die wir gerettet werden, ist sie die Kraft Gottes. Denn sie ist geschrieben:

> *"Ich werde die Weisheit der Weisen zerstören und das Verständnis der Vorsichtigen zunichte machen".*

> *Wo sind die Weisen? Wo ist der Schreiber? Wo ist der Zerstreuer dieses Zeitalters? Hat Gott die Weisheit dieser Welt nicht töricht gemacht? Denn da in der Weisheit Gottes die Welt durch die Weisheit Gott nicht kannte, gefiel es Gott durch die Torheit der Botschaft, die gepredigt*

> *wurde, um die zu retten, die glauben. Denn die Juden bitten um ein Zeichen, und die Griechen suchen die Weisheit; wir aber predigen den gekreuzigten Christus, den Juden einen Stolperstein und den Griechen Torheit, den Berufenen aber, Juden wie Griechen, Christus, die Kraft Gottes und die Weisheit Gottes.* ***Denn die Torheit Gottes ist weiser als die Menschen, und die Schwäche Gottes ist stärker als die Menschen*** *(1. Korinther 1,18-25, Hervorhebung hinzugefügt).*

Diese Verse zeigen deutlich, dass es zwei Weisheiten gibt - "die Weisheit der Welt" und "die Weisheit Gottes". Die Weisheit der Welt ist Satans Weisheit; er ist "der Zerstreuer dieses Zeitalters". Er ist auch der "Gott dieses Zeitalters" (2. Korinther 4,4). So ist es Satan, der die Welt darüber informiert, was konventionelle "Weisheit" sein sollte.

Die obige Passage besagt, dass es unmöglich ist, Gott durch Satans weltliche Weisheit zu erkennen. Warum? Weil die Weisheit Gottes in den Augen "der Welt" völlige Torheit und Schwäche ist. Wenn die Welt Gottes Weisheit so sieht, könnte es dann sein, dass Satan sie auch so gesehen hat und der Grund dafür ist, dass er gegen sie rebelliert hat?

> ***Von Anfang an war die große Kontroverse um das Gesetz Gottes gewesen.*** *Satan hatte versucht zu beweisen, dass Gott ungerecht war,* ***dass sein Gesetz fehlerhaft war und dass das Wohl des Universums es erforderte, es zu ändern.*** *Indem er* ***das Gesetz angriff,*** *wollte er die Autorität seines Autors stürzen. In der Kontroverse sollte gezeigt werden, ob die* ***göttlichen Statuten fehlerhaft und veränderbar oder vollkommen und unveränderlich waren*** *{PP 69.1, Hervorhebung hinzugefügt}.*

Luzifer sah Agape als "fehlerhaft", "mangelhaft", "veränderbar", "fehlerhaft" an. Könnte es sein, dass er dann irgendwann begann, Gottes Gesetz der Liebe als töricht und schwach zu betrachten? Könnte dies der Grund dafür sein, dass er es angegriffen hat?

Es scheint, dass Luzifer die Agape-Liebe als lächerlich und reform- oder ersatzbedürftig ansah. Er behauptete, dass die Verwaltung Gottes, die auf dem Gesetz der Agape-Liebe basierte, das Universum nicht regieren könne, besonders wenn es jemals mit dem Bösen konfrontiert würde. Seiner Meinung nach könnte die Ordnung nicht existieren, wenn sie allein auf Liebe beruhte. Wie wir gleich sehen werden, führte er Gewalt und Gewalttätigkeit als die Kraft hinter seinem Gesetz ein. Denken Sie sorgfältig darüber nach; sind wir nicht konditioniert, genauso zu denken? Glauben wir nicht, dass wir Kraft und Gewalt brauchen, um "Ordnung" durchzusetzen?

...WURDEST DU MIT GEWALT ERFÜLLT VON...

Während er nach Gottes moralischem Gesetz der Liebe lebte, kannte Luzifer keine Gewalt - er war "vollkommen". Aber der Text ist klar: Er wurde "von Gewalt erfüllt", sobald die Ungerechtigkeit "in ihm gefunden wurde". Diese Worte zeigen deutlich, dass Ungerechtigkeit und Gewalt ihren Ursprung in ihm hatten. Es war der "Überfluss" seiner Ungerechtigkeit, seine korrupten Prinzipien, die ihn "mit innerer Gewalt erfüllten". Da Gewalt in Ungerechtigkeit eingebettet ist, ist Gewalt eine direkte Folge von Ungerechtigkeit, und alle, die nach diesem Moralgesetz leben, sind auch "von innerer Gewalt erfüllt".

Es ist äußerst wichtig zu erkennen, dass Ungerechtigkeit die Quelle der Gewalt ist. Gewalt ist ein Produkt der Ungerechtigkeit und nur der Ungerechtigkeit. Wenn die Ungerechtigkeit ihren Ursprung bei Luzifer hatte und Gewalt ihre Folge ist, ist es nur logisch, daraus zu schließen, dass vor seiner Rebellion Gewalt im Universum überhaupt nicht existierte. Gewalt ist also völlig satanisch. Können wir dann irgendeine Gewalt Gott zuschreiben? Wenn wir es täten, würden wir dann nicht sagen, dass Er auch satanisch ist?

Die Ungerechtigkeit, das Gesetz Satans, wird mit Gewalt betrieben. Gewalt ist darin eingebettet. Das ist eine Verzerrung, eine Pervertierung von Gottes moralischem Maßstab, der Seine Liebe ist, in der es Freiheit gibt - das Gegenteil von Gewalt. Gottes Gesetz der Gnade und Barmherzigkeit wurde allgemein auf alle angewandt, weil es bedingungslos und unparteiisch war. Luzifer begann zu glauben, dass dies nicht durchführbar sei. Seiner Meinung nach musste man jeden Fall einzeln nehmen und ihn entweder positiv oder negativ behandeln, je nachdem, was die Umstände erforderten. Er argumentierte, dass nicht jeder mit der gleichen Gnade behandelt werden sollte; einige sollten belohnt und andere bestraft werden.

Luzifer kam zu der Überzeugung, dass die Agape-Liebe, wenn sie jemals mit dem Bösen konfrontiert würde, zu schwach wäre, um sich darum "zu kümmern". Seiner Meinung nach würde Agape gerade deshalb scheitern, weil ihr ein willkürliches System von Belohnung und Bestrafung fehlte - ein System von Verdiensten und Fehlern. Deshalb war aus der Sicht Luzifers Gottes Gesetz im Angesicht des Bösen wirkungslos. Und er konnte es beweisen. "Was meinst du damit, er konnte es beweisen?", magst du fragen. Sehen Sie sich seinen eigenen Fall an: Er rebellierte gegen Gott, und was tat Gott dagegen? Er tat nichts. Es schien, dass Gott ihn mit Mord davonkommen ließ.

Luzifer behauptete, sein neues Gesetz würde Erfolg und Triumph in der Gegenwart des Bösen haben, gerade weil es einen Mechanismus willkürlicher Belohnung und Bestrafung enthalte. Hätte er das Kommando gehabt, hätte er sich um einen Emporkömmling wie ihn selbst gekümmert; er hätte den Rebellen schnell und effizient beseitigt - Ende der Geschichte. Können wir sehen, wie die Gewalt Einzug hielt? Können wir sehen, wie er gegen die "Ordnung des Himmels" rebellierte unter dem Vorwand, zur Stabilisierung der Regierung Gottes beizutragen?

Und was hat Gott getan? Im Grunde schien er genau das zu sein, was Luzifer ihm vorwarf: töricht und schwach. Gott hielt ihn nicht auf, sperrte ihn nicht ein, führte nicht einmal heimlich eine Art Hirnoperation durch, um seine bösen Gedanken auszulöschen - nach allem, was Gott so leicht hätte tun können, ohne dass es jemand je erfahren hätte. Aber Er tat nichts dergleichen. Er erlaubte Satan, sein "Regierungssystem" zu entwickeln.

> *Es war Gottes Absicht, die Dinge auf eine ewige Sicherheitsbasis zu stellen, und in den Himmelsräten wurde beschlossen, dass Satan Zeit*

> *gegeben werden müsse, um die* ***Prinzipien*** *zu entwickeln,* ***die die Grundlage seines Regierungssystems bildeten****. Er hatte behauptet, dass diese den Prinzipien Gottes überlegen seien. Es wurde Zeit für das Wirken von* ***Satans Prinzipien*** *gegeben, damit sie vom himmlischen Universum gesehen werden können {DA 759.2; Hervorhebung hinzugefügt}.*

Gott gab Satan Zeit, "die Prinzipien zu entwickeln, die die Grundlage seines Regierungssystems bildeten", Prinzipien, von denen Satan behauptet hatte, sie seien "den Prinzipien Gottes überlegen". Es steht außer Frage, dass Gott Satan Zeit gibt; aber er wendet auch keine Gewalt an:

> *Gott hätte Satan und seine Sympathisanten so leicht vernichten können, wie man einen Kieselstein auf die Erde werfen kann; aber er hat es nicht getan.* ***Die Rebellion sollte nicht mit Gewalt überwunden werden. Treibende Kraft findet sich nur unter der Regierung Satans. Die Prinzipien des Herrn sind nicht dieser Ordnung zuzuordnen. Seine Autorität beruht auf Güte, Barmherzigkeit und Liebe; und die Darstellung dieser Prinzipien ist das Mittel, das eingesetzt werden muss. Gottes Regierung ist moralisch, und Wahrheit und Liebe sollen die vorherrschende Macht sein*** *{DA 759.1; Hervorhebung hinzugefügt}.*

"Zwingende Macht findet man nur unter der Regierung Satans." "Die Prinzipien des Herrn sind nicht von dieser Ordnung." Gottes "Autorität beruht auf Güte, Barmherzigkeit und Liebe". Gott war nicht im Begriff, seine Prinzipien zu ändern, um dieser Notlage zu begegnen. Gott stand zu seinen Prinzipien der Güte, Gewaltlosigkeit, Freiheit, Barmherzigkeit und Liebe, weil er wusste, dass sie der einzige Schutz für das Leben im ganzen Universum sind.

Luzifer versuchte, ein System einzuführen, in dem es "zwingende Macht", Kraft, Gewalt geben würde. Seine Autorität würde daher notwendigerweise auf dem Gegenteil von Gottes Prinzipien beruhen. Wahrheit, Güte,

Barmherzigkeit und Liebe würden in Luzifers Regierung nicht vorherrschen. Stattdessen würde sie von Lügen, Gewalt, Gewalt, Bosheit, Grausamkeit und vergeltender Bestrafung gedeihen - alles im Namen der "Ordnung".

Luzifer muss darüber nachgedacht haben, dass Gott töricht war, ihm zu erlauben, seinen Kurs der Rebellion fortzusetzen. Im Laufe der Zeit, als Gott nichts tat, um ihn aufzuhalten, wurde er immer mehr davon überzeugt, dass Gottes Modus Operandi einen schwerwiegenden Fehler aufwies. Deshalb musste Agape seiner Meinung nach zum Wohle des Universums zu ihm gehen - es war beschlossene Sache.

> ***Satan hatte erklärt, dass das Gesetz Gottes fehlerhaft sei und dass das Wohl des Universums eine Änderung seiner Anforderungen erfordere.*** *Indem er das Gesetz angriff, wollte er die Autorität seines Urhebers stürzen und für sich selbst die höchste Loyalität gewinnen.* ***Aber durch den Erlösungsplan sollten sich die Vorschriften des Gesetzes als vollkommen und unveränderlich erweisen****, damit endlich nur Herrlichkeit und Liebe zu Gott im ganzen Universum aufsteigen und Ihm, der auf dem Thron sitzt, und dem Lamm für immer und ewig Herrlichkeit und Ehre und Lob zuschreiben können {ST 22. Dezember 1914 Par. 5, Hervorhebung hinzugefügt}.*

Da Luzifer glaubte, Gottes Gesetz sei "fehlerhaft", brachte er sein eigenes Gesetz als Lösung des Problems vor. Die Änderungen, die er für die Stabilität der Regierung Gottes für notwendig hielt, beinhalteten die Abschaffung von Gottes Gesetz und die Umsetzung seines neuen Gesetzes.

Niemand konnte bisher die Auswirkungen der Rebellion Luzifers ergründen. Gewalt und ihre letztendliche Konsequenz - der Tod - waren im Universum unbekannt; tatsächlich waren sie Luzifer selbst noch unbekannt. Gott warnte seinen verhüllenden Cherub und versuchte, ihn davon abzubringen, auf diesem gefährlichen, katastrophalen Weg weiterzugehen. Doch anstatt umzukehren, ging der gefallene Engel mit Vollgas voran.

Wir kennen jedoch die Konsequenzen seines Gesetzes. Wir leben in ihnen. Wir sind der Schauplatz der Operationen für diese Polemik - diesen Krieg der Prinzipien. Und wenn wir uns die Verhältnisse auf der Erde anschauen, so sieht es mit Luzifers "neuer Ordnung" bisher überhaupt nicht gut aus.

Was wäre geschehen, wenn Gott den Vorschlag Luzifers akzeptiert hätte, sein Gewaltgesetz umzusetzen? Gott wäre wie Satan geworden, was absurd ist, nicht wahr? Denken Sie darüber nach: Wäre Gott wie Satan geworden, hätte Gott Luzifers Rebellion auf der Stelle gestoppt, indem er eine Art von Gewaltaktion gegen ihn eingesetzt hätte. Aber das hat er nicht getan. Warum hat er es nicht getan?

Gott ist nicht wie Satan. Das ist nicht das, was Gott ist. Das ist nicht seine Art, Dinge zu tun.

Dies ist nicht sein Herz, sein Gesetz. Denken Sie daran, dass Gott vollkommene Liebe ist. Und denken Sie daran, dass Luzifer Gottes Meisterwerk war; Gott liebte diesen verhüllenden Cherub noch immer.

Würden Sie Ihr Kind zerstören, wenn es sich gegen Sie auflehnen würde? Was wäre, wenn es ein Mörder würde? Würden Sie es dann vernichten? Oder würden Sie alles in Ihrer Macht Stehende tun, um das Kind zu retten? Würden Sie bis zur allerletzten Sekunde hoffen, dass sie umkehren würden? Und in letzter Sekunde... würden Sie sie dann immer noch ermorden?

Erinnern Sie sich an die Definition von Gottes Agape-Liebe: Agape-Liebe ist geduldig, freundlich... sie berücksichtigt nicht ein erlittenes Unrecht... sie hält unter allem und jedem stand... Sie ist immer bereit, das Beste zu glauben... Ihre Hoffnungen sind unter allen Umständen unvergänglich und sie erträgt alles, ohne zu schwächen... die Liebe scheitert nie, verblasst nie oder wird überflüssig, sie findet nie ein Ende... Gott hat nie aufgehört, Luzifer zu lieben. Er liebt ihn immer noch. Er wird immer den Tod dieses Sohnes betrauern.

Luzifer nutzte die von Gott geschenkte Freiheit und setzte seine Pläne zur Beseitigung des "schwachen" Gesetzes Gottes fort. Und er hatte einen Vorteil, weil er wusste, dass Gott ein Gesetz hat. Aber die Engel waren in einer verwundbaren Position - sie wussten es nicht. Sie wussten nicht, dass es so etwas wie ein "Gesetz" gab.

Die Engel lebten nach dem moralischen Gesetz der Liebe, ohne es zu kennen. Tatsächlich lebten vor der Rebellion Satans alle Geschöpfe nach

Gottes moralischem Gesetz der Liebe, ohne sich dessen bewusst zu sein:

> *...im Himmel wird der Dienst nicht im* ***Geiste der Legalität*** *geleistet. Als Satan sich gegen das Gesetz Jehovas auflehnte,* ***kam den Engeln der Gedanke, dass es ein Gesetz gibt, fast wie ein Erwachen zu etwas Ungedachtem****. In ihrem Dienst sind die Engel nicht als Diener, sondern als Söhne. Es besteht eine vollkommene Einheit zwischen ihnen und ihrem Schöpfer. Gehorsam ist für sie keine Plackerei. Die Liebe zu Gott macht ihren Dienst zur Freude. So wohnen in jeder Seele, in der Christus, die Hoffnung auf Herrlichkeit, wohnt, seine Worte widerhallend: "Ich freue mich, Deinen Willen zu tun, o mein Gott: ja, Dein Gesetz ist in meinem Herzen. Psalm 40:8 {MB 109.2, Hervorhebung hinzugefügt}.*

Luzifer rechnete damit, dass er der neue Herrscher des Universums werden würde, wenn er alle davon überzeugen könnte, dass Ungerechtigkeit besser ist als Agape. Aber die Ungerechtigkeit hatte ihn listig gemacht, und er war zu klug, um Dinge in der Öffentlichkeit zu tun. Er wusste, dass er gemieden werden würde, weil er danach strebte, Gott überlegen zu sein. Aber wenn er die Engel davon überzeugen könnte, dass sein neues Gesetz tatsächlich von Gott kommen würde, dann hätte er vielleicht eine Chance. Als der Hüter des Gesetzes war er in einer strategischen Position. Er konnte das Gesetz ändern und es so aussehen lassen, als wäre es das wahre. Die Engel, die freudig Gottes Gesetz der Liebe dienen, würden nichts ahnen.

Hat Luzifer wirklich damit gerechnet, damit durchzukommen? Würde Gott nicht einschreiten und ihn demaskieren? Würde Er die Dinge nicht für alle klar und deutlich machen? Würde der Schöpfer nicht seinen Bluff durchschauen? Offenbar nicht, denn genau das hat Luzifer getan, und er ist damit durchgekommen. Seine Täuschung war so geschickt, dass er zuerst die Hälfte der Engel mitnahm. Schließlich schloss sich nur ein Drittel mit ihm zusammen. Aber seine Täuschung reichte weiter als die Engelschar. Sie erstreckte sich auf das gesamte Universum. Betrachten Sie noch einmal die folgenden Worte:

> *Aber wie soll das **Universum** wissen, dass Luzifer kein sicherer und gerechter Führer ist? **In ihren Augen erscheint er richtig.** Sie sehen nicht, wie Gott sieht, unter der äußeren Hülle. Sie können nicht wissen, wie Gott weiß. Ihn zu entlarven und der Engelschar klarzumachen, dass sein Gericht nicht Gottes Gericht ist, dass er sich einen **eigenen Maßstab** gesetzt und sich der gerechten Empörung Gottes ausgesetzt hat, würde einen Zustand der Dinge schaffen, der vermieden werden muss {CTr 11.5, Hervorhebung hinzugefügt}.*

Nicht nur die Engel, sondern das gesamte Universum wurde von Luzifers Täuschungen erfasst. In ihren Augen erschienen seine Wege sogar "sicher und gerecht". In ihrer Unschuld, die sie unter Agape-Liebe hatten, konnten sie die Folgen von Luzifers cleverem neuen Gesetz nicht ergründen. Er erschien ihnen sogar richtig. Nur Gott konnte das Endergebnis der Anwendung von Gewalt und Gewalt gegen die Geschöpfe, die er so liebevoll erschaffen hatte, vorhersehen.

Wir könnten mit Recht fragen: Warum hat sich Gott dann nicht gewehrt? Warum hat Er Luzifer nicht aufgehalten? Wie konnte Er zulassen, dass dies geschah? Hatte Luzifer also doch Recht? War Gott wirklich töricht und schwach? Waren seine Wege fehlerhaft? Was ist mit all den Leben, die verloren gehen würden, wenn man Luzifer am Leben ließe? Wäre es nicht besser, um der Welt, nein, um des ganzen Universums willen, ein einziges Wesen zu zerstören? Hätte Gott nicht dasselbe Argument benutzen sollen, das Kaiphas benutzte, um Jesus anzuklagen?

> *Und einer von ihnen, Kaiphas, der in jenem Jahr Hoherpriester war, sagte zu ihnen: "Ihr wisst überhaupt nichts, noch haltet ihr es für **zweckmäßig, dass ein Mann für das Volk stirbt und nicht, dass die ganze Nation zugrunde geht**" (Johannes 11,49-50, Hervorhebung hinzugefügt).*

Die menschliche Weisheit würde argumentieren, dass es für Gott zweckmäßig gewesen wäre, Luzifer zu töten, und nicht, dass die Erde "untergeht".

Aber als Luzifers Plan sich entfaltete, tat Gott nichts dergleichen - er ließ es geschehen.

Gott warnte Luzifer jedoch vor der Gefahr, seinen Kurs fortzusetzen. Er zeigte ihm Ursache und Wirkung. Seine Warnung war auch für die Engel gewesen; und doch hatten sie alle die Freiheit, zu tun, was sie wollten. Trotz dieser klaren Warnung setzte Luzifer seine Rebellion hartnäckig fort.

> *Im himmlischen Rat flehten die Engel Luzifer an. Der Sohn Gottes präsentierte vor ihm die Größe, Güte und Gerechtigkeit des Schöpfers und die heilige, unveränderliche Natur seines Gesetzes.* ***Gott selbst hatte die Ordnung des Himmels errichtet; und wenn Luzifer von ihr abtrat, würde er seinen Schöpfer entehren und den Ruin über sich selbst bringen. Aber die Warnung, die in unendlicher Liebe und Barmherzigkeit ausgesprochen wurde, erweckte nur einen Geist des Widerstands.*** *Luzifer ließ seine Eifersucht auf Christus sich durchsetzen und wurde der entschlossenere {PP 35.3, Hervorhebung hinzugefügt}.*

Mit all diesen Überlegungen sollten wir dieses Thema direkt nach Hause bringen. Kann die Harmonie des Universums allein auf bedingungsloser Liebe beruhen? Ist bedingungslose Liebe ausreichend, um Ordnung, Harmonie und Frieden auf der Erde zu erhalten? Schauen wir auf die Welt um uns herum: Könnte bedingungslose Liebe Frieden zwischen den Nationen bringen? Könnte sie alle Probleme der Menschheit lösen?

Dies ist eine bekannte Polemik. Das liegt daran, dass wir mittendrin stecken. Liebe gegen Gewalt/Angst: Wer ist der bessere Motivator und Ordnungshüter?

Wie Sie sehen, ist dies keine einfache Frage, und die Antwort ist bedeutungsschwer, denn genau mit diesem Thema begann die große Kontroverse zwischen Gott und Satan. Wie wir uns entscheiden, diese Frage zu beantworten, wird uns entweder auf die Seite Gottes oder auf die Seite Satans stellen.

Jesus sagte, dass die Ungerechtigkeit in den letzten Tagen zunehmen würde - Ungerechtigkeit, Satans gewalttätiges Gesetz. Da der Ungerechtigkeit Gewalt innewohnt, würde auch die Gewalt zunehmen. Christus sagte auch, dass die letzten Tage wie die Tage Noahs sein würden. Es überrascht nicht, dass die Tage Noahs von Gewalt geprägt waren:

> *...jede Absicht der Gedanken seines [MANKIND'S] Herzens war ständig nur böse... (1. Mose 6:5, Hervorhebung hinzugefügt).*

> *...und auch die Erde wurde vor Gott verdorben, und die Erde wurde mit Gewalt erfüllt" (Genesis 6,11).*

Das Universum sah in der Flut "die Ergebnisse der Verwaltung dessen, was Luzifer versucht hatte, im Himmel zu etablieren:"

> *Die heiligen Bewohner anderer Welten beobachteten mit tiefstem Interesse die Ereignisse, die sich auf der Erde abspielten.* ***Der Zustand der Welt vor der Sintflut, den sie sahen, veranschaulichte die Ergebnisse der Verwaltung, die Luzifer im Himmel zu errichten versucht hatte, indem er die Autorität Christi zurückwies und das Gesetz Gottes beiseite schob****. In diesen selbstherrlichen Sündern der vorsintflutlichen Welt sahen sie die Untertanen, über die Satan die Macht hatte. Die Gedanken der Menschenherzen waren ständig nur böse. Mose 6,5. Jede Emotion, jeder Impuls und jede Vorstellung stand im Krieg mit den göttlichen Prinzipien der* ***Reinheit und des Friedens und der Liebe****. Es war ein Beispiel für die schreckliche Verderbtheit, die aus Satans Politik resultierte, den Geschöpfen Gottes die Beschränkung seines heiligen Gesetzes zu nehmen {PP 78.4, Hervorhebung hinzugefügt}.*

Die Macht des Gesetzes Satans ist sehr trügerisch - sie treibt uns dazu, böse, gemeine und gewalttätige Taten zu begehen, alles im Namen des Guten oder sogar im Namen Gottes. Das einzige Heilmittel dagegen ist die Zurückhaltung von Gottes Gesetz der Agape-Liebe.

...UND DU HAST GESÜNDIGT

Durch die Fülle seines Handels - durch die Fülle der Ungerechtigkeit, Luzifers neues moralisches Gesetz - füllte sich der deckende Cherub im Innern mit Gewalt, und als Folge davon "sündigte" er. Ungerechtigkeit, Gewalt und Sünde sind untrennbar miteinander verbunden. Sie sind untrennbar miteinander verflochten. Gewalt ist in die Ungerechtigkeit eingebettet; daher sind diejenigen, die nach diesem Sittengesetz handeln, von Natur aus gewalttätig. Zu sagen, dass Gott an einem dieser Gesetze Anteil hat, bedeutet, dass Gott an allen dreien Anteil hat. Wenn Gott gewalttätig ist, dann ist Gott auch frevelhaft und ein Sünder.

Beachten Sie, dass Luzifer das erste Wesen ist, das jemals in Gottes Universum gesündigt hat. Was ist die biblische Bedeutung des Wortes "Sünde"? Wir werden uns die hebräischen und griechischen Definitionen ansehen und dann sehen, wie Jesus es definiert.

Das hebräische Wort châtâ' bedeutet "richtig zu verfehlen; daher (bildlich und allgemein) zu sündigen; durch Folgerung zu verwirken, zu fehlen, zu sühnen, zu bereuen, (kausal) in die Irre zu führen, zu verdammen" (Strong's Dictionary).

Richtig, "Sünde" bedeutet, das Ziel zu verfehlen. Die griechische Definition von "Sünde" fügt ein wenig mehr Bedeutung hinzu, um uns zu helfen, dies zu verstehen: "das Ziel verfehlen und so nicht am Preis teilhaben. Irren, vor allem (moralisch)", (Strong's Dictionary).

Das Ziel verfehlen, sich im Grunde genommen irren, ein falsches Urteil fällen, es falsch verstehen. Falsch verstehen in Bezug auf was? Die griechische Definition besagt, dass es in Bezug auf die Moral ist. Sünde ist es also, das moralische Gesetz Satans anstelle des Gesetzes Gottes anzuwenden. Paulus zitiert die Worte des Psalmisten über die Rebellion der Kinder Israels in der Wüste und paraphrasiert sie im Buch der Hebräer:

> ***In ihrem Herzen*** *gehen sie immer* ***in die Irre****, und sie haben nicht gewusst meine Wege' (Hebräer 3:10, Hervorhebung hinzugefügt).*

Der KJV erklärt:

> *Sie **irren** immer **in ihrem Herzen**; und sie haben meine Wege (Hebräer 3:10, Hervorhebung hinzugefügt).*

Sie "irren allezeit" oder sündigen in ihrem Herzen, weil sie Gottes Wege nicht gekannt haben, sie haben sein moralisches Gesetz der Agape-Liebe nicht gekannt.

Letzten Endes kann Jesus uns helfen, dies zu verstehen. Aber bevor wir dorthin gehen, müssen wir verstehen, dass die Bibel auf zwei Arten von Sünde spricht: als "Sünde", Singular, und als "Sünden", Plural. Gibt es da einen Unterschied? Ja, denn Jesus schien sich in erster Linie mit der Singular-"Sünde" zu befassen.

Zwei neutestamentliche Prophezeiungen über Jesus besagen, dass er sein Volk von seinen "Sünden" retten würde. Die erste Prophezeiung wurde Joseph von einem Engel gegeben:

> *Joseph, Sohn Davids, fürchte dich nicht, Maria, deine Frau, zu dir zu nehmen, denn das, was in ihr empfangen wird, ist vom Heiligen Geist. Und sie wird einen Sohn gebären, und du sollst seinen Namen Jesus nennen, **denn er wird sein Volk von seinen Sünden erretten** (Matthäus 1,20-21, Hervorhebung hinzugefügt).*

Das Wort "Jesus" stammt aus dem hebräischen "Jehoshua", das wiederum aus zwei Wortstämmen stammt. Das erste ist Jehova - "der Existierende" - und das zweite ist yâsha, was sich auf ein Wort bezieht, das "retten", "beistehen", "helfen", "retten" bedeutet. Der Grund, weshalb der Engel Joseph aufforderte, ihn "Jesus" zu nennen, ist, dass "er sein Volk von seinen Sünden erlösen wird". Er wird uns retten, uns zu Hilfe kommen und uns beistehen vor dem Gesetz Satans und vor dem falschen Gottesbild, das dieses Gesetz auf unseren Verstand projiziert hat. Wir dachten, dieses moralische Gesetz der Belohnung und Bestrafung sei Gottes moralisches Gesetz, obwohl es in Wirklichkeit das Gesetz Satans ist. Jesus würde uns zeigen, dass Gott agape ist, nicht gut und böse.

Die zweite Prophezeiung wurde dem Vater Johannes des Täufers gegeben:

> *Und du, Kind, wirst der Prophet des Höchsten genannt werden; denn du wirst vor das Angesicht des Herrn treten, um seine Wege vorzubereiten, um seinem Volk die Erkenntnis des Heils zu geben durch den Erlass ihrer Sünden, durch die zärtliche Barmherzigkeit unseres Gottes, mit der uns der Tagfrühling aus der Höhe besucht hat (Lukas 1,76-78, Hervorhebung hinzugefügt).*

Johannes der Täufer würde Jesus den Weg bereiten, "seinem Volk die Erkenntnis der Erlösung durch die Vergebung seiner Sünden" zu geben. Vergebung bedeutet "Freiheit; (bildlich) Vergebung: Befreiung, Vergebung, Freiheit, Vergebung" (Strong's Concordance). Nach dem Moralgesetz Satans wurden Sünden nicht vergeben - sie wurden bestraft.

Traditionell wurden im jüdischen Denken Sünden nur durch das Darbringen von Opfern begnadigt. Johannes lehnte dieses System ab und begann, Sünden durch die Taufe zu vergeben. Dieses Wissen um die Errettung bedeutete dann, dass die Menschen wissen mussten, dass ihnen vergeben wurde. Sie mussten wissen, dass sie von der Verdammnis ihrer Sünden frei waren. Das ist es, was sie retten würde. Auf diese Weise bereitete er den Weg für Jesus, denn als Jesus sein Amt antrat, taufte er nicht einmal; er verkündete einfach "eure Sünden sind vergeben".

Jesus begann, das Wissen um die Erlösung, das Wissen um Gottes Gnade, Vergebung und Verzeihung zu vermitteln. Er begann, den Menschen zu sagen, dass all ihre Sünden vergeben sind. Wer-Vergangenheit-Spannung. Ihnen war bereits vergeben worden. Tatsächlich war ihnen schon immer vergeben worden. Das Evangelium ist ein ewiges Evangelium - eine ewige gute Nachricht.

Dies war das rettende Wissen, das Jesus vermitteln wollte. Beachten Sie, wie Er mit "Sünden" umging und wie die Pharisäer darauf reagierten:

> *Als Jesus ihren Glauben sah, sagte er zu dem Gelähmten: "Sohn, deine*

> *Sünden sind dir vergeben...". "Warum spricht dieser Mann solche Blasphemien? Wer kann Sünden vergeben, wenn nicht Gott allein?" ... "Was ist einfacher, dem Gelähmten zu sagen: 'Deine Sünden sind dir vergeben', oder zu sagen: 'Steh auf, nimm dein Bett und geh'? Damit ihr aber wisst, dass der Menschensohn auf Erden die Macht hat, Sünden zu vergeben" - sagte er zu dem Gelähmten: "Ich sage euch: Steht auf, steht auf, nehmt euer Bett und geht in euer Haus" (Mk 2,5.7.9.10-11).*

Für die Pharisäer waren die Worte Christi blasphemisch. Sie waren mit diesen neuen Entwicklungen überhaupt nicht glücklich. Mit Seinen Worten der Vergebung bedrohte Er ihre gesamte Wirtschaft - das Opfersystem. Die Pharisäer hielten die Menschen unter geistiger und wirtschaftlicher Knechtschaft, indem sie sie glauben ließen, sie müssten sich die Vergebung des Himmels mindestens einmal im Jahr durch Tieropfer verdienen. Das hielt die Tempelwirtschaft am Laufen, und das Geld floss in ihre Schatzkammer. Nun untergrub Jesus ihren Lebensunterhalt, indem er verkündete, dass die gesamte Menschheit von Gottes Regierung begnadigt und vergeben wird.

Die Frage der Vergebung der Sünden ist von zentraler Bedeutung für den Krieg der Prinzipien, der zwischen Gott und Satan stattfindet. Satan, dessen Name selbst "der Ankläger" bedeutet, glaubt, dass wir alle auf die eine oder andere Weise für unsere Sünden bezahlen müssen. Er verlangt ein Pfund Fleisch. So setzt er alle möglichen Reifen ein, durch die wir springen müssen, bevor uns vergeben wird. Aber Jesus lehrte, dass uns bereits vergeben ist. Er lehrte, dass Gott uns niemals unsere "Sünden" zugeschrieben hat. Das wird daran deutlich, wie der Erlöser mit den Menschen umgegangen ist. Der ehebrecherischen Frau wurde punktgenau vergeben. Zachäus war es auch. Ebenso der oben erwähnte Gelähmte und der Dieb am Kreuz - und alle anderen auch.

Die geistlichen Führer der Zeit Jesu hätten die Haltung Gottes zu Sünden und Vergebung kennen müssen. Das stand in ihren Schriftrollen geschrieben:

... Du hast meine Seele liebevoll aus der Grube des Verderbens befreit, denn du hast alle meine Sünden hinter deinen Rücken geworfen (Jesaja 38:17).

Du hast Mir keinen Zuckerrohrstock mit Geld gekauft, noch hast du Mich mit dem Fett deiner Opfer befriedigt; aber du hast Mich mit deinen Sünden belastet, du hast Mich mit deinen Missetaten ermüdet. "Ich bin es, der eure Übertretungen um Meinetwillen auslöscht, und Ich werde eurer Sünden nicht gedenken" (Jesaja 43:24-25).

Ich habe wie eine dicke Wolke eure Übertretungen und wie eine Wolke eure Sünden ausgelöscht. Kehre zu Mir zurück, denn Ich habe dich erlöst." Sing, o Himmel, denn der Herr hat es getan! Schreit, ihr unteren Teile der Erde; bricht aus zum Singen, ihr Berge, o Wald, und jeder Baum in ihm! Denn der Herr hat Jakob erlöst und sich selbst in Israel verherrlicht (Jesaja 44:22-23).

Jesus ist also nicht gekommen, um unsere Sünden zu vergeben. Er ist gekommen, um uns die Erkenntnis zu geben, dass unsere Sünden bereits vergeben sind. Dies wird den folgenden Versen eine neue Bedeutung geben:

Denn dies ist Mein Blut des neuen Bundes, das für viele vergossen wird zur Vergebung der Sünden (Matthäus 26,28).

Ihm bezeugen alle Propheten, dass durch seinen Namen jeder, der an ihn glaubt, Vergebung der Sünden empfangen wird" (Apg 10,43).

Darum lasst es euch bekannt werden, Brüder, dass euch durch diesen Menschen die Vergebung der Sünden gepredigt wird (Apg 13,38).

Wie konnte Jesus Sünde und Sünder so unterschiedlich behandeln? Es gibt nur einen Grund - weil er die Art und Weise, wie der Vater war, kannte und widerspiegelte.

Nun gab es eine weitere Sünde, die laut Jesus viel schwerwiegender war als "Sünden". Diese "Sünde" konnte nach dem Apostel Johannes zum Tod führen:

> *Wenn jemand sieht, dass sein Bruder eine Sünde sündigt, die nicht zum Tod führt, wird er darum bitten, und Er wird ihm das Leben für diejenigen geben, die eine Sünde begehen, die nicht zum Tod führt. Es gibt eine Sünde, die zum Tod führt. Ich sage nicht, dass er darüber beten soll (1. Johannes 5,16).*

Nach Johannes gibt es "eine Sünde, die nicht zum Tod führt", und "es gibt eine Sünde, die zum Tod führt". Was bedeutet das? Was ist die Sünde, die zum Tod führt? Für die Antwort müssen wir uns wieder an Jesus wenden. Beachten Sie in den folgenden Versen, wie er das Wort "Sünde" neu zu definieren scheint:".

> *Wenn ich nicht gekommen wäre und zu ihnen gesprochen hätte, hätten sie keine Sünde, aber jetzt haben sie keine Entschuldigung für ihre Sünde (Joh 15,22).*

> *Hätte ich nicht unter ihnen die Werke getan, die sonst niemand getan hat, so hätten sie keine Sünde; aber jetzt haben sie sowohl Mich als auch Meinen Vater gesehen und auch gehasst (Joh 15,24).*

> *Und wenn Er [DER HEILIGE GEIST] gekommen ist, wird Er die Welt der Sünde und der Gerechtigkeit und des Gerichts überführen: der Sünde, weil sie nicht an Mich glauben (Joh 16,8, Hervorhebung hinzugefügt).*

Nun wissen wir alle, dass jeder Mensch, der in diese Welt geboren wurde, seit Adam vom Baum der Erkenntnis von Gut und Böse aß, ein Sünder ist. Wie kann Jesus dann Dinge sagen wie: "Wenn ich nicht gekommen wäre und zu ihnen geredet hätte, hätten sie keine Sünde? Und: "Hätte ich nicht unter ihnen die Werke getan, die sonst niemand getan hat, so hätten sie keine Sünde?

Wie wir bereits gesagt haben, hat Jesus hier das Wort Sünde neu definiert. "Die" Sünde, die er damit anspricht, ist folgende: den Worten, die Jesus spricht, oder den Werken, die er tut, nicht zu glauben. Mit anderen Worten, diese Sünde besteht darin, ihn nicht als die letzte Autorität über den Charakter des Vaters zu akzeptieren - als sie ihn sahen, hätten sie den Vater in Aktion sehen müssen. Aber indem sie ihn ablehnten, lehnten sie den Vater ab - "sie haben sowohl Mich als auch Meinen Vater gesehen und auch gehasst". Und der Vater hatte unsere Sünden nie gegen uns erhoben. Die Ablehnung dieser Wahrheit ist die Sünde, die zum Tod führt.

Jesus sagte, dass der Heilige Geist kommen und die Welt von der Sünde überführen würde; warum? "Von der Sünde, weil sie nicht an Mich glauben." Jesus verbindet diese "Sünde" nicht mit den "Sünden", die wir vorhin besprochen haben. Diese Sünde hat damit zu tun, dass man nicht an Jesus glaubt, an Seine Worte, an Seine Werke. Diese "Sünde" hat damit zu tun, dass wir nicht an die Erkenntnis der Erlösung glauben, die Jesus durch den Erlass unserer "Sünden" zu vermitteln versuchte. Laut Jesus werden wir, wenn wir diese Gnade, die uns freiwillig gegeben wurde, ablehnen, in unseren "Sünden" sterben.

> *Dann sagte Jesus erneut zu ihnen: "Ich gehe weg, und ihr werdet mich suchen und in eurer Sünde sterben. Wohin ich gehe, dorthin könnt ihr nicht kommen"... "Darum sagte ich euch, dass ihr in euren Sünden sterben werdet; denn wenn ihr nicht glaubt, dass ich es bin, werdet ihr in euren Sünden sterben" (Johannes 8:21,24).*

Gott ist Liebe - bedingungslose, unparteiische Liebe. Er schiebt unsere Sünden niemals einem von uns zu. Erinnern Sie sich an 1. Korinther 13-Liebe führt keine Aufzeichnungen über Unrecht. Dieses Wissen zurückzuweisen, zurückzuweisen, dass Gott so ist - das ist die unverzeihliche Sünde. Aber selbst dann müssen wir das richtig verstehen: Es ist nicht so, dass Gott auch das nicht verzeihen würde - nein; aber sobald wir diese gute Nachricht zurückweisen, kann Gott nichts mehr tun, um uns davon zu überzeugen, dass wir losgesprochen, frei, vergeben, verziehen sind. Indem er Jesus Christus sandte, tat er alles, was er tun konnte. Er konnte nichts mehr tun oder sagen - das war alles.

> *Gewiss, ich sage euch: Alle Sünden werden den Menschensöhnen vergeben werden, und welche Lästerungen sie auch immer aussprechen mögen; wer aber gegen den Heiligen Geist lästert, hat niemals Vergebung, sondern ist der ewigen Verdammnis unterworfen (Markus 3,28-29).*

> *... damit 'Sehen sie sehen und nicht wahrnehmen, und Hören sie hören und nicht verstehen, damit sie sich nicht umwenden und ihnen ihre Sünden vergeben werden'". (Markus 4,12).*

Das ist die Sünde. Das ist "das Ziel verfehlen". Nicht sehen, nicht wahrnehmen, nicht verstehen, dass wir von Gottes Liebe und Gnade bedeckt sind; nicht sehen, nicht wahrnehmen, nicht verstehen, dass uns vergeben wird... Das ist das Problem der Menschheit.

Und genau das hat die Ungerechtigkeit Luzifer angetan. Indem man "das Ziel verfehlt", büßt man den Preis ein - die wahre Erkenntnis Gottes und in dieser Erkenntnis das Wissen, dass uns vergeben wird, ja, dass wir sogar so angesehen werden, als hätten wir nie gesündigt. Das ist eine erstaunliche Gnade!

Luzifer, der zum Satan, "dem Ankläger", wurde, ist von der wahren Erkenntnis der Gnade Gottes abgewichen. Er schuf ein System der Verdammnis. Dann brachte er andere dazu, sich ihm anzuschließen - und sie schlossen sich seiner Verurteilung an. Jesus kam, um die Erkenntnis der Erlösung durch den "Sünderlass" zu bringen - um uns zu sagen, dass Gott uns unsere Sünden nicht vorwirft -, dass uns ganz und gar vergeben ist, denn Gott ist nicht im Geschäft der Verurteilung:

> *Ihn hat Gott zu seiner rechten Hand erhoben, um Fürst und Erlöser zu sein, Israel Buße und Vergebung der Sünden zu geben (Apg 5,31).*

Darum lasst es euch, Brüder, wissen, dass euch durch diesen Menschen die Vergebung der Sünden gepredigt wird; und durch ihn wird jeder, der glaubt, gerechtfertigt aus allem, aus dem ihr nach dem Gesetz des Mose nicht gerechtfertigt werden konntet (Apg 13,38).

In ihm haben wir die Erlösung durch sein Blut, die Vergebung der Sünden, gemäß dem Reichtum seiner Gnade (Epheser 1,7).

Er hat uns von der Macht der Finsternis erlöst und in das Reich des Sohnes seiner Liebe geführt, in dem wir die Erlösung durch sein Blut, die Vergebung der Sünden haben (Kolosser 1,13-14).

Dass "das Ziel verfehlt" die Wahrheit verfehlt, dass Gott ein Gott der Gnade ist, wird erneut bekräftigt, als Jesus den von Geburt an blinden Mann heilte:

"Zum Gericht bin ich in diese Welt gekommen, damit die, die nicht sehen, sehend werden, und damit die, die sehen, blind gemacht werden". Da hörten einige der Pharisäer, die bei ihm waren, diese Worte und sagten zu ihm: "Sind auch wir blind? Jesus sagte zu ihnen: "Wenn ihr blind wärt, hättet ihr keine Sünde; aber jetzt sagt ihr: 'Wir sehen'. Darum bleibt eure Sünde bestehen" (Johannes 9,39-41).

Christus kam, um Gottes Charakter der Agape-Liebe denen zu offenbaren, die ihn nicht kannten - sie waren blind dafür. Diejenigen, die durch Unwissenheit blind sind, haben keine Sünde - "Wenn du blind wärst, hättest du keine Sünde". Aber nachdem sie an Ihn geglaubt haben, sehen sie Gott jetzt so, wie er wirklich ist. Wenn sie diese gute Nachricht annehmen, sind sie in der Tat frei - die Wahrheit hat sie frei gemacht. Der Apostel Johannes fährt mit den Worten fort:

Und wir wissen, dass der Sohn Gottes gekommen ist und uns ein Verständnis gegeben hat, damit wir den erkennen, der wahrhaftig ist; und wir sind in dem, der wahrhaftig ist, in seinem Sohn Jesus

> *Christus. Das ist der wahre Gott und das ewige Leben (1 Joh 5,20).*
>
> *Und ihr werdet die Wahrheit erkennen, und die Wahrheit wird euch frei machen (Joh 8,32).*

Einige meinen, Gott zu kennen, aber das Zeugnis Jesu stimmt nicht mit ihrem Verständnis überein. Daher lehnen sie Jesu Offenbarung Gottes ab - sie sagen: "Wir sehen". Aber was sie "sehen", steht nicht im Einklang mit dem, was Jesus gelehrt hat. Ihre Sünde - sie "verfehlen das Ziel" - bleibt bestehen.

Wenn uns bereits vergeben ist, wer ist es dann, der uns anklagt? Was Luzifer zur Sünde veranlasste, war die Missetat, die in ihm gefunden wurde. Die Ungerechtigkeit war sein Handwerk, und durch ihren Überfluss wurde er "innerlich voller Gewalt", und er sündigte. Die Ungerechtigkeit veranlasste ihn dazu, "das Ziel zu verfehlen". Luzifer sah Gott nicht mehr so, wie er wirklich ist. Stattdessen sah er ihn als einen, der wie er selbst ist: ein Ankläger, einer, der verurteilt. Er sah Gott als einen gewalttätigen Gott.

Satans Gesetz ist verurteilend, und infolgedessen wurde sein Charakter verurteilend. Sein verurteilender Charakter entfernte ihn sehr weit von Gott, denn Gott ist kein Ankläger. Die Verurteilung ist es, die einen Lichtträger, "Luzifer", in einen Ankläger, "Satan", verwandelt hat.

> ***Das Werk Satans als Ankläger begann im Himmel.*** *Seit dem Fall des Menschen ist dies sein Werk auf Erden,* ***und es wird in einem besonderen Sinne sein Werk sein, wenn wir uns dem Ende der Weltgeschichte nähern.*** *Da er sieht, dass seine Zeit knapp bemessen ist, wird er mit größerer Ernsthaftigkeit daran arbeiten,* ***zu täuschen und zu zerstören.*** *Er ist zornig, wenn er ein Volk auf der Erde sieht, das selbst in seiner Schwäche und Sündhaftigkeit das Gesetz Jehovas respektiert. Er ist entschlossen, dass sie Gott nicht gehorchen sollen. Er freut sich über ihre Unwürdigkeit und hat für jede Seele Vorkehrungen getroffen, damit alle gefangen und von Gott getrennt werden können.* ***Er sucht Gott und alle, die danach streben, seine Absichten***

> ***in dieser Welt in Barmherzigkeit und Liebe, in Barmherzigkeit und Vergebung zu verwirklichen, anzuklagen und zu verurteilen*** *{KOL 167.1, Hervorhebung hinzugefügt}.*

Gott klagt niemals an - es liegt nicht in seinem Charakter, dies zu tun. Während dieser ganzen Zeit der Rebellion hat Er Satan nicht einmal angeklagt, nicht ein einziges Mal. Michael "wagte im Kampf mit dem Teufel, als er über den Leichnam des Moses stritt, nicht, eine abscheuliche Anklage gegen ihn zu erheben, sondern sagte: 'Der Herr tadelt dich! (Judas 9).

Der Schuldige ist wieder einmal die Ungerechtigkeit. Dieses Sittengesetz ist anklagend und gewalttätig, und es kann nicht anders, als seine Anhänger in die Irre zu führen, weg von der wahren Erkenntnis Gottes. Es ist äußerst wichtig, dass wir erkennen, dass jede Anklage von Luzifer und seinem Gesetz herrührt.

8

ICH WERDE MEINEN THRON ERHÖHEN

Der vorherrschende Glaube unter den Studenten der großen Kontroverse ist, dass Luzifers Erbsünde der Stolz war. War Stolz seine Erbsünde oder war es etwas anderes? Die Ansicht, dass Stolz seine Erbsünde war, basiert auf den folgenden Versen:

> ***Ich werde in den Himmel auffahren, ich werde meinen Thron über die Sterne Gottes erheben****: Ich werde auch auf dem Berg der Gemeinde sitzen, an den äußersten Seiten des Nordens; ich werde aufsteigen über die Höhen der Wolken, ich werde sein wie der Allerhöchste (Jesaja 14,13-14, Hervorhebung hinzugefügt).*

> ***Dein Herz war erhoben wegen deiner Schönheit****; du hast deine Weisheit um deines Glanzes willen verdorben (Hesekiel 28,17, Hervorhebung hinzugefügt).*

Was für unglaubliche Worte! Welch ein Ehrgeiz, welch eine Anmaßung, welch ein Stolz! "Ich werde aufsteigen... Ich werde meinen Thron besteigen... Ich werde mich auf den Berg der Versammlung setzen... Ich werde den Thron besteigen... Ich werde wie der Allerhöchste sein!"

Dies war das erste Mal, dass sich ein sündloses Wesen jemals gegen Gott aufgelehnt hat. Das Universum muss in Bewegung gewesen sein - was bedeutet Luzifer, will er in den Himmel aufsteigen und seinen "Thron" über die Sterne, die Engel Gottes, erheben? Das ist völlig außer Harmonie mit Gott, dessen Herz demütig, sanftmütig, uneigennützig, liebevoll und ewig Freude spendend ist. Luzifer ist völlig von diesem Weg abgewichen, der im Gegensatz zu Jesu Demut steht:

> *Lasst diesen Geist in euch sein, der auch in Christus Jesus war, der, da er in der Gestalt Gottes war, den Raub nicht als gleichwertig mit Gott betrachtete, sondern sich selbst ohne Ansehen machte, die Gestalt eines Knechtes annahm und den Menschen gleichkam. Und da er in der Gestalt eines Menschen gefunden wurde, erniedrigte er sich selbst und wurde gehorsam bis zum Tod, sogar bis zum Tod am Kreuz (Philipper 2,5-8).*

Es steht außer Frage, dass Luzifer stolz geworden ist. Die Texte sind klar. Aber was hatte es mit seinem Wunsch nach Verherrlichung auf sich? Was verursachte seinen Stolz? War Stolz der Kern seines Problems oder war er ein Nebenprodukt von etwas anderem?

Luzifer wollte seinen Thron erhöhen. Hier ist nun etwas Konkretes, das wir auf einen Thron schauen können. Was bedeutet "Thron"? Bedeutet es, dass er sich selbst über Gott erheben wollte in dem Sinne, dass er das Universum beherrschen wollte? Wollte er die Regierung Gottes abschaffen, um seine eigene zu erhöhen? Es scheint in der Tat, dass all dies durch die Worte "Ich werde meinen Thron erhöhen" symbolisiert wird. Was ist in einem "Thron" enthalten?

Ein Thron ist ein Symbol. Wörtlich genommen ist er einfach ein Möbelstück, der Stuhl, auf dem ein König sitzt. Dieser Stuhl ist zum Symbol eines Königs, seines Königreichs und seiner Gesetze geworden. Das Wort "Thron" ist ein Synonym für souveräne Macht, Souveränität, Herrschaft und Herrschaft.

Ein König muss Untertanen haben - Menschen, die sein geographisches

Reich bevölkern. Er braucht auch Regeln und Richtlinien - Gesetze, die Harmonie und friedliche Koexistenz unter seinem Volk gewährleisten, damit Ordnung herrschen kann. Das Symbol, das die Bibel für die Gesetze eines Königs verwendet, ist das "Szepter". Das Wort "Zepter" in der Bibel ist oft austauschbar mit den Wörtern "Stab" und "Stab", aber ihre symbolische Bedeutung ist das gleiche Gesetz.

Jakobs Prophezeiung, dass der Messias, der Gesetzgeber, aus dem Stamm Juda kommen würde, verbindet eindeutig das "Zepter" mit dem "Gesetz":"

> *Das **Zepter** soll nicht von Juda weichen, noch ein Gesetzgeber von seinen Füßen, bis Schilo kommt; und ihm soll der Gehorsam des Volkes gelten (1. Mose 49,10, Hervorhebung hinzugefügt).*

Andere Texte assoziieren "Thron" und "Zepter" mit "Gerechtigkeit", die Gottes Gesetz der Agape-Liebe ist:

> *Dein Thron, o Gott, ist von Ewigkeit zu Ewigkeit; **ein Zepter der Gerechtigkeit ist das Zepter deines Reiches** (Psalm 45,6, Hervorhebung hinzugefügt).*

Jesus selbst wird als Herrscher mit einer "eisernen Stange" dargestellt.

> *Nun geht aus Seinem Munde ein scharfes Schwert hervor, dass Er damit die Völker schlagen soll. Und Er selbst wird sie mit **eisernem Stab regieren** (Offenbarung 19:15, Hervorhebung hinzugefügt).*

"Eine eiserne Stange" ist die Art der Bibel zu sagen, dass Gottes Gesetz stark ist - es ist so stark wie Eisen. Es bedeutet nicht, dass Gott mit Gewalt oder Gewalt regiert. Es ist eine Art zu sagen, dass Luzifers Versuch, Gottes Gesetz loszuwerden, niemals gelingen wird, weil sein Gesetz ein ewiges, ewiges Gesetz ist.

Als deckender Cherub, als Beschützer des Gesetzes, war Luzifer gut mit der Tatsache vertraut, dass Gott das Universum durch ein Gesetz regiert.

Sein Wunsch, in den Himmel aufzusteigen und seinen Thron über die Engel Gottes zu erheben, bedeutete, dass er Gottes Gesetz beiseite schieben und sein eigenes durchsetzen wollte. Er entwickelte den Wunsch, der Gesetzgeber des Universums zu sein. Er hoffte, dass seine Regierungsmethode mit Gottes Gesetz der Agape-Liebe nicht nur konkurrieren, sondern es sogar übertreffen würde. Aber sein war ein "Thron der Ungerechtigkeit", nicht der Gerechtigkeit. Beachten Sie, was der Psalmist sagt:

> *Soll der Thron der Ungerechtigkeit, der das* ***Böse durch das Gesetz ersinnt****, Gemeinschaft mit dir haben (Psalm 94:20, Hervorhebung hinzugefügt)?*

Dieser Vers sagt uns etwas äußerst Wichtiges - der "Thron der Ungerechtigkeit" "entwirft das Böse durch das Gesetz". Was bedeutet das?

Das hebräische Wort yâtsar-devise- bedeutet "in eine Form gießen; besonders als Töpfer" (Strong's Concordance). Die Idee ist die, etwas in eine Form zu pressen. Luzifer quetschte das Böse in eine Form, eine Gestalt, ein Gerüst. Dieser Rahmen ist ein moralisches Gesetz. Das Böse ist in dieses Gesetz eingebettet - daher ist das Gesetz selbst böse.

Die Frage, die der Psalmist stellt, lautet: Kann ein böser Thron, der sich eines bösen Gesetzes bedient, irgendeine Gemeinschaft haben - châbar, um sich mit Gott zu verbinden? Und die Antwort ist "nein"; er kann es nicht. Jesus, der Verteidiger von Gottes Gesetz, "liebte die Gerechtigkeit", aber "hasste" Luzifers Gesetz der Ungerechtigkeit:

> *Du hast die Gerechtigkeit geliebt und die Gesetzlosigkeit [Ungerechtigkeit, KJV] gehasst; deshalb hat dich Gott, dein Gott, mit dem Öl der Freude mehr gesalbt als deine Gefährten (Hebräer 1:9, Hervorhebung hinzugefügt).*

> *Satan wollte* ***die Regierung Gottes ändern, sein eigenes Siegel auf die Regeln des Reiches Gottes setzen. Christus würde nicht in diesen Wunsch hineingezogen werden****, und hier begann der Krieg gegen*

> *Christus und wurde immer stärker. Im Verborgenen arbeitend, aber Gott bekannt, wurde Luzifer zu einem trügerischen Charakter. Er sagte die Lüge für die Wahrheit {CTr 208.2, Hervorhebung hinzugefügt}.*

Sobald Luzifer sein Gesetz der Ungerechtigkeit erdacht hatte, begann er damit zu werben, indem er es an die intelligenten Wesen im Universum "verhökerte" - das war sein Handel, seine Ware, die korrupten Prinzipien seiner Verwaltung.

Es muss so etwas wie ein Wahlkampf gewesen sein. Tatsächlich ist das griechische Wort für "Krieg", das in Offenbarung 12,9 verwendet wird, "es war Krieg im Himmel", im Englischen polemisch-polemisch. Luzifer zettelte eine gewaltige Polemik an, die auch heute noch wild wütet, auch hier auf der Erde.

Luzifers höchstes Ziel war es, "auf dem Berg der Versammlung zu sitzen" (Jesaja 14,13). Welche "Versammlung" ist das? Wir lesen darüber im Buch Hiob:

> *Es gab aber einen Tag, da* ***kamen die Söhne Gottes, um sich vor den Herrn zu stellen****, und der Satan kam auch unter sie. Und der Herr sprach zu Satan: "Woher kommst du?" Der Satan antwortete dem Herrn und sprach: "Von dem Hin- und Hergehen auf der Erde und von dem Hin- und Hergehen auf ihr" (Hiob 1,6-7, Hervorhebung hinzugefügt).*

Hier wird eine Versammlung der "Söhne Gottes" beschrieben, die kommen, um "sich vor den Herrn zu stellen". Auch Satan kam. In welcher Eigenschaft ist er gekommen? Er kam in der Eigenschaft als einer, der die ganze Erde regiert - einer, der "auf der Erde hin und her geht und auf ihr hin und her geht". Was bedeutet "auf der Erde hin und her gehen und vom Hin- und Hergehen auf der Erde" wirklich? Was das bedeutet, haben wir in unserem dritten Buch "*Der Zorn Gottes*" *unmaskiert im* dritten Kapitel klar erklärt: "Der Zorn Gottes" wird vom Himmel offenbart. Dort wird der Leser sehen, dass die althebräische Bedeutung dieser Worte vollständig bestätigt, dass

Satan die Erde mit einem Belohnungs- und Strafsystem regiert hat.

Dieses im Buch Hiob beschriebene Treffen gibt uns einen Hinweis darauf, wer die "Söhne Gottes" waren und in welcher Eigenschaft sie zu diesem Treffen kamen. Auch sie kamen als Vertreter anderer Königreiche, die über das Universum verstreut waren. Warum kamen sie, um sich vor Gott zu präsentieren?

"Gegenwärtig"-yâtsab- bedeutet "an einem Ort (irgendeine Sache, um zu bleiben)", (Strong's Dictionary). Gesenius' Hebräisch-Chaldäisch-Lexikon verrät, dass yâtsab auch "sich setzen, Stellung beziehen" oder "aufstehen, zu jedem stehen" bedeutet.

Dies gibt ein völlig neues Verständnis dieser Begegnung zwischen Gott, den "Söhnen Gottes", und Satan. Diese "Versammlung" war ein Treffen von Staatsoberhäuptern. Satan, der Widersacher und Ankläger, hatte sich gegen Gott und sein Gesetz erhoben, und die "Söhne Gottes" standen zu Gottes Verteidigung auf.

Luzifers Wunsch, "auf dem Berg der Versammlung zu sitzen", bedeutete, dass er als der Gesetzgeber verehrt werden wollte. Er wollte schließlich das Universum, "die Gemeinde", nach seinem eigenen Gesetz regieren. Dies war der grundlegende Grund für seine Rebellion.

Luzifer begehrte eine Position, die nur Gott besetzen konnte - der deckende Cherub war nicht in der Lage, den Job des Gesetzgebers zu übernehmen. Der Schöpfer schuf seine Geschöpfe für das Leben und nicht für den Tod. Aber das Leben ist davon abhängig, dass sie nach dem moralischen Gesetz des Lebens leben - der Agape-Liebe. Ein batteriebetriebenes Spielzeug funktioniert nur, wenn die richtige Batterie verwendet wird. Wenn man eine andere Batterie einlegt, funktioniert das Spielzeug möglicherweise nicht richtig oder gar nicht. Gleichermaßen müssen wir, wenn wir Leben haben wollen, in Harmonie mit dem Gesetz des Lebens - Gottes Gesetz - sein. Das Gesetz Luzifers ist ein Gesetz, das Leben zerstört. Wie es funktioniert, werden wir im Kapitel "Furcht" erklären.

Aber man kann sagen... Luzifers Herz wurde wegen seiner "Schönheit" erhoben, es ging also nur um Stolz. Ja, aber der Text sagt auch, dass er seine "Weisheit" um seines "Glanzes willen" willen verdorben hat. Bezieht sich seine Weisheit auf seine äußere Erscheinung, seine körperliche Schönheit?

Was hat "Weisheit" mit körperlicher Erscheinung zu tun? Eigentlich gar nichts. Aber es hat alles mit dem Intellekt zu tun. Dann sind also die Worte "Schönheit" und "Pracht" beschreibend für Luzifers Intellekt, der dieses Ding namens "Missetat" verfasst hatte. Er muss gedacht haben, dass sein "Thron der Ungerechtigkeit, der das Böse durch das Gesetz ersinnt" etwas so Brillantes, so Weises war, dass er ihn mit Gott gleichstellte - "Ich werde wie der Allerhöchste sein".

Wie kommt also Stolz in die Gleichung? Dem vorherigen Zitat, das besagt: "An diesem Ort ist 'Menschenhandel' das Emblem einer korrupten Verwaltung", folgt eine weitere Aussage:

> *Es [TRAFFICK] bezeichnet das Einbringen des Selbststrebens in spirituelle Ämter. Nichts im spirituellen Dienst ist für Gott annehmbar, außer den Absichten und Werken, die dem Wohl des Universums dienen. Anderen Gutes zu tun, wird zur Ehre Gottes vergelten {4BC 1163.7, Hervorhebung hinzugefügt}.*

Was bedeutet "das Einbringen des Selbststrebens in spirituelle Ämter"? In welchem Verhältnis steht es zur Ungerechtigkeit? Wir werden das besser verstehen, wenn wir uns ein Beispiel ansehen.

Nehmen Sie die Pharisäer. Sie waren stolz und erfüllt von Selbsterhöhung, und Jesus bezeichnete sie als "Arbeiter der Missetat". Daher sind sie für uns ein perfektes Beispiel, um dies zu verstehen. Durch sie sollten wir in der Lage sein, die wahre Ursache des Stolzes Luzifers zu erkennen:

> ***Aber die von den Pharisäern geschätzten Prinzipien sind solche, die für die Menschheit in allen Zeitaltern charakteristisch sind.*** *Der Geist des Pharisäertums ist der Geist der menschlichen Natur; und wie der Erlöser den Kontrast zwischen seinem eigenen Geist und seinen Methoden und denen der Rabbiner aufzeigte, ist seine Lehre gleichermaßen auf die Menschen aller Zeiten anwendbar - {MB 79.2; Hervorhebung hinzugefügt}.*

> *In den Tagen Christi versuchten die Pharisäer ständig,* ***sich*** *die Gunst des Himmels* ***zu verdienen, um sich*** *die weltliche Ehre und den Wohlstand* ***zu sichern****, die sie als* ***Lohn der Tugend*** *betrachteten. Gleichzeitig* ***führten*** *sie ihre Taten der Nächstenliebe vor dem Volk* ***vor****, um dessen Aufmerksamkeit zu erregen und den Ruf der Heiligkeit zu erlangen - {MB 79.3; Hervorhebung hinzugefügt}.*

Die Pharisäer "versuchten ständig, sich die Gunst des Himmels zu verdienen". Und warum? Um "den Lohn der Tugend" zu sichern. Sie glaubten, dass, wenn sie tugendhaft wären, Gott sie mit weltlicher Ehre und Wohlstand belohnen würde. Beachten Sie, dass diese Denkweise "charakteristisch für die Menschheit in allen Zeitaltern" ist. Dies ist "der Geist der menschlichen Natur", von dem wir wissen, dass er durch den Geist und die Weisheit Satans und seinen Baum der Erkenntnis von Gut und Böse befähigt wird.

Die Pharisäer glaubten, Gottes Reich funktioniere nach einem System von Verdiensten und Verwerfungen - sie verstanden Gottes Gnade nicht. Dieses eine Missverständnis führte sie auf einen völlig falschen Weg.

Aber Gottes Agape-Liebe ist unparteiisch und bedingungslos - Verdienst oder Verwerfung kommen hier nicht ins Spiel. Es gibt nichts, was wir tun können, um Gottes Gunst zu verdienen oder zu verlieren. Seine Liebe zu uns beruht nicht darauf, wie gut oder wie schlecht wir sind - seine Liebe beruht darauf, wer er ist, und Gott ist Liebe. Gott liebt uns einfach - Periode. Gott weist uns niemals zurück; das ist so, weil sein Charakter bedingungslos und unparteiisch ist. Wir sind diejenigen, die ihn und seine Lebensweise entweder akzeptieren oder ablehnen. Gott ist absolut - damit sind wir am Zug.

Woher kam dann dieses Konzept, Gottes Gunst zu verdienen? Sie kam von dem "Thron der Ungerechtigkeit, der das Böse durch das Gesetz ersinnt". Luzifer lehnte Gottes Gesetz der bedingungslosen, unparteiischen Liebe ab. Er lehnte Gottes Wesen und Natur der Agape-Liebe ab, und diese Ablehnung schloss die Ablehnung der bedingungslosen Liebe ein.

Von hier an werden wir eine Reihe von Konsequenzen sehen, eine nach der anderen. Wenn das von Luzifer erdachte Gesetz dem einheitlichen, unvermischten, unteilbaren Gesetz der bedingungslosen Agape-Liebe Gottes inhärent entgegengesetzt war, dann liegt es nahe, dass sein Gesetz gegensätzliche Konzepte vermischte und teilbar und bedingt war.

Eine Ablehnung von Agape bedeutete, dass das von ihm eingeführte Prinzip im diametralen Gegensatz zur Gnade stehen musste, die frei gegeben wird. Wenn man die Gnade entfernt, hat man jetzt ein System von Verdiensten und Fehlern - jetzt muss man sich den Weg zu Gott, den Weg in den Himmel verdienen. Man muss etwas dafür tun, also muss man sie sich verdienen. Nun verdienen "gute" Werke Punkte, und "böse" Werke verlieren Punkte. Der Verlust von Punkten bedeutet Strafe - "Böse" Werke müssen bestraft werden.

Einfach ausgedrückt, ist dies das Prinzip hinter dem Baum der Erkenntnis von Gut und Böse - ein Belohnungs- und Strafsystem. Hier ist also der springende Punkt im Hinblick auf den Stolz: Die Ungerechtigkeit konzentriert sich nicht nur auf das, was ich tun kann, sondern auch auf das, was ich besser kann als andere. Dieses System ist die Quelle des Wettbewerbs, der Stolz und Egoismus zur Folge hat. Das System selbst ist die Wurzel von Satans Stolz und Selbstüberhebung. So wurde er durch die schiere Natur seines eigenen Moralgesetzes stolz und selbstsüchtig.

Ungerechtigkeit ist das, was bei Luzifer "gefunden" wurde. Es muss also ein Prinzip sein, das Gott diametral entgegengesetzt ist. Als solches war es eine Verzerrung von Gottes Prinzip der bedingungslosen Agape-Liebe. Als Reaktion gegen die Agape-Liebe ist es ihr genaues Gegenteil. Daher muss die Ungerechtigkeit eher bedingt, partiell und selbstsüchtig als selbstlos sein.

In dem Augenblick, in dem Luzifer die bedingungslose und unparteiische Liebe Gottes als Rechtsstaat für das Universum aufhob, führte er ein willkürliches System ein, das von einem willkürlichen Herrscher - ihm selbst - auferlegt wurde. In dem Augenblick, in dem er ein willkürliches System einführte, schuf er Gewalt, Gewalt. Das Ergebnis ist die Beseitigung der Freiheit. So nimmt die Ungerechtigkeit die Freiheit, die Freiheit; sie versklavt uns.

Dann, in dem Moment, in dem er Bedingungen schuf, schuf er auch eine Hierarchie - wenn man bestimmte Bedingungen erfüllt, wird man bestimmte Privilegien erhalten. Umgekehrt, wenn man bestimmte Kriterien nicht erfüllt, wird man gewisse Strafen erleiden. Die Ungerechtigkeit schuf eine Pyramide, eine Skala der Verdienste, die auf dem Gleichgewicht von Gut und Böse beruht. Dies ist die Grundlage für alle Hierarchien und Religionen, die auf Werken beruhen. In dem Moment, in dem Luzifer die Hierarchie schuf, entstand der Stolz.

Sobald er sein Gesetz einführte, erwarb und entwickelte Luzifer (und in der Folge die Engel, die ihm folgten, wie auch die Menschheit, die es ebenfalls annahm) einen Doppelcharakter von Gut und Böse. Er und seine Anhänger schwankten nun zwischen zwei scheinbar polaren Gegensätzen hin und her. Ein Doppelcharakter war die unvermeidliche Folge dieser Rebellion gegen Gottes unteilbares Gesetz. Luzifer und alle seine Anhänger haben keinen "ganzen" oder "vollkommenen" Charakter mehr - wir alle sind in unterschiedlichem Maße doppelgesichtige Schizoide.

Stolz ist auch der unvermeidliche Zustand eines jeden Herzens, das von Luzifers moralischem Gesetz der Belohnung und Bestrafung kontrolliert wird. Außerhalb von Jesus Christus' Prinzip der bedingungslosen Liebe gibt es kein Entkommen; wir werden vom Stolz getrieben. Nur Jesus und seine Lehren können uns von diesem bösen Gesetz, das in unseren Herzen wohnt, retten. Die Anweisung Jesu, unsere guten Werke im Verborgenen zu tun und nicht nach weltlicher Anerkennung zu streben, öffnet uns die Augen - sie offenbart, wie weit Gottes Prinzipien von der Ungerechtigkeit entfernt sind.

Luzifers Wunsch, "in den Himmel aufzusteigen", war der erste Fall von Selbsterhöhung, Stolz und Selbstsucht. Damit begann die Errichtung einer auf Verdiensten basierenden Hierarchie, mit ihm, dem hellsten Engel des Himmels, an der Spitze. Hier ist der Beginn des Überlebens des fittesten Konzepts. In diesem Rennen gibt es nur einen Sieger, einen Goldmedaillengewinner. Und jedes Mittel, um die "Nummer eins" zu werden, ist völlig gerechtfertigt.

Wenn es möglich wäre, hätte Luzifer Gott ohne jeden Zweifel vernichtet, so dass er keine Einwände hätte, der einzige Monarch des Universums zu werden. Warum? Weil in seinem neuen Gesetz an der Spitze nur Platz für einen einzigen war. Und hat er nicht schließlich versucht, genau das zu tun, was er sich von Anfang an gewünscht hatte, nämlich seine Konkurrenz zu töten? Hat er das nicht auch mit Jesus auf Golgatha getan?

Ein auf Verdiensten basierendes Regierungssystem fördert die Selbsterhöhung und schafft Hierarchie. Stolz ist in die Hierarchie eingebettet. Satans Hierarchie erzeugt Macht, Stolz, Begehrlichkeit, Ehrgeiz, Täuschung, Korruption, Verschwendung, Furcht, Gier, Wut, Bigotterie und Bosheit. All dies steht im Gegensatz zu den Früchten des Geistes Gottes. Die Hierarchie zwingt die Menschen zur Unterwerfung und nimmt ihnen damit die Gewissensfreiheit. Sie benutzt Betrug und Fälschung, um selbst so genannte hohe Ideale zu erreichen, und macht vor nichts Halt, um ihre Ziele zu erreichen. Sie greift sogar auf Grausamkeit und Mord zurück - viele Male im Namen eines höheren Gutes, wie im Fall des Kajphas-Urteils: "Es ist für uns zweckmäßig, dass ein Mensch für das Volk stirbt und nicht, dass die ganze Nation zugrunde geht" (Johannes 11,50).

Luzifer würde nichts mehr wollen, als dass wir glauben, dass seine Erbsünde Stolz war. Und warum? Weil wir, wenn wir daran glauben, sein Gesetz von Gut und Böse nicht kennen. Und so lange wir sein Gesetz, das die ganze Welt durchdringt, nicht kennen, werden wir uns weiterhin von Gott entfremdet haben und sein ewiges Gesetz der Agape-Liebe übertreten.

Als Jesus sagte, der Teufel sei "von Anfang an ein Lügner und Mörder" (Joh 8,44), bezog er sich auf das Moralgesetz, das Luzifer im Himmel erlassen hatte. Sein Gesetz von Verdienst und Verwerfung ist es, das Stolz, Egoismus und den Wunsch nach Macht erzeugt:

> *Luzifer wollte Gottes Macht, aber nicht seinen Charakter. Er suchte für sich selbst den höchsten Platz, und jedes Wesen, das von seinem Geist betätigt wird, wird dasselbe tun. So werden Entfremdung, Zwietracht und Streit unvermeidlich sein. Die Herrschaft wird zum Preis des Stärkeren.* ***Das Reich Satans ist ein Reich der Macht; jeder Einzelne betrachtet jeden anderen als ein Hindernis auf dem Weg seines eigenen Aufstiegs oder als ein Sprungbrett, auf dem er selbst einen höheren Platz einnehmen kann*** *{DA 435.2, Hervorhebung*

hinzugefügt}.

Satans Gesetz ist der Grund, warum alle irdischen Regierungen von weit verbreiteter Korruption geplagt sind. Charaktere, die auf Verdienstsystem-Prinzipien aufgebaut sind, werden stolz, selbstsüchtig, egozentrisch und willkürlich. In diesem Umfeld überleben in der Regel die Stärksten, die Klügsten, die Gierigsten und die Skrupellosesten.

Gott ist so ganz anders als das. Er hat keinen Stolz, keinen Egoismus und keinen Wunsch, selbst an der Spitze zu stehen. Tatsächlich ist Jesus sogar bereit, seinen Thron mit der Menschheit zu teilen:

> *Wer überwindet, dem will ich gewähren, mit mir auf meinem Thron zu sitzen, wie auch ich überwunden habe und mich mit meinem Vater auf seinen Thron gesetzt habe (Offenbarung 3,21).*

Jesu Gleichnis vom Hochzeitsmahl erzählt die Geschichte "eines gewissen Königs, der für seinen Sohn ein Hochzeitsmahl arrangierte". Die Geschichte erzählt, wie die Diener des Königs hinausgingen, um verschiedene Gäste zur Hochzeit einzuladen, aber wie jeder eine Ausrede fand, um nicht zu kommen. Das Gleichnis endet mit einer erstaunlichen Aussage:

> *Darum geht auf die Autobahnen, und ladet zur Hochzeit ein, so viele ihr findet. Da gingen diese Diener auf die Straßen hinaus und versammelten alle, die sie fanden,* **sowohl die Bösen als auch die Guten***. Und der Hochzeitssaal wurde mit Gästen gefüllt (Matthäus 22,9-10, Hervorhebung hinzugefügt).*

Was sagt Jesus hier? Warum würde Gott sowohl die "Bösen" als auch die "Guten" zu seinem Hochzeitsmahl einladen? Sagt Jesus nicht, dass Gottes Gesetz der Gnade bedingungslos und unparteiisch ist? Als er diese Gnade erkannte, wurden diese Gäste verwandelt. Ist es nicht das, was Jesus tat, als er auf der Erde war? Hat Er nicht mit den Bösen und den Guten gegessen und getrunken? Hat er nicht Gottes Reich der Barmherzigkeit und Gnade auf alle Menschen gleichermaßen ausgedehnt?

Satans Thron der Ungerechtigkeit hingegen schafft eine Wertleiter, die auf einem Verdienstsystem basiert, wenn auch einem falschen Verdienst; damit fördert er den Stolz. Die Stolzen sind geistig genauso krank wie alle anderen, wenn nicht sogar mehr - aber sie sehen ihre eigene Krankheit nicht. Sie sind blind dafür - sie brauchen nichts.

> *Jesus sagte: "Diejenigen, denen es gut geht, brauchen keinen Arzt, sondern die, die krank sind. Ich bin nicht gekommen, die Gerechten, sondern die Sünder zur Buße zu rufen" (Markus 2,17).*

In der gesamten Heiligen Schrift zeigt Gott seine Sorge um diejenigen, die ihre eigene spirituelle Not sehen:

> *Die Armen und Bedürftigen suchen Wasser, aber es gibt keins, ihre Zungen versagen vor Durst. Ich, der Herr, wird sie hören; ich, der Gott Israels, werde sie nicht verlassen (Jesaja 41:17).*

Da die Ungerechtigkeit die Übertretung von Gottes Gesetz ist, ist die Ungerechtigkeit daher gegensätzlich, entgegengesetzt und völlig getrennt von Gottes Gesetz der Agape-Liebe. Es ist äußerst wichtig, dies zu verstehen. Wir dürfen den Gnadenthron Gottes nicht mit dem Luziferthron der Ungerechtigkeit verwechseln. Sie sind Welten voneinander entfernt und haben nichts gemeinsam.

Luzifer glaubte, dass Bedingungen, das Gegenteil von "bedingungslos", notwendig seien, damit eine stabilere Art von "Ordnung" existieren könne. Dies ist der letzte Grund, warum er das Belohnungs- und Strafsystem geschaffen hat, in dem wir leben. Wir müssen uns die Frage stellen: Funktioniert dieses System?

9

DIE BEIDEN BÄUME IM GARTEN

Die Bibel weist darauf hin, dass Satan mit seinem Prinzip der Ungerechtigkeit im ganzen Universum "hausieren ging". Das bedeutet, dass jedes Lebewesen mit der gleichen Option konfrontiert war, sein Gesetz entweder zu akzeptieren oder abzulehnen.

Der Herr hat mir eine Sicht auf andere Welten gegeben. Flügel wurden mir gegeben, und ein Engel begleitete mich von der Stadt an einen Ort, der hell und herrlich war. Das Gras des Ortes war lebendig grün, und die Vögel dort trällerten ein süßes Lied. Die Bewohner des Ortes waren von aller Größe; sie waren edel, majestätisch und lieblich. Sie trugen das ausdrückliche Bild Jesu, und ihre Gesichter strahlten vor heiliger Freude, die die Freiheit und das Glück des Ortes zum Ausdruck brachte. Ich fragte einen von ihnen, warum sie so viel schöner waren als die auf der Erde. Die Antwort lautete: "Wir haben in striktem Gehorsam gegenüber den Geboten Gottes gelebt und sind nicht durch Ungehorsam gefallen, wie die Menschen auf der Erde". ***Dann sah ich zwei Bäume, von denen einer dem Baum des Lebens in der Stadt sehr ähnlich sah. Die Früchte beider sahen schön aus, aber von einem konnten sie nicht essen. Sie hatten die Macht, von beiden zu essen, aber es war ihnen verboten, von einem zu essen. Dann sagte mein begleitender Engel zu mir: "Keiner an diesem Ort hat von dem***

> ***verbotenen Baum gekostet; aber wenn sie essen sollten, würden sie fallen"*** *{EW 39.3, Hervorhebung hinzugefügt}.*

Jeder in Gottes Universum hatte die Möglichkeit, zwischen dem Baum des Lebens und dem Baum der Erkenntnis von Gut und Böse zu wählen. Das spricht Bände für die Freiheit, die Gott allen seinen Geschöpfen gewährt. Eine nach der anderen lehnten alle Welten die Vorschläge Satans ab, mit Ausnahme eines Drittels der Engel, die unter seinem Befehl gestanden hatten. Als Gott die Erde schuf, muss Satan eifrig zugesehen haben; er muss gehofft haben, dass dies sein großer Durchbruch sein würde. Er befand sich in Eden, und wie in anderen Welten war sein Prinzip unter dem Symbol eines Baumes verschleiert.

> *Ihr wart in* ***Eden****, dem Garten Gottes... (Hesekiel 28:13, Hervorhebung hinzugefügt).*

> *Der Herrgott pflanzte einen Garten im Osten in Eden, und dorthin setzte er den Mann, den er geformt hatte. Und Gott, der Herr, ließ aus der Erde jeden Baum wachsen, der dem Anblick angenehm ist und gut zu essen gibt.* ***Inmitten des Gartens stand auch der Baum des Lebens und der Baum der Erkenntnis des Guten und Bösen*** *(1. Mose 2,8-9, Hervorhebung hinzugefügt).*

Am sechsten Tag der Schöpfung muss Satan zugesehen haben, wie Gott Adam aus dem Boden formte. Er muss auf den richtigen Moment und die richtige Gelegenheit gewartet haben, um ihn zur Teilnahme am Baum der Erkenntnis von Gut und Böse zu verführen. Er muss auch gehört haben, wie Gott Adam vor dem Baum der Erkenntnis von Gut und Böse warnte, und sein Herz muss beim Klang der Worte Gottes gesunken sein:

> *Dann nahm Gott der Herr den Mann und setzte ihn in den Garten Eden, um ihn zu pflegen und zu bewahren. Und Gott, der Herr, gebot dem Menschen und sprach:* ***"Von jedem Baum des Gartens darfst du***

> ***frei essen; aber von dem Baum der Erkenntnis des Guten und Bösen sollst du nicht essen; denn an dem Tage, da du von ihm issest, wirst du sterben"***, *und Gott, der Herr, sprach: "Es ist nicht gut, dass der Mensch allein sei; ich will ihn zu einem ihm vergleichbaren Helfer machen" (1. Mose 2,15-18, Hervorhebung hinzugefügt).*

Gott schuf Adam zuerst und gab ihm dann die Herrschaft über die Erde. Er sollte sie mit Agape regieren, als ein liebender, treuer Diener. Er sollte der Vater der Menschheit sein, der Beschützer seiner Nachkommen und der unermesslichen Vielfalt von Lebewesen, die die Erde, die Luft und die Gewässer bevölkerten.

Gott schuf alle Tiere, bevor er Eva machte. Dann brachte er sie zu Adam, der jedem einzelnen einen Namen gab:

> *Aus der Erde formte Gott, der Herr, alle Tiere des Feldes und alle Vögel des Himmels und brachte sie zu Adam, um zu sehen, wie er sie nennen würde. Und wie auch immer Adam jedes Lebewesen nannte, das war sein Name. So gab Adam allen Rindern, den Vögeln des Himmels und allen Tieren des Feldes Namen. Aber für Adam gab es keinen ihm vergleichbaren Helfer (1. Mose 2,19-20).*

Als Adam das Tierreich nannte, beobachtete er, wie Gott sie männlich und weiblich gemacht hatte. Er erkannte, dass es unter allen Lebewesen der Erde "keinen Helfer gab, der ihm vergleichbar wäre" - und sein Herz sank. Es gab ein Loch in seinem Herzen, und niemand war geeignet, es zu füllen - Gott wollte, dass er dies erkannte. Gott wollte, dass Adam erkannte, dass der Zweck des Lebens eine beziehungsliebende Beziehung war. Dann "sah Gott, dass es für den Menschen nicht gut war, allein zu sein", und er schuf Eva.

Eva sollte Adams Begleiterin, Helferin und Helferin sein. Sie sollte eine Quelle großer Freude für die ganze Erde sein. Als Mutter würde sie das Gefäß sein, durch das die Erde bevölkert werden würde - "fruchtbar sein und sich vermehren".

Gott selbst gab Adam einen Gefährten. Er gab ihm "eine Hilfe, die ihm entsprach" - einen ihm entsprechenden Helfer -, einen, der geeignet war, sein Gefährte zu sein, und der in Liebe und Sympathie eins mit ihm sein konnte. ***Eva wurde aus einer Rippe erschaffen, die von der Seite Adams genommen worden war, was bedeutete, dass sie ihn nicht als Haupt beherrschen und nicht als Unterlegene unter seinen Füßen zertreten werden sollte, sondern als Gleiche an seiner Seite stehen sollte, um von ihm geliebt und beschützt zu werden.*** *Als Teil des Menschen, Knochen seines Knochens und Fleisch seines Fleisches, war sie sein zweites Ich; sie zeigte die enge Verbindung und die liebevolle Anhänglichkeit, die in dieser Beziehung bestehen sollten. "Denn noch nie hat ein Mensch sein eigenes Fleisch gehasst, sondern nährt und hegt es. "Darum wird ein Mann seinen Vater und seine Mutter verlassen und sich an seine Frau binden, und sie werden eins sein" {AH 25.3, Hervorhebung hinzugefügt}.*

Eva würde die Früchte von Adams Dienst und Arbeit ernten, und während sie mit ihm gemeinsam für die Erde und ihre künftige Bevölkerung sorgen sollte, lag die Verantwortung für die Sicherheit der Erde stark auf seinem Kopf.

Adam war es, dem Gott die Warnung vor dem Baum der Erkenntnis von Gut und Böse gegeben hatte. Nachdem Eva erschaffen worden war, gab Adam die Warnung an sie weiter - aber Gott hatte die Warnung direkt an ihn gerichtet, nicht an sie.

Satan wusste, dass er bessere Aussichten auf Erfolg haben würde, wenn er sich der Frau näherte, wenn sie allein war. Als Eva die Seite ihres Mannes verließ und sich dem Baum der Erkenntnis von Gut und Böse näherte, war der richtige Moment gekommen, und Satan trat unter dem Deckmantel einer Schlange in Aktion.

Nun war die Schlange listiger als jedes Tier des Feldes, das Gott der Herr gemacht hatte. Und er sprach zu der Frau: "Hat Gott wirklich gesagt: 'Du sollst nicht von jedem Baum des Gartens essen? Und das

> *Weib sprach zu der Schlange: "Wir dürfen von den Früchten der Bäume des Gartens essen; aber von den Früchten des Baumes, der mitten im Garten steht, hat Gott gesagt: 'Du sollst sie nicht essen, noch sollst du sie anrühren, damit du nicht stirbst. Da sagte die Schlange zu der Frau: "Du sollst nicht sterben. Denn Gott weiß, dass an dem Tag, an dem ihr davon esst, eure Augen aufgetan werden, und ihr werdet wie Gott sein und Gutes und Böses erkennen" (1. Mose 3,1-4).*

Die grundlegende Lüge der Schlange, die Lüge, die die Menschheit auf die völlig falsche Fährte lenkte, war die Aussage, Gott kenne Gut und Böse, was bedeutet, dass Gott durch Gut und Böse wirkte, dass sein Charakter eine Mischung aus Gut und Böse sei.

Die Schlange hatte nur einen Zweck und nur ein Ziel: Eva zu überzeugen, vom Baum der Erkenntnis von Gut und Böse zu essen. Er wusste, dass Adam höchstwahrscheinlich folgen würde, wenn er sie dazu bewegen könnte. Wenn er das Paar dazu bringen könnte, die Warnungen Gottes bezüglich dieses Baumes direkt zu missachten, würde ihr Ungehorsam ihn, Satan, zum Herrscher der Erde machen - er würde automatisch in Adams Herrschaftsposition treten. Dann könnte er auf der Erde die Prinzipien etablieren, die er im Himmel entwickelt hatte. Da er von allen anderen Welten im Universum abgelehnt worden war, war die Erde, der Garten Eden, seine letzte Chance, ein Reich zu finden, in dem er die Prinzipien seines Reiches etablieren konnte.

Der Baum der Erkenntnis von Gut und Böse war ein Symbol für Satans "Thron der Ungerechtigkeit, der das Böse durch das Gesetz ersinnt". Dieser Baum besaß keine übernatürlichen Kräfte. Die beiden Bäume in der Mitte des Gartens repräsentierten zwei entgegengesetzte Prinzipien - Gottes Lebensprinzip, das moralische Gesetz der Agape-Liebe, und Satans Prinzip des Todes, das moralische Gesetz von Belohnung und Strafe, die Erkenntnis von Gut und Böse.

Der Baum des Lebens besaß übernatürliche Kräfte:

> *Die Frucht des Baumes des Lebens im Garten Eden* ***besaß übernatür-***

> ***liche Tugenden. Von ihr zu essen, bedeutete ewiges Leben. Seine Frucht war das Gegengift gegen den Tod.*** *Seine Blätter dienten der Erhaltung des Lebens und der Unsterblichkeit. Aber durch den Ungehorsam des Menschen kam der Tod in die Welt. Adam aß von dem Baum der Erkenntnis von Gut und Böse, dessen Frucht er nicht berühren durfte. Das war seine Prüfung. Er scheiterte, und seine Übertretung öffnete die Schleusen des Kummers über unsere Welt {MMM 233,5, Hervorhebung hinzugefügt}.*

Sie sagt aber auch, dass der Baum ein Typus, ein Symbol Jesu sei, "die eine große Quelle der Unsterblichkeit:".

> ***Der Baum des Lebens war eine Art der einen großen Quelle der Unsterblichkeit.*** *Von Christus steht geschrieben: "In ihm war das Leben, und das Leben war das Licht der Menschen". Er ist der Brunnen des Lebens. Ihm zu gehorchen ist die lebensspendende, belebende Kraft, die die Seele erfreut.* **Durch die Sünde verschließt sich der** ***Mensch dem Zugang zum Baum des Lebens.*** *Nun werden Leben und Unsterblichkeit durch Jesus Christus ans Licht gebracht {MM.... 233,6, Hervorhebung hinzugefügt}.*

Der Lebensbaum war eine "Quelle der Erkenntnis, über die" die Brüder Jesu (die Menschheitsfamilie Christi, eine Art von Menschheit) "unwissend" waren:

> *Sie [JESUS' BROTHERS] erkannten, dass seine Ausbildung von höherer Art war als ihre eigene. Aber sie erkannten nicht, dass Er Zugang zum Baum des Lebens hatte, einer* ***Quelle des Wissens****, von der sie nichts wussten {DA 86.2, Hervorhebung hinzugefügt}.*

Letztlich sind die Worte Jesu, Leben und Tod, der Baum des Lebens:

> *"Wer mein Fleisch isst und mein Blut trinkt", sagt Christus, "der hat*

das ewige Leben, und ich werde ihn am letzten Tag auferwecken. Denn mein Fleisch ist wahrhaftig Speise, und mein Blut ist wahrhaftig Trank. Wer mein Fleisch isst und mein Blut trinkt, der wohnt in mir, und ich wohne in ihm. Wie mich der lebendige Vater gesandt hat und ich durch den Vater lebe, so wird auch der, der mich isst, durch mich....belebt; das Fleisch nützt nichts; die Worte, die ich zu euch rede, sind Geist, und sie sind Leben. ***Das ist das Essen der Frucht vom Baum des Lebens*** *(Manuskript 112, 1898) - {5BC 1135.8, Hervorhebung hinzugefügt}.*

Der Menschheit war der Baum des Lebens, Christi "Quelle der Erkenntnis", unbekannt gewesen. Christus kam auf die Erde, um uns dieses Wissen zu geben, damit wir Leben haben können. Jesus ist daher der größte Schatz, den jemand jemals besitzen könnte.

Die beiden Bäume im Garten repräsentieren auch zwei Pfade: den Pfad des Segens / des Lebens und den Pfad der Flüche / des Todes. Gott hatte gewollt, dass nur das Prinzip des Lebensbaums zur Steuerung seines Universums verwendet wird, weil Gott seine Geschöpfe liebt und in alle Ewigkeit bei ihnen sein will. Er will ewiges Leben für uns.

Und ich weiß, dass sein Gebot das ewige Leben ist. Darum spreche ich, was immer ich spreche, wie der Vater mir gesagt hat, so spreche ich (Joh 12,50).

Es ist entscheidend, dass wir die beiden Bäume im Garten verstehen, sonst werden wir nicht in der Lage sein, zwischen Gott und den Aktivitäten Satans zu unterscheiden. Die Fragen von Leben und Tod hängen von diesen beiden Bäumen und den moralischen Gesetzen ab, die sie repräsentieren. Nur wenn wir den Unterschied zwischen ihnen erkennen, werden wir in der Lage sein, die vollständige Wahrheit über Gottes Herz und das Ausmaß und die Natur von Luzifers Bosheit zu verstehen.

Der Schöpfer trennte die beiden Gesetze, die um die Vorherrschaft kämpften, sichtbar voneinander, indem er jedem einen repräsentativen Baum gab. Satan schuf seinen Baum nicht. Im Garten war der Baum, der die "Weisheit" oder die Erkenntnis von Gut und Böse repräsentierte, ein physischer Baum, und der physische Baum war nicht tödlich, weil Gott ihn geschaffen hatte. Und da alles, was Gott erschafft, gut ist, war auch der buchstäbliche, physische Baum der Erkenntnis von Gut und Böse gut. Dieser Baum war, physisch gesprochen, "gut zum Essen" und "angenehm für die Augen".

> *Als die Frau also sah, dass der Baum* ***gut für die Nahrung*** *war, dass er* ***angenehm für die Augen*** *war und ein Baum wünschenswert, um einen weise zu machen, nahm sie von seiner Frucht und aß (1. Mose 3,6, Hervorhebung hinzugefügt).*

Dieser Baum musste von Gott erschaffen werden, weil Satan nichts erschaffen kann - er ist kein Schöpfer. Physisch gesehen war dies also kein tödlicher Baum. Eva sah, dass er "gut für die Nahrung" und "angenehm" für die Augen war, genau wie jeder andere Baum im Garten. Was an diesem speziellen Baum tödlich war, ist die Tatsache, dass er nicht nur eine Gehorsamsprobe war, sondern auch ein tödliches Prinzip darstellte, und indem das Paar von ihm aß, gab es sich dem Satan und seinem tödlichen Prinzip hin. Sie wählten ihn als ihren Lehrer und Herrscher, und damit wählten sie unwissentlich auch sein Prinzip der Ungerechtigkeit. Auf diese Weise wurde Satan zum Gott dieser Welt:

> *Aber selbst wenn unser Evangelium verschleiert ist, ist es verschleiert für diejenigen, die untergehen,* ***deren Verstand der Gott dieses Zeitalters geblendet hat****, die nicht glauben, damit das Licht des Evangeliums der Herrlichkeit Christi, der das Ebenbild Gottes ist, nicht auf sie scheint. Denn wir predigen nicht uns selbst, sondern Christus Jesus, den Herrn, und uns selbst, eure Knechte um Jesu willen. Denn es ist der Gott, der befohlen hat, dass das Licht aus der Finsternis leuchtet, der in unseren Herzen geleuchtet hat, um* ***das Licht der Erkenntnis der Herrlichkeit Gottes im Angesicht Jesu Christi*** *zu geben (2. Korinther 4,3-6, Hervorhebung hinzugefügt).*

Die Tatsache, dass Eva die Frucht dieses Baumes für "wünschenswert, um einen weise zu machen" hielt, deutet darauf hin, dass mehr dahinter steckt als nur eine wörtliche Bedeutung. Wie kann eine Frucht oder ein Baum, der aus Wurzeln, Stamm, Zweigen und Blättern besteht, "weise machen"? Das kann sie nicht. Daher muss der Baum der Erkenntnis von Gut und Böse ein Symbol sein, das ein Prinzip repräsentiert... ein Prinzip, das weise zu sein scheint... das sich sogar rühmt, weiser zu sein als Gott und sein Prinzip der Agape-Liebe... das aber trügerisch und tödlich ist - "An dem Tag, an dem du davon isst, wirst du sicherlich sterben". Ein solcher Baum kann einen Appell an die "Weisheit" haben, eine gewisse Sehnsucht, einen weise zu machen.

Der Baum der Erkenntnis von Gut und Böse repräsentierte Satans Thron der Ungerechtigkeit - seine korrupte Regierung. In dem Moment, als Eva davon aß, übernahm Satan das Kommando über die Situation und beanspruchte sie als Untertanin seines Reiches. Er begann sie zu lehren, die Welt - und Gott - zu sehen, auch wenn es Schattierungen von Gut und Böse gab - Licht und Finsternis. So begann Eva, Gut und Böse zu erkennen. Dann benutzte Satan sie, um ihren Mann zu verführen und zu verführen, auch zu essen.

Adam muss über die Wahl seiner Frau sehr verzweifelt gewesen sein. Er muss an Gottes Warnung gedacht haben, dass das Essen von diesem Baum den Tod bringen würde, und muss dies gegen den Gedanken, seine Frau zu verlieren, abgewogen haben. Es muss ein erbitterter, schmerzhafter Kampf gewesen sein. Schließlich gab er nach und beschloss, sich ihr anzuschließen, ungeachtet der Konsequenzen. Diese eine Entscheidung öffnete dem Satan die Tür zur Übernahme der Kontrolle über die Erde. Die unglückliche Wahl von Adam und Eva gab ihm das Gebiet, das er brauchte, um sein Königreich und sein Gesetz zu errichten.

Nun würde die Erde von "Ungerechtigkeit" regiert werden. Aber Gott würde die menschliche Rasse nicht unter diesem zerstörerischen System zugrunde gehen lassen, ohne zur Rettung zu kommen. Sein Geist würde auch mit der Menschheit wirken. Von nun an gäbe es zwei Prinzipien, zwei moralische Gesetze, die in jedem schlagenden Herzen um die Vorherrschaft ringen würden:

> *Denn das Gesetz des Geistes des Lebens in Christus Jesus hat mich frei gemacht von dem Gesetz der Sünde und des Todes (Römer 8,2).*

Die beiden Prinzipien wären "das Gesetz des Geistes des Lebens", die Agape-Liebe, und "das Gesetz von Sünde und Tod", das die Erkenntnis von Gut und Böse ist. Dies sind die "zwei antagonistischen Motive":"

> *Die Bibel ist ihr eigener Exponent. Die Schrift ist mit der Heiligen Schrift zu vergleichen. Der Student soll lernen, das Wort als Ganzes zu betrachten und die Beziehung seiner Teile zu sehen. Er soll ein Wissen über ihr großes zentrales Thema, über Gottes ursprünglichen Plan für die Welt, über die Entstehung der großen Kontroverse und über das Erlösungswerk gewinnen. Er sollte das Wesen* ***der beiden Prinzipien, die um die Vorherrschaft ringen,*** *verstehen und lernen, ihr Wirken durch die Aufzeichnungen der Geschichte und der Prophezeiung bis zur großen Vollendung nachzuvollziehen. Er sollte sehen, wie diese Kontroverse in jede Phase der menschlichen Erfahrung eintritt;* ***wie er selbst in jedem Lebensakt das eine oder das andere der beiden antagonistischen Motive offenbart****; und wie er, ob er will oder nicht, schon jetzt entscheidet, auf welcher Seite der Kontroverse er zu finden ist {Ed 190.2, Hervorhebung hinzugefügt}.*

Das obige Zitat stellt die beiden Gesetze oder Prinzipien, die "um die Vorherrschaft ringen", in den Mittelpunkt der großen Kontroverse. Dies bringt die enorme Bedeutung der beiden Bäume im Garten und ihre zentrale Rolle in der großen Kontroverse zwischen Gott und Satan zum Vorschein.

Wir sollten lernen, wie diese beiden Prinzipien "in jede Phase" unserer "menschlichen Erfahrung" einfließen. "Wie wir in jedem Akt des Lebens" "das eine oder das andere der beiden antagonistischen Motive offenbaren". Und wie wir, ob wir es wollen oder nicht, "schon jetzt entscheiden, auf welcher Seite der Kontroverse" wir "gefunden werden". Dies sind Worte voller Bedeutung. Aber wie können wir eine Entscheidung zwischen diesen beiden Gesetzen treffen, wenn wir nicht wissen, was sie sind?

Nicht viele würden glauben, dass Luzifer ein bestimmtes Gesetz hat, mit dem er Gottes Gesetz der Liebe ersetzen wollte. Noch viel weniger würden wir glauben, dass er ausgerechnet ein moralisches Gesetz hat. Viele glauben, dass die Alternative, die er zu Gottes Gesetz hatte, einfach "Gesetzlosigkeit" war, d.h. der völlige Mangel an Gesetz - "Tu, was du willst", wie Satanisten und Spiritualisten sagen.

Aber wir müssen der Bibel erlauben, das Wort "Gesetzlosigkeit" zu definieren und uns nicht einfach auf unser konventionelles Verständnis dieses Wortes zu verlassen. Wir müssen uns auch davor hüten, irgendetwas zu glauben, was aus dem Mund eines Satanisten kommt, denn wie ihr Führer sind auch sie von Täuschung erfüllt. Sie würden ganz sicher nicht wollen, dass wir die Wahrheit über die beiden Bäume erfahren, weil dies ihre Täuschung entlarven würde. Sie möchten lieber, dass wir glauben, dass "Gesetzlosigkeit" bedeutet, dass es überhaupt kein Gesetz gibt, "tu, was du willst".

Wir müssen auch verstehen, dass unser "Wille", wenn er nicht durch Gottes Agape-Liebe geheiligt wird, vollständig von Satans "Gesetz der Sünde und des Todes" beherrscht wird. Jeder Mensch, der auf dieser Erde geboren wird, wird mit einer sündigen Natur geboren - wir werden "in Adam", im "Fleisch" geboren. Das bedeutet, dass wir alle mit einem moralischen Charakter geboren werden, der von Satans moralischem Gesetz von Gut und Böse beherrscht wird. Wenn wir also tatsächlich "tun, was wir wollen", werden wir tatsächlich in unsere gefallene Natur verfallen und tatsächlich nach dem Gesetz der Ungerechtigkeit handeln, das Satan im Garten Eden eingeführt hat. Wenn wir uns allein auf unseren "Willen" verlassen, schließt sich der Kreis zum satanischen Moralgesetz von Gut und Böse:

> *Satan betört die Menschen jetzt, so wie er Eva in Eden betörte, durch aufregenden Ehrgeiz zur Selbsterhöhung. "Ihr sollt sein wie Götter", erklärt er, "die Gut und Böse kennen". Mose 3:5 Der Spiritualismus lehrt, "dass der Mensch das Geschöpf des Fortschritts ... zur Gottheit*

ist". Und wieder: "Das Gericht wird recht sein, denn es ist das Urteil über sich selbst. ... Der Thron ist in euch." Und ein anderer erklärt: "Der Thron ist in dir. "Jedes gerechte und vollkommene Wesen ist Christus" {HF 339,4}.

So ***hat Satan die sündige Natur des Menschen selbst als einzige Regel des Gerichts ersetzt****. Dies ist ein Fortschritt, nicht nach oben, sondern nach unten. Der Mensch wird sich nie höher erheben als seinen Standard der Reinheit oder Güte. Wenn das Selbst sein erhabenstes Ideal ist, wird er nie zu etwas Erhabenerem gelangen. Die Gnade Gottes allein hat die Macht, den Menschen zu erheben. Wenn er sich selbst überlassen bleibt, muss sein Kurs nach unten gerichtet sein {HF 340.1, Hervorhebung hinzugefügt}.*

Luzifers Moralgesetz, dargestellt durch den Baum der Erkenntnis von Gut und Böse, ist das Moralgesetz, in das jeder Mensch hineingeboren wird. Wenn wir fortfahren, werden wir genau erfahren, wie sich dieses Gesetz auf alle unsere Beziehungen, einschließlich unserer Beziehung zu Gott, ausgewirkt hat.

10

VERWIRRUNG IM GARTEN

Das Buch Genesis sagt nicht viel über das Leben von Adam und Eva, bevor sie vom Baum der Erkenntnis von Gut und Böse aßen. Es gibt hier und da ein paar Informationen, und durch diese setzen wir ein Bild ihres Lebens zusammen. Die begrenzte Menge an Informationen, die die Genesis liefert, ist jedoch alles, was wir brauchen, um beurteilen zu können, was im Garten geschah.

Zunächst einmal schuf Gott am 6. Tag der Schöpfungswoche Adam und Eva nach seinem Ebenbild.

> *Dann sprach Gott: "Lasset Uns Menschen machen nach Unserem Bilde, nach Unserem Ebenbild; lasset sie herrschen über die Fische des Meeres, über die Vögel des Himmels und über das Vieh, über die ganze Erde und über alles Gewürm, das auf der Erde kriecht.* ***So schuf Gott den Menschen nach seinem Ebenbild; nach dem Ebenbild Gottes schuf er ihn; männlich und weiblich schuf er sie****. Dann segnete Gott sie, und Gott sprach zu ihnen: "Seid fruchtbar und mehret euch; füllet die Erde und machet sie euch untertan; herrschet über die Fische im Meer, über die Vögel unter dem Himmel und über alles Getier, das auf Erden kriecht" (1. Mose 1,26 –28, Hervorhebung hinzugefügt).*

Nach Gottes Bild geschaffen zu sein bedeutete, dass Adam und Eva in

Harmonie mit Gott waren. Ihre Herzen, Gedanken, Emotionen und ihr Verhalten waren in völliger Harmonie mit dem moralischen Gesetz der Agape-Liebe des Schöpfers. Sie besaßen bedingungslose, unparteiische, aufopfernde, auf den anderen zentrierte Liebe zu Gott und zueinander - sie waren "vollkommen" in der gleichen Weise, wie Luzifer -tâmıym-"ganz" gewesen war. Sie sollten sich vermehren und die Erde mit Menschen füllen, die Agape-Liebe in ihren Herzen hatten.

Gott gab ihnen auch die "Herrschaft" über die Erde und all ihre Lebewesen. "Herrschaft", râdâh, bedeutet "zertreten, d.h. unterwerfen; regieren, herrschen". Als Herrscher über die Erde sollten Adam und Eva zwei Dinge tun - "sich kleiden und den Garten halten". Diese Worte bedeuten:

> *Zum Anziehen: âbad; zu arbeiten (in irgendeinem Sinne); implizit zu dienen, zu kleiden, zu heiraten, zu halten, zu arbeiten.*

> *Halten: schâmar; richtig, umhegen (wie bei Dornen), d.h. bewachen; allgemein, schützen, betreuen, bewahren, betrachten, beobachten.*

Warum war es notwendig, die Erde zu "schützen", wenn es noch keine Sünde gab? Es war notwendig, weil Satan auf freiem Fuß war - sie sollten die Erde vor ihm schützen. Sie durften nicht von seinem Baum essen.

Adam und Eva sollten "Herrschaft" haben, die Erde mit Agape beherrschen. Wir dürfen nicht missverstehen, was "Herrschaft" vor der Sünde bedeutete. Damals bedeutete sie weder Gewalt noch willkürliche Kontrolle. Satan hat dieses Wort genommen und ihm eine Konnotation von Gewalt und Gewalt gegeben. Tatsächlich hat Satan das allen Wörtern - wie zum Beispiel dem Wort "Gerechtigkeit", wie wir sehen werden - angetan.

Gott gab der Menschheit auch ihre Nahrung - "jedes Kraut, das Samen hervorbringt" und "jeden Baum, dessen Frucht Samen hervorbringt".

> *Und Gott sprach: "Siehe, ich habe euch alle Kräuter gegeben, die Samen bringen, die auf dem Antlitz der ganzen Erde sind, und alle Bäume, deren Früchte Samen bringen; euch soll es zur Nahrung dienen.*

> *Auch jedem Tier auf Erden, jedem Vogel unter dem Himmel und allem, was auf Erden kriecht, in dem Leben ist, habe ich jedes grüne Kraut zur Speise gegeben"; und so war es. Dann sah Gott alles, was er gemacht hatte, und es war wirklich sehr gut. Der Abend und der Morgen waren also der sechste Tag (1. Mose 1,29-31).*

Dies waren die Nahrungsmittel, die er als optimale Nahrung für den menschlichen Körper und als optimale geistige Verbindung zu Gott bestimmte. Unsere Nahrung sollte aus einer vegetarischen Ernährung bestehen. Tiere sollten geliebt und umsorgt werden. Sie sollten für uns eine große Quelle des Vergnügens und der Freude sein.

"Der Herrgott" würde Adam und Eva "in der Kühle des Tages" - am Morgen - besuchen kommen. Das Paar hatte im Garten völlige Freiheit, wurde aber davor gewarnt, vom Baum der Erkenntnis von Gut und Böse zu essen.

Sobald Adam und Eva von dem verbotenen Baum aßen, änderten sich ihre Charaktere - sie waren nicht mehr von der Agape-Liebe getrieben. Stattdessen wurden sie von dem Wunsch bewegt, sich selbst zu retten, und von dem Wunsch, ihren neuen willkürlichen Herrscher zu besänftigen. Außerdem wurden sie völlig selbstorientiert. Ihr Schwerpunkt verlagerte sich von der Sorge für die Erde und füreinander auf das eigene Wohlergehen, indem sie ihre eigene Haut selbst auf Kosten des anderen retten wollten. Es dauerte überhaupt nicht lange, bis die Anschuldigungen zu fliegen begannen.

> *"Die Frau, die Du mir gegeben hast, um bei mir zu sein, sie gab mir von dem Baum, und ich aß." Und Gott der Herr sprach zu der Frau: "Was ist das, was du getan hast? Die Frau sagte: "Die Schlange hat mich verführt, und ich habe gegessen" (1. Mose 3,12-13).*

Gott fand sich zwischen zwei streitenden Kindern wieder - etwas, das alle Eltern verstehen werden. "Ich war es nicht, er war es." 'Nein, sie war es!" Adam war schnell bereit, nicht nur Eva, sondern auch Gott die Schuld zu geben, "der Frau, die Du gegeben hast, um bei mir zu sein..." Und Eva ihrerseits entschuldigte sich, indem sie der Schlange die Schuld gab. Warum zeigten sie mit dem Finger auf die Schlange? Die Antwort ist einfach: Sie hatten Angst. Sie versuchten, der Schuld zu entgehen, um sich der Strafe zu entziehen. Und warum?

Die Antwort ist die Erkenntnis von Gut und Böse. Dieses "Wissen" hatte ihren Verstand übernommen und sie gelehrt, die Dinge aus dem Blickwinkel einer neuen Dualität - Gut und Böse - zu betrachten, und durch diese neue Geisteshaltung nahmen sie Gott teils als gut und teils als böse wahr. Weil sie Gott nun sowohl als Gut als auch als Böse, als Ankläger und als jemanden, der kommen würde, um sie zu bestrafen, wahrnahmen, waren sie von Zweifel und Furcht erfüllt, und infolgedessen versteckten sie sich vor ihm. Es war Furcht, die sie veranlasste, sich von der unbegründeten Gottesfurcht zu trennen. Und in dem Moment, in dem sie sich vor Gott scheuten, begannen sie sofort zu sterben - "ein Sterbender, du wirst sterben", so Jeff Brenners Mechanische Übersetzung der Genesis - denn Er ist die einzige Quelle des Lebens. Sie begaben sich in einen Zustand der Entropie - einen Zustand, in dem sie auf Verfall und Unordnung zusteuerten. Adam und Eva erlebten einen sofortigen spirituellen Tod, der schließlich auch den physischen Tod mit sich brachte.

Was mit Adam und Eva geschah, kommt in dem Abschnitt, den wir in Hesekiel 28 studiert haben, zum Ausdruck. In dem Abschnitt heißt es, dass man sich direkt an Satan wendet:

> *Ihr habt eure Heiligtümer durch die Vielzahl eurer Sünden entweiht (Hesekiel 28,18).*

Das Wort "verunreinigt" - châlal - drückt diesen Prozess des Verfalls aus. Unter seinen vielen Bedeutungen finden sich Wörter wie "verwunden", "entweihen", "zerbrechen", "verschmutzen", "prostituieren", "töten", "trauern", "beflecken", "verwunden", "auflösen".

Wir, die Menschheit, wurden zu Luzifers "Heiligtümern", und genau das hat er uns angetan. Er hat uns verwundet, aufgelöst, verunreinigt, zerbrochen, verschmutzt, getötet und befleckt. Dies ist dasselbe Wort, das das Wort "Flöte" als eine seiner Bedeutungen enthält. Luzifer, der kosmische Rattenfänger, hat all diese Dinge der menschlichen Rasse angetan. Was er getan hat, ist das Gegenteil der Evolutionstheorie - er hat das Chaos aus der Ordnung gebracht. Ordnung entsteht nicht aus Chaos - es ist Chaos, das aus Ordnung entsteht - dieses Prinzip findet sich im zweiten Hauptsatz der Thermodynamik, der Entropie. Das Chaos, das wir erleben, ist eine direkte Folge des Abweichens von Gottes "Ordnung", und es war Satan, der sie hervorgebracht hat.

Bevor sie vom Baum der Erkenntnis von Gut und Böse aßen, waren Adam und Eva "beide nackt, der Mann und seine Frau, und schämten sich nicht" (1. Mose 2,25). Aber nach dem Essen "schämten sie sich:"

> *Da wurden beiden die Augen aufgetan, und sie wussten, dass sie nackt waren; und sie nähten Feigenblätter zusammen und machten sich Decken (1. Mose 3,7).*

Was ist die Bedeutung ihrer Nacktheit? Hat dies eine spirituelle Bedeutung? Sollen wir das wörtlich oder symbolisch verstehen? Wir wissen, dass "Kleidungsstücke" in der Bibel äusserst symbolisch sind. Der Prophet Sacharja zum Beispiel schreibt:

> *Dann zeigte er mir Josua, den Hohenpriester, der vor dem Engel des Herrn stand, und den Satan, der zu seiner Rechten stand, um ihm entgegenzutreten. Und der Herr sprach zu Satan: "Der Herr tadelt dich, Satan! Der Herr, der Jerusalem erwählt hat, weist dich zurecht! Ist dies nicht ein Brandzeichen, das aus dem Feuer gerissen wurde?"* ***Nun war Josua mit schmutzigen Kleidern bekleidet und stand vor dem Engel. Da antwortete er und sprach zu denen, die vor ihm standen: "Nehmt die schmutzigen Kleider von ihm. Und zu ihm sagte er: "Siehe, ich habe deine Missetat von dir genommen, und ich werde dich mit reichen Gewändern bekleiden.***

Und ich sagte: "Sollen sie ihm einen sauberen Turban auf den Kopf setzen". Also setzten sie ihm einen sauberen Turban auf den Kopf, und sie zogen ihm die Kleider an. Und der Engel des Herrn stand daneben. Da ermahnte der Engel des Herrn Josua und sprach: "Du sollst einen sauberen Turban auf sein Haupt setzen,

> *"So spricht der Herr der Heerscharen:*
> *"Wenn du in meine Wege gehst,*
> *Und wenn Sie sich an mein Kommando halten,*
> *Dann sollst du auch mein Haus richten,*
> *Und haben ebenfalls die Aufsicht über Meine Gerichte;*
> *Ich werde Ihnen Plätze zum Spazierengehen geben*
> *Unter denen, die hier stehen'"*
> *(Sacharja 3:1-7, Hervorhebung hinzugefügt).*

"Kleidungsstücke" werden entweder "schmutzige Kleidungsstücke" oder "Gewand der Gerechtigkeit" genannt.

> *Ungeachtet der Mängel des Volkes Gottes wendet sich Christus nicht von den Objekten seiner Fürsorge ab. Er* ***hat die Macht, ihre Gewänder zu verändern. Er entfernt die schmutzigen Gewänder, legt den reuigen, gläubigen Menschen sein eigenes Gewand der Gerechtigkeit an und schreibt die Vergebung gegen ihre Namen in die Aufzeichnungen des Himmels.*** *Er bekennt sie als die Seinen vor dem himmlischen Universum. Satan, ihr Widersacher, wird als Ankläger und Betrüger entlarvt. Gott wird seinen eigenen Auserwählten Gerechtigkeit widerfahren lassen {KOL 169.3, Hervorhebung hinzugefügt}.*

Das Wort "Kleidungsstück" ist eine Metapher, die entweder Gottes angebliche Gerechtigkeit oder Satans Ungerechtigkeit darstellen kann. Die Ungerechtigkeit Satans wird als "schmutzige Kleider" und die unterstellte Gerechtigkeit Gottes als "reiche Gewänder" dargestellt. In der King James-

Bibel heißt es einfach: "Ich werde dich mit einem anderen Gewand bekleiden". Als Gott Josua die schmutzigen Gewänder wegnahm, entfernte er seine Missetat von ihm und stellte ihn wieder in denselben Zustand zurück, in dem Adam und Eva waren, bevor sie vom Baum der Erkenntnis von Gut und Böse aßen. Dann wies Er ihn an, in Seinen Wegen, auf dem Pfad des Lebens, im moralischen Gesetz der Agape-Liebe - dem Baum des Lebens - fortzufahren. Das ist das Äquivalent dazu, dass Jesus der ehebrecherischen Frau sagte: "Ich verdamme euch auch nicht; geht hin und sündigt nicht mehr" (Joh 8,11).

In einem anderen Fall, als der Hevit Sichem Dinah, Jakobs Tochter von Lea, vergewaltigte, nahmen Jakobs Söhne furchtbare Rache, indem sie ihn zusammen mit allen Männern seines Stammes töteten. Dann sprach Gott zu Jakob:

> *"Steh auf, geh nach Bethel hinauf und wohn dort; und mache dort einen Altar für Gott, der dir erschienen ist, als du vor deinem Bruder Esau geflohen bist. Und Jakob sagte zu seinem Haus und zu allen, die bei ihm waren:* ***"Legt die fremden Götter ab, die unter euch sind, reinigt euch und wechselt eure Kleider"*** *(1. Mose 35: 1-2, Hervorhebung hinzugefügt).*

Jakob setzte das Weglegen "fremder Götter" mit "Reinigung" und dem Wechseln von "Kleidern" gleich. Fremde Götter sind unrein - sie sind in Wirklichkeit gefallene Engel, deren Charaktere aus einer unreinen Mischung aus Gut und Böse bestehen. Sie lehren willkürliche Belohnung für gute Werke und willkürliche Bestrafung für böse Werke.

Gott wies Moses auch an, heilige Gewänder für Aaron anzufertigen:

> *Und du sollst* ***heilige Kleider*** *machen für deinen Bruder Aaron, zur Ehre und zur Schönheit (Exodus 28,2, Hervorhebung hinzugefügt).*

Was macht ein Kleidungsstück heilig? Das Wort "heilig" bedeutet sauber, rein, abgesetzt, ohne Verunreinigung. "Heilige Kleider" können nur symbolische Bedeutung haben. Sie sind ein Symbol für Rechtschaffenheit, Reinheit, etwas, das durch "Mischung" unbefleckt bleibt. Sagt Solomon,

> *Eure Kleider sollen immer* ***weiß*** *sein, und eurem Kopf soll es nicht an Öl mangeln (Prediger 9:8, Hervorhebung hinzugefügt).*

Nur Weiß - nicht eine Mischung aus Weiß und Schwarz, wie man sie in der Erkenntnis des Guten (Weiß) und des Bösen (Schwarz) findet. Und Jesaja sagt,

> *Wacht auf, wacht auf! Zieh deine Kraft an, o Zion, zieh deine* ***schönen Gewänder an****, o Jerusalem, die heilige Stadt! Denn die Unbeschnittenen und die* ***Unreinen werden nicht mehr zu dir kommen*** *(Jesaja 52:1, Hervorhebung hinzugefügt).*

Eine andere Stelle in Jesaja weist darauf hin, dass die Gewänder der Ungerechtigkeit in Wirklichkeit nur "Gespinste" sind:"

> ***Ihre Netze werden nicht zu Kleidern werden, noch werden sie sich mit ihren Werken bedecken****; ihre Werke sind Werke der Ungerechtigkeit, und der Gewaltakt liegt in ihren Händen (Jesaja 59:6, Hervorhebung hinzugefügt).*

Beachten Sie, wie Kleidungsstücke, die den Körper bedecken, mit dem Bedecken der eigenen Person durch "Werke" parallel laufen. Ihre "Gespinste" "werden nicht zu Kleidungsstücken", weil sie "Werke" sind, die in der Ungerechtigkeit wurzeln. Die obige Passage scheint darauf hinzuweisen, dass diejenigen, die im Reich der Ungerechtigkeit leben, versuchen, sich mit "Werken" zu bedecken - aber das sind nur Netze. Beachten Sie auch die Parallelen zwischen Ungerechtigkeit und Gewalt.

An anderer Stelle spricht Jesaja von den "Kleidern der Erlösung", dem "Gewand der Gerechtigkeit".

> *Ich will mich sehr freuen im Herrn, meine Seele soll sich freuen in meinem Gott; denn* ***er hat mich mit den Kleidern des Heils bekleidet****, er hat* ***mich mit dem Gewand der Gerechtigkeit bedeckt****, wie ein Bräutigam sich mit Ornamenten schmückt und wie eine Braut sich mit ihren Juwelen schmückt (Jesaja 61:10, Hervorhebung hinzugefügt).*

Jesus selbst wird als in "herrliche Kleider" gekleidet dargestellt, weil er in Gerechtigkeit, Gottes Gesetz der Liebe, "spricht":

> *Wer ist dieser, der aus Edom kommt, mit gefärbten Gewändern aus Bozra, dieser, der* ***in seiner Kleidung herrlich*** *ist, der in der Größe seiner Stärke reist... "Ich, der ich* ***in Gerechtigkeit rede****, mächtig zu retten" (Jesaja 63:1, Hervorhebung hinzugefügt).*

Der Prophet Joel kommt endlich zum Kern der Sache und sagt uns, dass wir aufhören sollen, dieses Symbol wörtlich zu nehmen, und seine lebenswichtige spirituelle Bedeutung erkennen sollen:

> *So* ***zerreißt euer Herz und nicht eure Kleider****; kehrt zurück zum Herrn, eurem Gott, denn Er ist gnädig und barmherzig, langsam im Zorn und von großer Güte (Joel 2,13, Hervorhebung hinzugefügt).*

Joel scheint zu sagen: "Leute, kapiert ihr das nicht? Kleider sind Symbole eures Herzens. Hört auf, dumme Dinge wie das Zerreißen von Gewändern zu tun. Lasst stattdessen eure Herzen aus Fleisch Barmherzigkeit und Güte lieben, lasst die Gewalt los - lasst euch von Gott reinigen!

Letztendlich sind Kleidungsstücke also ein Symbol für das, was in unseren Herzen ist, wo die Wurzeln unseres Denkens und Handelns liegen. Das Herz ist der "Sitz des Gerichts". Sind unsere Herzen rein oder gemischt, einfach oder doppelzüngig? Wir werden mit einer doppelten Gesinnung geboren, aber wenn wir unser Herz Gott übergeben, kann Er uns wieder in Sein Bild, in Seine Einzigartigkeit des Charakters, verwandeln.

Der Gott, der uns vor der Zerstörung von Satans doppelzüngigem Gesetz von Gut und Böse retten will, hört schnell einen Schrei, wie den von David:

> *Schaffe in mir ein **reines Herz**, o Gott, und erneuere einen unerschütterlichen Geist in mir (Psalm 51,10, Hervorhebung hinzugefügt).*

Das saubere Herz, von dem David hier spricht, ist ein Herz, das keine Mischung, keine Verunreinigung und keine Korruption hat.

Waren Adam und Eva buchstäblich nackt? Der Vers sagt, dass sie es waren, aber viel wichtiger ist die Metapher. Laodizea, die letzte Gemeinde des dritten Kapitels der Offenbarung, ist ebenfalls nackt, weiß es aber nicht. Wenn Jesus direkt zu Laodizea spricht, sagt er: "Ihr wisst nicht, dass ihr elend, elend, arm, blind und **nackt** seid" (Offenbarung 3,17, Hervorhebung hinzugefügt).

Laodizea ist nackt nach der Sünde - Adam und Eva waren vor der Sünde nackt. Das scheint darauf hinzudeuten, dass die Nacktheit an sich keine schlechte Sache sein darf - schließlich hatte Gott Adam und Eva überhaupt erst erschaffen, und er hatte sie rein geschaffen.

Nachdem sie vom Baum der Erkenntnis von Gut und Böse gegessen hatten, waren die Augen von Adam und Eva offen, um ihre Nacktheit zu sehen, und als sie sie sahen, waren sie von Scham und Angst erfüllt. Der Baum der Erkenntnis von Gut und Böse brachte ihnen ein Bewusstsein ihrer Nacktheit, das sie nicht hatten, bevor sie von ihm aßen. Laodicener hingegen sind nackt und merken es nicht - sie sind blind dafür. Und warum? Weil Laodicener denken, dass mit ihrem Zustand alles in Ordnung ist. Sie glauben wirklich, dass sie auf dem richtigen Weg sind und die Wahrheit haben.

In ihrer Scham nähten Adam und Eva Kleider aus Feigenblättern. Warum aus Feigenblättern? Könnte es sein, dass diese Kleidungsstücke aus dem Baum gefertigt wurden, von dem sie gegessen hatten, genäht aus dem "Tuch" des Baumes der Erkenntnis von Gut und Böse? Wenn dem so ist, dann war dieser Baum kein Apfelbaum, sondern ein Feigenbaum (was sofort an den Fluch Jesu über den Feigenbaum erinnert). Und hatten die von ihnen genähten Gewänder dieselbe Bedeutung wie Josuas "schmutzige Gewänder"? Bedeckten sie sich mit "Werken", die nicht wirklich Bedeckungen, sondern Gespinste sind?

Das hebräische Wort "schämen" bedeutet "blass werden, d.h. implizit beschämt sein; auch verwirrt, verwechselt werden" (Strong's Concordance).

In Psalm siebenundneunzig wird Buwsh mit "verwirrt" übersetzt:

> *Die Himmel verkünden seine Gerechtigkeit, und das ganze Volk sieht seine Herrlichkeit.* ***Verflucht seien alle, die Götzenbildern dienen, die sich der Götzen rühmen:*** *betet ihn an, alle Götter (Psalm 97,6-7, KJV, Hervorhebung hinzugefügt).*

Im einundsiebzigsten Psalm wird es mit "Verwirrung" übersetzt.

> *In dich, Herr, setze ich mein Vertrauen: Lass mich nie in Verwirrung geraten (Psalm 71,1, KJV).*

Der Prophet Daniel stellte Gott und seine Gerechtigkeit unserer Ungerechtigkeit gegenüber und nannte unsere Ungerechtigkeit "Verwirrung der Gesichter". Er sagt:

> *Oh Herr, die Gerechtigkeit gehört dir,* ***aber die Verwirrung der Gesichter...*** *(Daniel 9,7, KJV, Hervorhebung hinzugefügt).*

> *Oh Herr,* ***zu uns gehört die Verwirrung des Gesichts,*** *zu unseren Königen, zu unseren Fürsten und zu unseren Vätern, weil wir gegen dich gesündigt haben. Dem Herrn, unserem Gott, gehören Barmherzigkeit und Vergebung, obwohl wir uns gegen ihn aufgelehnt haben (Daniel 9,8-9, KJV, Hervorhebung hinzugefügt).*

Gott ist barmherzig und vergebend, und doch haben wir uns gegen ihn aufgelehnt. Warum? Weil wir gegen ihn gesündigt haben - wir haben "das Ziel verfehlt", was ihn betrifft. Darum gehört uns die "Verwirrung der Gesichter". Wir sehen Ihn durch das Prisma der Erkenntnis von Gut und Böse - wir sehen Ihn als einen Gott der Liebe und einen Gott der zornvollen

Strafe, und deshalb spiegeln wir dasselbe wider.

"Zu uns gehört die Verwirrung der Gesichter" bedeutet, dass unsere Charaktere zwei Gesichter haben. Unsere "Gesichter" wechseln zwischen Liebe und Zorn, und das liegt daran, dass wir einen gemischten Charakter von Gut und Böse haben. Das ist die "Verwirrung der Gesichter" - ein liebevolles Gesicht, das sich in ein boshaftes Gesicht verwandelt und umgekehrt.

Infolgedessen haben wir auch eine verwirrte Sicht von Gott, weil wir ihn zu unserem Ebenbild machen. Wir glauben, dass Gott Barmherzigkeit ist, ganz sicher; aber wir denken auch, dass seine Barmherzigkeit mit strafender Gerechtigkeit vermischt ist. Aber ist es so? Wie definiert die Bibel Gottes Gerechtigkeit? Wir haben diesem Thema ein ganzes Kapitel gewidmet, weil es im Zusammenhang mit der großen Kontroverse von äußerster Wichtigkeit ist.

Wir alle wissen, dass unsere Charaktere zwischen Gut und Böse schwanken. Wenn jemand böse zu uns ist, sind wir böse zu ihm oder ihr. Oder, wenn jemand gut zu uns ist, sind wir gut zu ihm oder ihr. Unsere Güte beruht auf der Güte der Menschen um uns herum, nicht auf einem inneren, beständigen, unveränderlichen Charakter wie dem, den wir in Jesus Christus sehen. Die Erkenntnis von Gut und Böse hat uns zu diesem Weg gemacht - "zu uns gehört die Verwirrung der Gesichter". Aber Gott ist agape - er ändert sich nicht. Wenn Gott sich in direktem Verhältnis zu unseren Werken ändern würde, wenn er gut zu uns ist, wenn wir gut sind, und wenn er gemein zu uns ist, wenn wir böse sind, dann wäre Gott bedingt. Das würde bedeuten, dass er nicht länger ein Gott der bedingungslosen Agape-Liebe wäre.

Das hebräische Wort, das Daniel für "Verwirrung" verwendet, ist bosheth, eine Ableitung von buwsh (das Wort "beschämt" in Genesis 2,25). Bosheth bedeutet "Scham (das Gefühl und der Zustand, sowie dessen Ursache); implizit ein Götze: beschämt, Verwirrung" (Strong's Dictionary).

Dieses Wort, bosheth, ist sehr interessant, weil es mit Götzen verbunden ist. Idole sind Satans Fälschung der wahren Religion. Nach der Heiligen Schrift beten diejenigen, die Götzen aus Holz oder Silber und Gold anbeten, in Wahrheit einen falschen Gott an. Wer waren diese Götter? Die Bibel ist diesbezüglich sehr klar. Wenn man von den Kindern Israels spricht, schrieb Moses:

> *Mit fremden Göttern provozierten sie ihn zur Eifersucht, mit Gräueln provozierten sie ihn zum Zorn.* ***Sie opferten den Dämonen, nicht Gott, Göttern, die sie nicht kannten, neuen Göttern****, Neuankömmlingen, die eure Väter nicht fürchteten (Deuteronomium 32:16-17, Hervorhebung hinzugefügt).*

Indem die Menschen "fremden Göttern", Götzen, Opfer brachten, beteten sie in Wirklichkeit Dämonen an, nicht Jehova, den Schöpfer. "Dämonen" und "Götter" sind ein und dieselbe Sache - gefallene Engel, die Luzifers moralisches Gesetz von Gut und Böse akzeptierten. Sie sind diejenigen, die Verwirrung auf die Erde gebracht haben. Im Buch der Offenbarung werden Dämonen auch mit Götterbildern, Götzen aus Stein und Holz, in Verbindung gebracht:

> *Aber die übrige Menschheit, die durch diese Plagen nicht getötet wurde, tat nicht Buße für die Werke ihrer Hände, dass sie nicht anbeten sollten Dämonen und Götzen aus Gold, Silber, Messing, Stein und Holz, die weder sehen noch hören noch wandeln können (Offenbarung 9:20).*

Der Baum der Erkenntnis von Gut und Böse brachte Verwirrung in das Bewusstsein von Adam und Eva, weil er eine gegensätzliche Dualität enthält. Gut und Böse ist eine Mischung aus zwei Gegensätzen, die nichts miteinander zu tun haben - sie sollten nichts gemeinsam haben, aber in diesem Baum sind sie untrennbar miteinander verbunden.

> *Es ist Satans Werk,* **Böses mit Gutem zu vermischen** *und die Unterscheidung zwischen Gut und Böse aufzuheben (The Review and Herald, 4. Dezember 1900) - {7BC, 958.1, Hervorhebung hinzugefügt}.*

> *Wie kommt es, dass Männer, die sich mit der Regierung Gottes im Krieg*

> *befinden, in den Besitz der Weisheit kommen, die sie manchmal an den Tag legen? Satan selbst wurde an den himmlischen Höfen erzogen, und* ***er kennt sowohl das Gute als auch das Böse. Er vermischt das Kostbare mit dem Schlechten, und das ist es, was ihm die Macht gibt, zu täuschen.*** *Aber weil Satan sich selbst in himmlische Gewänder von himmlischer Helligkeit gekleidet hat, sollen wir ihn als Engel des Lichts empfangen? Der Versucher hat seine Agenten, erzogen nach seinen Methoden, inspiriert von seinem Geist und angepasst an sein Werk. Sollen wir mit ihnen zusammenarbeiten? Sollen wir die Werke seiner Agenten als wesentlich für die Erlangung einer Ausbildung erhalten {CT 378.2, Hervorhebung hinzugefügt}?*

Die Vermischung des "Kostbaren mit dem Schlechten" gibt Satan die "Macht, zu täuschen". Was hat das Gute mit dem Bösen zu tun? Warum werden sie zu einem Baum zusammengefügt, der dem Baum des Lebens gegenübergestellt ist? Ist das nicht ein Rezept für Verwirrung? Verwirrung ist die natürliche Folge des Gesetzes Satans.

In Jesaja 14,4 wird Luzifer als der König von Babylon angesprochen. Babylon ist ein Symbol seines Königreichs. Es ist nicht überraschend, dass Babylon "Verwirrung" bedeutet. Was verursacht Babylons Verwirrung? Es sind Babylons Götter - gute und böse Dämonen. Babylons Verwirrung entspringt den Göttern, die es nach dem moralischen Gesetz von Gut und Böse regierten - dem Gesetz der willkürlichen Belohnung und der willkürlichen Bestrafung. In einem Moment sind die Götter wohltätig und belohnen das Gute... im nächsten Moment gewähren sie strenge Strafen für jedes Vergehen. Das Volk ist gezwungen, große Opfer zu bringen, sogar seine eigenen Kinder, um den Zorn der Götter in Schach zu halten.

Dämonen, der dritte der Engel, die Luzifer folgten, akzeptierten dieses Gesetz als besser als Gottes Gesetz. Das bedeutet, dass sie nun selbst nach diesem Gesetz leben - sie belohnen und bestrafen sich auch gegenseitig, weil sie einen dualistischen Charakter von Gut und Böse haben. Sie sind auch unberechenbar, unbeständig, weil auch ihnen die "Verwirrung der Gesichter" "gehört".

Luzifer und seine Stadt Babylon werden aufgrund der angeborenen Gewalt, die in ihrer "Missetat" enthalten ist, fallen und aufhören zu existieren.

> *An dem Tag, an dem der Herr euch von eurem Kummer, eurer Furcht und der harten Knechtschaft, in der ihr zu dienen bestimmt seid, erlöst, werdet ihr dieses Sprichwort gegen den König von Babylon aufgreifen und sagen:* ***"Wie der Unterdrücker aufgehört hat, so hat auch die goldene Stadt aufgehört"*** *(Jesaja 14:4, Hervorhebung hinzugefügt)!*

> *Die Stadt der Verwirrung ist* ***zusammengebrochen****; jedes Haus ist* ***verschlossen, so dass*** *niemand hineingehen kann. In den Straßen schreit es nach Wein, alle Freude ist verdunkelt, die Heiterkeit des Landes ist dahin. In der Stadt ist* ***Verwüstung*** *zurückgelassen, und das Tor ist* ***von Zerstörung heimgesucht*** *(Jesaja 24:10-12, Hervorhebung hinzugefügt).*

> *Und ein mächtiger Engel hob einen Stein auf wie einen großen Mühlstein, warf ihn ins Meer und sprach:* ***So wird die große Stadt Babylon mit Gewalt niedergeworfen werden und man wird sie nicht mehr finden*** *(Offenbarung 18:21, Hervorhebung hinzugefügt).*

Dies eröffnet eine neue Linie des Verständnisses für die Ereignisse im Garten und erklärt, warum Adam und Eva, sobald sie die Frucht des Baumes der Erkenntnis von Gut und Böse aßen, von Gottesfurcht erfüllt wurden - sie sahen ihn als einen gewalttätigen Gott. Sie wurden verwirrt, weil sie ein neues Reich betraten - das Reich von Gut und Böse.

Adam und Eva wussten, dass Gott Liebe ist... aber jetzt empfanden sie ihn als hart, gemein und strafend. Sie hatten sich gegen seinen Befehl widersetzt... sicherlich war Gott zornig auf sie... kam er nicht, um sie zu bestrafen?

Aber Gott ändert sich nicht. Was hat sich also verändert? Adam und Eva - sie haben sich verändert. Sie begannen, die Welt in Schattierungen von Gut und Böse zu sehen. Sie sahen sich selbst auf diese Weise, sahen einander auf diese Weise und auch Gott.

Was wirklich mit Adam und Eva geschah, ist, dass sie "Ungläubige" im biblischen Sinne des Wortes wurden. Sie glaubten nicht mehr an den Gott der Agape-Liebe, sondern an einen gewalttätigen Gott. Ihr Glaube beruhte auf einem doppelten Gott, der überhaupt nicht Gott ist. Paulus nannte sich selbst einen Ungläubigen, als er einen solchen Gott anbetete:

> *Und ich danke Christus Jesus, unserem Herrn, der mich befähigt hat, dass er mich für treu gehalten und in den Dienst gestellt hat; der vor einem Gotteslästerer und Verfolger und Schädiger war; aber ich habe Barmherzigkeit erlangt, weil ich es unwissentlich* ***im Unglauben*** *getan habe (1. Timotheus 1,12-13).*

Paulus' Handlungen vor der Begegnung mit Jesus Christus spiegeln den Gott wider, an den er glaubte; er war ein Verfolger, der anderen Schaden zufügte. Als solcher war er blasphemisch - er erzählte Lügen über Gott.

Von dem Moment an, als Adam und Eva vom Baum der Erkenntnis des Guten und Bösen aßen, trat die Menschheit in eine Ära des "Überlebens des Stärkeren" ein. Warum? Weil sie sich selbst nicht mehr so sahen, als verdienten sie Gottes Liebe und Fürsorge. Sie glaubten nicht mehr, dass sie es wert seien, sich auf Gott zu verlassen, um ihren Lebensunterhalt und ihre Existenz zu sichern. Jesus Christus hat diese falsche Vorstellung von Gott umgestürzt, indem er solche Dinge sagte wie seht die Vögel unter dem Himmel; denn sie säen nicht, sie ernten nicht und sammeln nicht in Scheunen; und doch ernährt sie euer himmlischer Vater. Seid ihr nicht viel besser als sie?... Seht die Lilien auf dem Felde, wie sie wachsen; sie mühen sich nicht ab und spinnen auch nicht; denn sie ernten nicht und sammeln nicht in Scheunen: Und doch sage ich euch, dass auch Salomo in all seiner Herrlichkeit nicht so gekleidet war wie einer von diesen. Wenn nun Gott das Gras auf dem Felde, das heute steht und morgen in den Ofen geworfen wird, so kleidet, wird er euch dann nicht viel mehr kleiden, ihr Kleingläubigen (Matthäus 6:26, 28, 29 30)?

Nachdem sie die Kenntnis von Gottes wahrem Charakter verloren hatten und das Schlimmste von ihm befürchteten, nahmen Adam und Eva die Dinge selbst in die Hand. Das erklärte ihnen Gott, als er ihnen den Fluch offenbarte, den sie durch die Erkenntnis von Gut und Böse über sich selbst und die Erde gebracht hatten:

> *Zu der Frau sagte er:*
> *"Ich werde Ihre Trauer und Ihre Empfängnis um ein Vielfaches verstärken;*
> *Unter Schmerzen sollst du Kinder gebären;*
> *Dein Wunsch soll für deinen Mann gelten, und er soll über dich herrschen."*
> *Dann sagte er zu Adam: "Weil du auf die Stimme deiner Frau gehört hast,*
> *und von dem Baum gegessen haben, von dem ich dir befohlen habe, indem ich sagte:*
> *"Du sollst nicht davon essen":*
> *"Verflucht ist der Boden um deinetwillen;*
> *In Mühsal sollst du davon essen*
> *Alle Tage deines Lebens.*
> *Dornen und Disteln wird es für Sie hervorbringen,*
> *Und du sollst das Kraut des Feldes essen.*
> *Im Schweiße deines Angesichts sollst du Brot essen*
> *Bis Sie auf den Boden zurückkehren,*
> *Denn daraus wurden Sie herausgenommen;*
> *Denn Staub bist du,*
> *Und zu Staub sollst du wiederkommen" (1. Mose 3,16-19).*

Die eheliche Beziehung war durch die Prinzipien von Satans Gesetz verflucht - die Stärksten würden mit Gewalt über die Schwächsten herrschen. Die Erde selbst war verflucht, und der Tod würde zum Los der Menschheit werden. Wir aßen unser Brot im Schweiße unseres Angesichts und glaubten nicht mehr daran, dass Gott für uns sorgen könnte. Wir würden uns auf unsere "Mühe" - ein Arbeitssystem - verlassen und nicht auf Gottes Gnade.

Unser Verlust des Glaubens an Gott würde dazu führen, dass wir uns auf alle möglichen egoistischen, ungerechten und betrügerischen Weisen verhalten würden. Die Stärksten, Gewalttätigsten und Gewalttätigsten würden die Schwachen und Hilflosen ohne Bedenken zurücklassen.

Gutes Verhalten würde belohnt und böses Verhalten bestraft - alles willkürlich, so dass es der "Tugend" oder dem "Laster" entspricht. Und da die Menschen von ganzem Herzen an die Weisheit dieses Prinzips glauben würden (wobei sie nicht erkennen würden, dass es von Satan an sich kommt, sondern denken würden, dass dies allgemeine Weisheit und gesunder Menschenverstand ist), würden wir selbst dieses moralische Gesetz in unserem Umgang miteinander anwenden - und uns gegenseitig belohnen und bestrafen, wie wir es für richtig halten. Menschen, die nach dem Ebenbild des Gottes der Agape-Liebe glorreich gemacht wurden, würden nun wie Satan werden - verwandelt in sein Ebenbild.

Aber das schlimmste und schädlichste Ergebnis dieses neuen Paradigmas war, dass die Menschheit nun Gott durch dieses Prisma sehen würde - wir würden ihn nicht mehr als einen Gott der Agape-Liebe sehen, sondern als einen Gott von Gut und Böse, einen Gott der Belohnung und Strafe. Das war die grundlegende Lüge, die die Schlange Eva erzählte:

> *Sie werden sicher nicht sterben. Denn Gott weiß, dass an dem Tag, an dem du davon isst, dir die Augen geöffnet werden, und* ***du wirst wie Gott sein und Gut und Böse erkennen*** *(1. Mose 3,4.5, Hervorhebung hinzugefügt).*

Gott war nicht gut und böse; sein Baum war der Baum des Lebens, ein Baum, der sich völlig vom Baum der Erkenntnis von Gut und Böse unterschied. Der Baum des Lebens repräsentierte Sein Gesetz der Agape-Liebe, das Sein Charakter ist, die eigentliche Essenz Seines Wesens. Was halten wir also von Gottes eigenen Worten?

> *Dann sagte Gott der Herr: "Siehe, der Mensch ist geworden wie einer von uns, um Gut und Böse zu erkennen" (1. Mose 3,22).*

Kannte Gott Gut und Böse? Ja, er wusste es, aber nicht in demselben Sinne, wie Satan, seine Engel und Adam und Eva Gut und Böse kannten. Satan und seine Anhänger kannten Gut und Böse auf erfahrungsmäßige Weise - sie waren in Harmonie mit dem Bösen, lebten nach ihm und erlebten seine Folgen. Gott kannte die trügerischen Behauptungen und Feinheiten von Gut und Böse - er konnte sogar ihr letztendliches Ende vorhersagen - und er wusste, was es mit unserem Verstand anstellen würde. Gott wusste, worum es bei Gut und Böse ging, aber er stimmte dem nicht zu, er war nicht in Harmonie damit, er dachte und handelte nicht im Sinne von Gut und Böse. Tatsächlich hasste Er die Ungerechtigkeit gemäß Hebräer 1,9, und Ungerechtigkeit ist das moralische Gesetz von Gut und Böse.

Auch Gott kannte Gut und Böse auf eine ganz besondere Weise intim: Er kannte den Schmerz und das Leid, das es erzeugt. Gott litt bereits wegen des Aufstiegs von Gut und Böse, und Er wusste sehr wohl, was die Menschheit darunter zu leiden hatte. Jeder Elternteil weiß, dass der Schmerz, Zeuge des Schmerzes seines Kindes zu sein, viel größer ist als sein eigener Schmerz. Und Gott würde den Schmerz jedes auf dieser Erde geborenen Wesens nicht nur innig empfinden, sondern er würde ihn eines Tages selbst persönlich durch Jesus erfahren, als er am Kreuz hing.

Als ein Gott des Guten und Bösen wahrgenommen zu werden, schuf ein echtes Problem für Gott, denn egal, was er sagte oder tat, es würde falsch interpretiert werden. Wir würden alles, was Er tat, durch die Linse der Erkenntnis von Gut und Böse wahrnehmen, und das würde uns von Ihm entfremdet halten.

Untersuchen wir zum Beispiel den Moment, als Adam und Eva vom Baum der Erkenntnis von Gut und Böse aßen.

> *Als die Frau also sah, dass der Baum gut für Nahrung war, dass er angenehm für die Augen war und dass ein Baum wünschenswert war, um einen weise zu machen, nahm sie von seinen Früchten und aß. Sie gab auch ihrem Mann mit, und dieser aß. Da wurden beiden die Augen geöffnet, und sie wußten, daß sie nackt waren; und sie nähten Feigenblätter zusammen und machten sich Decken. Und sie hörten*

> *das Geräusch Gottes, des Herrn, der in der Kühle des Tages im Garten wandelte, und Adam und seine Frau verbargen sich vor der Gegenwart Gottes, des Herrn, unter den Bäumen des Gartens. Da rief Gott der Herr zu Adam und sagte zu ihm:* ***"Wo bist du?"*** *Da sagte er: "Ich hörte deine Stimme im Garten, und ich fürchtete mich, denn ich war nackt, und ich versteckte mich" (1. Mose 3,6-10, Hervorhebung hinzugefügt).*

Wir lesen dies und kommen zu dem Schluss, dass Gott Adam und Eva bedroht hat. Wir gehen davon aus, dass Er sie töten würde, wenn sie ihm nicht gehorchten. Das macht den Baum der Erkenntnis von Gut und Böse einfach zu einer Prüfung des Gehorsams, bei der Gott sie mit dem Tod bestrafen würde, wenn Adam und Eva die Prüfung nicht bestehen würden. Das ist die vorherrschende Interpretation dieses Textes. Aber es geschieht hier etwas viel, viel Tieferes. Lassen Sie uns dies analysieren.

Zunächst müssen wir feststellen, dass Adam und Eva vor dem Essen von dem verbotenen Baum niemals Gottesfurcht geäußert hatten - sie hatten niemals Gottesfurcht gehabt. Zweitens gibt es keinen Hinweis darauf, dass Gottes ursprünglicher Befehl, nicht vom Baum des Guten und Bösen zu essen, bei Adam irgendeine Furcht hervorgerufen hätte:

> *Dann nahm Gott der Herr den Mann und setzte ihn in den Garten Eden, um ihn zu hüten und zu bewahren. Und Gott, der Herr, gebot dem Menschen und sprach: "Von jedem Baum des Gartens darfst du frei essen; aber von dem Baum der Erkenntnis des Guten und Bösen sollst du nicht essen; denn an dem Tage, da du von ihm issest, wirst du sterben" (1. Mose 2,15-17).*

Nun, wir wissen, dass einige Befehle dazu gedacht sind, Furcht hervorzurufen, und tatsächlich implizieren sie Bestrafung - "tu dies oder tu das...". Aber es gibt nirgendwo in diesem Text einen solchen Hinweis darauf. Nichts deutet darauf hin, dass Adam vor Gottes Gebot kauerte. Wenn dem so ist, dann könnte nichts in Gottes Stimme sein, das Adam veranlassen würde, ihn zu fürchten. Hätte es irgendeine Andeutung von Gewalt von Gott gegeben, hätten Seine Worte "du wirst mit Sicherheit sterben" Adam in Angst und Schrecken zurückschrecken lassen, und er hätte sich auch dann von seinem Schöpfer ferngehalten.

Gottes Aussage, dass Adam mit Sicherheit sterben würde, war eine Tatsachenbehauptung, keine Drohung; es war eine absolute Wahrheit, denn Gott lügt nicht. Aber durch die Linse von Gut und Böse haben wir dies so interpretiert, dass Gott selbst Adam und Eva als Strafe für den Ungehorsam töten würde. Wäre dies der Fall gewesen, hätte sich Adam vor Gott versteckt, sobald der Befehl gegeben worden wäre, aber er tat nichts dergleichen. Furcht kam danach auf, nicht bevor Adam und Eva von dem verbotenen Baum gegessen hatten.

Der Tod kam nicht von Christus, dem Schöpfer:

> ***Christus hat nie die Saat des Todes in das System gepflanzt. Satan pflanzte diese Samen ein****, als er Adam versuchte, von dem Baum der Erkenntnis zu essen, was Ungehorsam gegenüber Gott bedeutete {1BC 1082.5, Hervorhebung hinzugefügt}.*

Als Satan Gott widersprach, indem er Eva sagte, sie würde "sicher nicht sterben", verriet er sich selbst. Er gab den Beweis, dass der Tod von ihm kam und nicht von Gott. Wie das? Denn wenn Gott die Todesursache gewesen wäre, hätte Satan dieses Wissen nicht verborgen. Aber weil er selbst die Todesursache gewesen wäre, verbarg er diese Information hinter einer Lüge, damit die Frau von seinem Baum essen würde.

Als das Gesetz von Gut und Böse in Adams und Evas Verstand Einzug hielt, löschte es auch ihr Wissen über Gottes Agape-Liebe aus und erfüllte sie mit einem falschen Wissen über den Schöpfer. Der Schöpfer würde nun für alles, was Satan selbst tat, verantwortlich gemacht werden.

Was hat dann wirklich die Angst ins Leben gerufen? Es war Satans "Missetat", die von Gewalt durchdrungen ist - das ist es, was die Angst ins Leben gerufen hat. Werfen Sie einen Blick auf den nächsten Vers:

> *Dann rief Gott, der Herr, zu Adam und sagte zu ihm: "Wo bist du? Und*

> *er sagte: "Ich hörte deine Stimme im Garten, und ich fürchtete mich, weil ich nackt war, und ich versteckte mich" (1. Mose 3,10).*

Spielte Gott Gedankenspiele mit Adam? Wusste Er nicht, wo Adam war? Warum rief Gott nach ihm?

Gott wusste, was mit Adams Verstand geschehen war. Er wusste, dass Adam jetzt alles, was er tat, falsch interpretieren würde. Warum also stellte Gott eine solche Frage? War es nicht, um Adam zu zeigen, dass Gott nicht versuchte, ihn zu jagen? Wenn Gott wirklich hinter Adam her gewesen wäre, hätte er nicht gefragt, wo er war - er hätte sich heimlich herabgelassen und Adam überrascht und ihm keine Chance zur Flucht gegeben. Versuchen wir nicht auf diese Weise, die Schuldigen zu fassen? Allein die Tatsache, dass Gott mit Adam sprach, war eine Möglichkeit, ihm zu zeigen, dass er sich nicht verändert hatte. Gott war in Frieden gekommen, wie er es immer tat, und hatte nicht die Absicht, ihn zu bestrafen.

Adams Antwort: "Ich fürchtete mich, denn ich war nackt, und ich versteckte mich (1. Mose 3,10)" offenbart Adams Einstellung - nicht die Gottes. Es war Adams "Nacktheit", die Angst in ihm schuf, und Gottes nächste Frage wies auf die wahre Ursache seiner Nacktheit hin:

> *Wer hat Ihnen gesagt, dass Sie nackt sind? Hast du von dem Baum gegessen, von dem ich dir geboten habe, du sollst nicht essen (1. Mose 3,11)?*

Dies offenbart viel über Gott. Warum fragte Er: "Wer hat dir gesagt, dass du nackt bist?" Es ist, als ob Gott sagen würde: "Woher weißt du, dass du nackt bist, Adam? Du solltest das nicht wissen, ich wollte nicht, dass du das weißt. Ich habe es dir nicht gesagt - wer war es dann?" Adam hatte das Verständnis für die Gerechtigkeit Gottes verloren - seine Liebe, seine Barmherzigkeit, seine bedingungslose Gnade - und als Folge davon erkannte er, dass er nackt war.

Gottes nächster Satz ist noch aufschlussreicher: "Hast du von dem Baum gegessen, von dem ich dir befohlen habe, dass du nicht essen sollst? Weist

Gott Adam hier nicht auf den wahren Schuldigen hin? Mit anderen Worten: "Hast du von diesem Baum gegessen, denn jetzt sehe ich, dass der Baum dir Angst vor mir macht. Und du fühlst dich nackt vor Mir, und du versteckst dich sogar vor Mir! Du hast überall Schokolade im Gesicht, Adam, damit ich weiß, dass du deine Hand in die Keksdose gesteckt hast!"

Gottes Antwort auf Adam weist eindeutig auf den Baum der Erkenntnis von Gut und Böse als Ursache seiner Furcht hin. Und wir alle wissen, wer um diesen Baum herum lauerte.

> *Dann sagte der Mann: "Die Frau, die Du mir gegeben hast, um bei mir zu sein, sie gab mir von dem Baum, und ich aß. Und Gott, der Herr, sprach zu der Frau: "Was ist das, was du getan hast? Die Frau sagte: "Die Schlange hat mich betrogen, und ich habe gegessen" (1. Mose 3,11-13).*

Die Schlange - wo war sie, die ganze Zeit? Sie war die ganze Zeit da, arbeitete hinter den Kulissen, arbeitete an ihrem Verstand durch das moralische Gesetz von Gut und Böse und brachte sie dazu, Gott als einen zornigen Richter zu sehen.

Die listige Schlange, die "weiseste" aller Kreaturen, dieser gefallene Engel, der "seine Weisheit durch seine Schönheit verdorben hatte", war die Quelle ihrer Angst. Hier im Garten setzte er das Gesetz um, von dem er glaubte, es sei besser als das Gottes. Hier können wir zum ersten Mal genau die Folgen der Missetat sehen, die "in ihm gefunden" wurde und die ihn mit "innerer Gewalt" erfüllte.

Bevor sie vom Baum der Erkenntnis von Gut und Böse aßen, kannten Adam und Eva Gott und hatten keine Angst, Scham, Verwirrung oder Verwirrung über seinen Charakter. Sobald sie jedoch von dem verbotenen Baum aßen, gerieten sie in einen Zustand der Verwirrung über ihn. Sie verloren ihr Vertrauen in ihn. Wie kann man einer Jekyll-und-Hyde-Persönlichkeit vertrauen?

Sie liefen vor Ihm weg, der ihr liebevoller Schöpfer und Freund war. Sie gerieten in einen Zustand erbärmlicher Angst und dachten, Er würde kommen, um sie zu bestrafen. Die Ungerechtigkeit brachte Verwirrung in ihre Köpfe, weil sie nun begannen, Gott sowohl als Gut als auch als Böse zu sehen. Indem sie sich von Gott, der einzigen Quelle des Lebens im Universum, distanzierten, schraubten sie sich stetig dem Tod entgegen. Innerhalb von neunhundertdreißig Jahren lag Adam, der vollkommen erschaffen worden war, im Grab.

Die Entscheidung von Adam und Eva, vom Baum der Erkenntnis von Gut und Böse zu essen, hatte große Bedeutung und enorme Auswirkungen im ganzen Universum. Tatsächlich gaben sie die Herrschaft über die Erde an Satan ab und machten ihn zu ihrem neuen Herrscher. Indem sie Satan glaubten und von seinem Baum "aßen", wählten sie einen neuen Gott, einen neuen Meister, ein neues Königreich, ein neues Gesetz - und nun würde ein grausamer, willkürlicher Despot, der vorgab, an Gottes Stelle zu sein, über die Erde herrschen.

> *Bei seiner Erschaffung wurde Adam in die Herrschaft über die Erde gesetzt. Aber indem er der Versuchung nachgab, wurde er zum Gefangenen Satans. Die Herrschaft ging auf seinen Eroberer über. So wurde Satan "zum Gott dieser Welt". 2 Korinther 4:4. Aber Christus würde durch sein Opfer nicht nur den Menschen erlösen, sondern auch die Herrschaft wiedererlangen, die er verwirkt hatte. Alles, was durch den ersten Adam verloren ging, wird durch den zweiten Adam wiederhergestellt werden. Siehe Micha 4:8 { EP 34.1}.*

Satan wurde sowohl zum "Gott dieser Welt" als auch zum "Herrscher" dieser Welt. Aber Christus würde uns zu Hilfe kommen. Er würde uns erlösen, die Herrschaft wiedererlangen, die wir verloren hatten, und all das wiederherstellen, was der erste Adam verloren hatte - die wahre Erkenntnis Gottes.

> *Als Satan Adam und Eva überwältigte, glaubte er, diese Welt in Besitz genommen zu haben, "weil", so sagte er, "sie mich zu ihrem Herrscher erwählt haben". Er behauptete, es sei unmöglich, dass Vergebung*

gewährt werden könne; die gefallene Rasse seien seine rechtmäßigen Untertanen, und die Welt gehöre ihm. Aber Gott gab seinen eigenen Sohn, um die Strafe der Übertretung zu tragen. So könnten sie wieder in seine Gunst kommen und in ihr Heim Eden zurückgebracht werden. Die große Kontroverse, die im Himmel begann, sollte in der Welt entschieden werden, auf demselben Feld, das Satan als seines beanspruchte {EP 35,3}.

Satan beanspruchte unsere Welt als seine eigene. Er hat uns entführt, er hat uns gekidnappt. Wie hat er das gemacht? Er hat uns gefangen genommen, indem er unsere Sicht von Gottes Charakter verdreht hat. Wir begannen, Gott als einen strengen Herrscher, einen strengen Richter zu sehen. Infolgedessen fürchteten wir ihn, und die Furcht hielt uns von ihm entfremdet. Christus würde kommen, um uns zu retten; er würde kommen, um uns zu befreien - er würde alles tun, was nötig ist, um uns die wahre Erkenntnis Gottes zurückzubringen. Nur dann würden wir erlöst, "wiederhergestellt", "zurückgebracht" werden in unseren Zustand des Edens, in dem wir von Angesicht zu Angesicht und ohne Furcht mit Gott kommunizieren. Dann würde sich Zacharias Prophezeiung erfüllen:

"Gesegnet ist der Herr Gott Israels,
Denn Er hat Sein Volk besucht und erlöst,
Und hat ein Horn des Heils für uns erhoben
Im Haus seines Dieners David,
Wie Er durch den Mund Seiner heiligen Propheten sprach,
Die es seit Anbeginn der Welt sind,
Dass wir vor unseren Feinden gerettet werden sollten
Und aus der Hand aller, die uns hassen,
Die unseren Vätern versprochene Barmherzigkeit zu leisten
Und um Seines heiligen Bundes zu gedenken,
Der Eid, den er unserem Vater Abraham geschworen hat:
Um uns zu gewähren, dass wir,
Aus der Hand unserer Feinde befreit zu werden,

> ***Ihm ohne Furcht dienen können,***
> *In Heiligkeit und Rechtschaffenheit vor Ihm alle Tage unseres Lebens (Lukas 1,68-75, Hervorhebung hinzugefügt).*

Satan erreichte schließlich auf der Erde, was er sich im Himmel gewünscht hatte - ein Königreich der Ungerechtigkeit. Nun würde das Universum die Ergebnisse des moralischen Gesetzes von Gut und Böse sehen. Die Herrschaft der willkürlichen Belohnung und Bestrafung wurde zum Gesetz - dem moralischen Gesetz des Landes, dem so genannten "Naturgesetz". Aber dieses "Naturgesetz" ist nicht von Gott. Es stammt von Satan.

Adam und Eva gaben dem gefallenen Cherub die Gelegenheit, die er suchte. Sie gaben ihm das Territorium, auf dem er sein Reich der Ungerechtigkeit errichten konnte. Und du und ich wurden die Untertanen seines Reiches. Der Prophet Jesaja spricht direkt zu Satan, sagt der Prophet Jesaja:

> *...du hast dein Land zerstört und dein Volk erschlagen (Jesaja 14:20).*

Unser irdischer Planet wurde sein Land - und wir, sein Volk. Aber Gott ruft uns auf, aus der "Stadt der Verwirrung" heraus in sein Reich der Gnade und Barmherzigkeit zu kommen, damit wir nicht mit ihr untergehen:

> *Danach sah ich einen anderen Engel vom Himmel herabkommen, der große Macht hatte, und die Erde wurde von seiner Herrlichkeit erleuchtet. Und er schrie mächtig mit lauter Stimme und sprach: "Babylon, die Große, ist gefallen, ist gefallen und ist eine Behausung der Dämonen geworden, ein Gefängnis für jeden unreinen Geist und ein Käfig für jeden unreinen und verhassten Vogel! Denn alle Völker haben vom Wein des Zornes ihrer Hurerei getrunken, die Könige der Erde haben mit ihr Unzucht getrieben, und die Kaufleute der Erde sind durch den Überfluss ihres Luxus reich geworden. Und ich hörte eine andere Stimme vom Himmel sagen: "Gehet aus von ihr, mein Volk, dass ihr nicht teilhabt an ihren Sünden und nicht empfangt von ihren Plagen" (Offenbarung 18:1-4).*

11

FREIHEIT, GLEICHBERECHTIGTER ZUGANG UND UNPARTEILICHKEIT

Die meisten von uns können verstehen, dass Freiheit ein wesentlicher Bestandteil der Liebe ist - beides geht Hand in Hand. Tatsächlich ist Liebe ohne Freiheit keine Liebe. Eine Liebesbeziehung, in der eine Partei die Kontrolle über die andere ausübt, hört auf, eine Liebesbeziehung zu sein und wird zu einer Master/Slave-Interaktion. Es liegt daher nahe, dass Gott, wenn er Liebe ist, die Wahlfreiheit in keiner Weise kontrollieren oder an sich reißen kann.

> ***Gott hat den Menschen unter das Gesetz gestellt, als unabdingbare Voraussetzung für seine Existenz.*** *Er war ein Subjekt der göttlichen Regierung,* ***und es kann keine Regierung ohne Gesetz geben.*** *Gott hätte den Menschen ohne die Macht, sein Gesetz zu übertreten, erschaffen können; er hätte die Hand Adams davon abhalten können, die verbotene Frucht zu berühren;* ***aber in diesem Fall wäre der Mensch kein freier moralischer Agent, sondern ein bloßer Automat gewesen. Ohne die Freiheit der Wahl wäre sein Gehorsam nicht freiwillig, sondern erzwungen gewesen. Es hätte keine Entwicklung des Charakters stattfinden können.*** *Ein solches Vorgehen wäre im Umgang mit den Bewohnern anderer Welten dem Plan Gottes*

> *zuwidergelaufen. Er wäre des Menschen als intelligentes Wesen unwürdig gewesen und hätte Satans Vorwurf der Willkürherrschaft Gottes aufrecht erhalten {PP 49.1, Hervorhebung hinzugefügt}.*

Das Gesetz - das Sittengesetz - ist eine "unabdingbare Voraussetzung" für die Menschlichkeit. Wir stehen entweder unter Gottes moralischem Gesetz oder unter dem moralischen Gesetz Satans. Außerdem "kann es keine Regierung ohne Gesetz geben". Dies gilt sogar für Satan: Wenn er eine Regierung hat, dann muss er ein Gesetz haben. Unter Gottes Regierung gibt es Wahlfreiheit: Wir können wählen, an welchem Gesetz wir uns halten wollen. Diese Freiheit macht uns zu freien moralischen Agenten - wir sind frei, unsere eigenen moralischen Entscheidungen zu treffen.

Gott "hätte die Hand Adams davon abhalten können, die verbotene Frucht zu berühren". Wie hätte Gott das getan? Indem er seine Hand buchstäblich physisch zurückgehalten hätte? Oder indem er Adams Kopf mit einer Strafe bedroht hätte, was ebenso wirksam gewesen wäre? Aber dann wäre Adams "Gehorsam nicht freiwillig, sondern erzwungen" gewesen. Adams Hand buchstäblich zurückzuhalten oder ihm eine Strafe anzudrohen - in beiden Fällen wäre Gewalt angewendet worden, was im Widerspruch zu Gottes Wegen steht.

Da die Liebe das Gesetz der Regierung Gottes ist, ist sein Gesetz nicht etwas, das Gott seinen Geschöpfen aufzwingen kann, sonst würde die Liebe aufhören, Liebe zu sein. Durch die schiere Natur des Gesetzes der Agape-Liebe haben wir also die Freiheit der Wahl. Ohne die Wahlfreiheit wäre unser Gehorsam nicht freiwillig, sondern erzwungen. Das ist nicht das, was Gott, dessen Wesen die Liebe ist, wünscht. Der größte Teil der Welt glaubt jedoch, dass Gott ein Kontrollfreak ist. Aber wenn Gott tatsächlich mit Gewalt handeln könnte, dann wäre er nicht ein Gott der Agape-Liebe. Er wäre einfach ein unpersönlicher Herrscher, ein Diktator, ein autokratischer Satan.

Hier stellt sich also die Frage: Würde Gott aufhören, unsere Freiheit zu respektieren, wenn wir ihn ablehnen oder ihm nicht mehr gehorchen würden? Dies ist keine Fangfrage. Aber denken Sie darüber nach... Wenn Gott aufhören würde, unsere Freiheit zu respektieren, wenn wir Ihn ablehnen würden, hätten wir dann überhaupt eine Freiheit? Die Antwort ist NEIN, und wenn das so ist, dann muss unsere Freiheit bestehen bleiben, auch wenn wir Gott ungehorsam sind.

Hier ist eine weitere Frage - sagen wir, wir lehnen Gott ab, und er bestraft uns. Wenn Gott uns bestraft, respektiert er dann unsere Freiheit? Nein. Was für eine Art von Freiheit ist das? Gott würde uns immer noch durch Furcht kontrollieren.

Was wäre, wenn Sie Ihren Kindern sagen würden: "Kinder, ich möchte nicht, dass ihr heute Abend ins Kino geht, weil ich Gerüchte höre, dass es da draußen Unruhen gibt und es für euch nicht sicher wäre, heute Abend auszugehen. Aber es steht euch frei, zu tun, was ihr wollt." Die Kinder verstehen Ihre Vorbehalte, aber sie beschließen, trotzdem ins Kino gehen zu wollen. Immerhin haben Sie ihnen die Freiheit gegeben. Wenn sie nach Hause kommen, schimpfen Sie sie heftig und schicken sie ohne Abendessen auf ihre Zimmer. Waren sie wirklich frei? Können Freiheit und Strafe nebeneinander existieren? Stehen sie nicht im Widerspruch zueinander?

Ebenso sagte Gott zu Adam und Eva: "Esst nicht von diesem Baum, denn er wird euch und der Erde großen Schaden zufügen. Aber ihr seid frei in eurer Wahl." Adam und Eva übten ihre Freiheit aus. Hat Gott sie bestraft? Nein. Es kann in Gottes Reich keine Strafe geben. Warum nicht? Weil Gott vollkommene Liebe ist, und vollkommene Liebe vertreibt die Furcht, die mit Strafe verbunden ist.

> *In der Liebe gibt es keine Angst; aber die vollkommene Liebe vertreibt die Angst, weil die Angst mit Qualen verbunden ist [GRIECHISCHE KOLASIS: STRAFE]. Wer sich aber fürchtet, der ist in der Liebe nicht vollkommen geworden (1 Joh 4,18, Hervorhebung hinzugefügt).*

In Satans Reich der Belohnung und Strafe herrscht Furcht, weil er durch Bestrafung wirkt. Rebellion selbst ist ein Beweis dafür, dass Gott nicht kontrolliert:

> *Gottes Regierung ist eine* **Regierung des freien Willens**, *und es gibt keinen Akt der Rebellion oder des Gehorsams, der nicht ein Akt des freien Willens ist {ST 5. Juni 1901, par. 4, Hervorhebung hinzugefügt}.*

Ein Gott der Agape-Liebe muss seinen Geschöpfen absolute Freiheit gewähren, sonst würde er aufhören, agape zu sein. Absolute Freiheit bedeutet, dass Gott keine Strafe anwenden kann, um uns zu kontrollieren. Würde Gott die Strafe anwenden, wären seine Geschöpfe nicht mehr frei. Wenn sie keine freien Agenten sind, sind sie lediglich Automaten, Roboter. Aber wir sind keine Roboter. Wir alle verstehen instinktiv, dass Freiheit unser natürliches Recht ist.

Alle Dinge im Universum waren in völliger Harmonie mit Gottes Charakter der Liebe, bis Luzifer Gottes "Maßstab" in Frage stellte. Der verhüllende Cherub hatte die völlige Freiheit, im Himmel zu rebellieren, sonst hätte Gott ihn auf seinem Weg aufgehalten. Aber er ist immer noch hier und regiert im vorliegenden Fall über die Erde. Was ihn betraf, so glaubte Luzifer, dass er etwas hatte, das Gottes Gesetz weit überlegen war, und sein Herz wurde erhoben, selbst als er fiel. Aber Gott wusste, dass er Unheil heraufbeschwörte... und doch hat er Luzifer selbst in diesem Wissen die Freiheit nicht entzogen.

Darüber hinaus hatte Satan die Freiheit, seine "Güter" an das gesamte Universum zu "verhökern". Nicht nur er hatte die Freiheit, dies zu tun, sondern auch die anderen Welten und die Engel selbst waren frei, Gott zu verlassen und sich ihm anzuschließen, wenn sie es wünschten. Die Freiheit eines jeden war unantastbar und wurde nicht einmal von Gott beschnitten. Wir wissen, dass ein Drittel der Engel ihre Freiheit ausübte, sich Luzifer anzuschließen, während der Rest des Universums dieselbe Freiheit nutzte, um ihn abzuweisen.

Adam und Eva hatten die gleiche Wahl wie der Rest des Universums, und die Wahl war einfach: Wählen Sie Gott oder wählen Sie Satan - wählen Sie den Baum des Lebens oder den Baum der Erkenntnis von Gut und Böse. Gott schuf uns als freie moralische Agenten:

> *Gott hatte die Macht, Adam davon abzuhalten, die verbotene Frucht anzurühren; aber hätte er dies getan, wäre Satan in seiner Anklage gegen Gottes Willkürherrschaft unterstützt worden.* ***Der Mensch wäre kein freier moralischer Agent gewesen, sondern eine bloße Maschine*** *(The Review and Herald, 4. Juni 1901) - {1BC 1084.2, Hervorhebung hinzugefügt}.*

Die typische Erklärung der Geschichte vom Garten Eden stellt Gott unlogischerweise so dar, dass er droht, Adam und Eva zu töten, weil sie ihm nicht gehorchen. Aber wenn Gott Adam und Eva töten wollte, hätte Satan aus diesem Punkt Kapital geschlagen und ihn gegen Gott verwendet; stattdessen sagte er: "Du wirst nicht sicher sterben". Gott hatte gesagt, "dieser Baum wird dich sicher töten", und Satan versuchte, die fatalen Folgen seines Baumes zu verbergen, und wollte, dass sie davon essen, sagte: "Nein, wird er nicht, nur zu, essen Sie ihn.

Wäre Gottes Warnung eine Bedrohung gewesen, dann hätten Adam und Eva von vornherein keine Willensfreiheit gehabt. In diesem Paradigma wird der Baum der Erkenntnis von Gut und Böse einfach zu einem Test des Gehorsams. Und wenn er eine Drohung gewesen wäre, dann würden Adam und Eva, wenn sie die Prüfung nicht bestanden hätten, von Gott mit dem Tod bestraft werden. Aber an diesem Baum ist noch viel mehr dran. Der Baum selbst ist die Ursache all unserer Probleme. Es ist das, was der Baum symbolisiert, das den Tod verursacht, nicht Gott.

Wir haben vorhin gefragt: Würde Gott aufhören, unsere Freiheit zu respektieren, wenn wir ihn ablehnen oder ihm nicht mehr gehorchen würden? Die logische Antwort muss "nein" lauten, denn wenn Gott aufhören würde, unsere Freiheit zu respektieren, wenn wir Ihn ablehnen würden, dann hätte es von Anfang an keine Freiheit gegeben.

Eine Morddrohung ist mit Freiheit nicht vereinbar. Vielmehr ist sie Einschüchterung, Nötigung und regelrechter Missbrauch. Die meisten von uns gehen in der Regel nicht auf diese Weise mit ihren Kindern um, und wir blicken im Allgemeinen auf diejenigen herab, die es tun. Warum sollten wir dann denken, dass Gott, der vollkommene Liebe ist, auf diese Weise mit uns umgeht? Wenn Gott gedroht hätte, Adam und Eva zu bestrafen, dann hätten sie von Anfang an keine Freiheit gehabt; und wenn sie es nicht taten, dann tun wir es auch nicht.

Diese Denkweise ist nicht nur unlogisch, sondern macht uns auch blind für die enorme Symbolik des verbotenen Baumes und das Prinzip, das er repräsentiert. Mit diesem Prinzip hat Satan die Erde regiert und jeden einzelnen von uns - die ganze Welt, vom "Anfang bis zum Ende" - getäuscht. Mögen wir unsere Augen öffnen und es endlich sehen.

Der Tod kam auf die Erde, wie Gott gewarnt hatte, aber nicht durch Seine Hand. Was geschah dann wirklich im Garten? Es ist eigentlich ganz einfach; Gott hatte Adam und Eva gebeten, nicht ins Feuer zu springen. Adam und Eva haben seinen Rat missachtet und sind gesprungen. Wer oder was hat sie verbrannt, Gott oder das Feuer? Die Antwort liegt auf der Hand.

Freiheit und Gewalt sind einander entgegengesetzt. Wenn Gott Freiheit gibt, kann er nicht auch Gewalt anwenden. Gott warnt und berät, lässt dann aber frei Entscheidungen treffen. Er zeigt uns Ursache und Wirkung und überlässt uns dann die Entscheidung, ob wir zuhören oder nicht. Das waren seine Methoden im Umgang mit der Rebellion Luzifers; die gleichen Methoden werden in seinem Umgang mit Adam und Eva gesehen. Er warnte Luzifer vor den Folgen seiner Entscheidungen und tat dasselbe für Adam und Eva. Sie alle haben Seine Warnungen missachtet. Ursache und Wirkung zu zeigen, aber die Freiheit aufrechtzuerhalten, sind die Wege, auf denen Gott wirkt.

Unsere ersten Eltern waren frei, Gott zu gehorchen. Wenn sie das täten, würden sie weiterhin in der Freude, Ihn zu kennen und an Seine Freundschaft zu glauben, für immer vom Baum des Lebens essen. Aber es stand ihnen auch frei, Seine Warnung zu missachten und an dem Baum, der den Tod bringen würde, teilzuhaben. Die Wahlfreiheit war so wichtig, dass sie unweigerlich das Schicksal aller Wesen und das Schicksal der menschlichen Rasse bestimmen würde. Adam und Eva wählten den Tod, aber selbst dann blieb ihre Freiheit unantastbar.

Die meisten von uns hätten die Dinge wahrscheinlich ein wenig anders als Gott gemacht. Wir hätten Satan vielleicht daran gehindert, Adam und

Eva zu kontaktieren. Wir hätten das Paar vielleicht vor seinem Einfluss abgeschirmt. Oder wir hätten den verbotenen Baum an einem abgelegenen, unzugänglichen Ort irgendwo außer Sichtweite, aus dem Sinn platziert. Stattdessen erlaubte Gott Satan, in der Mitte des Gartens zu sein - "in der Mitte" - direkt neben dem Baum des Lebens. Geht Gott mit dem Konzept von Freiheit und Fairness ein bisschen zu weit?

Hätte Gott Satan in irgendeiner Weise blockiert, hätte Satan wirklich gute Gründe gehabt, ihn anzuklagen. Aber es ist nicht so, als hätte Satan Gott schachmatt gesetzt, oder als handle Gott aus dem egoistischen Wunsch heraus, seinen eigenen Ruf zu schützen - Nein! Freiheit ist Teil seines Charakters; es liegt nicht in ihm, sie zu verletzen - er kann es nicht tun. Wenn er es täte, würde es seinen eigenen Charakter verändern - und das würde wirklich Chaos in das Universum bringen. Gott ist zu weise, das zuzulassen.

Können Sie sehen, dass wir ohne völlige Freiheit nicht in der Zwickmühle wären, in der wir uns heute befinden? Denken Sie daran - Luzifers Freiheit blieb intakt, obwohl Gott wusste, dass er Adam und Eva, dem Rest seiner Schöpfung und sogar Gott selbst Schaden zufügen würde!

Gott wusste, dass Luzifer in irgendeinem Ausmaß den Krieg gewinnen würde, und dass er in diesem Ausmaß etwas absolut Dunkles und Fremdes in das Universum einführen würde. Gott wusste, dass ewige Zerstörung und Verderben die Folge sein würde, und dass so viele von Gottes geliebten Kindern dabei zu Fall gebracht werden würden, und dennoch respektierte Gott Luzifers Freiheit. Weder wandte Gott Gewalt an, um ihn aufzuhalten, noch zwang er Adam und Eva, Satans schreckliche Lügen über sich selbst zu glauben. Nichts könnte bösartiger sein als das Gesetz, das Satan im Universum einführte, und doch wurde ihm die völlige Freiheit gegeben, dieses Gesetz zu fördern. Wie kann Gott auf diese Weise mit dem Bösen umgehen, mögen Sie fragen? Verwirrend, nicht wahr?

Diese Dinge sprechen jedoch Bände über Gottes Charakter. Nur ein Gott der Agape-Liebe könnte eine solche Freiheit gewähren. Welchen Wert legt Er auf die Freiheit Seiner Geschöpfe! Wenn der freie Wille für Gott nicht wichtig wäre, hätte Er dem Aufstieg des Bösen einen Riegel vorgeschoben.

Aber das hat Er nicht getan; Er ließ es geschehen. Das ist ein klarer Beweis für die Integrität seiner Agape-Liebe.

Gottes Charakter erlaubt es ihm nicht, auf andere Weise zu handeln oder zu reagieren. Wenn er Gewalt oder Kontrolle anwendet, wird er willkürlich, und sobald er willkürlich wird, hört er auf, Agape-Liebe zu sein. So mussten große Ungerechtigkeiten und Böses entstehen, sogar gegen ihn selbst. Aber Er ging noch weiter und tat seinen Feinden weiterhin Gutes und unterstützte sogar deren Leben während ihrer Rebellion, weil Er Böses nicht mit Bösem vergütet. Gott schließt sich nicht dem Bösen an, um es zu überwinden:

> *Lasst euch nicht vom Bösen überwinden, sondern überwindet das Böse durch das Gute (Römer 12,21).*

Aus den Lehren, die wir aus dem Garten ziehen, können wir erkennen, dass wir nichts und niemanden behindern dürfen, auch wenn wir glauben, dass dies im Widerspruch zu dem steht, was wir als Gottes Wahrheit betrachten. Dies zu tun, würde gegen Gottes Freiheitsprinzip verstoßen. Solche Methoden sind an sich schon ein Hinweis darauf, dass diejenigen, die sie anwenden, nicht im Einklang mit Gott handeln. Gewaltsame oder hinterhältige Methoden zur Darstellung von Gottes Wahrheit stehen nicht im Einklang mit seinen Prinzipien. Daher haben alle, die sich gegen Gottes Wahrheit entscheiden, reichlich Freiheit, ihre Ansichten ohne Furcht vor Einschüchterung oder Bestrafung durch Ihn zu vertreten, weil Er ihnen die völlige Freiheit dazu gegeben hat.

Die Entscheidungen Satans waren für das Universum tödlich. Die gesamte Schöpfung seufzt unter dem Elend der Sünde, und viele Menschen werden sich schließlich dafür entscheiden, die Freude zu verlieren, die Ewigkeit mit Gott zu verbringen. Gott wird für immer den Schmerz empfinden, die Gemeinschaft mit seinen verlorenen Kindern zu verlieren. Aber Gott ist Liebe, und Freiheit wird es immer geben, auch wenn Gott selbst ein Opfer wird. Und ist es nicht das, was geschehen ist? Wurde Sein Sohn nicht ans Kreuz genagelt?

Adam und Eva waren sicher, solange sie dem Rat Gottes folgten, nicht von dem verbotenen Baum zu essen. Die einzige Macht, die Gott in dieser Situation hatte, war die Macht seiner Liebe, die das Paar leider missachtete.

Gottes "Macht" ist insofern grob missverstanden worden, als wir ihm eine auf Gewalt basierende Macht zugeschrieben haben. Gott sorgte für Freiheit durch sein Gesetz, und da Luzifer vom Willen Gottes abwich, wich er auch von der Freiheit ab. Gewalt ist, wenn sich der Leser erinnert, bei Luzifer entstanden, nicht bei Gott. Aber wir haben auch die Macht der menschlichen Entscheidung missverstanden. Die Entscheidungen, die wir treffen, haben klare Konsequenzen, denn Gott muss unsere Freiheit respektieren. Das bedeutet, dass Gott uns nicht aufhalten kann, wenn wir beharrlich einen Weg wählen, der uns sterben lässt.

Eine solche Freiheit ist mit Verantwortung verbunden. Es gibt wirklich nur zwei Möglichkeiten, die uns zur Verfügung stehen: Gottes Reich des Lebens und Satans Reich des Todes. Die Folgen unserer Entscheidungen sind also Leben und Tod. Gott wird unsere Entscheidungen respektieren. Wir müssen sehr sorgfältig und weise wählen, weil Gott unsere Freiheit sehr respektiert.

Gerade weil Gott unsere Freiheit respektiert, droht uns der ewige Tod, wenn wir Ihn, der Leben ist, ablehnen. Gott konnte die Welt nicht vor den Folgen der Wahl Adams und Evas bewahren; sie drangen in Satans Todesreich ein, und Gott konnte es nicht verhindern. Die einzige Lösung, die Gott für unsere missliche Lage hatte, war folgende: Er sandte uns seinen Sohn, der uns die Wahrheit über ihn sagen würde. Gottes Wahrheit hat die Macht, den Lauf unseres Lebens und die Richtung dieses Planeten zu verändern.

Jede Entscheidung hat eine Konsequenz, und wegen seines Prinzips der Agape-Liebe muss Gott sie ehren:

> *Deshalb müssen wir den Dingen, die wir gehört haben, umso ernsthafter Beachtung schenken, damit wir nicht abdriften. Denn wenn das Wort, das durch Engel gesprochen wurde, sich als unerschütterlich erwies und jede Übertretung und jeder Ungehorsam einen gerechten Lohn erhielt, wie sollen wir entrinnen, wenn wir ein so großes Heil*

> *vernachlässigen, das zuerst durch den Herrn zu sprechen begann und uns von denen bestätigt wurde, die ihn hörten (Hebräer 2,1-3).*

Die "gerechte Belohnung" besteht darin, die Konsequenzen der von uns getroffenen Entscheidungen zu erhalten. Wenn wir die Prinzipien des Todes wählen, werden wir den Tod erhalten, und wenn wir die Prinzipien des Lebens wählen, werden wir das Leben erhalten. Gott hat uns in seinem Sohn Jesus Christus eine große Erlösung geschenkt. Diese Errettung ist ein neues Verständnis davon, wer Gott ist. Dieses neue Verständnis von Gott kann uns vor dem Tod retten und uns ewiges Leben schenken:

> *Und dies ist das ewige Leben, damit sie dich, den einzigen wahren Gott, und Jesus Christus, den du gesandt hast, erkennen (Joh 17,3).*

Gottes Weisheit und seine Prinzipien werden immer von seiner Liebe diktiert, daher trifft er jede Entscheidung, die er trifft, in Liebe. Gottes Wege, auch wenn es für einige von uns wie Torheit erscheinen mag, sind die einzig weisen Wege. Gott ist die personifizierte Weisheit. Seine Wege sind die einzigen Wege des Lebens. Wenn alles gesagt und getan ist, werden Gottes Wege als die einzig weisen Wege angesehen werden, und diejenigen, die seine Weisheit sehen, werden sie ausrufen:

> *Groß und wunderbar sind Deine Werke, Herr, allmächtiger Gott! Gerecht und wahrhaftig sind Deine Wege, o König der Heiligen (Offenbarung 15:3)!*

GLEICHBERECHTIGTER ZUGANG

> *Inmitten des Gartens stand auch der Baum des Lebens und der Baum der Erkenntnis von Gut und Böse (Genesis 2,9).*

Gleicher Zugang geht Hand in Hand mit Freiheit. Was bedeutet das? Es bedeutet, dass sowohl Gott als auch Luzifer im Universum gleiche

Wettbewerbsbedingungen haben. Die Freiheit Luzifers bedeutete, dass er freien Zugang zu Adam und Eva hatte. Gott hat ihn nicht daran gehindert. Es war in Gottes ureigenem Garten, in dem Satan sich aufhalten und Zugang zu Adam und Eva haben durfte. Gott erlaubte ihm nicht nur in seinem Garten, sondern Gott erlaubte ihm auch, einen Baum zu haben, der sein Prinzip des Todes repräsentiert. Und dieser Baum befand sich inmitten des Gartens, Seite an Seite mit dem Baum, der Gottes Lebensprinzip repräsentierte.

Diese Positionierung der beiden Bäume verrät viel über Gott. Gott könnte den Baum Satans irgendwo außer Sichtweite in den hinteren Teil des Gartens verbannt haben. Stattdessen erlaubte er Satan die gleiche Entblößung und Gelegenheit, mit seinen Gütern zu hausieren, und ließ ihn sogar direkt neben dem Baum des Lebens wohnen. Die zentrale Position der beiden Bäume zeigt, dass Gott sich selbst keinen Vorteil gegenüber seinem Widersacher verschafft hat.

Adam und Eva hatten ebenfalls gleichberechtigten Zugang zu beiden Bäumen. Sie wurden vor dem Baum der Erkenntnis von Gut und Böse gewarnt, aber ihre Freiheit, davon zu essen, wurde ihnen offensichtlich nicht genommen. Es stimmt, dass Satan nur Zugang zu dem Paar am Baum der Erkenntnis von Gut und Böse hatte. Das ist so, weil er nur für diesen einen Baum zuständig war. Der Rest des Gartens unterstand der Gerichtsbarkeit Gottes, und dort gab es nichts, womit Satan hausieren gehen konnte. Satan war auf diesen Baum beschränkt, weil dies sein einziger Anspruch im Garten war. Daher konnte er Adam und Eva nur an diesem Baum beeinflussen. Aber Gott gab ihm eine Plattform Seite an Seite mit seinem eigenen Baum des Lebens - und das sagt viel über Gott aus.

Jesus gab ein gutes Beispiel für gleichen Zugang im Gleichnis vom Weizen und vom Unkraut. Seine Interpretation dieses Gleichnisses ist, dass Weizen und Unkraut wahre und falsche Gläubige darstellen, die Seite an Seite wachsen. Aber hier gibt es noch etwas mehr - wir können dieses Prinzip erweitern und auf Wahrheit und Irrtum anwenden. Beachten Sie dazu die folgenden Worte: "Wir können dieses Prinzip erweitern und auf Wahrheit und Irrtum anwenden:

> *Wer den guten Samen gesät hat, ist der Menschensohn....Kinder des Reiches; aber das Unkraut sind die Kinder des Bösen". Der gute Same repräsentiert diejenigen, die aus dem Wort Gottes, der Wahrheit, geboren sind. Das Unkraut steht für eine Klasse, die die Frucht oder Verkörperung des* ***Irrtums, der falschen Prinzipien*** *ist. "Der Feind, der sie gesät hat, ist der Teufel." Weder Gott noch seine Engel haben jemals einen Samen gesät, der ein Unkraut hervorbringt.* ***Das Unkraut wird immer von Satan, dem Feind Gottes und des Menschen, gesät*** *{KOL 70.3, Hervorhebung hinzugefügt}.*

In diesem Gleichnis sehen wir einen Gott, der dem Feind erlaubt, seine Anhänger neben den wahren Anhängern Gottes "einzupflanzen", bis ihre Früchte reif sind. Wenn die Frucht reif ist, wird die Frucht selbst ein ausreichender Beweis dafür sein, was wahr und was falsch ist. Die falschen Kinder des Reiches Gottes handeln durch Ungerechtigkeit, durch die "falschen Prinzipien", die Luzifer eingeführt hat und die ihn in ein gewalttätiges Wesen verwandelt haben.

Würde Gott zulassen, dass Wahrheit und Unwahrheit nebeneinander wachsen? Ist es nicht eine Tatsache, dass Wahrheit und Unwahrheit im Laufe der Geschichte Seite an Seite gewachsen sind? Der Unterschied zwischen Wahrheit und Irrtum ist fast ununterscheidbar gewesen, so sehr, dass die Schlange die ganze Welt mit dem Irrtum ihrer Prinzipien täuscht (Offenbarung 12,9). Erst wenn wir reif sind, werden wir in der Lage sein, zwischen ihnen zu unterscheiden - um sie als das zu erkennen, was sie sind, was nach dem Gleichnis am Ende der Welt sein wird.

Nicht einmal die Bibel ist gegen dieses Prinzip des gleichberechtigten Zugangs immun - die Bibel enthält auch Wahrheit und Unwahrheit über Gottes Charakter. Diese Freiheit ist von Gott inspiriert, und durch sie können wir uns ein vollständiges Bild, einen treuen Bericht über die große Kontroverse machen. Die Ermahnung des Paulus an Timotheus bezüglich der Heiligen Schrift bezeugt dies:

> *Aber ihr müsst in dem fortfahren, was ihr gelernt habt und was*

euch zugesichert wurde, und wissen, von wem ihr es gelernt habt, und dass ihr von Kindheit an die Heilige Schrift kennt, die euch weise machen kann für die Erlösung durch den Glauben, der in Christus Jesus ist. Die ganze Schrift ist durch die Inspiration Gottes gegeben und ist nützlich für die Lehre, für die Zurechtweisung, für die Zurechtweisung, für die Unterweisung in der Gerechtigkeit, damit der Mensch Gottes vollständig sei, gründlich ausgerüstet für jedes gute Werk (2. Timotheus 3,14-16).

Beachten Sie, dass "die Heilige Schrift in der Lage ist, uns "weise zu machen für die Erlösung durch den Glauben, der in Jesus Christus ist". Christus lehrt uns, wie wir Irrtum und Wahrheit erkennen können. Wie macht er das? Indem er uns die Wahrheit über den Charakter Gottes gibt. Ohne die Wahrheit, die uns von Jesus Christus gegeben wurde, wären wir für immer in dem Labyrinth der Lügen Satans aus dem Baum der Erkenntnis von Gut und Böse. Christus gibt uns die Erkenntnis des Baumes des Lebens.

Gott hat die historische Aufzeichnung in der Heiligen Schrift nicht gereinigt. Er inspirierte die Schriftsteller, die Dinge so zu schreiben, wie sie waren. Er hinderte Satan auch nicht daran, dort Lügen über seinen Charakter zu unterwandern. Er hat Satan auch nicht daran gehindert, den menschlichen Verstand zu beeinflussen. Elia, Mose, David... usw.... sie alle vergossen Blut im Namen Gottes. Aber Jesus kommt daher und sagt den Jüngern, die ihrem mörderischen Beispiel folgen wollen, dass sie nicht wissen, welche Art von Geist sie haben, indem sie das tun wollen. Der Geist, auf den er sich bezog, war natürlich der Geist Satans:

Als nun die Zeit gekommen war, ihn zu empfangen, richtete er sein Antlitz unerschütterlich auf, um nach Jerusalem zu gehen, und sandte Boten vor sein Angesicht. Und während sie gingen, kamen sie in ein Dorf der Samariter, um sich auf Ihn vorzubereiten. Aber sie empfingen Ihn nicht, denn Sein Angesicht war auf die Reise nach Jerusalem gerichtet. Und als seine Jünger Jakobus und Johannes dies sahen, sagten sie: "Herr, willst du, dass wir Feuer vom Himmel fallen lassen und sie verzehren, wie Elia es getan hat? Er aber wandte sich um, wies sie zurecht und sagte: "Du weißt nicht, was für ein Geist du bist. Denn der Menschensohn ist nicht gekommen, um das Leben der Menschen zu zerstören, sondern um sie zu retten. Und sie gingen in ein anderes Dorf (Lukas 9,51-56).

Deshalb kam Jesus auf die Erde. Nur Er gibt der Welt die absolute Wahrheit über den Charakter Gottes, und dieser, der Charakter Gottes, steht im Mittelpunkt der gesamten Kontroverse. Dies ist das wichtigste Wissen, das wir uns aneignen müssen, denn in der Erkenntnis Gottes liegt das Heil für alle, ohne Ausnahme. So ist nur die Offenbarung des Vaters durch Jesus "der Weg, die Wahrheit und das Leben" (Joh 14,6), und niemand kann zu dieser Offenbarung kommen, außer durch ihn.

Aber während wir die Sicht des Alten Testaments auf den Charakter Gottes verwerfen können, verwerfen wir nicht das Alte Testament oder behaupten, es sei uninspiriert - auch es ist "nützlich für die Lehre, für die Zurechtweisung, für die Korrektur, für die Unterweisung in der Gerechtigkeit, damit der Mensch Gottes vollständig, für jedes gute Werk gründlich ausgerüstet sei". Durch das Ringen mit dem Alten Testament kommen wir zu Jesus, und sie sind die Texte, die von ihm Zeugnis ablegen (Johannes 5,39), der Eckstein unseres Wissens und Verstehens über den Vater.

Der gleichberechtigte Zugang, den Gott in der Bibel gewährt, ist verblüffend. Jeder von uns kann zur Bibel kommen und seine eigenen Schlussfolgerungen daraus ziehen. Sogar die hebräische Sprache bietet diese Wahlfreiheit, denn viele hebräische Wörter können zwei gegensätzliche Dinge bedeuten. Das bedeutet, dass Übersetzer eine Bedeutung wählen können, die ihrem Glaubenssystem entspricht. Nehmen Sie zum Beispiel den Vers, der besagt:

Ich forme das Licht und schaffe die Finsternis, ich schaffe Frieden und schaffe Unheil; ich, der Herr, tue all dies" (Jesaja 45,7).

Das Wort "erschaffen" vor den Wörtern "Finsternis" und "Kalamität" ist das gleiche Wort - bara'; dieses Wort bedeutet "erschaffen", aber es bedeutet auch "abschneiden". Wenn wir den Vers mit dieser neuen Bedeutung umschreiben, verändert sich der Text erheblich:

> *"Ich forme das Licht und lasse die Finsternis verschwinden, ich schaffe Frieden und lasse das Unheil verschwinden; ich, der Herr, tue all dies.*

Als diejenigen, die glauben, dass Gott überhaupt nicht an den Werken der Finsternis beteiligt ist, entscheiden wir uns dafür zu glauben, dass diese zweite Übersetzung genauer ist. Wie können wir dafür Bestätigung erhalten? Von Jesus Christus - der Herr schneidet Finsternis und Unheil mit dem Schwert des Geistes, der Jesus Christus ist, nieder. Er ist die Wahrheit über Gott, und sein "Wort" - sein Schwert - kommt aus seinem Mund (Offenbarung 19:15).

Ist es nicht interessant, dass die Ernte erst am Ende der Welt erfolgt? Warum, glauben Sie, ist das so? Könnte es daran liegen, dass der geistige "Spätregen", der "Regen", der absolut notwendig ist, damit die Frucht kurz vor der Ernte reif wird, erst am Ende der Welt ausgegossen wird? Der letztgenannte Regen wird Gottes letzte Botschaft der Hoffnung an eine in der Ungerechtigkeit verwurzelte Welt sein - eine Welt, die von Satans moralischem Gesetz durchdrungen ist. Die Wahrheit über Gott wird in einem solchen Ausmaß gegeben werden, dass sie beide Prinzipien reifen lässt.

Daniel sprach davon, als er in Kapitel 12 sagte:

> *"Du aber, Daniel, verschließe die Worte und versiegle das Buch bis zur Zeit des Endes; viele werden hin und her laufen, und die Erkenntnis wird zunehmen....sagte er. Viele werden geläutert, weiß gemacht und verfeinert werden, aber die Gottlosen werden gottlos handeln; und keiner von den Gottlosen wird es verstehen, aber die Weisen werden es verstehen" (Daniel 12:4, 9-10).*

Die Lügen sind so trügerisch, dass nur diejenigen, die die Weisheit Gottes haben, sie erkennen werden; bei der Ernte werden die Lügen jedoch zerstört. Bis dahin wird Luzifers falsche "Weisheit" so nahe an der Wahrheit liegen, so logisch erscheinen, dass uns gesagt wird, "wenn möglich, würden sogar die Auserwählten" getäuscht werden (Matthäus 24:24). Nur durch den Blick auf die Wahrheit können wir den Irrtum unterscheiden. Wir müssen die Wahrheit kennen und uns von ihr befreien lassen, sonst werden wir den Täuschungen Satans erliegen.

> *Es ist die Dunkelheit der* ***Gottesfehleinschätzung, die die Welt umhüllt. Die Menschen verlieren ihr Wissen über seinen Charakter. Er ist missverstanden und falsch interpretiert worden****. In dieser Zeit soll eine Botschaft von Gott verkündet werden, eine Botschaft, die in ihrem Einfluss erleuchtet und in ihrer Kraft errettet.* ***Sein Charakter soll bekannt gemacht werden. In die Finsternis der Welt soll das Licht seiner Herrlichkeit, das Licht seiner Güte, Barmherzigkeit und Wahrheit*** *{KOL 415,3, Hervorhebung hinzugefügt},* ***geworfen werden****.*

Das Wissen um die Wahrheit und die Lüge, um Weizen und Unkraut wird in den letzten Tagen exponentiell wachsen. Dies ist nur möglich, weil es nach Gottes Gesetz der Agape-Liebe einen gleichberechtigten Zugang zu sich selbst wie auch zu Satan gibt.

IMPARTIALITÄT

> *Denn der Herr, dein Gott, ist Gott der Götter und Herr der Herren, der große Gott, mächtig und ehrfurchtgebietend, der keine Parteilichkeit zeigt und sich nicht bestechen lässt (Deuteronomium 10,17).*

> *So laßt nun die Furcht des Herrn auf euch kommen; sorget und tut es, denn es gibt keine Missetat am Herrn, unserem Gott, keine Parteilichkeit, noch die Annahme von Bestechungsgeldern" (2. Chronik 19,7).*

Doch Er hat keine Vorliebe für Fürsten, noch schätzt Er die Reichen mehr als die Armen; denn sie alle sind das Werk Seiner Hände (Hiob 34,19).

Denn es gibt keine Parteilichkeit mit Gott (Römer 2,11).

... aber wenn man Parteilichkeit zeigt, begeht man Sünde und wird durch das Gesetz als Übertreter verurteilt (Jakobus 2,9).

Aber die Weisheit, die von oben kommt, ist zuerst rein, dann friedfertig, sanftmütig, bereit zum Nachgeben, voller Barmherzigkeit und guter Früchte, ohne Parteilichkeit und ohne Heuchelei (Jakobus 3,17).

Ein weiterer Aspekt von Gottes Agape-Liebe ist die Unvoreingenommenheit. Die Unparteilichkeit stellt jeden einzelnen Menschen auf die gleiche Ebene. Das kann in zwei Richtungen gehen - es ist ein zweischneidiges Schwert. Wie kann das gehen?

Erstens: Gott sieht jeden von uns durch das Prisma seiner Liebe. Durch die Agape sieht Er uns alle als Objekte Seiner Liebe und Fürsorge, ob wir gut oder schlecht sind. Es gibt bei Ihm keine Leiter der Wichtigkeit oder Hierarchie der Werte. Wir alle sind Ihm wichtig und würdig. Er lädt sowohl die "Guten" als auch die "Bösen" zu Seinem Hochzeitsessen ein.

Die Kehrseite der Medaille ist, dass Gott jedem, der wissentlich und bereitwillig Satans Wege gewählt hat, die Folgen seines Reiches erleiden lässt. Gott kann uns nicht willkürlich retten, selbst wenn wir versuchen, ihn zu bestechen. Nichts wird ihn davon abhalten, uns die Folgen unseres Handelns ernten zu lassen, denn er wird unsere Entscheidungsfreiheit niemals untergraben. Gott wird uns fortwährend bis zum letzten Augenblick bitten, uns von der Ungerechtigkeit abzuwenden, aber wenn wir uns weigern, wird Er uns erlauben, in das Todesreich zu gehen, das wir gewählt haben.

Im Mittelpunkt der Botschaft Jesu steht, dass wir, um Söhne unseres Vaters im Himmel zu werden, wissen müssen, dass "Er lässt seine Sonne aufgehen über Bösen und Guten und lässt regnen über Gerechte und

Ungerechte" (Matthäus 5,45). Das ist Gottes Unparteilichkeit. Das ist seine "Vollkommenheit" - seine "Ganzheit". Er ist nicht parteiisch - für einige gut und für andere böse, wie wir Menschen es sind. Er ist gut zu allen - gut zu den "Guten" und zu den "Bösen", gut zu den "Gerechten" und den "Ungerechten". Gottes innerer Charakter ist "ganz" und nicht "geteilt" - er ist unparteiisch.

Gottes **Güte** respektiert unsere Entscheidungen. Als solche lässt er uns auch die Konsequenzen unserer Entscheidungen tragen. Das verzerrte Denken, dass Gott den Menschen nicht erlaubt, das zu ernten, was sie gesät haben, ist ein großes Problem. Dies wird in der Geschichte Israels deutlich:

> *Die Geschichte Israels sollte zur Belehrung und Warnung der kommenden Generationen zu Protokoll gegeben werden. Die Menschen aller zukünftigen Zeiten müssen den Gott des Himmels als unparteiischen Herrscher sehen, der die Sünde in keinem Fall rechtfertigt. Aber nur wenige erkennen die übermäßige Sündhaftigkeit der Sünde. Die Menschen schmeicheln sich ein, dass Gott zu gut ist, um den Übeltäter zu bestrafen. Aber im Licht der Bibelgeschichte ist es offensichtlich, dass Gottes Güte und seine Liebe ihn dazu bringen, mit der Sünde als einem Übel umzugehen, das für den Frieden und das Glück des Universums tödlich ist {PP 420.2}.*

Wir werden diese Aussage etwas besser verstehen können, wenn wir am Ende dieses Buches angelangt sind. Gottes so genannte "Strafe" bedeutet in Wirklichkeit, dass er diejenigen loslässt, die ihn ablehnen (siehe das dritte Buch in der Reihe "God on Trial", *"Der Zorn Gottes", unmaskiert*). "Loslassen" bedeutet, uns aufzugeben, damit wir völlig von dem Ankläger, dem Zerstörer, der Satan ist, beherrscht werden. "Loslassen" bedeutet, dass Gott unsere Entscheidungsfreiheit respektiert; er kann uns nicht zwingen, nach seinen Prinzipien zu leben, die Frieden, Liebe, Glück und Freude bringen.

Für Gott ist kein Mensch gewöhnlich oder unrein. Die Worte des Petrus an Kornelius offenbaren Gottes Unvoreingenommenheit gegenüber allen:

"Gott hat mir gezeigt, dass ich keinen Menschen gemein oder unrein nennen soll", Apg 10,29. In einer Vision zeigte Gott Petrus das Prinzip der Unparteilichkeit:

> *Am nächsten Tag, als sie sich auf die Reise begaben und sich der Stadt näherten, ging Petrus etwa zur sechsten Stunde auf das Dach des Hauses, um zu beten. Dann wurde er sehr hungrig und wollte essen; aber während sie sich bereitmachten, verfiel er in Trance und sah, wie sich der Himmel öffnete und ein Gegenstand wie ein großes, an den vier Ecken gebundenes Tuch zu ihm herabkam und auf die Erde herabgelassen wurde. Darin befanden sich alle Arten von vierfüßigen Tieren der Erde, wilde Tiere, kriechende Dinge und Vögel der Lüfte. Und eine Stimme kam zu ihm: "Steh auf, Petrus, töte und iss. Petrus aber sagte: "Nicht so, Herr! Denn ich habe nie etwas Gewöhnliches oder Unreines gegessen. Und eine Stimme sprach zum zweiten Mal zu ihm: "Was Gott gereinigt hat, das sollst du nicht gemein nennen" (Apg 10,9-15).*

Petrus war so tief in einer falschen Kenntnis des Charakters Gottes verwurzelt, dass diese Botschaft dreimal wiederholt werden musste: "Dies geschah dreimal. Und der Gegenstand wurde wieder in den Himmel aufgenommen" (Apg 10,16).

Doch selbst nach diesem Traum verstand Petrus immer noch nicht ganz, was Jesus meinte, als er sagte, dass Gott "seine Sonne über Böse und Gute aufgehen lässt und über Gerechte und Ungerechte regnen lässt". Der Beweis dafür ist, dass Petrus später mit Paulus in eine Kontroverse über die rituellen Reinigungsanforderungen für Heiden geriet.

Der Traum des Petrus wurde uns gegeben, um uns zu lehren, dass Gott keine Parteilichkeit zwischen Juden und Heiden zeigt. Juden repräsentieren diejenigen, die sich zu Gott bekennen, und Nichtjuden diejenigen, die sich nicht zu Gott bekennen. Petrus' Traum offenbarte, dass Gott diejenigen, die außerhalb seiner Prinzipien leben, mit derselben Güte behandelt, wie er diejenigen behandelt, die ihm folgen. Gottes Liebe zu jedem von uns ist jenseits dessen, was wir uns vorstellen können. Sein Hauptziel ist es, uns alle zu retten. Aber Er wendet niemals Gewalt, Zwang oder Zerstörung gegenüber irgendjemandem an, um dieses Ziel zu erreichen. Zu sagen, dass Er einige zerstört, um andere zu retten, widerspricht seinem Grundsatz der Unparteilichkeit.

Indem sie sich Seine Wege zu eigen machen, verherrlichen die Anhänger Gottes den wahren Gott des Universums. Diejenigen, die den Gott der Agape-Liebe ablehnen, können frei wählen, wie sie Ihn verehren wollen, denn Er wird sie nicht vernichten, weil sie sich nicht Seinen Wegen anpassen. Wäre Er ein Gott, der Liebe mit Gewalt vermischt, wären sie in Schwierigkeiten. Und doch sind sie in Schwierigkeiten; denn indem sie Gewalt wählen, stellen sie sich unter die Gerichtsbarkeit des Zerstörers (Offenbarung 9,11), und unter ihm werden sie ein höchst gewaltsames Ende erleiden.

Betrachten Sie diesen Vers noch einmal:

> *So laßt nun die Furcht des Herrn auf euch kommen; sorget und tut es, denn es gibt keine Missetat am Herrn, unserem Gott, keine Parteilichkeit, noch die Annahme von Bestechungsgeldern" (2. Chronik 19,7).*

Ist Ihnen aufgefallen, wie die Frevelhaftigkeit mit der "Annahme von Bestechungsgeldern" zusammenhängt? Wir werden im nächsten Kapitel mehr darüber sprechen.

12

DIE ERKENNTNIS VON GUT UND BÖSE

Die Spur der Wahrheit liegt dicht neben der Spur des Irrtums, und beide Spuren mögen dem Verstand, der nicht vom Heiligen Geist gewirkt wird und der deshalb nicht schnell den Unterschied zwischen Wahrheit und Irrtum erkennen kann, als eine einzige erscheinen {1SM 202.2}.

Christus ist das "Licht, das jeden Menschen erleuchtet, der in die Welt kommt" (Johannes 1,9). Wie durch Christus jeder Mensch Leben hat, so empfängt auch durch ihn jede Seele einen Strahl göttlichen Lichts. Nicht nur intellektuelle, sondern auch geistige Kraft, eine Wahrnehmung des Rechts, ein Verlangen nach Güte, existiert in jedem Herzen. ***Aber gegen diese Prinzipien kämpft eine antagonistische Kraft. Das Ergebnis des Essens des Baumes der Erkenntnis von Gut und Böse manifestiert sich in der Erfahrung eines jeden Menschen. In seiner Natur liegt ein Hang zum Bösen, eine Kraft, der er ohne Hilfe nicht widerstehen kann.*** *Um dieser Kraft zu widerstehen, um jenes Ideal zu erreichen, das er in seiner tiefsten Seele als allein würdig akzeptiert, kann er Hilfe in nur einer Kraft finden. Diese Kraft ist Christus. Die Zusammenarbeit mit dieser Kraft ist das größte Bedürfnis des Menschen {RC 106.5, Hervorhebung hinzugefügt}.*

Wir sind endlich an dem Punkt angelangt, an dem wir das Prinzip, das Luzifer erdachte, als er gegen Gottes Gesetz der Agape-Liebe verstieß, ausführlicher diskutieren werden. Wir werden dieses Gesetz unter verschiedenen Namen ansprechen, darunter auch die Ungerechtigkeit, die Erkenntnis von Gut und Böse, das moralische Gesetz von Gut und Böse oder einfach nur Gut und Böse.

Die Bibel sagt nicht ganz klar, was genau Luzifers Thema zu Beginn seiner Rebellion war. Das Puzzle muss Stück für Stück zusammengesetzt werden. Aus der Bibel müssen, wie vom Propheten Jesaja beschrieben, Klumpen der Wahrheit herausgeholt werden:

> *Wem soll er das Wissen lehren und wem soll er die Lehre verständlich machen? denen, die von der Milch entwöhnt und aus den Brüsten gezogen werden. Denn Gebot um Gebot, Gebot um Gebot; Linie um Linie, Linie um Linie; hier ein wenig und dort ein wenig (Jesaja 28:9-10, KJV).*

Unter "Wissen" und "Lehre" versteht man "diejenigen, die von der Milch entwöhnt und aus den Brüsten gezogen werden", und zwar "Gebot um Gebot, Gebot um Gebot; Linie um Linie, Linie um Linie; hier ein wenig, dort ein wenig". Was ist "feste Nahrung", und wie wird man "von der Milch entwöhnt"?

Der hebräische Schriftsteller sagt, dass "von der Milch entwöhnt zu werden" bedeutet, geistig reif zu werden:

> *Denn obwohl Sie zu diesem Zeitpunkt Lehrer sein sollten, brauchen Sie jemanden, der Sie wieder die ersten Prinzipien der Orakel Gottes lehrt; und Sie brauchen Milch und keine feste Nahrung. Denn jeder, der nur Milch zu sich nimmt, ist ungeschickt im Wort der Gerechtigkeit, denn er ist ein Säugling. Feste Nahrung aber gehört denen, die volljährig sind, d.h. denen, die durch Gebrauch ihre Sinne trainieren lassen, um Gut und Böse zu unterscheiden (Hebräer 5,12-14).*

Diesem Vers zufolge hat geistliche Reife damit zu tun, “sowohl Gut als auch Böse” zu unterscheiden. Wie schwer ist es, Gut und Böse zu unterscheiden? Kennen wir nicht alle den Unterschied zwischen den beiden? Nicht einmal ein Kind? Offensichtlich nicht; denn nach Paulus ist die Unterscheidung von “sowohl Gut als auch Böse” das, was geistliche Reife ausmacht - “feste Nahrung” für “Volljährige”. Darüber hinaus wird in diesem Text impliziert, dass Reife bedeutet, im “Wort der Gerechtigkeit” geübt zu sein, im Gegensatz zu der Fähigkeit, in der Ungerechtigkeit geübt zu sein.

Was meinte Paulus dann mit den Worten “zwischen Gut und Böse unterscheiden”? Wie können wir sie unterscheiden? Sprach er über das Gute und das Böse des Baumes der Erkenntnis von Gut und Böse? Wenn ja, können wir auf einige Probleme stoßen... denn der Baum des Lebens ist gut - das kann niemand bestreiten. Aber der Baum der Erkenntnis von Gut und Böse muss böse sein, da er den Tod verursacht. Er ist Gift - Gott hat es gesagt. Und doch hat dieser Baum auch Gutes in sich... oder etwa nicht?

Wenn der Baum der Erkenntnis von Gut und Böse den Tod verursacht, dann muss das Gute dieses Baumes ein Bestandteil dieses Giftes sein. Kann er als solcher gut sein? Die Antwort lautet: Nein, kann er nicht.

Es ist also einfach: Der Baum des Lebens ist gut (“Es ist niemand gut außer Gott”, Matthäus 19,17) und der Baum der Erkenntnis von Gut und Böse ist böse (“An dem Tag, da ihr davon esst, werdet ihr sterben”, Genesis 2,17). Dies ist im Wesentlichen das, was Moses im Deuteronomium sagt:

> *“Seht, ich habe euch heute* ***Leben und Gutes, Tod und Böses*** *vor Augen geführt...” (Deuteronomium 30:15, Hervorhebung hinzugefügt).*

Die Warnung Jesu, die wir vorhin über falsche Propheten gelesen haben, kann uns helfen, dies weiter zu verstehen. Er sagte:

> *Jeder gute Baum trägt gute Früchte, aber ein schlechter Baum trägt schlechte Früchte. Ein guter Baum kann keine schlechten Früchte tragen, und ein schlechter Baum kann keine guten Früchte tragen. Jeder Baum, der keine guten Früchte trägt, wird gefällt und ins*

> *Feuer geworfen. Darum an ihren Früchten werdet ihr sie erkennen (Matthäus 7,17-20).*

Ein Baum, der den Tod verursacht, ist ein "schlechter Baum". Deshalb kann er trotz aller Erscheinungen keine "guten Früchte" tragen. Erinnern wir uns an die falschen Propheten - sie kamen im Schafspelz, waren aber in Wirklichkeit reißende Wölfe. Und die Schriftgelehrten und Pharisäer hatten eine schöne Fassade, aber innen waren sie voller Tod:

> *Wehe euch, Schriftgelehrte und Pharisäer, ihr Heuchler! Denn ihr gleicht gekalkten Gräbern, die zwar* ***äußerlich schön aussehen, innen aber voller Totengebeine und aller Unreinheit sind*** *(Matthäus 23,27, Hervorhebung hinzugefügt).*

Die von Luzifer vorgeschlagenen Änderungen des Gesetzes Gottes können nicht gut gewesen sein, allein durch die Tatsache, dass sie vom vollkommenen Gesetz des Lebens abwichen und infolgedessen den Tod verursachten:

> ***Da "das Gesetz des Herrn vollkommen ist", muss jede Abweichung davon böse sein.*** *Diejenigen, die den Geboten Gottes nicht gehorchen und andere lehren, dies zu tun, werden von Christus verdammt. Das Leben des Erlösers im Gehorsam bewahrte die Ansprüche des Gesetzes und zeigte den hervorragenden Charakter, den der Gehorsam entwickeln würde. Alle, die gehorchen, wie er es tat, erklären ebenfalls, dass das Gesetz "heilig und gerecht und gut" ist {ST 29. März 1910, par. 11, Hervorhebung hinzugefügt}.*

Satans Gesetz ist eine "Variante" des Gesetzes Gottes; es ist also böse. Sein Gesetz kann kein wirklich Gutes in sich haben. Geistige Reife ist daher die Fähigkeit, zwischen diesen beiden Bäumen zu unterscheiden. Der eine ist lebensgut; der andere ist todböse (Deuteronomium 30:15).

Hier liegt das Problem. Wir sind alle im Baum der Erkenntnis von Gut und Böse gefangen. Wir haben uns seinen guten Gedanken, dass er von Gott ist, angesehen. Wir müssen außerhalb dieses Baumes denken, um zu erkennen, was wirklich gut ist - wir müssen auf den Baum des Lebens schauen. Dann werden wir in der Lage sein, "Gut und Böse zu unterscheiden". Und die einzige Person, die uns den Baum des Lebens zeigen kann, ist Jesus Christus.

Die beiden Bäume in der Mitte des Gartens Eden repräsentierten die beiden Prinzipien des "Kampfes um die Vorherrschaft" in unseren Herzen. Betrachten Sie dieses Zitat noch einmal:

> *Die Bibel ist ihr eigener Exponent. Die Schrift ist mit der Heiligen Schrift zu vergleichen. Der Student soll lernen, das Wort als Ganzes zu betrachten und die Beziehung seiner Teile zu sehen. Er soll ein Wissen über ihr großes zentrales Thema, über Gottes ursprünglichen Plan für die Welt, über die Entstehung der großen Kontroverse und über das Erlösungswerk gewinnen. Er sollte das Wesen* **der beiden Prinzipien, die um die Vorherrschaft ringen,** *verstehen* **und lernen, ihr Wirken durch die Aufzeichnungen der Geschichte und der Prophezeiung bis zur großen Vollendung nachzuvollziehen.** *Er sollte sehen, wie diese Kontroverse in jede Phase der menschlichen Erfahrung eintritt; wie er selbst in jedem Lebensakt das eine* **oder das andere der beiden antagonistischen Motive** *offenbart; und wie er, ob er will oder nicht, schon jetzt entscheidet, auf welcher Seite der Kontroverse er zu finden ist {Ed 190.2, Hervorhebung hinzugefügt}.*

Dies sind tiefgründige Worte. Sie fügen die Kontroverse über diese beiden Prinzipien direkt in jedes unserer Leben ein - jeder Akt des Lebens "enthüllt das eine oder das andere der beiden antagonistischen Motive". Und "ob wir es tun werden oder nicht", "wir entscheiden schon jetzt, auf welcher Seite der Kontroverse" wir "gefunden werden". Geistige Reife ist die Fähigkeit, zwischen diesen "zwei antagonistischen Prinzipien" zu unterscheiden.

Das ist leichter gesagt als getan, denn das Sittengesetz von Gut und Böse ist sehr trügerisch - so trügerisch, dass es uns schwer fällt, seine Bosheit zu begreifen. Es steht auf einem sehr hohen trügerischen moralischen Grund. Darüber hinaus ist unsere moralische Identität als gefallene Menschen völlig im Einklang mit ihr. Deshalb sagte Gott, nachdem Adam und Eva die Frucht des Baumes der Erkenntnis von Gut und Böse gegessen hatten, dass er Feindschaft zwischen der Schlange und der Frau setzen würde.

Und ich werde Feindschaft
Zwischen Ihnen und der Frau,
Und zwischen Ihrem Samen und ihrem Samen;
Er soll dir den Kopf zerschlagen,
Und du wirst seine Ferse zerschmettern" (1. Mose 3,15).

Warum hätte Gott Feindschaft zwischen die Schlange und die Frau gestellt? Die Antwort kann nur lauten, dass zwischen den beiden von dem Moment an, als Eva von seinem Baum aß, völlige Sympathie bestand. "Feindschaft" würde durch den "Samen" der Frau entstehen, eine weitere Metapher, die sich auf Jesus Christus bezieht.

In dem Urteil, das über Satan im Garten ausgesprochen wurde, erklärte der Herr: "Ich will Feindschaft setzen zwischen dir und der Frau und zwischen deinem Samen und ihrem Samen; sie soll dir den Kopf zertreten, und du sollst ihm die Ferse zertreten. Mose 3:15. ***Dies war ein Versprechen, dass die Macht des großen Widersachers endlich gebrochen werden würde.*** *Adam und Eva standen als Kriminelle vor dem gerechten Richter, aber bevor sie von der Mühsal und dem Leid hörten, das ihnen zuteil werden musste oder dass sie zu Staub zurückkehren mussten, hörten sie auf Worte, die ihnen unweigerlich Hoffnung geben mussten. Sie konnten sich auf den endgültigen Sieg freuen {EP 33.1, Hervorhebung hinzugefügt}.*

Jesus war der "Same", der Satan den Kopf zertreten würde:

Abraham und seinem Samen wurden nun die Verheißungen gegeben. Er sagt nicht "und zu Samen", wie von vielen, sondern wie von einem, "und zu deinem Samen", der Christus ist (Galater 3,16).

Wenn wir nicht auf Jesus als das einzig wahre Modell der Gerechtigkeit schauen, können wir die trügerische Natur des Gesetzes Satans nicht erkennen. Tatsächlich erweist sich das, was wir im Hinblick auf die menschliche Moral oft für "Wahrheit" halten, als falsch und als Teil des Gesetzes des Rebellen. Aus diesem Grund können viele von uns die wahre Wahrheit nicht akzeptieren, wenn sie uns gegeben wird, und wenden sich traurigerweise vom wahren Gott ab.

Der Prophet Jesaja beschreibt den Zustand des Menschen unter dem Sittengesetz von Gut und Böse:

Ach, sündige Nation,
Ein Volk voller Ungerechtigkeit,
Eine Brut von Übeltätern,
Kinder, die korrupt sind!
Sie haben den Herrn im Stich gelassen,
Sie haben zu Wut provoziert
Der Heilige Israels,
Sie haben sich rückwärts abgewandt.
Warum sollten Sie erneut angeschlagen sein?
Sie werden mehr und mehr rebellieren.
Der ganze Kopf ist krank,
Und das ganze Herz wird ohnmächtig. Von der Fußsohle bis zum Kopf,
Es ist nicht fundiert,
Aber Wunden und Prellungen und faulige Wunden;
Sie wurden nicht geschlossen oder gebunden,
Oder mit Salbe besänftigt (Jesaja 1,4-6).

Und der Apostel Paulus stellt fest:

Denn wir haben zuvor sowohl Juden als auch Griechen angeklagt, dass sie alle unter
Sünde stehen.

So steht es geschrieben:
“Es gibt keinen Gerechten, nein, nicht einen;
Es gibt keinen, der versteht;
Es gibt keinen, der nach Gott sucht.
Sie haben sich alle abgewandt;
Gemeinsam sind sie unprofitabel geworden;
Es gibt keinen, der Gutes tut, nein, nicht einen”.
“Ihre Kehle ist ein offenes Grab;
Mit ihrer Zunge haben sie Betrug geübt”;
“Das Gift der Rapfen liegt unter ihren Lippen”;
“Dessen Mund voller Fluchen und Bitterkeit ist.”
“Ihre Füße sind schnell, um Blut zu vergießen;
Zerstörung und Elend stehen ihnen im Wege;
Und den Weg des Friedens haben sie nicht gekannt”.
“Es ist keine Gottesfurcht vor ihren Augen” (Römer 3,11-18).

Dies ist kein schönes Bild, und doch ist es unsere Realität - ob es uns gefällt oder nicht, wir werden alle in den obigen Versen beschrieben. Warum sind wir so? Wegen des moralischen Gesetzes der Sünde, das unser innerer Kompass ist. “Das Gift der Aspisvipern”, die Prinzipien der Schlange, befinden sich “unter” unseren “Lippen”. “Zerstörung und Elend” liegen in unserer Denkweise, die durch das moralische Gesetz Satans geordnet ist. “Den Weg des Friedens”, d.h. Gottes Gesetz der Agape-Liebe, haben wir “nicht gekannt”.

Wir brauchen jedoch die Hoffnung nicht zu verlieren, denn Gott ist in der Lage, uns aus dieser Grube der Finsternis herauszuholen, in der wir im Moment nach Luft schnappen. Doch bevor dies geschehen kann, müssen wir unseren Geist völlig auf den Kopf stellen. Das ist die “Buße”, die Gott in uns sucht. Das ist Metanoia - ein völliger Sinneswandel, eine Umkehrung unserer Denkweise. Das ist “wiedergeboren werden”, das ist der “neue Mensch”.

Da Luzifer uns so sehr getäuscht hat, dass wir mit ihm einverstanden sind, müssen wir zuerst seine Täuschungen erkennen können, bevor wir sie zurückweisen können. Unsere Herzen müssen durch Gottes Liebe geschmolzen sein. Und wir müssen täglich mit diesem "Weinstock", der uns Licht und Wahrheit schenkt, in Gemeinschaft treten, damit wir nicht wieder in die Dunkelheit zurückkehren.

> *Ich bin der Weinstock, ihr seid die Reben. Wer in Mir bleibt und Ich in ihm, der bringt viel Frucht; denn ohne Mich könnt ihr nichts tun (Joh 15,5).*

> *Da sagte Jesus zu ihnen: "Noch eine kleine Weile ist das Licht bei euch. Wandelt, solange ihr das Licht habt, damit euch die Finsternis nicht überkommt; wer in der Finsternis wandelt, weiß nicht, wohin er geht" (Johannes 12,35).*

Wir werden beginnen, Gut und Böse zu verstehen, wenn wir den grundlegenden Grund für Luzifers Rebellion gegen Gottes Gesetz erkennen. Wir wissen bereits, dass Luzifer Gottes Gesetz für schwach und töricht hielt. Aber warum hat er das gedacht?

> ***Bei der Eröffnung der großen Kontroverse** hatte Satan erklärt, dass dem Gesetz Gottes nicht gehorcht werden könne, dass Gerechtigkeit mit Barmherzigkeit unvereinbar sei und dass, sollte das Gesetz gebrochen werden, dem Sünder nicht vergeben werden könne. **Jede Sünde müsse ihre Strafe erhalten, drängte Satan**; und wenn Gott die Strafe der Sünde erlassen sollte, wäre er kein Gott der Wahrheit und Gerechtigkeit. Als die Menschen das Gesetz Gottes brachen und sich seinem Willen widersetzten, jubelte Satan. Es sei bewiesen, erklärte er, dass dem Gesetz nicht gehorcht werden könne; dem Menschen könne nicht vergeben werden. Weil er nach seiner Rebellion vom Himmel verbannt worden war, behauptete Satan, dass die Menschheit für immer von Gottes Gunst ausgeschlossen werden müsse. Gott könne nicht gerecht sein, drängte er, und doch dem Sünder Barmherzigkeit erweisen {DA 761.4, Hervorhebung hinzugefügt}.*

Diese Worte sind mit Bedeutung gefüllt. Die hier erwähnte "Eröffnung der großen Kontroverse" ist eine Parallele zu Hesekiels Aussage "Du warst vollkommen in deinen Wegen, bis die Ungerechtigkeit in dir gefunden wurde". Beide Aussagen sind ein Hinweis auf den Beginn der Rebellion Satans gegen das Gesetz der Liebe. Wenn wir diese Passagen zusammenfügen, sehen wir, dass die "Missetat", die bei der "Eröffnung der großen Kontroverse" in Luzifer "gefunden" wurde, ein neuer Begriff von "Gerechtigkeit" war: die Idee, dass "jede Sünde ihre Strafe erhalten muss". Dies war sein grundlegender Grund dafür, dass er sich bei der "Eröffnung der großen Kontroverse", ganz am Anfang seiner Rebellion, gegen Gott erhob.

Ist dies nicht eine korrekte Beschreibung unserer moralischen Verfassung? Wenn wir von Verbrechen in den Nachrichten hören, glauben wir dann nicht, dass die Täter entsprechend ihrem Verbrechen bestraft werden müssen? Wir haben sogar einige Ausdrücke, die dieses Gefühl beschreiben, wie z.B. "sie haben es verdient" oder "sie haben jedes Bisschen davon verdient".

Luzifers Ankündigung, dass Gerechtigkeit "unvereinbar mit Barmherzigkeit" sei, offenbart eine neue Art und Weise, über "Gerechtigkeit" nachzudenken - auf seine Weise, nicht auf Gottes Weise. Barmherzigkeit ist Gottes Gerechtigkeit - das ist die Grundlage seines Thrones. Im Tabernakel wurde das Gesetz durch den Barmherzigkeitssitz abgedeckt, auf dem die beiden bedeckenden Cherubim saßen. Der Barmherzigkeitssitz (ein Thron) ist ein Symbol für Gottes Reich der Barmherzigkeit - Barmherzigkeit ist die Grundlage seines Gesetzes.

> ***"In der Barmherzigkeit wird der Thron errichtet werden;*** *und man wird auf ihm sitzen in Wahrheit, in der Stiftshütte Davids, richtend und* ***Gerechtigkeit suchend und Gerechtigkeit beschleunigend"*** *(Jesaja 16,5, Hervorhebung hinzugefügt).*

> ***Gerechtigkeit und Rechtschaffenheit sind die Grundlage Deines Thrones; Barmherzigkeit und Wahrheit*** *gehen vor Dein Angesicht (Psalm 89,14, Hervorhebung hinzugefügt).*

> ***Alle Wege des Herrn sind Barmherzigkeit und Wahrheit**, um seinen Bund und seine Zeugnisse zu halten (Psalm 25,10, Hervorhebung hinzugefügt).*

> *Dem Gottlosen wird viel Leid widerfahren; **wer aber auf den Herrn vertraut, den wird Barmherzigkeit umgeben** (Psalm 32,10, Hervorhebung hinzugefügt).*

> *Aber Du, o Herr, bist ein **Gott voller Mitleid und gnädig, langmütig und reich an Barmherzigkeit und Wahrheit** (Psalm 86,15, Hervorhebung hinzugefügt).*

> *Denn ich habe gesagt: **"Barmherzigkeit wird für immer aufgebaut werden**; deine Treue wirst du in den Himmeln selbst errichten" (Psalm 89,2, Hervorhebung hinzugefügt).*

Luzifer behauptete, der Fehler, die Schwachstelle in Gottes Gesetz der Liebe sei das Fehlen einer willkürlichen Bestrafung. Er argumentierte, dass Agape-Liebe zum Scheitern ohne Strafe verdammt sei - sie sei schwach, ineffizient und töricht. Ironischerweise hatte Luzifer gerade deshalb, weil Gottes Gesetz keine inhärente Strafe enthielt, selbst die Freiheit, sein Gesetz einzubringen, ohne Strafe oder Zerstörung durch Gott befürchten zu müssen.

Aber Satans Gesetz geht es nicht nur um Bestrafung; wenn dies der Fall wäre, ist es höchst zweifelhaft, dass es ihm gelungen wäre, ein Drittel der Engel auf seine Seite zu ziehen. Das Symbol, das uns hilft, sein moralisches Gesetz zu verstehen, der Baum der Erkenntnis von Gut und Böse, wurde nicht der Baum des Bösen genannt, sondern der Baum der Erkenntnis von Gut und Böse - zwei Gegensätze. Dies ist eine subtile, aber äußerst bedeutsame Nuance, denn durch diese Vermischung, diese Mischung aus Gut und Böse, ist es Satan gelungen, uns so gründlich zu täuschen.

Die Behauptung, dass es etwas Gutes im Teufel gibt, mag für manche wie absolute Blasphemie aussehen. Der natürliche menschliche Verstand kann sich so etwas nicht vorstellen, und das zu Recht. Aber das Gesetz Luzifers hat eine Seite, die gut zu sein scheint.

Wir alle wissen, wofür er steht. Er ist schließlich der Teufel; das reine Böse. Es erscheint absurd, vorzuschlagen, dass jede Form des Guten, selbst willkürlich, von ihm ausgehen kann. Man geht davon aus, dass alles an ihm Böses ist - und letztlich ist das auch wahr. Wie also sollen wir dieses Gute verstehen? Ist es gut oder ist es böse?

Als Gott zu Adam sagte: "Von jedem Baum des Gartens darfst du frei essen; aber von dem Baum der Erkenntnis des Guten und Bösen sollst du nicht essen, denn an dem Tag, an dem du von ihm isst, wirst du mit Sicherheit sterben", erklärte Gott, dass sowohl das Gute als auch das Böse, die in diesem Baum eingebettet sind, Teil eines Todesprinzips sind. Es handelt sich also um ein falsches Gut, weil es zusammen mit seinem bösen Gegenstück ebenfalls den Tod verursacht. Es gibt hier keine wahre Güte, auch wenn Satan möchte, dass wir das denken.

Satan ist Gottes Antagonist; deshalb müssen er und alles, was von ihm kommt, in völligem Gegensatz zu Gott und seinem Prinzip der Agape-Liebe stehen. Das moralische Gesetz von Gut und Böse muss in völligem Gegensatz zu Gottes Lebensbaum-Prinzip stehen - das ist grundlegend. Auch wenn Luzifers Moral aus scheinbar zwei Prinzipien besteht, ist sie in Wirklichkeit nur ein Prinzip. Es ist ein einziges, zusammengewachsenes und korruptes Prinzip.

Durch die Verwendung eines Baumes zur Darstellung dieses Prinzips wies Gott darauf hin, dass dieses Gesetz der gegensätzlichen Ideen ein Prinzip darstellt, das sich aus zwei gegensätzlichen Seiten zusammensetzt. Gut und Böse ist ein einziges Prinzip, aber es ist nicht einheitlich; es ist dualistisch - es ist ein hybrides Prinzip. Die beiden wirken zusammen und können nicht getrennt werden.

Oberflächlich betrachtet scheinen also das Gute und das Böse des satanischen Gesetzes Gegensätze zu sein, aber an sich führen beide zur Zerstörung und zum Tod; das macht sie beide böse. Im Zusammenhang mit diesem Gesetz sind Gut und Böse zwei Seiten derselben Medaille, und beide sind gewalttätig, weil sie das sind, was Luzifer mit "innerer Gewalt" erfüllt hat.

Das Gute im Prinzip von Gut und Böse ist eine Art von Liebe - aber diese "Liebe" steht in völligem Gegensatz zu Gottes bedingungsloser Agape-Liebe. Letztlich ist dies der Grund, warum diese "Liebe" überhaupt nicht gut sein kann, denn sie steht in völligem Gegensatz zur wahren, bedingungslosen Güte des Lebensbaums.

> *Satan hat mit täuschender Macht gewirkt und eine Vielzahl von Irrtümern eingebracht, die die Wahrheit verdecken.* ***Der Irrtum kann nicht allein stehen und würde bald aussterben, wenn er sich nicht wie ein Parasit auf dem Baum der Wahrheit befestigen würde. Der Irrtum schöpft sein Leben aus der Wahrheit Gottes.*** *Wie schwebende Keime heften sich die Traditionen der Menschen an die Wahrheit Gottes, und die Menschen betrachten sie als einen Teil der Wahrheit. Durch falsche Lehren fasst Satan Fuß und zieht den Verstand der Menschen in seinen Bann und veranlasst sie, Theorien zu vertreten, die keine Grundlage in der Wahrheit haben. Menschen lehren mutig für Lehren die Gebote der Menschen; und während Traditionen von Zeit zu Zeit weitergegeben werden, erlangen sie eine Macht über den menschlichen Verstand. Aber das Alter macht den Irrtum nicht zur Wahrheit, noch bewirkt sein lästiges Gewicht, dass die Pflanze der Wahrheit zu einem Parasiten wird.* ***Der Baum der Wahrheit trägt seine eigenen, echten Früchte, die seinen wahren Ursprung und sein wahres Wesen zeigen. Auch der Parasit des Irrtums trägt seine eigenen Früchte und macht deutlich, dass sein Charakter von der Pflanze himmlischen Ursprungs abweicht*** *{Ev 589.1, Hervorhebung hinzugefügt}.*
>
> *Personen von Kultur und Verfeinerung präsentiert der Fürst der Finsternis den Spiritualismus in seinen verfeinerten und intellektuellen Aspekten.* ***Er erfreut die Phantasie mit hinreißenden Szenen und beredten Darstellungen von Liebe und Nächstenliebe.*** *Er bringt die Menschen dazu, so sehr auf ihre eigene Weisheit stolz zu sein, dass sie in ihren Herzen den Ewigen verachten {HF 339.3, Hervorhebung*

hinzugefügt}.

Luzifer hielt am Konzept der Wohltätigkeit fest, indem er "Leben aus der Wahrheit Gottes" schöpft. Aber "der Parasit des Irrtums trägt auch seine eigenen Früchte und macht deutlich, dass sein Charakter von der Pflanze himmlischen Ursprungs abweicht".

Die "Frucht", die Satans Gutes trägt, ist der Tod. Aber wie drückt sich sein Gut, seine Version von Wohltätigkeit, durch sein Gesetz aus? Satan hat sich ein Bestechungssystem ausgedacht - ein System der Belohnung. Im letzten Kapitel haben wir gesehen, wie die "Annahme von Bestechungsgeldern" ein Teil der Ungerechtigkeit ist - nun, hier ist es. Die Ungerechtigkeit besteht sowohl aus einem Bestechungssystem als auch aus einem Strafsystem. In groben Zügen bedeutet dies die Erkenntnis von Gut und Böse.

Bestrafung ist Satans Version von "Gerechtigkeit". Bestrafung ist die böse Seite von Gut und Böse. Belohnung und Bestrafung sind die wichtigsten Unterscheidungsmerkmale seines Gesetzes. Genauer gesagt sind diese Merkmale willkürliche Belohnungen für das Gute und willkürliche Bestrafungen für das Böse. Wie bereits erwähnt, war die Bestrafung der ursprüngliche Grund für Satans Rebellion - er glaubte, dass Agape "fehlerhaft" sei, weil sie keine Form der Bestrafung beinhaltete, und so drängte er darauf, dass "jede Sünde ihre Strafe erhalten muss".

Das Wissen von Gut und Böse benutzt willkürliche Belohnungen und Strafen als Anreize. Das ist die Weisheit Luzifers. Diese positiven und negativen Anreize haben ein Ziel: Ordnung zu schaffen, gutes Verhalten zu fördern. Der gute und der böse Arm dieses Gesetzes ähnelt in gewisser Weise der Idee des guten Bullen/bösen Bullen. Sie sind entgegengesetzte Methoden oder Mittel, um eine gemeinsame Zielordnung zu erreichen. Luzifer konkurrierte mit Gott um ein System der universellen Ordnung.

Seine Ideen waren hochgradig organisiert und systematisch - nicht irgendeine schäbige oder schwache Behauptung wie Gesetzlosigkeit oder Stolz. Diese waren zweifellos vorhanden, müssen aber so verstanden werden, dass sie aus seinem dualistischen Moralgesetz hervorgingen. Sein Prinzip war so logisch, dass ein Drittel der intelligenten Engel ihm von ganzem Herzen zustimmte. Wer würde jemals einen politischen Wahlkampf mit Gesetzlosigkeit oder Stolz als Hauptkarte führen, und wer würde jemals für eine solche Plattform stimmen?

Sowohl Belohnung als auch Bestrafung sind äußere Beweggründe, die uns willkürlich auferlegt wurden. Als solche sind sie gewalttätige Methoden der Verhaltenskontrolle. Sie nehmen uns die Willensfreiheit und schaden unseren Beziehungen. Sie schaffen Egoismus, Angst, Stolz und Entfremdung. Sie schaden insbesondere unserer Beziehung zu Gott, weil dieses Gesetz uns glauben gemacht hat, dass Er es ist, der uns willkürlich belohnt und bestraft.

> *Er [SATAN] wird* ***einige begünstigen und gedeihen lassen, um*** *seine eigenen Pläne voranzubringen, und er wird* ***andere in Schwierigkeiten bringen und die Menschen glauben machen, dass es Gott ist, der sie heimsucht*** *{GC 589.2, Hervorhebung hinzugefügt}.*

Die Lügen Satans vom Baum der Erkenntnis von Gut und Böse führen dazu, dass wir Gott fürchten und deshalb vor Ihm fliehen, der die einzige Quelle aller Liebe, Freude und allen Lebens ist. Im Grunde genommen sind Belohnung und Strafe nichts anderes als pawlowsche Konditionierung - das ist nicht Gottes Modus Operandi. Diese Art der Konditionierung entmenschlicht uns und entfernt unsere wahre Identität als freie Söhne und Töchter Gottes.

Die Dualität - gegen die Dualität - ist Satans zentrale Signatur. Duale Schlangen sind in vielen Kulturen weit verbreitet und spiegeln dies wider. Das Logo der American Medical Association ist ein gutes Beispiel dafür. Es besteht aus zwei Schlangen - sie repräsentieren das Wissen der Schlange über Gut und Böse. Die Engelsflügel oben auf dem Logo, über den Schlangen, fügen eine weitere Verbindung zu dem gefallenen Engel hinzu, der ein "Vogel", ein "Drache" ist. Die in der modernen Medizin verwendeten Medikamente sind gut und böse - sie können Heilung bringen, gleichzeitig aber auch schädliche Nebenwirkungen hervorrufen. Dualität zeigt sich sogar in der Anatomie der Schlange; die Schlange hat eine gespaltene Zunge - ist das ein Zufall?

Im Buch Hiob wird der Leviathan, ein Symbol Satans, mit einem "doppelten Zaum" dargestellt:

> *Kannst du den Leviathan mit einem Haken herausziehen oder seine Zunge mit einer Schnur, die du herunterlässt? Ich will seine Teile nicht verbergen, auch nicht seine Macht, auch nicht seine anmutigen Proportionen... Wer kann das Gesicht seines Gewandes entdecken? oder wer kann mit* ***seiner Kandarenzäumung*** *zu ihm kommen (Hiob 41:1, 11, 13, Hervorhebung hinzugefügt)?*

Ein "Zaum" ist ein Instrument, mit dem ein Pferd geführt wird. Das "doppelte Zaumzeug", das Satan benutzt, um den menschlichen Geist zu lenken, ist sein moralisches Gesetz von Belohnung und Strafe - ein Djad, das eine Vereinigung von Gegensätzen ist. Eine Dyade ist eine Sache, die aus zwei gegensätzlichen Elementen besteht. Interessanterweise ist das Pferd eine biblische Metapher für die Kirche. Wie oft sind Religionisten im Allgemeinen von Satans "doppeltem Zaumzeug" geleitet worden, weil sie dachten, sie würden von Gott geführt?

Jesus benutzt kein Zaumzeug, um uns zu lenken. Er hält uns mit ihm zusammen - wir gehen Seite an Seite in enger Beziehung. Sein "Joch ist leicht" (Matthäus 11,30), denn sein Joch ist sein Gesetz der Agape-Liebe, Barmherzigkeit und Gnade.

All dies gibt uns ein neues Verständnis für die Vollkommenheit, die Luzifer hatte, bevor die Ungerechtigkeit in ihm gefunden wurde. Erinnern wir uns daran, dass er vor der Sünde "ganz" war - er hatte einen ungeteilten Charakter. Agape hatte ihn zu tâmıym gemacht, vollkommen, moralisch vollständig, ganz, vollständig, voll, moralisch unbefleckt, ohne Makel oder Flecken, aufrecht, ein Wesen voller Integrität und Wahrheit. Die Ungerechtigkeit mit ihrer Mischung aus Gut und Böse veranlasste ihn, eine doppelte, gespaltene Persönlichkeit zu entwickeln. Er wurde zum Gegenteil von tâmıym: gespalten, partiell, zerbrochen, dual, flüchtig, verwirrt, verwirrend und gewalttätig; er wurde anklagend und verurteilend.

Weil die Ungerechtigkeit in Gut und Böse unterteilt ist, machte sie Luzifer zu einem doppelgesichtigen Charakter - einem Heuchler, einem falschen Charakter. Sie verwandelte ihn in einen Jekyll und Hyde. Nun wechselt Luzifer leicht zwischen Gut und Böse hin und her, je nachdem, was die Umstände erfordern. Das bedeutet, dass er eine scheinbar gute und eine böse Seite hat; aber wir müssen uns immer vor Augen halten, dass sein Gut immer noch böse ist, weil es nicht agape ist.

Gottes Lebensbaum hat keine solche Dualität - es ist Singlosigkeit (griechisch haplotes), ein einheitliches, unveränderliches Prinzip der Liebe. Es ist eine Monade, die sich auf die Nummer eins bezieht. Der herausragende Charakterzug Jesu ist diese Einzigartigkeit - die eine Sache, über die Satan Eva getäuscht hat. Dies verleiht "dem "ersten aller Gebote", wie Jesus es zitiert, eine größere Bedeutung:

> *Das erste von allen Geboten ist: Höre, o Israel; Der Herr, unser Gott, ist* ***ein*** *Herr (Markus 12,29, Hervorhebung hinzugefügt).*

Jesus zitierte Moses, der gesagt hatte:

> *"Höre, o Israel:* ***'Der Herr, unser Gott, der Herr ist einer*** *(Deuteronomium 6,4, Hervorhebung hinzugefügt).*

Die Nummer eins hier - die hebräische Sprache - bezieht sich auf Gottes Einzigartigkeit, seinen unveränderlichen Charakter. Dies ist "das erste von allen Geboten", weil es uns helfen kann, den wahren Gott von all den falschen Göttern dieser Welt zu unterscheiden, die einen doppelten Charakter von Gut und Böse haben.

13

BESTRAFUNG UND BELOHNUNG

STRAFE

Die Bestrafung ist der rechte Arm von Luzifers Sittengesetz. Bestrafung ist offenkundig gewalttätig. Satan kann die Ordnung nicht ohne willkürliche Bestrafung aufrechterhalten, und willkürliche Bestrafung kann nicht ohne Gewalt existieren.

Die Idee der Bestrafung als Mittel zur Aufrechterhaltung der Ordnung war eine Reaktion gegen die Agape-Liebe - eine Ablehnung von bedingungsloser Liebe, Barmherzigkeit und Vergebung; Satan glaubte, diese seien zu schwach, um die Ordnung aufrechtzuerhalten. Er sah Bestrafung auch sowohl als Abschreckung als auch als ein Lehrmittel - wenn auch ein gewaltsames.

Die Bestrafung kann verschiedene Formen annehmen, aber von Natur aus ist sie immer gewalttätig. Sie kann in Form von Drohungen oder durch verbale oder physische, körperliche Gewalt ausgedrückt werden. Sie kann aber auch durch Ächtung, Verhängung von Strafen, Sanktionen, Degradierungen oder Scham ausgeteilt werden. Es gibt alle möglichen negativen "korrigierenden" Methoden, die Satan anwendet, um bei seinen Untertanen "positive" Verhaltensänderungen herbeizuführen. Als aktive

Mitglieder seines Systems brauchen wir nur auf uns selbst zu schauen, um zu sehen, wie es bei uns oder von uns angewendet wurde.

Körperliche Bestrafung ist die sichtbarste Form der Gewalt - die Todesstrafe ist die drastischste. Subtilere Formen, die als passive Aggression bezeichnet werden, mögen zwar friedlich erscheinen, sind aber ebenso schädlich und tödlich wie offene Gewalt. Gewalt kann in Form von Ablehnung, Schweigen, Verleumdung, Tratsch, Rufmord, Lügen, Diebstahl, emotionalem und psychologischem Missbrauch usw. auftreten. .... Und all diese Formen können auch in verschiedenen Abstufungen und/oder Kombinationen der vorhergehenden Methoden angewendet werden.

Was auch immer sie sind, die Strafmaßnahmen Satans sind grausam, unfreundlich, aggressiv und schädlich für Menschen. Auf diese Weise hat er "seine Heiligtümer", "sein" Volk zerstört. Und wenn wir selbst seine destruktiven Methoden anwenden, schaden wir nicht nur anderen, sondern auch uns selbst, denn die Anwendung von Grausamkeit lässt uns böse Taten begehen.

Bestrafung ist völlig außerhalb des Vokabulars Gottes, denn Gott ist barmherzig - er vergibt bis in alle Ewigkeit. Gottes Lehrwege sind immer Wege der Rechtschaffenheit. Das bedeutet, dass sie immer gewaltlos sind, denn Gewalt ist ein wesentlicher Bestandteil der "Ungerechtigkeit", die bei Luzifer entstanden ist.

Viele Eltern bestrafen ihre Kinder, weil sie glauben, dass die Bibel die Bestrafung von Kindern fördert. Dieser Glaube beruht auf dem allgemeinen Sprichwort "Verschone die Rute und verwöhne das Kind". Dies ist keine wörtliche biblische Redewendung, sondern beruht auf einem Sprichwort aus dem Buch der Sprichwörter:

> *Wer seine Rute schont, der hasst seinen Sohn; wer ihn aber liebt, der diszipliniert ihn prompt (Sprüche 13:24).*

Leider haben die meisten Eltern missverstanden, was die biblische Bedeutung der Rute bedeutet, und infolgedessen verwenden sie verschiedene Formen körperlicher Bestrafung, um ihre Kinder zu gutem Verhalten zu zwingen. Die Rute war ein Instrument, das der gute Hirt benutzte, um die Schafe zu führen - und nicht, um sie in irgendeiner Weise zu verletzen. Die Rute ist hier dieselbe Rute, von der in Psalm 2,9 und Offenbarung 2,26-27 die Rede ist. In jeder dieser Stellen bezieht sich der "eiserne Stab" auf die unzerbrechliche Natur von Gottes ewigem Gesetz der Liebe, wie es von Jesus Christus offenbart wurde. Jesus ist der gute Hirte. Er hat nie eine wörtliche Rute benutzt, um jemanden zu bestrafen.

Was tun wir wirklich jedes Mal, wenn wir Gewalt gegen ein Kind anwenden? Wir bringen ihm/ihr bei, dass Gewalt der beste Weg ist, ein Problem zu lösen. Letztlich bringen wir unseren Kindern bei, gewalttätig zu sein. Was ist die Alternative, mögen Sie fragen? Gottes Weg ist die bessere Option. Wie lehrt Gott? Er lehrt uns, indem er Ursache und Wirkung aufzeigt. Wir müssen uns mit unseren Kindern hinsetzen und mit ihnen vernünftig reden, ihnen zeigen, was passieren würde, wenn sie eine bestimmte Handlungsweise wählen würden. Zeigen wir ihnen die Folgen ihres negativen Verhaltens; beten wir mit ihnen und für sie. Wenn sie beharrlich in die falsche Richtung gehen, müssen wir ihnen erlauben, die Konsequenzen ihrer Handlungen zu ernten. Dies sind allgemeine Prinzipien, die in jedem Alter angewendet werden können. Wir müssen unsere Kinder und ihre Entscheidungsfreiheit respektieren.

So geht Gott mit uns um - er warnt uns und lässt uns dann entscheiden, welchen Weg wir einschlagen wollen. Und Er erlaubt uns immer, das zu ernten, was wir gesät haben. Wenn Er es nicht täte, würde Er unsere Freiheit verletzen. Aber wenn wir uns Gott und seinen Wegen zuwenden, akzeptiert er uns bedingungslos und heilt uns.

Es gibt absolut keine Gewalt in der Agape-Liebe. Jede Verletzung von Gottes Gesetz der Liebe ist Gewalt. Deshalb könnte Jakobus sagen: Wenn wir ein Gebot brechen, brechen wir sie alle. Wenn wir Gottes Gesetz der Liebe in irgendeiner Weise in der horizontalen Dimension, d.h. gegenüber einem Menschen, verletzen, machen wir uns der Gewalt schuldig, auch wenn es nicht so aussieht. Jedes Mal, wenn wir jemandem Schaden zufügen, sind wir ihm gegenüber gewalttätig. Stehlen ist Gewalt. Ehebruch ist Gewalt. Dasselbe gilt, wenn wir mit unseren Eltern auf böse und unfaire Weise umgehen. Töten, Leben zerstören, in welcher Form auch immer, falsches Zeugnis ablegen und begehren - das alles ist Gewalt. Da all diese Dinge jemanden verletzen oder zerstören, sind sie daher von Natur aus gewalttätig.

Wenn wir aufhören, Satans Belohnungs- und Bestrafungsmethoden anzuwenden, und anfangen, Gottes Prinzip der bedingungslosen Liebe anzuwenden, dann hören wir auf, anderen physische, psychische und emotionale Gewalt zuzufügen. Stattdessen wird ihr Wohlergehen zu unserer Sorge, und wir sorgen uns um ihr Wohlergehen, selbst auf Kosten unseres eigenen. Das ist das Beispiel Jesu.

In Gottes System der bedingungslosen Liebe gibt es keine Strafe. Solange man unter Seinem Gesetz der Liebe bleibt, gibt es keine Strafe von innen heraus. Wenn wir uns dem Schutz von Gottes Agape-Liebe entziehen, werden wir automatisch zu Untertanen des Reiches Satans. Dann werden wir aus dem Bereich der Erkenntnis von Gut und Böse der Strafe unterworfen. Satan lässt uns glauben, dass es Gott ist, der uns bestraft, aber das ist nicht der Fall.

Eine der größten Täuschungen Satans ist die Anwendung von Gewalt im Namen des Guten - die Idee, dass Gewalt eine Notwendigkeit ist, um gute Ergebnisse zu erzielen. Das Konzept des "gerechten Krieges" zum Beispiel fällt in diese Kategorie. Machiavellis Buch "Der Fürst" erklärt sehr gut Satans Mentalität der Notwendigkeit von Kontrolle und Gewalt in der Regierung.

BELOHNUNG

Der gute Arm des Luzifer'schen Gesetzes von Gut und Böse ist das Belohnungssystem. Genau wie die Strafe könnte sein Reich ohne das Belohnungselement seines Gesetzes nicht überleben.

Luzifer widersetzte sich dem Prinzip der bedingungslosen Liebe des Schöpfers zur Regierung, weil er glaubte, dass Güte bedingt sein und auf der Güte des Empfängers beruhen sollte. So schuf er ein bedingtes

Verdienstsystem, ein Gleichgewicht zwischen Tugend und Laster. Das Gut von Gut und Böse ist ein bedingtes Gut, das sich je nach den Umständen ändert. Eine Person, deren Charakter vom moralischen Gesetz von Gut und Böse bestimmt wird, ist instabil - sie variiert je nach den Bedingungen der anderen.

Das Gut des Satansbaums ist eine Fälschung der Agape-Liebe - es ist eine Tara. Es ist eine falsche Liebe, weil sie bedingt ist - abhängig von der Veränderung in einer bestimmten Situation - und willkürlich - abhängig vom eigenen Ermessen oder von den eigenen Launen. Die Liebe, die auf diesem Baum basiert, ist vergänglich, unbeständig, wandelbar und kann sich jederzeit von Liebe in Hass verwandeln. Dieses Gut fördert den Egoismus, da es auf Belohnungen beruht. Das ist der Grund für das egozentrische, selbstorientierte menschliche Herz, das die besten Ergebnisse für sich selbst sucht und versucht, seinen egoistischen Nutzen auch auf Kosten anderer zu maximieren. Dieses Belohnungssystem ist auch schuld an Luzifers Stolz, wie wir sehen werden.

Satan hat sich mit einem Gewand aus Licht bekleidet, um besser täuschen zu können. Er bietet willkürliche Belohnungen, Anreize, Preise und gewährt sogar Wünsche, um die Menschen in Ordnung zu halten. Sein System baumelt einen Zuckerbrotstock vor unseren Augen, um uns zu motivieren, gut zu sein. Aus diesem Grund bleibt unsere Güte völlig hinter der wahren Güte zurück. Wir tun Gutes, weil wir eine Belohnung wünschen, nicht weil wir von Natur aus gut sind. Wir sind darauf konditioniert, uns gut zu verhalten, damit wir einen Schokoriegel verdienen können.

Wie oft tun wir Gutes mit hinterlistigen, egoistischen Motiven? Wie oft halten wir uns selbst davon ab, etwas Gutes zu tun, weil es keinen Gewinn bringt? Wie oft freunden wir uns mit anderen an, weil sie unsere Bedürfnisse erfüllen oder weil sie etwas haben, was wir wollen, wie Ruhm, Geld oder Status? Selbst gewichtige Entscheidungen, wie die Ehe, werden oft aus einer egoistischen Perspektive getroffen. Was ist mit den Fassaden, die wir anlegen, wenn in uns eine egoistische Agenda lauert, von der wir uns oft nicht einmal bewusst sind?

Das Belohnungssystem Satans fördert auch den Stolz. Es tut dies, indem es gute Werke maximal zur Geltung bringt, um uns so zu beeinflussen, Gutes zu tun. Dieses System ehrt den, der Gutes tut, nicht nur mit willkürlichen Belohnungen, sondern auch mit willkürlicher Anerkennung und willkürlicher Akzeptanz. Den Tugendhaften wird von der ganzen Welt applaudiert, die sich über ihre Großzügigkeit wundert. Und die Zuschauer werden neidisch und begehren die gleiche Aufmerksamkeit. Einige sind motiviert, so viel zu erreichen wie ihre Idole, und hören nicht auf zu arbeiten, bis auch sie in den Mittelpunkt der Aufmerksamkeit und Anerkennung rücken.

Die selbstsüchtige menschliche Psyche wünscht sich Anerkennung und Applaus und unternimmt große Anstrengungen, um ihr Bedürfnis zu befriedigen, sich über andere zu erheben und sich von ihnen abzuheben. Dieser Zustand existiert aufgrund des Gesetzes von Gut und Böse. Es ist dieses System willkürlicher Belohnungen, das ein Umfeld von Wettbewerb, Stolz und Selbsterhöhung fördert. Nun ist es also leicht zu erkennen, wie Luzifers Stolz am Anfang entstanden ist; sein eigenes System erfüllte ihn mit Stolz.

Dies ist auch der Grund dafür, dass Freiwilligenarbeit und Spenden für wohltätige und wohltätige Zwecke so beliebt geworden sind. Viele Universitäten werden nicht einmal einen Bewerber berücksichtigen, der sich nicht stundenlang für wohltätige Zwecke eingesetzt hat. An wohltätigem Dienst ist nichts auszusetzen - das Motiv ist jedoch das, was ihn entweder zum "Guten" aus Satans Baum der Erkenntnis von Gut und Böse oder zu Gottes agape Liebe aus dem Baum des Lebens macht. Sind wir aus egoistischen Gründen wohltätig oder aus echter Liebe und Sorge um die Unterdrückten? Die letztendliche Form des Egoismus ist das Streben nach der größtmöglichen Belohnung - selbst wenn diese Belohnung nur Anerkennung und Applaus ist.

Wenn wir nach dem Wohl Satans handeln, schaden wir vielleicht niemandem offenkundig, aber wenn es hart auf hart kommt, würden wir, wenn wir mit Gefahr konfrontiert werden, unseren eigenen Schutz vor anderen suchen. Wir würden höchstwahrscheinlich auch alle notwendigen gewaltsamen Mittel einsetzen, um dies zu erreichen. Das Selbst wird das

Wichtigste, und die Notlage anderer ist nicht unsere Sorge.

Wenn wir uns in das moralische Gesetz von Gut und Böse einkaufen, beurteilen wir unseren Erfolg immer im Vergleich zu anderen. Wir werden uns unserer Position auf der Erfolgsleiter sehr bewusst und werden alles tun, um an die Spitze zu gelangen, auch wenn dies auf Kosten anderer geschieht. Wir konzentrieren uns ganz auf uns selbst, und nach unserer eigenen Ansicht sind wir immer gut, und jeder, der uns bedroht, ist böse. Wir mögen unsere wahren egoistischen Ambitionen maskieren und verbergen, indem wir "gute" Werke tun, aber wir bleiben dennoch selbstorientiert. Je mehr Belohnungen wir erhalten, desto mehr steigt unser eigener Wert in unserer Wertschätzung. Dieses Belohnungssystem schafft alle hierarchischen Leitern in der Welt. Stolz, Selbstüberhebung, Selbstsucht, Wettbewerb, Begierde und Neid - sie alle entstehen aus diesem hierarchischen System, das in das Gesetz von Gut und Böse eingebettet ist.

Es ist leicht zu verstehen, wie aus dem Bösen Chaos, Zerstörung und Tod entstehen, aber wie entstehen sie aus dem Guten? Sie entstehen, wenn das Gute durch Egoismus motiviert ist. Wenn sich das Gute mit dem Bösen verbündet, ist dieses Gute überhaupt nicht gut. Das Gute, das in Gut und Böse vorhanden ist, steht im Gegensatz zum eigentlichen Wesen der Agape-Liebe Gottes.

Gott ist selbstlos - seine Liebe ist rein, unvermischt mit egoistischen Motiven. Er wird nicht zögern, sogar sein Leben - sein ewiges Leben - für uns aufzugeben. Wir hingegen würden leicht jemanden töten, um zu bekommen, was wir wollen. Wir würden leicht über den Kopf von jemandem steigen, um uns eine begehrte Position zu sichern. Ohne einen zweiten Gedanken daran zu verschwenden, können wir selbstsüchtig schreckliche Zerstörungen im Namen von etwas Gutem anrichten. Das Gute von Gut und Böse ist also mit Gott ebenso unvereinbar und unversöhnlich wie sein Gegenstück, das Böse.

14

GEWALT

Luzifer war von innerer Gewalt erfüllt, weil sein Gesetz der Ungerechtigkeit gewalttätig ist. Die Ungerechtigkeit hängt von Gewalt und Zwang ab, weil sie uns willkürlich aufgezwungen wird; wir haben in dieser Angelegenheit keine Wahl. Sie ist auch deshalb gewalttätig, weil Luzifer ein neues, fremdes Konzept in die Universumsbestrafung eingeführt hat. Da die Ungerechtigkeit nicht durch die Macht der Liebe funktioniert, ist ihre einzige Alternative die Anwendung von Gewalt durch Belohnungen und Strafen. Beachten Sie das folgende Zitat:

> *Die Prinzipien des Charakters Gottes waren die Grundlage der Erziehung, die ständig vor den himmlischen Engeln bewahrt wurde. Diese Prinzipien waren Güte, Barmherzigkeit und Liebe. Das sich selbst offenbarende Licht sollte von allen, die Vertrauens- und Machtpositionen einnahmen, anerkannt und* ***frei akzeptiert werden****. Sie mussten Gottes Prinzipien akzeptieren und durch die Darstellung von Wahrheit und Gerechtigkeit alle, die in seinem Dienst standen, überzeugen. Dies war die einzige Macht, die eingesetzt werden musste. Es* ***darf niemals Gewalt angewendet werden****. Alle, die dachten, dass ihre Stellung ihnen die Macht gibt, ihren Mitmenschen zu befehlen und das Gewissen zu kontrollieren, müssen ihrer Stellung beraubt werden; denn dies ist nicht Gottes Plan (RH, 7. September 1897, Abs. 8,*

Hervorhebung hinzugefügt).

Satan befand sich in einer Machtposition, und als Lichtträger pflegte er Wahrheit und Rechtschaffenheit ohne Gewalt zu präsentieren. Aber irgendwann fing er an zu glauben, dass Durchsetzung und Kontrolle notwendig seien. So entwarf er sein dualistisches System von Belohnung und Strafe. Als Vollstrecker dieses neuen Moralsystems wurde Satan zu einem Diktator, und als Folge davon wurde er "von innerer Gewalt erfüllt". Das erklärt, warum sein Thron absolut keine Gemeinschaft mit Gott hat (Psalm 94:20), der mit Agape-Liebe, Barmherzigkeit, Freiheit, Gerechtigkeit und Güte regiert.

Wenn Jesus die letzte Autorität über den Charakter Gottes ist, und nach der Bibel ist er das, dann gibt es in Gott keine Gewalt. Jesaja sagt uns ganz klar, dass Jesus unabhängig vom äußeren Anschein (wie bei der Reinigung des Tempels und der Verfluchung des Feigenbaums) absolut keine Gewalt in sich hatte:

> *Und sie machten sein Grab mit den Gottlosen, aber mit den Reichen bei seinem Tod, weil er keine Gewalt getan hatte und kein Betrug in seinem Mund war (Jesaja 53:9).*

Die "Ungerechtigkeit" lässt uns den Charakter Gottes völlig verfehlen, weil sie uns glauben lässt, dass Gott durch die verwirrende Dualität von Gut und Böse wirkt. Die Erkenntnis von Gut und Böse hat unseren Verstand verdreht, so dass wir glauben, Gott wende Gewalt und Gewalt durch willkürliche Belohnung und Bestrafung an, um uns zu führen, zu kontrollieren und zu korrigieren.

Satans gewalttätiges System war eine Reaktion auf Gottes Gewaltlosigkeit; es war eine Ablehnung von Gottes gewaltlosem Gesetz der Liebe. Er füllte sich im Innern mit Gewalt, weil er glaubte, Gewalt sei notwendig, um Harmonie und Stabilität zu gewährleisten.

Aus der Sicht Satans war die bedingungslose Liebe schwach, unpraktisch, unwirksam und unrealistisch, besonders angesichts des Bösen. Er glaubte nicht, dass die Liebe stark genug sei, um die Dinge in einem geordneten Zustand zu halten. Er hätte sehr wohl seine eigene Situation betrachten und zu Gott sagen können: "Dein Gesetz der Liebe mag in einer perfekten Welt funktionieren, aber jetzt, da ich ein System eingeführt habe, das im Gegensatz zu Deinem steht, was wird Dein Gesetz der Liebe bewirken? Wie werden Sie mit jemandem wie mir umgehen, ohne Gewalt anzuwenden?"

Aber Gott ist gegen Gewalt - er lehnt sie völlig ab. Und wenn wir unter die Oberfläche schauen, werden wir sehen, dass dies in der gesamten Bibel zutrifft. Sehen wir uns ein paar Beispiele an. Die Bibel sagt, dass die Vorzeitmenschen korrupt und voller Gewalt waren.

> *Auch die Erde war verdorben vor Gott, und* ***die Erde war erfüllt von Gewalt*** *(Genesis 6,11, Hervorhebung hinzugefügt).*

Laut Strong's Dictionary bedeutet das Wort "korrupt" - Shâchath - "zerfallen, ruinieren, zerstören, zugrunde gehen, verderben, verschütten, verderben, völlig vergeuden".

> *Dies ist eine Beschreibung der Gewalt. Biblisch gesehen ist also Korruption gleichbedeutend mit Gewalt. Es war die Gewalt, die die Menschen, die vor der Flut lebten, korrumpierte. Satan "korrumpierte seine Weisheit" - die reine Agape-Liebe, die er hatte -, weil er die Gewalt erfand. Wenn wir also auf die vorangegangene Erklärung zurückgehen, die besagt, dass Luzifers Menschenhandel "ein Emblem einer korrupten Verwaltung" war, werden wir verstehen, dass das Wort "korrupt" hier mit dem Wort "gewaltsam" gleichbedeutend ist - "Menschenhandel" ist ein Emblem einer gewalttätigen Verwaltung. {4BC 1163.7}*

Und wir dürfen nicht vergessen, dass die Schlange den Verstand Evas "von der Einfachheit Jesu Christi" verdorben hat - von seiner Einzigartigkeit, seinem absolut gewaltlosen Charakter der Agape-Liebe. Jesaja beschrieb das Menschengeschlecht als "ein sündiges Volk, ein Volk voller Ungerechtigkeit, eine Brut von Übeltätern, Kinder, die verderblich sind (Jesaja 1,4, Hervorhebung hinzugefügt)"!

Schauen Sie sich noch einmal das folgende Zitat mit dieser neuen Bedeutung - Gewalt - an, das dem Wort "korrupt" hinzugefügt wurde:"

> *Die Prinzipien, nach denen Satan im Himmel wirkt, sind die gleichen Prinzipien, nach denen er durch menschliche Agenten in dieser Welt wirkt. Es sind diese* ***korrumpierenden Prinzipien*** [GEWALTSPRINZIPIEN]*, durch die jedes irdische Reich und die Kirchen* ***zunehmend korrumpiert*** [GEWALT WIRD]*. Durch die Ausarbeitung dieser Prinzipien* ***betrügt und korrumpiert*** *Satan* ***die ganze Welt vom Anfang bis zum Ende****. Er setzt die gleiche Politikarbeit fort, die ursprünglich im himmlischen Universum begann.* ***Er belebt die ganze Welt mit seiner Gewalt, mit der er die Welt in den Tagen Noahs korrumpiert hat*** *(Brief 156, 1897). - {4BC 1163.8, Hervorhebung hinzugefügt}.*

Beachten Sie auch, wie andere Welten die Flut sahen:

> *Die heiligen Bewohner anderer Welten beobachteten mit tiefstem Interesse die Ereignisse, die sich auf der Erde abspielten.* ***Der Zustand der Welt vor der Sintflut, den sie sahen, veranschaulichte die Ergebnisse der Verwaltung, die Luzifer im Himmel zu errichten versucht hatte, indem er die Autorität Christi zurückwies und das Gesetz Gottes beiseite schob****. In diesen selbstherrlichen Sündern der vorsintflutlichen Welt sahen sie die Untertanen, über die Satan die Macht hatte. Die Gedanken der Menschenherzen waren ständig nur böse. Mose 6,5. Jede Emotion, jeder Impuls und jede Vorstellung stand im Krieg mit den göttlichen Prinzipien der Reinheit und des Friedens und der Liebe. Es war ein Beispiel für die schreckliche Verderbtheit, die aus Satans Politik resultierte, den Geschöpfen Gottes die Beschränkung seines heiligen Gesetzes zu nehmen {PP 78.4, Hervorhebung hinzugefügt}.*

"Der Zustand der Welt, der vor der Sintflut bestand", war ein Ergebnis "der Verwaltung, die Luzifer im Himmel zu errichten versucht hatte, indem er die Autorität Christi zurückwies und das Gesetz Gottes beiseite schob". Wie war der Zustand der Welt vor der Sintflut? "Die Gedanken der Menschenherzen waren ständig nur böse." Indem er Gottes gewaltloses Gesetz der Agape-Liebe ablehnte und sein moralisches Gesetz von Gut und Böse einführte, schuf Satan eine Welt voller Gewalt. Diese Gewalt ist es, die die Flut verursacht hat. Wie genau? Das wissen wir nicht. Aber wir wissen eines: dass die Menschen, die vor der Flut lebten, physische und intellektuelle Giganten waren. Sie lebten auch fast tausend Jahre. Wer weiß, welche Arten von Technologien sie entwickelt haben könnten, die die Flut hätten verursachen können?

Wenn wir unsere heutige Welt betrachten, sehen wir ein enormes Zerstörungspotenzial - alles durch die Hände der Menschheit, die von Satan beeinflusst wird. Wir wissen, dass die Erde nie wieder durch Wasser zerstört werden wird - die Voraussetzungen dafür sind nicht mehr gegeben. Das Wasserdach oben und das komplizierte unterirdische Bewässerungssystem, das Gott unten entworfen hatte, sind zerbrochen und haben die Flut verursacht. Aber wir wissen, dass die nächste weltweite Zerstörung durch Feuer erfolgen wird, und wir brauchen keinen "Akt Gottes", damit dies geschieht. Wir haben genug Feuerkraft (geschaffen von Menschen, die Satans Theorie, dass Gewalt zu unserem eigenen Schutz notwendig ist, Glauben schenken), um die Erde um ein Vielfaches zu zerstören.

Jesus sagte voraus, dass unsere Tage - die letzten Tage - wie die Tage Noahs sein würden. Er sagte, dass die gleichen Bedingungen herrschen würden: 1. die Maßlosigkeit und 2. Heiraten und Geben in der Ehe: chaotische menschliche Beziehungen (Mehrfachehe, Inzest, Ehebruch, Promiskuität, Geschlechterverwirrung).

> *"Aber wie die Tage Noahs waren, so wird auch das Kommen des Menschensohnes sein. Denn wie in den Tagen vor der Sintflut aßen und tranken sie, heirateten und gaben in der Ehe, bis zu dem Tag, an dem Noah in die Arche ging" (Matthäus 24,37-38).*

Dieser Zerfall des familiären Sozialgefüges, das Gott als Segen für uns entworfen hatte, war auch schon vor der Flut sichtbar:

> *Und es begab sich, als die Menschen anfingen, sich auf dem Antlitz der Erde zu vermehren, und ihnen Töchter geboren wurden, da sahen die Söhne Gottes die Töchter der Menschen, daß sie schön waren, und nahmen sie zu Frauen von allem, was sie erwählten (1. Mose 6,1-2).*

Diese beiden Gründe, die Maßlosigkeit und der Zusammenbruch der Familie, würden dazu führen, dass unsere Welt im globalen Maßstab wieder von Gewalt erfüllt wäre. Es ist nicht schwer zu erkennen, wie unsere eigene Gewalt uns zerstören kann.

Aber nehmen wir an, dass Gott die Welt durch die Flut zerstört hat. Hier gibt es einige enorme Widersprüche. Was war nach der Bibel der Grund für die Flut? War es nicht die Tatsache, dass die Menschen die ganze Zeit über gewalttätig waren - kontinuierlich?

> *Da sah der Herr, dass die Bosheit des Menschen auf Erden groß war und dass jede Absicht der Gedanken seines Herzens immer nur böse war (1. Mose 6,5).*

Macht es Sinn, dass Gott Mega-Gewalt - die Flut - ein Vielfaches der Kraft, zu der ein Mensch fähig ist, einsetzen würde, um die Menschen für ihre Gewalttätigkeit zu bestrafen? Ist Gott ein sich selbst widersprechender, unlogischer, irrationaler Tyrann? Wie könnte Er uns dafür bestrafen, dass wir etwas benutzen, das Er selbst in exponentiell größerem Maßstab einsetzt? Einige würden, um ihre Position zu verteidigen, sagen, wenn Gott Gewalt anwendet, dann ist das keine Gewalt, sondern Barmherzigkeit. Was kann man gegen ein solch irrationales Argument sagen?

Und was für eine Lösung war die Flut? Benutzt Gott Lösungen, die nicht funktionieren? Hat die Flut wirklich das Problem der Gewalt auf der Erde gelöst? Wir wissen, dass das nicht der Fall war; wir wissen, dass Gewalt und Ungerechtigkeit nach der Flut wieder auf der Erde verewigt wurden, durch genau die Menschen, die gerettet wurden - nur acht von ihnen.

Was halten wir also von Versen wie diesem?

> *Das Ende allen Fleisches ist vor Mir gekommen, denn die Erde ist durch sie mit Gewalt erfüllt; und siehe, Ich will sie mit der Erde vernichten (1. Mose 6,13).*

Was würde passieren, wenn wir das anders betrachten... Nehmen wir an, Gott könnte vorhersagen, dass die Menschheit durch Gewalt irgendwie im Begriff wäre, eine weltweite Katastrophe auszulösen... Nehmen wir an, Er könnte hier und da ein Leck in dem erstaunlichen Aquasystem sehen, das Er selbst entworfen hatte...Und nehmen wir an, Er hätte sich hingesetzt und einige einfache mathematische Berechnungen im Bruchteil einer Millisekunde durchgeführt.., Gott ist ein Genie... Und nehmen wir an, Er konnte sehen, dass der schöne und perfekte Planet, den Er erschaffen hatte, an einem Wendepunkt angelangt war... Und nehmen wir an, Gott schaute hier hinunter, und als Er alle Menschen auf der Erde ansah, wählte Er einen Mann aus, der Ihn "fürchtete"... Einen Mann, der offen war, Gottes "noch kleine Stimme" zu hören und sie ernst zu nehmen. Dieser Mann war Noah. Und Er sagte zu Noah: "Noah baut ein Boot, weil die Dinge bald auseinanderfallen werden.

Gott versuchte, so viele Menschen wie möglich durch Noah zu retten. Aber nur acht beherzigten die Warnung. Gott versuchte zu retten, nicht zu zerstören. Er konnte sehen, dass in hundertzwanzig Jahren der Damm buchstäblich brechen würde... Aber wie bei allem, was im Alten Testament geschah, erhielt Gott die Schuld für die Zerstörung. Satan und seine Prinzipien, die durch die Menschheit wirkten, taten ihr Werk, und Gott erhielt die Schuld.

Aber sehen wir uns ein anderes Beispiel an. Wir wissen, dass die Geschichte der Kinder Israels, die Ägypten verlassen und nach Kanaan kommen, eine Art Auszug aus der Sünde - Satans Prinzipien - und der Eintritt in das Reich Gottes - Gottes Prinzipien - ist. Wenn wir die Zusammenfassung der Ereignisse des Exodus im Buch der Hebräer studieren, werden wir erfahren, dass es Gewalt war, die die ältere Generation der Kinder Israels davon abhielt, in Kanaan, dem verheißenen Land, einzuziehen. Der Autor sagt:

> *Nehmt euch in Acht, Brüder, damit nicht in irgendeinem von euch ein böses Herz des Unglaubens entsteht, wenn ihr euch von dem lebendigen Gott [DEM GOTT DES LEBENS - BAUM DES LEBENS] abwendet; aber ermahnt einander täglich, während es 'heute' heißt, damit nicht irgendeiner von euch durch die Täuschung der Sünde verhärtet wird. Denn wir sind Teilhaber Christi geworden, wenn wir den Anfang unserer Zuversicht bis zum Ende festhalten, während es heißt: "Heute, wenn ihr seine Stimme hören wollt, verhärtet eure Herzen nicht wie in der Rebellion [DES GOTTES DES LEBENS-BAUMS]". Denn wer hat, nachdem er gehört hat, rebelliert? Waren es nicht in der Tat alle, die unter der Führung von Moses aus Ägypten kamen? Mit wem war er nun vierzig Jahre lang zornig? War er nicht mit denen, die sündigten, deren Leichname in die Wüste fielen? Und wem hat Er geschworen, dass sie nicht in Seine Ruhe kommen würden, sondern denen, die nicht gehorchten? Wir sehen also, dass sie wegen des Unglaubens nicht hineingehen konnten (Hebräer 3,12-19, Hervorhebung hinzugefügt).*

Hier erfahren wir, dass diejenigen, "deren Leichen in die Wüste fielen", gesündigt haben. Was war ihre Sünde? Sie haben nicht gehorcht. Wie haben sie nicht gehorcht? Sie haben nicht geglaubt. Was haben sie nicht geglaubt? Der Schriftsteller endet hier und sagt einfach, dass sie das Gelobte Land nicht betreten konnten, weil sie nicht glaubten. Und er setzt das Betreten des Verheißenen Landes mit dem Betreten der Ruhe Gottes gleich. Was sollen wir also daraus machen?

Sobald wir anfangen, uns in die Worte selbst zu vertiefen, finden wir Klarheit. Das griechische Wort, das hier für "Leichen" verwendet wird, ist z.B. Kolon, was "ein Glied des Körpers (wie aufgeschlitzt): - - Kadaver," (Strong's Concordance) bedeutet. Kolon kommt von dem Wort kolazo, was "richtig, beschneiden, d.h. (bildlich) züchtigen (oder für die Zufügung reservieren): bestrafen" (Strong's Concordance) bedeutet. Diese Definitionen implizieren, dass die Todesursache für diese "Leichen" die Gewalttätigkeit einiger Gliedmaßen war, die von diesen Leichen abgetrennt wurden.

Was sagt das Alte Testament, was der Grund dafür war, dass diese ältere Generation nicht nach Kanaan kam? Moses schrieb:

> *Und die Zeit, die wir brauchten, um von Kadesh Barnea zu kommen, bis wir das Tal der Zered überquerten, betrug achtunddreißig Jahre, bis die ganze Generation der Kriegsleute aus der* ***Mitte des Lagers*** *verzehrt war, wie der Herr es ihnen geschworen hatte. Denn die Hand des Herrn war in der Tat gegen sie, um sie aus der Mitte des Lagers zu vernichten, bis sie verzehrt waren.* ***Als schließlich alle Kriegsleute aus der Mitte des Volkes umgekommen waren, sprach der Herr zu mir und sagte*** *"An diesem Tag sollst du bei Ar, der Grenze zu Moab, hinübergehen. Und wenn du in die Nähe des Volkes Ammon kommst, so schikaniere sie nicht und mische dich nicht ein; denn ich will dir nichts von dem Land des Volkes Ammon als Besitz geben, denn ich habe es den Nachkommen Lots als Besitz gegeben" (Deuteronomium 2,14-19, Hervorhebung hinzugefügt).*

Achtunddreißig Jahre Krieg. Am Ende dieser Periode waren alle Männer des Krieges durch Gewalt-Kriegsführung gestorben. Wie hat der Herr diese Männer verzehrt? Wie vernichtete Er sie "aus der Mitte des Lagers"? Indem Er ihnen die Freiheit gab, das zu tun, was sie tun wollten, d.h. Krieg zu führen - "So war es, als alle Männer des Krieges schließlich aus der Mitte des Volkes umgekommen waren...".

Es gibt eine zweite Passage, die von diesen Männern des Krieges spricht. Sie wird im Buch Josua beschrieben:

> *Denn die Kinder Israel wandelten vierzig Jahre lang in der Wüste,* ***bis alle Kriegsleute, die aus Ägypten kamen, vernichtet wurden, weil sie der Stimme des Herrn nicht gehorchten,*** *dem der Herr geschworen hatte, ihnen nicht das Land zu zeigen, von dem der Herr ihren*

> *Vätern geschworen hatte, dass er es uns geben würde, "ein Land, in dem Milch und Honig fließen". Dann beschnitt Josua ihre Söhne, die er an ihrer Stelle auferweckte; denn sie waren unbeschnitten, weil sie unterwegs nicht beschnitten worden waren (Josua 5,6-7, Hervorhebung hinzugefügt).*

Hier sehen wir, wie diese Männer des Krieges "der Stimme des Herrn nicht gehorchten" - sie führten Krieg, was nicht der Wille des Herrn war. Es war nie Gottes Absicht, dass sie Krieg führen sollten. Aber was konnte ein freiheitsliebender Gott anderes tun, als sie die Folgen ihrer eigenen Gewalt erleiden zu lassen? Sie konnten nicht eintreten, wie es im Buch der Hebräer heißt, wegen des Unglaubens an den "lebendigen Gott" - des Unglaubens an den Gott des Lebens. Sie glaubten an einen gewalttätigen Gott, den Gott des Todes und der Zerstörung - sie glaubten an Satan. Er war ihr Gott.

Kanaan war das gelobte Land. Es war eine buchstäbliche, geographische Region. Aber es war auch eine Metapher für etwas viel Größeres - das Reich Gottes. Kanaan ist ein Symbol für Gottes Prinzipien der Gerechtigkeit, sein Gesetz der Agape-Liebe, seine gewaltlosen Wege. Alle, die an Gewalt glauben und nach ihr leben, können das gewaltlose Reich Gottes nicht erben. Alle, die Gewalt ablehnen, sind bereits in Gottes Reich. Kanaan war eine Metapher für Gottes versprochene Ruhe für das menschliche Herz, eine Ruhe, die nur dadurch entstehen kann, dass man Gott so kennt, wie er wirklich ist - ein Gott der unendlichen, bedingungslosen, unparteiischen Liebe, in dem es überhaupt keine Gewalt gibt. Die Bibel beschreibt, wie dieses Königreich aussehen wird:

> *"Auch der Wolf soll bei dem Lamm wohnen,*
> *Der Leopard soll sich mit der jungen Ziege hinlegen,*
> *Das Kalb und der junge Löwe und die Mast zusammen;*
> *Und ein kleines Kind soll sie führen.*
> *Die Kuh und der Bär sollen weiden;*
> *Ihre Jungen sollen sich gemeinsam hinlegen;*
> *Und der Löwe soll Stroh fressen wie der Ochse.*

Das stillende Kind soll am Loch der Kobra spielen,

Und das entwöhnte Kind soll seine Hand in die Höhle der Natter stecken.

Sie sollen weder verletzen noch zerstören in all Meinem heiligen Berg,

Denn die Erde wird erfüllt sein von der Erkenntnis des Herrn

Wie das Wasser das Meer bedeckt" (Jesaja 11,6-9).

"Der Wolf und das Lamm sollen gemeinsam weiden,

Der Löwe soll Stroh fressen wie der Ochse,

Und Staub soll der Schlange als Nahrung dienen.

Sie sollen weder verletzen noch zerstören in all Meinem heiligen Berg".

Spricht der Herr (Jesaja 56:25).

Er wird richten zwischen den Völkern und wird viele Menschen zurechtweisen; sie werden ihre Schwerter zu Pflugscharen und ihre Speere zu Sicheln schlagen; kein Volk wird das Schwert gegen das andere erheben und den Krieg nicht mehr lernen (Jesaja 2,4).

Er wird richten zwischen vielen Völkern und starke Nationen von ferne zurechtweisen; sie werden ihre Schwerter zu Pflugscharen und ihre Speere zu Sichelhaken schlagen; Nation wird nicht das Schwert gegen Nation erheben, noch werden sie Krieg lernen (Micha 4,3).

Die Leichen der Männer des Krieges wurden in der Wüste verstreut, zerstückelt, abgehackt, weil sie versuchten, mit Gewalt nach Kanaan zu gelangen. Sie zerstörten sich selbst und die Menschen um sie herum. Sie machten sich "eines bösen Herzens des Unglaubens" schuldig - indem sie nicht an einen "lebendigen Gott" glaubten - einen gewaltlosen Gott - einen Gott des Lebens. Nachdem sie alle tot waren, sagte Gott im Grunde genommen zu Josua: "Nun geh hinüber und nimm das Land in Besitz.

Ein weiteres Beispiel aus dem Alten Testament ist Jona. Er wurde gesandt, um die Niniviten zu warnen, dass die Zerstörung kommen würde, wenn sie nicht von ihrem bösen Weg abkommen. Beachten Sie seine Botschaft:

> *Und er [DER KÖNIG] ließ es durch den Erlass des Königs und seiner Vornehmen durch Ninive verkünden und veröffentlichen, indem er sagte: "Weder Mensch noch Tier, weder Rind noch Herde, noch Herde sollen etwas schmecken; sie sollen weder weiden noch Wasser trinken, sondern Mensch und Tier sollen mit Sackleinen bedeckt werden und mächtig zu Gott schreien; ja,* ***sie sollen jeden von seinem bösen Weg und von der Gewalt, die in ihren Händen ist, abbringen"*** *(Jona 3,7–8, Hervorhebung hinzugefügt).*

Johannes der Täufer hatte die gleiche Botschaft wie Jona. Beachten Sie, was er ausgerechnet zu den Soldaten sagte:

> *Und die Soldaten forderten ihn ebenfalls auf und sagten: Was sollen wir tun? Und er sprach zu ihnen:* ***Tut niemandem Gewalt an und beschuldigt auch niemanden zu Unrecht; und begnügt euch mit eurem Lohn*** *(Lk 3,14; KJV, Hervorhebung hinzugefügt).*

Jesus hatte dies über Johannes zu sagen:

> *Und von den Tagen Johannes des Täufers bis heute* ***leidet das Himmelreich unter Gewalt, und die Gewalttätigen nehmen es mit Gewalt ein*** *(Mt 11,12, KJV, Hervorhebung hinzugefügt).*

Was hat Jesus gesagt? Könnte er damit sagen, dass die Gewalttätigen einen gewalttätigen Gott wollen? Dass die Gewalttätigen dem Reich Gottes Gewalt zufügen, weil sie einen Gott der Gewalt wollen? Beachten Sie aber auch, was er über Johannes den Täufer sagt:

> *Denn alle Propheten und das Gesetz haben geweissagt bis Johannes (Mt 11,13).*

Was meinte Jesus damit? Könnte es sein, dass vielleicht alle Propheten bis Johannes glaubten, dass Gott gewalttätig sei, und dass sie deshalb Gott Gewalt zuschrieben? Jesus führt weiter aus, dass Johannes mehr als ein Prophet war:

> *Aber was wollten Sie sich anschauen? Einen Propheten? Ja, das sage ich Ihnen, und mehr als einen Propheten. Denn das ist der, von dem es geschrieben steht: 'Siehe, ich sende meinen Boten vor deinem Angesicht her, der deinen Weg vor dir bereiten wird' (Matthäus 11,9-10).*

Johannes war ein "Bote" mit einer direkten Botschaft von Gott. Seine Botschaft wies auf das Lamm hin - ein gewaltloses Geschöpf, so dass wir ihn als die Darstellung eines gewaltlosen Gottes sehen konnten.

Der Psalmist schreibt zur Gewalt:

> *Der Herr prüft den Gerechten; der Gottlose aber* ***und wer Gewalt liebt, den hasst seine Seele*** *(Psalm 11,5 KJV, Hervorhebung hinzugefügt).*

Und Solomon, der über Weisheit spricht, stellt fest:

> *Tretet nicht auf den Weg der Bösen und geht nicht auf den Weg der bösen Menschen. Meidet ihn, geht nicht an ihm vorbei, wendet euch von ihm ab und vergeht. Denn sie schlafen nicht, es sei denn, dass sie Unheil angerichtet haben; und ihr Schlaf wird ihnen genommen, es sei denn, dass sie einige zu Fall bringen. Denn sie essen das Brot der Bosheit und* ***trinken den Wein der Gewalt.*** *Der Weg des Gerechten aber ist wie das helle Licht, das immer mehr leuchtet bis zum vollkommenen Tag.* ***Der Weg der Gottlosen ist wie Finsternis: sie wissen nicht, worüber sie stolpern*** *(Sprüche 4,14, Hervorhebung hinzugefügt).*

Dämonen, die nach Satans Gesetz von Gut und Böse leben, sind von Gewalt durchdrungen, und ihr Verhalten zeigt dies:

> *Als er auf die andere Seite, in das Land der Gergesenen, gekommen war, trafen ihm zwei von Dämonen besessene Männer entgegen, die aus* ***den Gräbern kamen, überaus heftig****, so dass niemand auf diesem Weg passieren konnte. Und plötzlich schrien sie auf und sagten: "Was haben wir mit dir zu tun, Jesus, du Sohn Gottes? Bist du hierher gekommen, um uns vor der Zeit zu quälen?" Nun ein guter Weg weg von ihnen war eine Herde von vielen Schweinen, die sich ernährten. Da flehten ihn die Dämonen an und sagten: "Wenn du uns verstoßen hast, erlaube uns, in die Schweineherde zu gehen. Und Er sagte zu ihnen: "Geht." Und als sie herausgekommen waren, gingen sie in die Schweineherde.* ***Und plötzlich rannte die ganze Schweineherde heftig*** *die steile Stelle hinunter ins Meer und kam im Wasser um (Matthäus 8,28-32, Hervorhebung hinzugefügt).*

Beachten Sie, dass diese von Dämonen besessenen Männer inmitten der Gräber lebten und "überaus heftig waren, so dass niemand auf diesem Weg passieren konnte". Sie waren erfüllt von Gedanken an Tod und Sterben - sie lebten inmitten der Gräber. Am wohlsten fühlten sie sich unter den Toten. Lukas ergänzt ihren Zustand noch etwas detaillierter, auch wenn er nur von einem einzigen Mann spricht:

> *Dann segelten sie in das Land der Gadarener, das Galiläa gegenüber liegt. Und als er das Land betrat, begegnete ihm ein gewisser Mann aus der Stadt, der seit langem Dämonen hatte. Und er trug keine Kleider, noch lebte er in einem Haus, sondern in den Gräbern. Als er Jesus sah, schrie er auf, fiel vor ihm nieder und sagte mit lauter Stimme: "Was habe ich mit dir zu tun, Jesus, Sohn des Höchsten Gottes? Ich bitte dich, quäle mich nicht!" Denn Er hatte dem unreinen Geist befohlen, aus dem Mann herauszukommen. Denn er hatte ihn oft ergriffen, und er wurde unter Bewachung gehalten, mit Ketten und Fesseln gefesselt; und er brach die Fesseln und wurde von dem Dämon in die Wüste getrieben. Jesus fragte ihn und sprach: "Wie ist dein Name? Und er sagte: "Legion", weil viele Dämonen in ihn eingedrungen waren. Und*

sie flehten ihn an, dass er ihnen nicht gebieten würde, in den Abgrund hinauszugehen. Nun weidete dort auf dem Berg eine Herde von vielen Schweinen. Und sie flehten Ihn an, dass Er ihnen gestatten würde, in sie einzutreten. Und Er erlaubte es ihnen. Da fuhren die Dämonen aus dem Menschen heraus und fuhren in die Schweine hinein, und die Herde rannte heftig die steile Stelle hinunter in den See und ertrank (Lukas 8,26-33).

Beide Passagen offenbaren auch den Geist der bösen Engel. Sie sehen Gott als einen "Peiniger", als einen, der quält. Ihre Worte offenbaren deutlich, dass dies ihre Erwartung ist, dass Gott ihnen in der Zukunft genau das antun wird - "Seid ihr gekommen, um uns vor der Zeit zu quälen?

Diejenigen, die ablehnen, dass Gottes Wesen die Agape-Liebe ist und dass er keine Gewalt in sich trägt, haben "ein böses Herz des Unglaubens, das sich von dem lebendigen Gott entfernt". Sie beten den "lebendigen Gott", den Gott des Lebens, nicht an. Vielmehr ist ihr Gott der Gott der Gewalt und des Todes. Wenn sie sich vom "lebendigen Gott" entfernen, haben sie ein böses Herz des Unglaubens und werden die Korruption und den Tod erben.

Nachdem wir das gesagt haben, schauen wir uns nun an, was Paulus sagt:

Dies sage ich nun, Brüder, dass ***Fleisch und Blut das Reich Gottes nicht erben können****, noch erbt die Korruption die Unverweslichkeit (1 Korinther 15,50, Hervorhebung hinzugefügt).*

"Fleisch und Blut" - eine Metapher für die gefallene, sterbliche menschliche Natur von Gut und Böse - kann das Reich Gottes nicht erben. Ebenso wenig kann "Korruption" die "Unverweslichkeit" erben. Dies sind zwei Arten, das Gleiche zu sagen. So ist "Fleisch und Blut" gleich "Korruption" und "das Reich Gottes" gleich "Unverweslichkeit".

Gottes Reich ist ewiges Leben - Verderben, Unsterblichkeit. Das Fleisch kann die Unsterblichkeit nicht erben, weil es von Satans gewaltsamem Todesprinzip von Gut und Böse getrieben wird. Verderbnis ist nur durch Gottes Prinzip der Agape-Liebe möglich - das Prinzip des Lebensbaums.

Aus einer logischen Perspektive kann es in Gottes Reich also keine Gewalt, Zwang, Einschüchterung, Nötigung oder Manipulation geben, sonst wäre Gott nicht nur kein Gott der Liebe und Freiheit, sondern auch kein Gott des Lebens. Wenn Gott gewalttätig wäre, wäre er korrupt, und als solcher könnte er keine "Unverweslichkeit" und Unsterblichkeit haben.

Babylon, die Stadt, die das Reich Satans repräsentiert, bedeutet Verwirrung - diese Verwirrung wird durch die Dualität ihres moralischen Gesetzes von Gut und Böse verursacht. Infolgedessen ist sie auch von Gewalt erfüllt. Ihr Untergang wird durch ihre eigene Gewalt verursacht:

> *Und ein mächtiger Engel hob einen Stein auf wie einen großen Mühlstein und warf ihn ins Meer und sprach:* ***So wird die große Stadt Babylon mit Gewalt niedergeworfen werden*** *und man wird sie nicht mehr finden (Offenbarung 18:21, Hervorhebung hinzugefügt).*

Die Anhänger Gottes können nicht auf Gewalt zurückgreifen, wenn sie wahre Anhänger des "lebendigen Gottes" sein sollen. Sie können keine Gewalt anwenden, um anzugreifen oder sich auch nur zu verteidigen. Sie können nicht auf Gewalt zurückgreifen, nicht einmal, um ihren Glauben oder ihre Angehörigen zu verteidigen. Wenn sie das tun, hören sie auf, Gottes Anhänger zu sein, und werden zu Anhängern Satans.

Gottes Wahrheit wird in Frage gestellt, angegriffen, herausgefordert, herausgefordert und einer intensiven Prüfung unterzogen werden. Schließlich steht die Welt immer noch unter der Kontrolle von Gottes größtem Feind, demjenigen, der sein Gesetz der Liebe hasst. Aber Gottes wahre Anhänger sind von der Agape-Liebe motiviert, und nur die Agape-Liebe wird sich gegen solche Angriffe durchsetzen. Die Anwendung jeglicher Gewalt zur Verteidigung Gottes und seiner Wahrheit ist ein Widerspruch. Diejenigen, die sie anwenden, beweisen durch ihre Handlungen, dass sie ein falsches oder begrenztes Verständnis von Gottes Charakter haben.

Warum stellt die Bibel also einen gewalttätigen Gott dar? Hier sind einige mögliche Antworten:

1. Die Verfasser des Alten Testaments hatten ein sehr begrenztes Verständnis der großen Kontroverse.
2. "Gegenwärtige Wahrheit" ist progressiv.
3. Alle Menschen sind gewalttätig und verwenden gewalttätige Sprache, um Gott zu beschreiben.
4. Gott nimmt unsere gewalttätige menschliche Sprache, definiert sie aber neu - denn Zum Beispiel **vernichtete Jesus den Teufel, indem er am Kreuz starb**: "Insofern also die Kinder Teilhaber des Fleisches sind und Blut, auch er selbst nahm ebenfalls daran teil; dass **durch den Tod Er könnte den zerstören, der die Macht hatte der Tod, das heißt der Teufel**" (Hebräer 2:14, Hervorhebung hinzugefügt). Gott spricht auch über den Gebrauch des Schwertes, aber Sein ist "das Schwert der der Geist:" "Und nimm den Helm des Heils und das Schwert des Geistes, der das Wort Gottes ist" (Epheser 6,17).
5. Alle Gott zugeschriebene Gewalt wurde von uns und dem Urheber der Gewalt verübt - Satan Gott auf dem Prüfstand.
6. Wenn Gott sagt, dass er die Bösen vernichten wird, meint er, dass er die Entscheidung der Bösen ehren wird, von ihm getrennt zu werden, der die Quelle des Lebens ist - das ist der "Zorn Gottes", wie er in Römer 1:18-32 definiert wird.
7. Gott lehrt uns, unsere Feinde zu "zerstören", indem wir sie lieben.
8. Gott "vernichtet" die Nationen, indem er ihnen Freiheit schenkt und ihnen erlaubt, sich in die Domäne des von ihnen gewählten Herrschers zu begeben - des Zerstörers, Satan.
9. Gott "vernichtet" die Sünde, indem er uns die Wahrheit gibt.
10. Gott bekämpft Gewalt nie mit Gewalt.
11. Wenn wir sagen, dass Gott gewalttätig ist, machen wir Gott nach unserem Bild, und wir zeigen, dass wir selbst gewalttätig sind, indem wir zeigen, dass wir einen gewalttätigen Gott wollen.
12. Wir müssen die Heilige Schrift mit der Heiligen Schrift vergleichen, um die Sprache der Bibel zu verstehen.

15

BESTELLEN

Wir glauben naiv, dass Satan nur daran interessiert ist, Schaden, Tod, Zerstörung und Böses zu verursachen. Dies ist in der Tat das Endergebnis seines Moralgesetzes, aber es steckt mehr in ihm, als man auf den ersten Blick sieht. Nur sehr wenige von uns wissen, dass er gegen Gott rebelliert hat, um tatsächlich etwas Gutes zu schaffen. Ordnung ist der ganze Grund für sein Belohnungs- und Strafsystem:

> *Es waren Stolz und Ehrgeiz, die Luzifer veranlassten, sich über die Regierung Gottes zu beklagen und* ***den Sturz der im Himmel errichteten Ordnung anzustreben*** *{PP 403.3, Hervorhebung hinzugefügt}.*

> *Satan und sein Heer waren durch Ungehorsam gegenüber den gerechten Geboten Gottes gefallen. Wie wichtig ist es also, dass Adam und Eva* ***dieses Gesetz*** *ehren,* ***durch das allein Ordnung und Gerechtigkeit aufrechterhalten werden konnten*** *{PP 52.2, Hervorhebung hinzugefügt}.*

Luzifer wollte die "Ordnung" des Himmels "umstürzen". Die "Ordnung, die im Himmel errichtet worden war", geschah durch Gottes Gesetz der Agape-Liebe. Warum sollte Satan versuchen, sie zu stürzen? Er hatte eine neue Idee, einen Ersatz im Kopf - eine neue Ordnung. Seine Absicht war es, durch das System von Belohnung und Strafe eine neue universelle Ordnung zu schaffen. Die Ordnung selbst war der Grund für seine Rebellion.

Luzifers Befehl wurde hier auf Erden umgesetzt, im Garten Eden, als Adam und Eva die verbotene Frucht aßen. Seitdem leben wir nach dieser Ordnung. Gerade jetzt, zu dieser Zeit in der Weltgeschichte, gibt Luzifer seiner Ordnung ein neues Gesicht und nennt sie "Neue Weltordnung" - auch bekannt als "Soziale Gerechtigkeit". Viele sind von diesen Begriffen getäuscht worden, ohne sich der ihnen zugrunde liegenden Prinzipien bewusst zu sein. Andere wissen es und haben sich auf seine Seite gestellt, weil sie glauben, dass dies ein gutes System ist.

Luzifer war nicht so naiv, Anarchie oder Chaos als Alternative zu Gottes Gesetz anzubieten - er konnte damals nicht mit einer Gefolgschaft rechnen. Was er anbot, schien Substanz zu haben und Respekt zu verdienen. Es würde schließlich zu Anarchie und Chaos führen, aber das wollte er nicht anerkennen, obwohl Gott ihn warnte, indem er ihm Ursache und Wirkung zeigte.

Sein Befehl wird unter der Prämisse ausgeführt, dass Menschen Gutes tun werden, um die Strafe zu vermeiden, die sie erhalten würden, wenn sie Böses täten. Gott sprach wieder von Leviathan, sagte Gott:

> *Sein [LEVIATHAN] Herz ist so fest wie ein Stein; ja, so hart wie ein Stück des unteren Mühlsteins. Wenn er sich selbst aufrichtet, fürchten sich die Mächtigen: durch Zerbrechen reinigen sie sich selbst (Hiob 41:1, 11, 13, 24, Hervorhebung hinzugefügt).*

Das Wort "Brüche" ist Sheber; einige seiner Bedeutungen sind "ein Bruch, bildlich gesprochen, Ruine; Trübsal, Bruch, Zerbrechen, Absturz, Zerstörung, Verletzung, Verärgerung". Leviathan schüchtert uns ein, uns aus purer Angst zu "reinigen".

Interessanterweise ist das hebräische Wort "reinigen", das hier verwendet wird, dasselbe Wort, das zur Beschreibung von Luzifers Sündenchâlâl verwendet wird. Dies wäre verwirrend, wenn es nicht so wäre, dass es nicht ungewöhnlich ist, dass ein hebräisches Wort zwei entgegengesetzte Bedeutungen hat:

> *Einige hebräische Wörter können in verschiedenen Kontexten ganz unterschiedliche - manchmal genau entgegengesetzte - Bedeutungen haben (Vine's Complete Expository Dictionary Of Hebrew Words, von W.E. Vine, Merrill F. Unger, William White, Jr.)*

So kann das Wort "Sünde" im Hebräischen auch "reinigen" und "läutern" bedeuten. Der Leviathan glaubt, er könne uns durch Schmerz - "Zerbrechen" - "reinigen". Wie?

Wenn wir im Hinterkopf wüssten, dass wir bestraft würden, wenn wir aus der Reihe tanzen, wären wir dann nicht motiviert, uns zu benehmen, unsere Tat zu bereinigen? Sicherlich waren wir alle schon einmal in dieser Situation! Wie haben wir uns dabei gefühlt? Fühlten wir Freiheit oder Zwang? War unser gutes Benehmen wirklich gut oder haben wir nur Bewegungen gemacht, um Schmerzen zu vermeiden? Hat Bestrafung Liebe oder Angst, Wut oder Hass hervorgerufen? Das ist den Menschen in dieser Kriegszone vertraut, wir alle können uns damit identifizieren.

Luzifers Prinzip, das Ordnung schaffen soll, beruht auf einer irrigen Vorstellung, die die menschliche Logik als rational akzeptiert hat: Je mehr Belohnungen vorhanden sind, um eine Person dazu zu motivieren, Gutes zu tun, desto besser und weniger böse wird diese Person werden. Wenn dies aber nicht funktioniert, dann muss die Strafe umso drastischer sein, je schrecklicher das Böse ist, um es einzudämmen und wieder Gutes zu bewirken. Das funktioniert bis zu einem gewissen Grad, denn an einem bestimmten Punkt setzt die Angst ein. Angst kann, wie wir alle wissen, eine starke Abschreckung sein, aber um welchen Preis wird eine solche Ordnung hergestellt?

Die im Belohnungs- und Strafsystem Satans angewandten Methoden sind unerheblich, solange die gewünschte Endordnung erreicht wird. In seinem System heiligt der Zweck die Mittel. Luzifers Gesetz rechtfertigt brutale, gewalttätige Handlungen, solange irgendeine Form der Ordnung durch das

Gleichgewicht von Gut und Böse erreicht wird.

Was ist mit Belohnungen, sollten sie nicht für Ordnung sorgen? Sie arbeiten bis zu einem gewissen Punkt, denn je mehr Belohnungen es gibt, desto weniger Übel findet statt. Aber fangen Sie an, ein Kind für gutes Verhalten zu belohnen, und schon bald sehen wir, wie der Stolz aufsteigt, und das schafft Probleme, die dann durch Bestrafung gelöst werden müssen - wir können den Teufelskreis sehen.

Luzifer stellte sich vor, dass die positiven und negativen Kräfte seines Gesetzes bei der Gestaltung der Ordnung wirksamer sein würden als Gottes reine Liebe, Barmherzigkeit und Gnade. Er glaubte, dass diese Methode, eine vorbildliche Gesellschaft zu schaffen, besser sei als die Gottes, die allein durch bedingungslose Liebe erreicht wird.

Durch diese beiden mächtigen Motivatoren, Belohnung und Strafe, schuf der ehemalige Hüter des Gesetzes Gottes eine ganz neue Regierungsform, in der der Wert einer Person automatisch in eine hierarchische Struktur eingeordnet wurde. Er glaubte, dass eine solche Hierarchie als Grundlage für eine Gesellschaft erfolgreicher sein würde als Gottes unparteiisches System der Freiheit, in dem alle auf dem gleichen Spielfeld waren.

Luzifers Ordnung ist letztlich nichts anderes als eine pawlowsche Utopie. Belohnung und Bestrafung sind einfach positive und negative Stimuli, und unsere Antworten sind nichts anderes als konditionierte Reflexe. In dieser Fallstudie sind wir gleichzeitig Subjekte und Zeugen. Was meinen Sie dazu? Funktioniert es? Ist dies ein lebensfähiges Regierungssystem? Hätte Gott es übernehmen sollen? Würde das Universum ein solches System überleben oder zu einem Ende kommen, wie es die Erde bald erleben wird?

Die in Gottes Universum verstreuten intelligenten Wesen waren weiser - sie lehnten dieses Gesetz ab. Tatsächlich müssen sie seine Umsetzung auf der Erde mit absolutem Entsetzen verfolgt haben. Gott schützt sie nicht davor, all das Chaos, die Zerstörung, den Schmerz und das Leid zu sehen, die hier unten geschehen. Sie haben diese große Kontroverse mit intensivem Interesse verfolgt, und sie haben die Feinheiten und Täuschungen von Satans System verstanden. Und nicht nur das, sie lernen Gott sogar noch besser kennen als zuvor. Bedenken Sie die Worte des Paulus:

> *Mir, der ich weniger als der geringste aller Heiligen bin, wurde diese Gnade geschenkt, damit ich unter den Heiden den unerforschlichen Reichtum Christi verkündige und alle erkennen lasse, was die Gemeinschaft des Geheimnisses ist, das seit Anbeginn der Zeitalter in Gott verborgen ist, der alles durch Jesus Christus geschaffen hat;* ***in der Absicht, dass nun die Kirche die mannigfaltige Weisheit Gottes den Fürstentümern und Mächten an den himmlischen Orten bekannt machen möge****, gemäß dem ewigen Ziel, das Er in Christus Jesus, unserem Herrn, erreicht hat, zu dem wir durch den Glauben an Ihn Kühnheit und Zugang mit Vertrauen haben (Epheser 3:8-12, Hervorhebung hinzugefügt).*

Die "Fürstentümer und Gewalten an himmlischen Orten" lernen durch die Kirche die "vielfältige Weisheit Gottes" kennen, die Menschen, die nach Gottes Prinzipien der Agape-Liebe leben werden.

Einige von uns sind auch dabei, diese Dinge zu begreifen. Wir lernen die tieferen Fragen der großen Kontroverse kennen - den Angriff auf Gottes Charakter und sein Gesetz. Wir lernen, dass Satans gewalttätiges System alles andere als Ordnung schafft und dass es ein totaler Misserfolg ist.

Aber Luzifer wird diesen Krieg nicht ohne einen letzten Kampf aufgeben. Jetzt, da er sich mit ganzem Herzen in diese Kontroverse eingemischt hat, wird er alles tun, um zu gewinnen, und bis zum Ende voranschreiten. Deshalb wird er alles tun, um die Ordnung aufrechtzuerhalten, auch wenn das bedeutet, diejenigen zu vernichten, die sich nicht mehr dafür entscheiden, in seinem System zu leben.

16

GOTTES GÜTE GEGEN SATANS GÜTE

Gott ist unveränderlich. Er ändert sich nicht je nach den Umständen. Deshalb sind seine Prinzipien im Umgang mit jedem von uns die gleichen, unabhängig davon, wer wir sind:

Es gibt keine Parteilichkeit mit Gott (Römer 2,11).

Gottes Güte ist seine Liebe. Er ist mehr an einer Beziehung zu seinen Geschöpfen interessiert als an der Ordnung an sich. Für Gott ist Ordnung ein Nebenprodukt der Liebe, ein Ergebnis der Achtung vor dem Leben und der Freiheit. Gottes Güte unterscheidet sich völlig von der Güte Satans, die nur eine Art gesetzliche Ordnung hervorbringt.

In seinem Gespräch mit dem reichen jungen Herrscher unterschied Jesus zwischen dem Guten Gottes und dem Guten und Bösen:

Nun siehe, da kam einer und sagte zu ihm: "Guter Lehrer, was soll ich Gutes tun, damit ich das ewige Leben habe? Da sagte er zu ihm: 'Warum nennst du mich gut? Niemand ist gut außer einem, das ist Gott. Wenn du aber ins Leben eintreten willst, so halte die Gebote" (Matthäus 19,16.17).

Die Frage des reichen jungen Herrschers offenbart, dass ihn das Gesetz von

Gut und Böse trieb. Er wollte wissen, welche guten Werke er tun konnte, um das ewige Leben zu verdienen oder zu verdienen. Er erkannte nicht, dass die Erlösung uns aus Gottes Gnade frei gegeben wird - weil er uns liebt. Er dachte in Bedingungen und wollte deshalb wissen, welche Bedingungen er erfüllen müsse, um das Heil zu verdienen. Für ihn war der Himmel ein Geschäft: Wenn er Gutes täte, würde er den Lohn des ewigen Lebens erhalten. Und wir könnten hinzufügen, dass er nur gut sein wollte, weil er diese Belohnung wollte. Anstatt sich mit seinem Missverständnis auseinanderzusetzen, korrigierte Jesus seine Wahrnehmung dessen, was wirklich "gut" war - er wies ihn auf Gott hin. "Warum nennst du mich gut? Es gibt niemanden Gutes außer Gott."

Jesus sagte nicht, dass nur sein Vater gut sei, denn auch Jesus war gut, im wahrsten Sinne des Wortes. Jesus war göttlich; deshalb musste er auch von sich selbst sprechen, wenn er sagte: "Es gibt keinen anderen Guten als Gott". Was versuchte Er also zu sagen? Er wollte zweifellos auch, dass der junge Mann anerkennt, dass er Gott ist, dass er der Messias ist. Aber da ist noch etwas, was er dem jungen Mann vermitteln wollte: Er wollte die Messlatte in seinem Denken darüber, was "gut" ist, höher legen.

Jesus trennte Gottes Güte vom Guten des Prinzips von Gut und Böse - "Warum nennst du mich gut? Welches Gut meinen Sie, menschliches Gut oder göttliche Güte? Nachdem er das getan hatte, sagte er dann: "Es gibt niemand Gutes außer Gott. Mit anderen Worten: Alles Gute in der Welt ist eine Fälschung, eine Täuschung, weil es durch egoistische Motive und Absichten fehlerhaft ist und aus dem Baum der Erkenntnis von Gut und Böse stammt.

Nur Gottes bedingungslose Agape-Liebe gilt als wahrhaft gut, denn Agape ist von keinem Bösen befleckt. Sie ist auch nicht von Selbstsucht befleckt. Die guten Werke des jungen Herrschers waren von dem selbstsüchtigen Wunsch motiviert, das Heil zu verdienen, nicht aus Liebe zu Gott oder seinen Mitmenschen. Wenn er Gott wirklich geliebt hätte, hätte er auch Jesus geliebt, und er hätte seine erstaunliche Einladung, ihm nachzufolgen, angenommen.

Die Agape-Liebe ist das Grundprinzip der Zehn Gebote Gottes. Der Apostel

Jakobus sagte, wenn wir ein Gebot brechen, brechen wir alle Gebote. Wie kann das sein? Wenn wir in einem Bereich außerhalb der Agape-Liebe handeln, brechen wir das Prinzip, den Geist des Gesetzes. Wenn wir in einem Bereich außerhalb der Liebe handeln, werden wir in einem anderen Bereich außerhalb der Liebe handeln. Wenn das zugrundeliegende Prinzip, das unser Herz regiert, nicht agape ist, werden all unsere Handlungen nicht im Einklang mit Gottes Gesetz stehen.

> *Der Psalmist sagt: "Das Gesetz des Herrn ist vollkommen" (Psalm 19,7).* ***Wie wunderbar in seiner Einfachheit, seinem Umfang und seiner Vollkommenheit ist das Gesetz Jehovas! Es ist so kurz, dass wir jedes Gebot leicht auswendig lernen können, und doch so weitreichend, dass wir den ganzen Willen Gottes ausdrücken und nicht nur die äußeren Handlungen, sondern auch die Gedanken und Absichten, die Wünsche und Gefühle des Herzens erkennen können.*** *Menschliche Gesetze können dies nicht tun. Sie können sich nur mit den äußeren Handlungen befassen. Ein Mensch kann ein Übertreter sein und doch seine Missetaten vor den Augen der Menschen verbergen; er kann ein Verbrecher sein - ein Dieb, ein Mörder oder ein Ehebrecher -, aber solange er nicht entdeckt wird, kann das Gesetz ihn nicht als schuldig verurteilen. Das Gesetz Gottes nimmt die Eifersucht, den Neid, den Hass, die Bösartigkeit, die Rache, die Wollust und den Ehrgeiz zur Kenntnis, die durch die Seele strömen, aber keinen Ausdruck in äußeren Handlungen gefunden haben, weil die Gelegenheit, nicht der Wille, gewollt wurde. Und diese sündigen Emotionen werden an dem Tag zur Rechenschaft gezogen werden, an dem "Gott jedes Werk mit allen geheimen Dingen ins Gericht bringen wird, ob es gut oder böse ist" (Prediger 12:14) - {1SM 217.1, Hervorhebung hinzugefügt}.*

Die Pharisäer glaubten, sie könnten ihr Herz hinter guten Werken verbergen. Aber Jesus sah, was in ihnen steckte - sie waren voller Ungerechtigkeit, denn ihr moralisches Gesetz beruhte auf dem Belohnungs- und Strafsystem. Nur die Agape-Liebe kann das Gesetz Gottes erfüllen. Und keiner von uns ist in der Lage, diese Liebe hervorzubringen - es ist ein übernatürlicher Akt Gottes, der es uns ermöglicht, sie zu haben. Wir müssen sie begehren - und Er wird sie uns schenken. Aber selbst dann ist es Gott, der auch das Verlangen stellt.

> *...denn es ist Gott, der in euch wirkt,* ***sowohl um zu wollen als auch um zu tun*** *zu seinem Wohlgefallen (Philipper 2,13, Hervorhebung hinzugefügt).*

Welchen Anteil haben wir also daran, wenn Gott uns sowohl den Wunsch als auch die Ermächtigung gibt? Wir müssen zustimmen. Wenn Gott uns den Weg zeigt und uns den Wunsch gibt, dann müssen wir den Weg, dem wir folgen wollen, frei wählen. Er wird uns nie loslassen, und wir dürfen ihn nie loslassen.

Wie können wir also wirklich zwischen menschlicher und göttlicher Liebe unterscheiden? Aus spiritueller Sicht haben göttliche und menschliche Liebe im Kontext des Wesens Gottes absolut keine gemeinsame Grundlage, weil sie auf entgegengesetzten Motiven beruhen - göttliche Liebe, wahre Liebe, ist selbstlos. Menschliche Liebe ist immer selbstsüchtig.

Um den Charakter Gottes zu verstehen, müssen wir den grenzenlosen Unterschied zwischen Agape und Gut und Böse begreifen. Deshalb ist es sehr wichtig, dass wir zwischen göttlicher Liebe und menschlicher Liebe unterscheiden.

Die menschliche Liebe ist abhängig von der Schönheit oder Güte ihrer Objekte, daher ist sie variabel und partiell. Die menschliche Liebe begünstigt die Eigenen, die Freunde und die Familie, diejenigen, die als gut gelten, und verdammt Feinde und diejenigen, die als böse empfunden werden. Das ist keine Agape-Liebe, sondern das Gute von Gut und Böse.

Das Gut von Gut und Böse basiert auf Gefühlen, Emotionen und Einstellungen, während Agape andererseits Gefühle, Emotionen und Einstellungen durch ein inneres Prinzip der selbstlosen Liebe kontrolliert, das niemals schwankt. So bietet Agape die Grundlage für ein bedingungsloses, unparteiisches Engagement. Das Gut und Böse kann die Grundlage für den Aufbau einer Beziehung bilden, aber es ist ein oberflächliches und instabiles

Fundament. Agape hingegen ist dauerhaft, verlässlich und wird niemals eine Beziehung zerstören. Das Gute gibt den Umständen nach, während Agape überlebt und alle Umstände überwindet.

Das Gut von Gut und Böse ist Satans Ersatz für Gottes Liebe; es ist unversöhnlich und egoistisch und wird nicht von Gottes moralischem Gesetz regiert. Agape ist Gottes Plan für alle intelligenten Lebensbeziehungen und ist das Prinzip, das die Unzuverlässigkeit des Guten Satans überwindet. Agape ist immer großzügig und vergebend, und wenn sie zu unserem Sittengesetz wird, bestimmt sie alle Aspekte unseres Lebens.

Im Gegensatz dazu beruht die Liebe, die sich aus dem Gut und Böse ergibt, auf Kontrolle - sie strebt danach, andere zu kontrollieren. Sie ist unsicher, deshalb greift sie verzweifelt zu und übt aus Angst vor Kontrollverlust willkürliche Macht aus. Agape versucht, sich selbst statt andere zu kontrollieren; sie gewährt Macht ohne Furcht. Das Wohl von Gut und Böse fördert den Stolz, aber Agape siegt über diese zerstörerische und blendende Emotion. Das Gute stockt im Angesicht von Stress und Spannung und bricht völlig zusammen, wenn es auf emotionales Chaos stößt. Im Gegensatz dazu überlebt Agape Stress und Spannung und erträgt alle emotionalen Turbulenzen.

Wie Sie sehen, gibt es einen gewaltigen Unterschied zwischen Gottes Agape-Liebe und der herkömmlichen weltlichen Bedeutung des Wortes "Liebe". Wir hoffen, dass dies uns helfen wird, die Weisheit Gottes zu erkennen. Wäre die Welt nicht ein ganz anderer Ort, wenn wir alle von der Agape-Liebe betrieben würden? Stellen Sie sich eine Welt vor, die von selbstloser, gebender, bedingungsloser, unendlicher, nie endender Agape-Liebe angetrieben wird! Wäre das nicht himmlisch? Diese Liebe würde uns in der Tat heilen.

Die Agape-Liebe beruht nicht auf der Güte des Geliebten, sondern auf der Vollkommenheit des Liebenden; deshalb liegen zwischen der Liebe Gottes und der sogenannten "Liebe" des Reiches von Gut und Böse Welten. Agape ist ein lebensspendendes Prinzip. Gottes Agape-Liebe erreicht alle, selbst die degeneriertesten Kriminellen oder Terroristen, die in unseren Augen unwürdig sind, geliebt zu werden. Ist das nicht wahre Hoffnung? Hoffnung, die alle erreicht, nicht nur einige wenige?

Das ist die Liebe, die Christus motivierte, als er für uns, "die Gottlosen", Sünder, seine "Feinde", starb.

> *Denn als wir noch ohne Kraft waren, starb Christus zur rechten Zeit für die Gottlosen. Denn kaum für einen Gerechten wird man sterben; doch für einen guten Menschen würde man es vielleicht sogar wagen zu sterben.* ***Aber Gott zeigt seine eigene Liebe zu uns, indem Christus für uns gestorben ist, als wir noch Sünder waren.*** *Denn wenn wir, als wir noch Feinde waren, durch den Tod seines Sohnes mit Gott versöhnt wurden, so werden wir, nachdem wir versöhnt worden sind, durch sein Leben gerettet werden (Römer 5,6-8.10, Hervorhebung hinzugefügt).*

Gott demonstrierte seine Liebe - Agape - indem er für uns starb, während wir ihm noch Feinde waren. Feindesliebe - so behandelt Gott diejenigen, die in Opposition zu Ihm stehen. Wenn Jesus uns aufgetragen hat, unsere Feinde zu lieben, dürfen wir davon ausgehen, dass Er und der Vater dasselbe tun. Hören wir auf Seine Worte des Lebens:

> *Sie haben gehört, dass es hieß: "Auge um Auge und Zahn um Zahn". Aber ich sage Ihnen, einem bösen Menschen nicht zu widerstehen. Aber wer Ihnen auf die rechte Wange schlägt, dem halten Sie auch die andere hin. Ihr habt gehört, dass es hieß: "Du sollst deinen Nächsten lieben und deinen Feind hassen". Ich aber sage euch: Liebet eure Feinde, segnet, die euch verfluchen, tut Gutes denen, die euch hassen, und betet für die, die euch gehässig benutzen und verfolgen, damit ihr Söhne eures Vaters im Himmel werdet; denn er lässt seine Sonne aufgehen über Bösen und Guten und lässt regnen über Gerechte und Ungerechte (Matthäus 5: 38-39, 43, 44-45).*

Nie hat jemand mit solcher Autorität, Einfachheit und Einsicht in den Charakter Gottes gesprochen wie Jesus! Indem er uns sagte, wir sollen unsere Feinde lieben, sagte er alles, was wir über Gott wissen müssen. Indem er uns lehrte, unsere Feinde zu lieben, stürzte er alle falschen Vorstellungen über den Charakter Gottes, die uns seit Adam und Eva, die gesündigt hatten, von einer wahren Erkenntnis des Schöpfers abgebracht hatten. Aufgrund der Offenbarung Christi können wir jetzt einen Durchbruch in unserem Verständnis seines Charakters erleben.

Gott kann nicht von uns verlangen, dass wir uns einem Moralkodex anpassen, dem er nicht folgt. Wenn wir "Nachahmer Gottes" (Epheser 5,1) sein wollen, muss Gott selbst glauben und danach handeln, was er von uns verlangt, sonst wäre er ein Heuchler und wir wären völlig verwirrt. Als das ausdrückliche Bild Gottes ist Jesus das wesentliche Beispiel, dem man folgen muss, weil Jesus nach dem lebte, was Gott von uns verlangt. In ihm gibt es keinen Widerspruch.

Gott möchte, dass wir einander, vor allem unsere Feinde, mit Agape-Liebe behandeln, denn so hat er uns in Jesus behandelt. In Seinen Augen bedeutet Vollkommenheit, unparteiische Liebe für alle zu haben. Das ist es, was Jesus meinte, als er sagte: "... denn er lässt seine Sonne aufgehen über Bösen und Guten und lässt regnen über Gerechte und Ungerechte. ...Darum sollt ihr vollkommen sein, wie euer Vater im Himmel vollkommen ist" (Matthäus 5: 45, 48).

Wie überwältigend gegensätzlich zu unseren eigenen Wegen sind diese Worte! Sie schneiden scharf, gegen unseren inneren Kompass, den die Bibel "das Fleisch" nennt. Wie werden wir jemals Gottes Agape-Liebe zur Schau stellen, wenn sie so gegensätzlich zu unserer Natur ist?

Gott wird uns bevollmächtigen, wenn wir es wünschen. Gottes Liebe wird sich wirklich darin zeigen, wie wir unsere Feinde behandeln - wenn wir mit irgendeiner Negativität konfrontiert werden, reagieren wir in Liebe. Die Agape-Liebe wird sich in uns voll und ganz zeigen, wenn wir uns dafür entscheiden, zu sterben, anstatt unseren Feinden Schaden zuzufügen und ihnen Gutes zu tun, selbst wenn sie einen unstillbaren Hass auf uns hegen und entschlossen sind, uns zu vernichten.

Wie ist Gottes Güte seinen Feinden gegenüber gezeigt worden? Als Jesus die Erde schuf, schuf er alle Dinge in einem Zustand der Vollkommenheit, und es ist seine erhaltende und aufrechterhaltende Lebenskraft, die das

Leben immer wieder möglich macht:

> *...Er schuf die Welten; er war der Glanz seiner [Gottes] Herrlichkeit und das ausdrückliche Abbild seiner Person und hielt alle Dinge durch das Wort seiner Macht aufrecht... (Hebräer 1:2-3).*

Es ist "durch das Wort seiner Kraft", dass Jesus allen Lebewesen ständig Leben schenkt. Nachdem die Sünde durch Adam in die Welt gekommen war, hat Gott die Energie und die Leben spendende Kraft, die für die Bewahrung der Schöpfung notwendig sind, nicht entfernt. Der langsame Tod des Planeten begann mit einer falschen Entscheidung und dauert aufgrund falscher Entscheidungen bis heute an. Durch diese Fehlentscheidungen wirken wir der erhaltenden Kraft Gottes entgegen und machen sie zunichte. Aber nicht ein einziges Mal hat Gott die Kraft seines Wortes, das seine "Feinde" aufrechterhält, beseitigt.

Selbst während wir die Erde bis zum Punkt der Auslöschung zerstören, segnet Gott die Welt weiterhin auf allen möglichen Wegen, die ihm noch offen stehen. Hätte Er irgendeinen Teil Seines unterstützenden Lebensunterhalts zurückgezogen, hätte sich der Planet vom ersten Moment der Einführung der Sünde an selbst zerstört.

Gott wird weiterhin so viel Segen senden, wie er nur kann, bis der letzte Strahl seiner Liebe von einer Welt blockiert oder abgelehnt wird, die in hartnäckiger Rebellion gefangen ist. Aber selbst dann wird Seine Agape-Liebe unvermindert weitergehen, denn eines Tages wird Er allen Dingen ihren ursprünglichen Glanz zurückgeben:

> *Und ich sah einen neuen Himmel und eine neue Erde (Offenbarung 21,1).*

> *Da sagte der, der auf dem Thron saß: "Siehe, ich mache alles neu. Und er sprach zu mir: "Schreibe, denn diese Worte sind wahrhaftig und treu" (Offenbarung 21,5).*

Die Menschheit nimmt aktiv an der Erkenntnis von Gut und Böse teil. Es ist empirisch offensichtlich, dass Gottes Prinzip der Agape-Liebe auf der Erde nicht angewendet wird. Wenn wir Gottes Agape-Liebe glauben und praktizieren würden, wäre die Erde nicht in ihrem gegenwärtigen chaotischen Zustand. Wie können wir von Gut und Böse zu Agape wechseln?

Wie wir bereits gesagt haben, können wir das nicht tun. Gott wird dies für uns tun, wenn wir es ihm erlauben. Dann werden wir aufhören, mit einer selbstsüchtigen Agenda zu lieben, und anfangen, für die langfristige Verbesserung anderer zu lieben, selbst auf unsere eigenen Kosten; dann werden wir von Agape-Liebe leben. Das ist die enge Pforte, durch die wir ins Leben eintreten können:

> *Geht hinein durch die enge Pforte; denn weit ist die Pforte, und breit ist der Weg, der ins Verderben führt, und es gibt viele, die durch sie hineingehen. Denn eng ist die Pforte, und eng ist der Weg, der zum Leben führt, und wenige sind es, die ihn finden (Matthäus 7,13-14).*

Die größte Manifestation von Gottes Güte war es, uns seinen Sohn Jesus Christus zu schenken. Christus kam auf die Erde, um Gottes bedingungslose Liebe zu offenbaren. An die Liebe Christi waren keine Bedingungen geknüpft; dies zeigte sich in seinem Leben und noch mehr in seinem Tod. Er hat sich selbst für uns geopfert, und seine Selbsthingabe war bedingungslos und wird universell angewandt.

> *... aber jetzt, einmal am Ende der Zeitalter, ist Er erschienen, um die Sünde durch das Opfer Seiner selbst zu beseitigen (Hebräer 9:26).*

Christus "ist erschienen, um die Sünde wegzuschieben" - unsere falsche Sicht von Gott, unsere "Fehleinschätzung" des Herzens des Schöpfers. Indem er dieses eine Missverständnis beiseite schiebt, legt er auch all unsere "Sünden" beiseite - uns allen wird vergeben, wir werden gerechtfertigt, wir sitzen "im Himmel".

Es gibt keine festgelegten Bedingungen, die erfüllt werden müssen, bevor die Verdienste des Todes Jesu Christi für die Sünden der Menschheit angeeignet werden können, denn die Erlösung beruht nicht auf Werken, die wir tun dürfen:

> *Wer aber nicht arbeitet, sondern an den glaubt, der die Gottlosen rechtfertigt, dem wird sein Glaube als Gerechtigkeit angerechnet (Römer 4,5).*

> *Denn so sehr hat Gott die Welt geliebt, dass er seinen eingeborenen Sohn gab, damit jeder, der an ihn glaubt, nicht verloren geht, sondern das ewige Leben hat (Joh 3,16).*

Gottes Sohn gab sich uns Sündern hin, bevor er von uns eine positive Antwort erhielt. Er gab sich selbst den Gottlosen, der Welt, der gesamten sündigen Menschheit. Er hat sich bedingungslos aus Agape-Liebe hingegeben. Als wir noch böse, böse, ungöttliche Feinde Gottes waren, starb Christus für uns. Gott kam durch die Person Jesu Christi in unsere Mitte, um uns von den Lügen Satans zu retten. Wir können diese Erlösung subjektiv empfangen, wenn wir verinnerlichen und glauben, dass Gott sein Leben für uns gegeben hat, während wir noch gottlos und unverdient waren und in Feindschaft zu ihm lebten.

Gottes Agape-Liebe ist wie ein riesiger Magnet, der uns an sich zieht und nicht zwingt:

> *Und ich, wenn ich von der Erde erhöht bin, werde alle Völker zu mir* ***ziehen*** *(Johannes 12,32, Hervorhebung hinzugefügt).*

Erst wenn die Kraft von Gottes Agape-Liebe uns anzieht, fangen wir an, ihm auf positive Weise zu antworten. Jesus wusste, dass die Demonstration seiner Liebe am Kreuz, wo er emporgehoben wurde, uns zu sich selbst und zum Vater hinziehen und anziehen würde. Die Anziehungskraft seiner Liebe befähigt uns, ihm aus Liebe, nicht aus Angst zu folgen.

Gott ist immer mit uns versöhnt worden. Wenn wir seine Liebe als das herrschende Prinzip in unserem Leben akzeptieren, werden wir mit ihm versöhnt. Wir können nicht mit Gott versöhnt werden, wenn die Agape-Liebe nicht zu unserem leitenden Prinzip wird. Wenn wir Gottes unparteiische Agape-Liebe ablehnen, verlagern wir unsere Gefolgschaft automatisch in Satans partiellen und willkürlichen Bereich von Gut und Böse, und dort erleiden wir Strafe, Schmerz und Zerstörung.

Wenn wir uns falschen Göttern und ihren Gesetzen zuwenden, entrechten wir uns der Gerichtsbarkeit Gottes, und wir positionieren uns standardmäßig in Satans Gerichtsbarkeit von Gut und Böse. Wenn wir das Prinzip der Agape-Liebe akzeptieren, dann wird das bedingte Gesetz von Gut und Böse aufhören, in uns zu herrschen. Gottes bedingungslose Liebe ist das Licht, das die Finsternis zerstört.

Man könnte sagen, dass alle Tragödien auf der Welt hätten vermieden werden können, wenn Gott nicht ein Gott der Agape-Liebe gewesen wäre. Wie das? Wäre Gott kein Gott der Agape gewesen, hätte er Luzifer von Anfang an vernichtet.

Luzifer wollte, dass Gott die Erkenntnis von Gut und Böse als das Gesetz des Universums umsetzt. Wenn Gott seinem Rat gefolgt wäre, dieses Gesetz anzunehmen, hätte er Luzifer die Freiheit genommen oder ihn ausgelöscht, und wir wären nicht dem Chaos ausgesetzt gewesen, das unsere Welt überwältigt. Hätte dies die Grundursache für das Problem des Bösen gelöst?

Nein, denn hätte Gott Luzifer vernichtet, hätte er vielleicht einen vorübergehenden Frieden erreicht, aber er wäre selbst böse geworden. Er wäre nicht länger ein Gott der Agape-Liebe, sondern ein ganz anderes Wesen gewesen. Er wäre der ultimative willkürliche Diktator, der ultimative Kontrolleur geworden. Das Universum wäre zu einer buchstäblichen Hölle geworden, denn niemand hätte sich der allwissenden, willkürlichen Kontrolle Gottes entziehen können. Er wäre genau das gewesen, was Satan ihm vorwarf: ein willkürlicher, kontrollierender Diktator. Welch ein Segen, dass Gott ein Gott der Agape-Liebe war, ist und immer sein wird!

17

DAS ARBEITSRECHT

Als wir vorhin über die Sünde sprachen, haben wir erklärt, dass Jesus sich mit der Sünde befasst und dass Satan auf der anderen Seite bemüht ist, uns auf die Sünden zu konzentrieren. Sünden haben mit unseren Werken zu tun - unseren guten und unseren bösen Werken. Beide fallen unter die Kategorie der guten und bösen Werke, und das sind die Werke, die durch Werke an der Gerechtigkeit beteiligt sind.

Der Baum der Erkenntnis von Gut und Böse verkörpert das Prinzip der Rechtschaffenheit durch Werke. Dies ist eine falsche Rechtschaffenheit. Die "Werkgerechtigkeit" konzentriert sich auf Verhalten und Leistung - sie ist also werkorientiert. Die Werkgerechtigkeit umfasst sowohl gute als auch böse Werke. Da sie auf Verhalten und Leistung ausgerichtet ist, schafft sie all die falschen Motive, Gott zu gehorchen. Dieses System ist auf Sünden ausgerichtet.

Die meisten Gläubigen würden zustimmen, dass es keine größere Belohnung gibt, als die Ewigkeit mit Gott zu verbringen. Diese größte aller Belohnungen ist im Verdienstsystem der willkürlichen Belohnung und Bestrafung oft die einzige Motivation für eine Beziehung zu Gott und beruht auf einer sehr subtilen und versteckten Form von Egoismus. Und doch haben viele Gläubige versucht, sich Gottes Akzeptanz durch dieses System zu verdienen, weil sie glauben, dass er auf diese Weise handelt. Aber Gott wird von einem ganz anderen Gesetz getrieben, in dem unsere Werke weder seine Liebe noch seine Verheißungen ändern.

> *Denn auch wir selbst waren einst töricht, ungehorsam, betrogen, dienten verschiedenen Begierden und Lüsten, lebten in Bosheit und Neid, haßten und haßten einander.* ***Als aber die Güte und die Liebe Gottes, unseres Erlösers, zu den Menschen erschien, nicht durch Werke der Gerechtigkeit, die wir getan haben, sondern nach seiner Barmherzigkeit, hat er uns gerettet*** *durch die Waschung der Wiedergeburt und Erneuerung des Heiligen Geistes, den er in Fülle über uns ausgegossen hat durch Jesus Christus, unseren Erlöser, damit wir, nachdem wir durch seine Gnade gerechtfertigt worden sind, Erben werden gemäß der Hoffnung auf das ewige Leben (Titus 3,3-7, Hervorhebung hinzugefügt).*

Gott "rettete" uns "nach seiner Barmherzigkeit", nicht nach unseren Werken. Unsere Werke ändern nichts an seiner Liebe zu uns. Als ein Gott der Agape liebt er uns bedingungslos.

Denken Sie an das Gleichnis vom verlorenen Sohn. Gott ist dieser Vater, der eifrig auf die Straße schaut und sich danach sehnt, dass sein Sohn nach Hause kommt. Er kümmert sich nicht darum, was sein Sohn getan oder nicht getan hat; er will ihn nur wieder in seinen Armen haben. Er weiß, dass seine Liebe mehr als ausreichend ist, um den verlorenen Sohn an sein Herz zu binden. Wenn der eigensinnige Sohn erst einmal das Ausmaß der Liebe seines Vaters erkannt hat, wird er Frieden finden, nicht nur mit Gott, sondern auch mit der übrigen Menschheit. Der Vater bestellte das "beste Gewand und zog es ihm an" (Lukas 15,22). Dieses Gewand ist das Gewand der Rechtschaffenheit, über das wir vorhin gesprochen haben. Es ist dasselbe Gewand, das Adam verlor, als er vom Baum der Erkenntnis von Gut und Böse aß, und es ist dasselbe Gewand, mit dem Gott Josua, den Hohenpriester, bedeckte.

Die meisten von uns beginnen unsere spirituelle Reise mit dem Gedanken, dass wir, um den Himmel zu erreichen, durch viele Reifen springen müssen. Und genau das ist unser Ziel - den Himmel zu erreichen. Das ist das allgemeine Verständnis von Erlösung. In dieser Denkweise ist auch die Idee enthalten, dass Gott uns viele Voraussetzungen auferlegt, die wir erfüllen müssen, und wenn wir sie erfüllen, wird er uns mit ewigem Leben belohnen. Dies ist ein falsches Bild von Gottes Errettung. Aber was kann denn so falsch daran sein, das Geschenk des ewigen Lebens zu erhalten, nachdem wir Gottes Anforderungen erfüllt haben?

Erstens sind wir nicht in der Lage, Gottes Anforderungen zu erfüllen. Von uns selbst können wir niemals seine Vollkommenheit erreichen. Alle guten Gaben kommen von ihm - wir entscheiden uns einfach dafür, sie anzunehmen oder abzulehnen. Zu glauben, dass wir gut genug sein können, damit Gott uns annehmen kann, ist ein großer Trugschluss.

Zweitens geht es bei dieser Denkweise um eine Transaktion, nicht um eine Beziehung. Bei diesem Geschäft sind Glaube und Gehorsam gegenüber Gott einfach gute Taten, die wir im Tausch gegen Seinen Nutzen anbieten - das ist Selbstbefriedigung. Der Schöpfer selbst, der Gott der Gabe, ist nur ein Mittel, mit dem wir die Endergebnisse erzielen können, die wir uns wünschen. Wir halten uns an die Anforderungen und Bestimmungen dieses formellen Vertrags - wir führen die Arbeiten aus -, um die versprochene Gabe zu erhalten. Wir glauben und befolgen die festgelegten Bedingungen, einfach um Seinen Nutzen - den Himmel - zu erlangen. In diesem Szenario gibt es keine agape Liebesbeziehung zwischen Gott und uns. All dies sind egoistische Werke, die aus der Erkenntnis von Gut und Böse entstehen.

Gott weiß, wie wir denken; er versteht, dass die Wurzel unseres Problems das moralische Gesetz von Gut und Böse ist. Und doch ändert sich seine Haltung uns gegenüber nicht. Unser Egoismus ändert nicht das Geringste an seiner bedingungslosen Liebe zu uns, und das nur, weil er Agape-Liebe ist. Aber belohnt Gott uns überhaupt?

Die Bibel zeigt die Grenzen des Segnungsweges auf. Dieser Weg enthält inhärente Segnungen - sie sind keine Belohnungen für Werke. Die Segnungen und Belohnungen Gottes sind inhärent, wenn man seinen Wegen folgt. Wenn wir zum Beispiel unsere Feinde lieben, ernten wir den Lohn des Friedens. Wenn wir den Gesetzen der Gesundheit folgen, ernten wir Gesundheit. Wenn wir andere bedingungslos lieben, ernten wir ein reines

Herz. Wenn wir in all unseren irdischen Geschäften ehrlich sind, ernten wir ein reines Gewissen.

Diese Segnungen sind kein Akt der Belohnung durch einen launischen Gott. Und man lebt nicht nach seinen Prinzipien, um diese Belohnungen und Segnungen zu erhalten. Man lebt nach seinen Prinzipien, nachdem man von seiner Liebe bewegt wurde. Als Antwort auf Gottes große Liebe nimmt man seinen weisen Ratschlag zum Leben an.

Gott weiß, dass das Einzige, was das menschliche Verhalten ändern wird, ein Sinneswandel ist. Ein Sinneswandel kommt nur durch das Verstehen und Erleben der Liebe Gottes aus erster Hand. Das ist es, was uns befähigt, nach seinem Prinzip der Agape-Liebe zu leben. Dann wird das Herz, das in Werken tot war, mit dem Prinzip der bedingungslosen Liebe durchdrungen sein, die aus dem Herzen Gottes fließt.

Wenn wir dagegen einem zweipersönlichen, launischen, willkürlichen Gott folgen, können wir einen solchen Sinneswandel nicht erleben. Wir mögen danach streben, uns seinen Geboten anzupassen, um eine Belohnung zu verdienen, aber unsere Herzen werden so kalt wie Steine bleiben. Wir mögen Tugend und alle möglichen wohltätigen Werke fördern, aber hinter all dem wird das selbstsüchtige Motiv stehen, eine Belohnung zu erlangen. Belohnung spielt in einer solchen Beziehung die wichtigste Rolle.

> *Wir müssen in der Schule Christi lernen. Nichts als Seine Gerechtigkeit kann uns zu einem der Segnungen des Gnadenbundes berechtigen.* **Wir haben uns diese Segnungen lange gewünscht und versucht, sie zu erlangen, aber wir haben sie nicht erhalten, weil wir die Vorstellung hegten, dass wir etwas tun könnten, um uns ihrer würdig zu erweisen.** *Wir haben nicht von uns selbst weggeschaut und geglaubt, dass Jesus ein lebendiger Erlöser ist.* **Wir dürfen nicht glauben, dass unsere eigene Gnade und unsere eigenen Verdienste uns retten werden; die Gnade Christi ist unsere einzige Hoffnung auf Erlösung.** *Durch seinen Propheten verspricht der Herr: "Der Gottlose verlasse seinen Weg und der Ungerechte seine Gedanken, und er kehre zurück zum Herrn, und er wird sich seiner erbarmen, und zu unserem Gott,*

> *denn er wird reichlich vergeben. Jesaja 55:7. Wir müssen dem nackten Versprechen glauben und dürfen keine Gefühle für den Glauben annehmen. Wenn wir Gott volles Vertrauen schenken, wenn wir uns auf die Verdienste Jesu als sündenverzeihender Retter verlassen, werden wir alle Hilfe erhalten, die wir uns wünschen können {Kkh 47,4, Hervorhebung hinzugefügt}.*

Wenn dieses Belohnungs-/Strafungssystem die Grundlage unserer Beziehung zu Gott ist, bleibt uns ein klaffender Abgrund in unseren Herzen und in unserem Leben. Wenn die Belohnung des ewigen Lebens der grundlegende und letztendliche Grund für eine Beziehung zu Gott ist, wird eine solche Beziehung frei von Agape-Liebe sein. Auf diese Weise verpassen wir die erstaunlichste Erfahrung im Universum, die Erfahrung, die Jesus uns mit sich selbst und dem Vater machen wollte:

> *Ich bete nicht nur für diese, sondern auch für jene, die durch ihr Wort an Mich glauben werden, damit sie alle eins seien, so wie Du, Vater, in Mir bist und Ich in Dir;* ***damit sie auch in Uns eins seien****, damit die Welt glaubt, dass Du Mich gesandt hast. Und die Herrlichkeit, die Du mir gegeben hast, habe ich ihnen gegeben,* ***damit sie eins seien, so wie wir eins sind: Ich in ihnen und Du in mir****, damit sie eins seien in einem, und damit die Welt erkenne, dass Du mich gesandt hast und sie geliebt hast, wie Du mich geliebt hast (Joh 17,20-26, Hervorhebung hinzugefügt).*

Das Band, das Gott mit uns haben möchte, ist dasselbe, das er mit seinem Sohn hat. Gott möchte, dass wir wissen, dass er uns ebenso sehr liebt wie seinen Sohn, "damit die Welt weiß, dass du mich gesandt hast und sie so geliebt hast, wie du mich geliebt hast". Können wir so etwas überhaupt ergründen? Können wir eine solche Nähe zur unendlichen Liebe begreifen, dieselbe Liebe, die Vater und Sohn von Ewigkeit her, von vor der Gründung der Welt, teilten? Die Ewigkeit mit Gott ist keine Belohnung, sondern eine Rückkehr zur wahren Liebe. Es ist eine Rückkehr zum Zustand vor dem

Untergang - eine von Angesicht zu Angesicht gelebte liebevolle Beziehung zu Gott.

Die Geschichte des reichen jungen Herrschers ist ein perfektes Beispiel dafür, wie wir am Ende Gott mit einer Belohnungs- und Bestrafungsmentalität anbeten können. Als ihm eine enge Beziehung mit dem Sohn Gottes angeboten wurde, wandte sich der reiche junge Herrscher traurig ab. Er war nicht daran interessiert, sich wieder mit seinem Schöpfer zu verbinden; vielmehr war er von der Furcht vor dem ewigen Tod motiviert und hoffte, alles in seiner Macht Stehende zu tun, um Gott zu gefallen, damit er sich das ewige Leben verdienen könne.

Der andere und viel schädlichere Grund für den Gehorsam gegenüber Gott nach dem Gesetz der Werke Satans ist die "Angst" - die Furcht, dass ein zorniger Gott den Täter bestraft, wenn er nicht gut arbeitet. Das ist es, was der Legalismus ist. Leider ist es oft das, was die christliche Welt Agape-Liebe nennt. Dies ist ein weiterer selbstsüchtiger Grund, Gottes Anforderungen zu erfüllen, und doch wird es als Wahrheit akzeptiert.

Viele von uns sind gelähmt durch die Furcht, dass, wenn wir gegen Gottes Wege handeln, er uns schreckliche Strafen auferlegen wird. Wir gehen sogar so weit zu glauben, dass Er Unheil über uns hereinbrechen lässt und uns in eine ewige Hölle schicken wird. So ist es die Furcht vor vergeltender Bestrafung, die uns zum "Glauben" veranlasst - wenn man das so nennen könnte. Und so bemühen wir uns, seinen Befehlen zu gehorchen. Aber wir gehorchen Ihm in unterwürfiger Furcht, gefangen in einer Herr-Sklaven-Beziehung. Das ist nicht der Weg, den Gott wünscht, dass man ihm folgt!

> *Gott wünscht von allen seinen Geschöpfen den* ***Dienst der Liebe und des Dienstes****, der* ***aus der Wertschätzung seines Charakters erwächst****. Er hat* ***keine Freude an einem erzwungenen Gehorsam****; und allen gewährt er* ***Willensfreiheit****, damit sie ihm* ***freiwillig dienen*** *können {EP 9.5, Hervorhebung hinzugefügt}.*

> *Aber die Stunde kommt, und zwar jetzt, in der die wahren Anbeter den Vater im Geist und in der Wahrheit anbeten werden; denn der Vater*

> *sucht solche, um ihn anzubeten. Gott ist Geist, und diejenigen, die ihn anbeten, müssen Geist und Wahrheit anbeten" (Johannes 4,23-24).*

Gott "hat keine Freude an einem erzwungenen Gehorsam". Er wünscht "den Dienst der Liebe" aus einer "Würdigung seines Charakters" heraus. Das ist es, was es bedeutet, "im Geist und in der Wahrheit anzubeten". Wenn Angst der grundlegende Grund für die Nachgiebigkeit ist, gibt es keine Agape-Liebe.

Der Apostel Paulus identifizierte das System der Errettung durch Werke als dem Baal, dem alten kanaanitischen heidnischen Gott, zugehörig.

> *Oder wissen Sie nicht, was die Heilige Schrift über Elia sagt, wie er Gott gegen Israel anfleht und sagt: "Herr, sie haben deine Propheten getötet und deine Altäre niedergerissen, und ich bin allein übrig geblieben, und sie suchen mein Leben"? Doch was sagt ihm die göttliche Antwort?* ***"Ich habe mir siebentausend Männer vorbehalten, die nicht das Knie vor Baal gebeugt haben".*** *Selbst dann gibt es zum gegenwärtigen Zeitpunkt einen* ***Überrest gemäß der Wahl der Gnade. Und wenn durch Gnade, dann nicht mehr aus Werken****; sonst ist Gnade nicht mehr Gnade. Wenn er aber von Werken ist, dann ist er keine Gnade mehr; andernfalls ist Arbeit keine Arbeit mehr (Römer 11,2-6, Hervorhebung hinzugefügt).*

Paulus nennt diejenigen, die auf Gottes Gnade vertrauen, "die Übriggebliebenen". Das Gesetz von Gut und Böse - wirkt nicht mehr als Antrieb für sie. Sie haben nicht das Knie vor Baal-Satan, dem Gott der Werke, gebeugt. Paulus hat Satans System der Errettung durch Werke durch die folgenden Worte wieder zunichte gemacht: "Das Gesetz von Gut und Böse - Werke":

> *... wissend, dass ein Mensch nicht durch die Werke des Gesetzes gerechtfertigt wird, sondern durch den Glauben an Jesus Christus, haben auch wir an Christus Jesus geglaubt, damit wir durch den Glauben an Christus gerechtfertigt werden und nicht durch die Werke*

> *des Gesetzes; denn durch die Werke des Gesetzes wird kein Fleisch gerechtfertigt werden (Galater 2,16).*

"Die Werke des Gesetzes" sind Werke aus dem Baum der Erkenntnis von Gut und Böse. Die Werke dieses Baumes rechtfertigen "kein Fleisch". "Werke" entfernen nicht unser Gefühl von Schuld und Verurteilung, mit dem wir geboren wurden und das uns durch Satans verhängnisvolle Erkenntnis auferlegt wird. Nur der Glaube an das, was Christus uns über den wahren Gott offenbart hat, bringt uns Frieden und Befreiung von der Last und Unterdrückung des Systems Satans. Beachten Sie, wie das System der Werke mit einem Baum verbunden ist:

> *Der gute Baum wird gute Früchte tragen. Wenn die Frucht ungenießbar und wertlos ist, ist der Baum böse. So zeugt die im Leben getragene Frucht vom Zustand des Herzens und von der Vortrefflichkeit des Charakters.* ***Gute Werke können niemals das Heil erkaufen, aber sie sind ein Beweis für den Glauben, der aus Liebe handelt und die Seele reinigt. Und wenn auch der ewige Lohn nicht aufgrund unseres Verdienstes gewährt wird, so steht er doch im Verhältnis zu der Arbeit, die durch die Gnade Christi geleistet wurde*** *{DA 314.2, Hervorhebung hinzugefügt}.*

Niemand, der das Gesetz befolgt, um eine willkürliche Belohnung zu erhalten, wird gerechtfertigt sein. Rechtfertigung kommt nur durch den Glauben an die ewige Liebe Gottes zu uns. Das Prinzip Satans, Gutes zu tun, um eine willkürliche Belohnung zu erhalten, hat im Evangelium Jesu Christi keinen Platz. Wenn wir Gottes Gesetz durch den Geist des Prinzips von Gut und Böse halten, wird unser Gehorsam keine Bedeutung haben - es werden tote Werke sein.

Gottes Gesetz kann nur dann richtig befolgt werden, wenn es aus Liebe befolgt wird. Nur wenn wir dem Gesetz frei gehorchen, aus einem Herzen, das bereitwillig auf die allumfassende Liebe Gottes antwortet, wird unser Gehorsam einen wahren Sinn haben. Das Gesetz muss durch die Liebe im

Geist des Gesetzes gehalten werden. Das Gesetz kann nicht vor äußerem Druck wie einem vor unseren Augen baumelnden Zuckerbrotstock oder der Furcht vor Strafe bewahrt werden.

> ***Liebe ist die Frucht****, die vom christlichen Baum getragen wird, die Frucht, die wie* ***die Blätter des Baumes des Lebens für die Heilung der Völker*** *ist {2SM 187.1, Hervorhebung hinzugefügt}.*

"Liebe ist die Frucht" des Baumes des Lebens - und seine Blätter sind für "die Heilung der Nationen" bestimmt. Das ist die Agape-Liebe, die Liebe, die das Grundprinzip von Gottes ewigem Gesetz ist.

Wie gehen wir also mit den Zehn Geboten, Gottes moralischem Gesetz, um? Wie halten wir das Gesetz ein? Das hängt davon ab, wer uns lehrt, wie Gottes moralisches Gesetz zu betrachten ist. Satan nimmt das Gesetz und benutzt es, um seine Prinzipien von Belohnung und Strafe zu verherrlichen. Er fordert uns auf, das Gesetz zu halten, damit wir Belohnungen erhalten, und lässt uns glauben, dass wir bestraft werden, wenn wir versagen. Er benutzt das Gesetz als Anklageinstrument und schreibt Strafen vor, die dem Verbrechen gerecht werden, für diejenigen, die den Anforderungen des Gesetzes nicht nachkommen können.

Zum Beispiel gebietet das Gesetz Gottes kategorisch: "Du sollst nicht ehebrechen" (Exodus 20,16). Satans Prinzip von Gut und Böse nimmt das Gesetz und fordert die härteste Strafe für diejenigen, die es übertreten - den Tod, wie es im Alten Testament heißt:

> *Der Mann, der mit der Frau eines anderen Mannes Ehebruch begeht, der Mann, der mit der Frau seines Nächsten Ehebruch begeht, der Ehebrecher und die Ehebrecherin, soll mit Sicherheit hingerichtet werden (Levitikus 20:10).*

Jesus kommt und macht dies zunichte - Er hebt dieses Strafsystem auf. Im Falle des Ehebruchs war die Strafe Steinigung. Als die Schriftgelehrten und Pharisäer die ehebrecherische Frau vor ihn brachten, stimmte Jesus ihrer

Forderung, sie zu steinigen, nicht zu. Stattdessen sagte er: "Wer unter euch ohne Sünde ist, der werfe zuerst einen Stein auf sie" (Johannes 8,7).

Jesus leugnete die mörderischen Begierden der Ankläger der ehebrecherischen Frau, ohne sich auf eine Kontroverse mit ihnen einzulassen; und einer nach dem anderen verließen sie alle. Mit dem Prinzip der Agape-Liebe machte Jesus diese Sünde nicht der Frau zur Last. Ebenso wenig unterstellte er den Anklägern die Sünde, sie anzuklagen. Paulus enthüllt das Prinzip hinter Jesu Handeln:

> *Gesegnet sind die, deren gesetzlose Taten vergeben und deren Sünden bedeckt sind; gesegnet ist der Mann, dem der Herr keine Sünde zuschreibt (Römer 4,7-8).*

Jesus war nicht nachgiebig, indem er der ehebrecherischen Frau keine Sünde zuschrieb. Sie nicht zu bestrafen, bedeutete nicht, dass Er ihre Sünden billigt; aber Er wusste, dass sie erst dann von ihren Sünden gereinigt werden würde, wenn sie erfuhr, dass sie bedingungslos geliebt wurde. Er wollte zwar, dass sie sich änderte - aber er wollte nicht, dass sie sich aus Angst änderte. Er wollte, dass sie aus ihrem eigenen Verständnis Seiner Liebe heraus verwandelt wird. Jesus gab ihr eine neue Vision davon, wie ihr Leben aussehen könnte, und Er respektierte ihre Freiheit, diese Vision entweder anzunehmen oder abzulehnen. Sie erkannte, dass Jesus drastisch anders war als jeder Mann, dem sie je begegnet war. Sie sah die Vision, sie akzeptierte sie, und sie verliebte sich in den Erlöser, den einzigen Mann, der sie mit Respekt behandelte.

Ebenso wenig hat Jesus die Anschuldigung geduldet, indem er ihre Ankläger nicht beschuldigte. Im Gegenteil, indem er sie nicht verurteilte, verurteilte er die Verurteilung selbst. Gott hasst alle Sünden, weil sie allen Beteiligten Schaden und Schmerz zufügen. Aber Gott geht mit unseren Sünden auf eine ganz andere Weise um als Satan. Gott will uns nicht programmieren, gute Bürger zu sein. Er ist nicht daran interessiert, Drohnen aus uns zu machen. Er gab uns den freien Willen, und Er will eine Beziehung zu intelligenten Wesen, nicht zu Geschöpfen, die durch positive und negative

Reize konditioniert sind.

Es war die Barmherzigkeit Christi, die das Herz der ehebrecherischen Frau veränderte. Sie war erfüllt von Dankbarkeit, Liebe und Bewunderung für Ihn, dessen Weisheit sich so sehr von der menschlichen Weisheit unterschied. Sie wurde seine glühendste Nachfolgerin, und sie verließ glücklich ihr Leben in Sünde und wurde eine neue Kreatur. Und Jesus sprach von ihr, die später seine Füße mit ihren Tränen salbte und sie mit ihrem Haar trocknete:

> *"Gewiss sage ich euch: Wo immer dieses Evangelium in der ganzen Welt gepredigt wird, wird auch das, was diese Frau getan hat, zu ihrem Gedächtnis erzählt werden" (Markus 14,9).*

Gott hat all unsere "gesetzlosen Taten" vergeben. Er hat all unsere Sünden "bedeckt". Er "unterstellt" uns nichts. Dies ist eine universelle Wahrheit, die für uns alle gilt. Und sie schließt alle Sünden ein - vergangene, gegenwärtige und zukünftige. Wir sind gesegnet, wenn wir dies glauben, und eine solche Gnade umhüllt und heiligt all jene, die diese Liebe Gottes wahrnehmen. Das ist es, was uns im wahrsten Sinne des Wortes "reinigt".

"Gerechtigkeit durch Werke" ist also eigentlich "Ungerechtigkeit", weil es nicht die Gerechtigkeit Gottes ist. Die Gerechtigkeit Gottes wird in Römer 3,21-26 erklärt:

> *Aber jetzt ist die Gerechtigkeit Gottes außerhalb des Gesetzes offenbart worden, die durch das Gesetz und die Propheten bezeugt wird, ja sogar die Gerechtigkeit Gottes, durch den Glauben an Jesus Christus, für alle und an alle, die glauben. Denn es gibt keinen Unterschied; denn alle haben gesündigt und sind der Herrlichkeit Gottes nicht gerecht geworden, weil sie* ***aus seiner Gnade durch die Erlösung in Christus Jesus gerecht geworden sind****, den Gott durch sein Blut, durch den Glauben, als Sühne durch sein Blut, als Beweis seiner Gerechtigkeit dargebracht hat, weil Gott in seiner Nachsicht über die Sünden, die* ***zuvor begangen wurden****, hinweggegangen ist,* ***um jetzt seine Gerechtigkeit zu zeigen****, damit er gerecht und der Rechtfertiger dessen*

sei, der an Jesus glaubt (Römer 3,21-26, Hervorhebung hinzugefügt).

Gottes Gerechtigkeit rechtfertigt alles frei! Seine Gerechtigkeit "überwand unsere Sünden" und vergab all die Werke, die wir unter dem Gesetz von Gut und Böse getan hatten, tun und immer noch tun werden. Wenn wir glauben und die Liebe Jesu zu uns annehmen, wie sie durch sein Leben und seinen Tod demonstriert wird, dann werden wir die Früchte dieses Wissens ernten und vollständig mit Gott versöhnt sein. Eine so große Liebe verwandelt sich. Dies ist der Gott, der Himmel und Erde erschaffen hat; dies ist der Gott, den wir auch in der Ewigkeit preisen werden.

Wie können wir dieses wunderbare Wissen in unserem Leben anwenden? Kinder lernen, indem sie ihre Eltern beobachten; wir lernen aus dem Beispiel, das Jesus uns gegeben hat. Der Apostel Johannes erklärt, wie wir Gottes Gerechtigkeit in unserem Leben anwenden können:

> *Hierin manifestieren sich die Kinder Gottes und die Kinder des Teufels: Wer nicht Gerechtigkeit übt, der ist nicht aus Gott, und wer seinen Bruder nicht liebt, der ist es auch nicht. Denn das ist die Botschaft, die ihr von Anfang an gehört habt, dass wir einander lieben sollen (1 Joh 3,10.11).*

Wir sollen Nachahmer Gottes sein; wir sollen anderen das antun, was er für uns getan hat. Rechtschaffenheit ist bedingungslose Agape-Liebe füreinander. Gerechtigkeit bedeutet, bis zu "siebzig mal sieben" zu vergeben - wobei "sieben" eine biblische Zahl ist, die Vollkommenheit anzeigt und von Jesus als Symbol für bedingungslose Vergebung verwendet wird (Matthäus 18,22). Rechtschaffenheit vergibt vollständig und unendlich.

Die meisten Christen erkennen, dass die Gerechtigkeit durch Werke von Satan und nicht von Gott kommt. Aber sie tappen versehentlich in die Falle Satans, indem sie glauben, dass Gott willkürlich gute" Werke belohnt und böse Taten willkürlich bestraft. Indem sie dies glauben, glauben sie unwissentlich, dass die "Gerechtigkeit durch Werke" von Gott kommt.

Satan befürwortet und fördert unablässig das Gesetz von Gut und Böse für jeden von uns; der letztendliche Zweck seines Systems der Rechtschaffenheit durch Werke ist es, uns zu lehren, gut zu sein. Aber sein Belohnungs- und Bestrafungsmechanismus versagt auf abgrundtiefe Weise bei der Erreichung dieses Ziels.

Wenn wir Gottes Gesetz der Liebe verlassen, verstoßen wir automatisch gegen Satans Gesetz von Gut und Böse. Wenn wir uns gegen Gott entscheiden, entscheiden wir uns automatisch für Satan. Ohne Agape-Liebe sind wir "elend, elend, arm, blind und nackt", Offenbarung 3,17.

Da Gut und Böse zur menschlichen Vorgabe geworden ist, ist es keine Überraschung, dass wir Satans Charakterzüge Gott zuschreiben:

> ***...Sie dachten, dass ich Ihnen ganz und gar ähnele****; aber ich werde Sie zurechtweisen und sie vor Ihren Augen in Ordnung bringen. Nun bedenkt dies, ihr, die ihr Gott vergesst, damit ich euch nicht in Stücke reiße, und es gibt keinen zu retten: Wer Lobpreis anbietet, verherrlicht Mich; und dem, der sein Verhalten richtig anordnet, werde Ich das Heil Gottes zeigen (Psalm 50,21-23, Hervorhebung hinzugefügt).*

Gott ist ganz und gar NICHT wie wir. Wir sollen unser Leben aufrichtig ordnen - in agape Liebe. Der vorletzte Satz dieses Psalms kann besonders beängstigend sein, wenn wir Gottes Prinzipien der Gewaltlosigkeit nicht begreifen. Nur wenn wir verstehen, dass Gott kein Zerstörer ist, können wir dies mit einem spirituellen Geist lesen - in Agape-Liebe. Dieser Psalm wird dann genau das Gegenteil von dem bedeuten, was er zu bedeuten scheint. Paraphrasiert wird er so etwas wie dies bedeuten:

> *Merkt euch das, ihr, die ihr vergesst, dass Gott bedingungslose Liebe für alle hat, damit ihr nicht denkt, dass er euch vernichten wird, und dann wird es niemanden geben, der euch helfen und erlösen kann, denn wenn ihr glaubt, Gott sei gegen euch, wer wird dann für euch sein? Lernen Sie Gottes wahren Charakter kennen, so dass Sie ihm nur Dank und Lob darbringen können, statt der Buße, Tiere zu töten, weil Sie denken, dies würde einen zornigen Gott besänftigen. Es ist derjenige,*

der weiß, dass es keinen Grund gibt, sich vor Gott zu fürchten und ihn zu ehren. Wer sein Verständnis von Gott korrigiert, wird auch sein Verhalten gegenüber seinen Mitmenschen korrigieren. Einem solchen wird Gott zeigen, wie sehr er ihn liebt und welch große Rettung er für ihn und für die ganze Menschheit hat!

Die Formulierung "Wer sein Verhalten richtig anordnet, dem werde ich das Heil Gottes zeigen" kann nicht die Rettung durch Werke bedeuten, denn durch die Werke des Gesetzes wird niemand gerettet werden. Die einzige andere mögliche Interpretation ist die oben angebotene.

Gottes Wege sind höher als unsere, weil Seine Wege die Agape-Liebe sind:

"Denn meine Gedanken sind nicht eure Gedanken, und eure Wege sind nicht meine Wege", spricht der Herr. "Denn wie die Himmel höher sind als die Erde, so sind auch meine Wege höher als eure Wege und meine Gedanken höher als eure Gedanken" (Jesaja 55:8-9).

Wir müssen sehr vorsichtig sein, dass wir Gott nicht zu einem Gott machen, der wie wir selbst ist und die Dualität von Gut und Böse hat.

Letztlich negiert die Gerechtigkeit durch Werke das, was Gott in Christus am Kreuz gezeigt hat, als Jesus für die Sünden der Menschheit starb. Gerechtigkeit durch Werke fördert die Täuschung von der Erkenntnis des Guten und des Bösen - dass Gott gute Werke willkürlich mit der Erlösung belohnt und das Böse willkürlich mit dem Tod und nach Ansicht einiger sogar mit ewiger Qual bestraft. Dies ist Ungerechtigkeit, Gesetzlosigkeit und das Gegenteil von Gottes Gerechtigkeit, wie sie am Kreuz demonstriert wird. Am Kreuz hat Gott uns unsere Sünden nicht zugeschrieben, sondern sie auf sich genommen.

Wahre Gerechtigkeit bedeutet, dass weder die positiven noch die negativen Werke des Gesetzes Gottes Haltung und Verhalten uns gegenüber beeinflussen, denn Gerechtigkeit ist bedingungslose Liebe.

Die Errettung durch den Glauben gegenüber der Errettung durch Werke war von Anbeginn der Menschheitsgeschichte - im Leben von Kain und Abel

- ein typisches Beispiel.

> *Kain kam vor Gott mit Gemurmel und Untreue im Herzen hinsichtlich des versprochenen Opfers und der Notwendigkeit der Opfergaben. Seine Gabe drückte keine Buße für die Sünde aus. Er fühlte, wie es viele jetzt empfinden, dass es ein Eingeständnis der Schwäche wäre, genau dem von Gott vorgezeichneten Plan zu folgen und seine Errettung ganz der Sühne des verheißenen Erlösers anzuvertrauen.* ***Er wählte den Weg der Selbstabhängigkeit. Er würde in seinen eigenen Verdiensten kommen****. Er würde nicht das Lamm bringen und sein Blut mit seinem Opfer vermischen, sondern seine Früchte, die Produkte seiner Arbeit, darbringen. Er stellte seine Opfergabe als eine Gunst dar, die Gott erwiesen wurde und durch die er erwartete, die göttliche Zustimmung zu erhalten. Kain gehorchte, indem er einen Altar baute, gehorchte, indem er ein Opfer brachte; aber er erwies nur einen teilweisen Gehorsam. Der wesentliche Teil, die Anerkennung der Notwendigkeit eines Erlösers, wurde weggelassen {PP 72.1, Hervorhebung hinzugefügt}.*

> *Kain und Abel repräsentieren zwei Klassen, die bis zum Ende der Zeit auf der Welt existieren werden. Die eine Klasse nimmt das für die Sünde bestimmte Opfer in Anspruch;* ***die andere wagt es, sich auf ihre eigenen Verdienste zu verlassen****; ihr Opfer ist ein Opfer ohne die Tugend göttlicher Vermittlung, und daher* ***ist sie nicht in der Lage, den Menschen in die Gunst Gottes zu bringen****. Nur durch die Verdienste Jesu können unsere Übertretungen vergeben werden. Diejenigen, die kein Bedürfnis nach dem Blut Christi haben, die meinen, ohne göttliche Gnade* ***durch ihre eigenen Werke*** *die Gunst Gottes erlangen zu* ***können****, begehen denselben Fehler wie Kain.* ***Wenn sie das reinigende Blut nicht annehmen, werden sie verdammt.*** *Es gibt keine andere Bestimmung, die es ihnen ermöglicht,* ***aus der Sklaverei der Sünde befreit*** *zu werden {PP 72.5, Hervorhebung hinzugefügt}.*

> *Die Klasse der Gläubigen, die dem Beispiel Kain folgen, umfasst bei weitem den größten Teil der Welt; denn* ***fast jede falsche Religion basiert auf dem gleichen Prinzip - dass der Mensch sich auf seine eigenen Bemühungen um die Erlösung verlassen kann****. Einige behaupten, dass die menschliche Rasse nicht der Erlösung, sondern der Entwicklung bedürfe - dass sie* ***sich verfeinern, erheben und regenerieren*** *könne. So wie Kain dachte, die göttliche Gunst durch ein Opfer zu sichern, dem das Blut eines Opfers fehlte, so erwarten diese, die Menschheit unabhängig vom Sühneopfer auf den göttlichen Standard zu erheben. Die Geschichte Kains zeigt, wie das Ergebnis aussehen muss. Sie zeigt, was der Mensch von Christus getrennt werden wird.* ***Die Menschheit hat keine Macht, sich selbst zu regenerieren****. Sie neigt nicht nach oben, zum Göttlichen, sondern nach unten, zum Satanischen. Christus ist unsere einzige Hoffnung. "Es gibt keinen anderen Namen unter dem Himmel, der unter den Menschen gegeben ist, durch den wir gerettet werden müssen." "Es gibt auch keine Rettung in einem anderen." Apg 4,12 {PP 73.1, Hervorhebung hinzugefügt}.*

"Die Menschheit hat keine Macht, sich selbst zu regenerieren." Christus ist in der Tat "unsere einzige Hoffnung", denn nur Er offenbart uns einen Gott der Agape-Liebe.

> *Und dies ist das ewige Leben, damit sie* ***dich, den einzigen wahren Gott****, und Jesus Christus, den du gesandt hast,* ***erkennen*** *(Johannes 17,3, Hervorhebung hinzugefügt).*

18

URTEILE

Nachdem Luzifer die bedingungslose Natur von Gottes Gesetz der Agape-Liebe verworfen hatte, musste er automatisch ein System des Urteils einführen. Die Handlungen und Motive der Menschheit mussten beurteilt werden, damit er uns in die Kategorien Gut und Böse einteilen konnte. Wie hätte er sonst bestimmen können, wen er belohnen und wen er bestrafen sollte?

Das System von Gut und Böse muss zuerst die eigenen Verdienste oder Schwächen feststellen, bevor eine Belohnung oder Bestrafung verhängt werden kann. Dieser Prozess der Feststellung der eigenen Unschuld oder Schuld erfolgt durch Abwägung des eigenen Verhaltens auf der Waage von Gut und Böse. Die Seite, die sich am stärksten anlehnt, bestimmt den Ausgang des Urteils.

Wenn nun Gottes Liebe bedingungslos ist, kann er dann auf eine solche Art der Beurteilung zurückgreifen? Jesus sprach dieses Thema in der Bergpredigt an:

> *Richtet nicht, dass ihr nicht gerichtet werdet. Denn mit welchem Urteil ihr richtet, werdet ihr gerichtet werden; und mit dem Maß, das ihr gebraucht, wird es an euch zurück gemessen werden. Und warum schaust du auf den Fleck im Auge deines Bruders, aber nicht auf das Brett in deinem eigenen Auge? Oder wie kannst du zu deinem Bruder*

> *sagen: "Lass mich den Fleck aus deinem Auge entfernen"; und schau, ein Brett ist in deinem eigenen Auge? Du Heuchler! Entferne zuerst das Brett aus deinem eigenen Auge, und dann wirst du klar sehen, um den Fleck aus dem Auge deines Bruders zu entfernen (Matthäus 7,1-5).*

"Richtet nicht, dass ihr nicht gerichtet werdet." In diesem prägnanten, aber beladenen Satz gibt uns Jesus ein Prinzip, das unser Schicksal bestimmen kann. Warum sollen wir nicht richten? Damit wir nicht gerichtet werden. Aber wer wird uns richten, wenn wir andere richten? Gott? Satan? Uns selbst? Das sind wichtige Fragen, und wir werden versuchen, sie zu beantworten.

Im Lukas-Buch verstärkt Jesus das Wort "Richter" und meint damit die Verdammnis:

> *Richtet nicht, und ihr sollt nicht gerichtet werden. Verurteilen Sie nicht, und Sie sollen nicht verurteilt werden. Vergebt, und euch wird vergeben werden. Gib, und es wird dir vergeben werden: ein gutes Maß niedergedrückt, zusammengeschüttelt und übergelaufen wird in deinen Schoß gelegt werden. Denn mit demselben Maß, das ihr gebraucht, wird es euch zurück gemessen werden (Lukas 6,37).*

Was ist das Brett im Auge eines Menschen, der über andere urteilt? Das Brett im Auge ist das "Gericht" selbst - denn diese Art von Gericht ist verdammend und kommt aus dem moralischen Gesetz von Gut und Böse. Jesus charakterisiert dies als einen groben Fehler, einen Balken, der viel größer ist als der Splitter im Auge des Bruders.

Wenn wir andere beurteilen und abwägen, liefern wir den Beweis, dass wir uns in der Domäne des Todes befinden. Urteilen und Fehler finden ist an sich schon eine größere Sünde als die tatsächlichen Fehler, die wir bei anderen finden können. Schließlich sind wir alle Sünder; alle sind unvollkommen. Die Anklage ist das größere Übel.

Paulus erteilt die gleiche Warnung:

Wer isst, der verachte nicht den, der nicht isst, und wer nicht isst, der richte nicht den, der isst; denn Gott hat ihn aufgenommen. Wer bist du, dass du den Knecht eines anderen richtest? Für seinen eigenen Herrn steht oder fällt er. In der Tat wird er zum Stehen gebracht werden, denn Gott ist fähig, ihn stehen zu lassen (Römer 14,3-4).

Aber warum verurteilen Sie Ihren Bruder? Oder warum verachtest du deinen Bruder? Denn wir alle werden vor dem Richterstuhl Christi stehen. Denn es steht geschrieben: "So wahr ich lebe, spricht der Herr, so wird sich jedes Knie vor mir beugen und jede Zunge wird sich zu Gott bekennen. Dann soll also jeder von uns vor Gott Rechenschaft über sich selbst ablegen. Darum lasst uns nicht mehr übereinander urteilen, sondern lasst uns dies lösen, um unserem Bruder keinen Stolperstein oder Anlass zu geben, ihm in den Weg zu fallen (Römer 14,10-13).

Aber bei mir ist es eine sehr kleine Sache, dass ich von Ihnen oder von einem menschlichen Gericht beurteilt werden sollte. Tatsächlich urteile ich nicht einmal über mich selbst. Denn ich weiß nichts gegen mich selbst, und doch bin ich dadurch nicht gerechtfertigt; aber derjenige, der mich richtet, [GERICHTET MIR] ist der Herr. Darum richte nichts vor der Zeit, bis der Herr kommt, der sowohl die verborgenen Dinge der Finsternis ans Licht bringen als auch die Ratschläge der Herzen offenbaren wird. Dann wird der Lobpreis eines jeden von Gott kommen (1. Korinther 4,3-5).

Paulus sagt, dass er nicht einmal über sich selbst urteilt, und Gott ist in der Lage, ihn und alle durch seine Agape-Liebe stehen zu lassen. Wer nach dem Fleisch richtet, indem er gegen seinen Bruder spricht, richtet das Gesetz der bedingungslosen Liebe und erklärt zusammen mit Satan Gottes Gesetz für ineffizient und fehlerhaft. Er ist insofern wie Luzifer, als auch er über Gottes Gesetz urteilte und es für töricht und schwach befand. Er lehnt die bedingungslose Liebe ab und zieht das Gesetz von Gut und Böse dem Gesetz von Gut und Böse vor. Indem er Gottes bedingungsloses Prinzip ablehnt,

lehnt er Gott selbst ab.

> *Sprecht nicht schlecht von einander, Brüder. Wer von einem Bruder Böses redet und seinen Bruder richtet, der redet Böses vom Gesetz und richtet das Gesetz. Wenn ihr aber das Gesetz richtet, seid ihr nicht ein Täter des Gesetzes, sondern ein Richter. Es gibt einen Gesetzgeber, der in der Lage ist, zu retten und zu zerstören. Wer bist du, dass du einen anderen richtest (Jakobus 4,11-12)?*

Es gibt nur einen wahren Gesetzgeber - Er ist der Schöpfer des Himmels und der Erde, und Er hat eine höchste, ewige Gesetz-Agape-Liebe. Sein Gesetz ist das wahre Gesetz. Das Gesetz Luzifers ist eine Täuschung und ein Versagen, das die Prüfung der Zeit nicht überleben wird. Durch sein Gesetz vernichtet er die Erde und ihre Bewohner. Am Ende wird Gottes Gesetz gerechtfertigt bleiben; es wird ewig fortbestehen, so wie es immer gewesen ist.

Was halten wir von den Worten "Er ist fähig zu retten und zu zerstören"? Wenn wir urteilen, sind wir in Gefahr, zerstört zu werden. Das Schlüsselwort hier ist "Freiheit". Gott rettet und zerstört, indem er uns die letzte Freiheit gibt, zwischen dem Gesetz des Lebens und dem Gesetz des Todes zu wählen. Sowohl Zerstörung als auch Erlösung sind den Entscheidungen, die wir treffen, inhärent. Wenn wir uns gegenseitig richten, unterstehen wir eindeutig der Gerichtsbarkeit Satans.

Welche Gefahr besteht, wenn man sich gegenseitig verurteilt? Warum warnt uns Jesus davor, zu richten? Man kann sagen, dass es daran liegt, dass wir vielleicht ein falsches Urteil fällen, da wir das Herz nicht lesen können. Ja, das ist absolut wahr. Und wir könnten sagen, dass das Richten die Liebe tötet; es macht das Herz kalt - das ist alles wahr.

Aber eine andere, echte Gefahr für uns besteht darin, dass wir uns selbst messen, wenn wir das System von Gut und Böse benutzen, um andere zu messen. Indem wir andere beurteilen, erklären wir, dass unser Moralgesetz das Moralgesetz von Gut und Böse ist. Indem wir andere auf seiner Abwägung von Verdienst und Verwerfung abwägen, missachten wir

Gottes Gesetz der bedingungslosen Agape-Liebe und zeigen, dass wir Satan über Gott erwählt haben - wir sind Untertanen seines Reiches des Todes. Auf diese Weise wird uns das Gesetz Satans, das uns verurteilt, richten, und es gibt keine Gnade in seinem System.

Indem wir über andere urteilen, urteilen wir über uns selbst. Indem wir anderen Sünde zuschreiben, schreiben wir auch uns selbst Sünde zu. Das führt zur Selbstverdammnis und zu gegebener Zeit zu völliger Dunkelheit. Das ist das Schicksal Luzifers und seiner Engel.

> *Und die Engel, die ihr eigentliches Reich nicht bewahrten, sondern ihre eigene Wohnung verließen, hat er in ewigen Ketten in der Finsternis für das Gericht des großen Tages reserviert (Judas 1,6).*

Der Verlust eines Lebens durch den ewigen Tod ist ein sinnloser, unnötiger Verlust. Gott ist unendliche Liebe und Barmherzigkeit. Niemand muss verloren gehen. Wenn Gott uns nie verdammt, wer tut es dann? Wir verdammen uns selbst. Wenn wir das Kreuz studieren, wird sehr deutlich, wie tödlich Satans verdammende Macht ist.

Jesus erklärte, dass dieses "Gericht" der Verdammnis "nach dem Fleisch", dem fleischlichen Verstand (der vom moralischen Kodex von Gut und Böse kontrolliert wird), vollzogen wird:

> *Sie richten nach dem Fleisch, ich richte niemanden. Und wenn ich doch richte, so ist mein Urteil wahr; denn ich bin nicht allein, sondern ich bin bei dem Vater, der mich gesandt hat (Joh 8,15-16).*

Diejenigen, die "nach dem Fleisch urteilen", benutzen das Prinzip von Gut und Böse als ihre Messlatte. "Ich richte niemanden"-Jesus richtet niemanden nach dem Moralkodex von Gut und Böse. Was ist mit den Worten: "Wenn ich aber urteile, ist mein Urteil wahr? Wenn Gott niemanden richtet, um willkürlich zu belohnen oder zu bestrafen, wie richtet er dann, und was ist das wahre Urteil, von dem er spricht?

Das Urteil Gottes darf nicht mit dem Urteil verwechselt werden, das dem

Prinzip von Gut und Böse innewohnt.

> *Richtet nicht nach dem äußeren Schein, sondern richtet mit gerechtem Urteil (Joh 7,24).*

> *Schließlich wird mir die Krone der Gerechtigkeit auferlegt, die der Herr, der gerechte Richter, mir an jenem Tag geben wird, und nicht nur mir, sondern auch allen, die sein Erscheinen geliebt haben (2. Timotheus 4,8).*

Ein "gerechtes Urteil" beruht allein auf Gerechtigkeit. Gottes "gerechtes Gericht" muss im Einklang mit Seiner bedingungslosen Liebe stehen. Als solches kann das "gerechte Gericht" nicht das Belohnungs- und Strafsystem einschließen.

Gott kann nicht gleichzeitig "nach dem Fleisch" richten und bedingungslos lieben. Es ist entweder das eine oder das andere. Das Urteil, das Jesus als "Mein Urteil ist wahr" bezeichnete, ist ein Urteil, das auf Agape-Liebe basiert, nicht auf Gut und Böse. Daher bedeutet "gerechtes Urteil", dass Gott mit jedem von uns auf die gleiche Weise umgeht - mit bedingungsloser, unparteiischer Liebe. Dazu gehört die Achtung unserer Entscheidungsfreiheit. Gottes endgültiges Gericht wird durch "gerechtes Urteil" vollzogen werden. Wie wird das aussehen?

Es ist sehr einfach. Im Endgericht wird Gottes "gerechtes Urteil" darin bestehen, uns Freiheit zu geben und die Konsequenzen unserer Entscheidungen zu ehren. Er wird uns erlauben, die Konsequenzen der Rechtsprechung, die wir in diesem Leben gewählt haben, in vollem Umfang zu empfangen. Wenn wir die Rechtsprechung des Lebens gewählt haben, werden wir das Leben erhalten. Wenn wir uns für die Rechtsprechung des Todes entschieden haben, werden wir den Tod erhalten. Dies ist ein rechtschaffenes Urteil, das aus der Agape-Liebe entsteht.

Wie wählen wir eine Gerichtsbarkeit aus? Durch das Gesetz, das wir als unsere moralische Regel in diesem Leben annehmen. Wenn wir uns dafür entscheiden, nach dem bedingungslosen Gesetz der Agape-Liebe zu leben, werden wir unter Gottes Gerichtsbarkeit stehen und das Geschenk des ewigen Lebens erben. Wenn wir nach dem bedingungslosen Gesetz von Gut und Böse leben, stellen wir uns unter die Gerichtsbarkeit Satans und ernten den Tod. So ernten wir, was wir säen. Gottes "gerechtes Gericht" ist es, unsere Entscheidungen zu respektieren, und der "gerechte Richter" wird dafür sorgen, dass unsere Freiheit gewahrt und unsere Entscheidungen respektiert werden.

"Der gerechte Richter wird allen, die seine Erscheinung an diesem Tag lieben, die Krone des Lebens schenken". Diejenigen, "die seine Erscheinung lieben", starben in der Hoffnung auf die Auferstehung bei Jesu zweitem Kommen. Sie vertrauten nicht auf ihre eigene Güte, auf ihre eigenen Werke. Sie vertrauten auf Gott, der ihnen bedingungslos das ewige Leben geschenkt hat. Sie vertrauten auf Gottes Barmherzigkeit und Gnade. Sie nahmen das Geschenk des Lebens an, das allen frei gegeben wurde - sie glaubten an Jesu Offenbarung der bedingungslosen Liebe des Vaters.

Und doch sagt die Bibel, dass unsere Werke uns richten werden, nicht wahr? Wenn der "gerechte Richter" unsere Errettung nicht auf unsere eigenen Werke gründet, wie wird er uns dann richten?

Werke sind der sichtbare Beweis für unsere Gedanken. Sie enthüllen, was in uns ist. Deshalb sind unsere Handlungen "Beweise" dafür, wer wir sind, Beweise, die im kosmischen Gerichtssaal verwendet werden. Gott ist unsere Verteidigung, Satan unser Ankläger. Unser Handeln zeigt, ob wir glauben und dem folgen, was Christus uns über Gottes bedingungslose Liebe gesagt hat, oder ob wir dem Willkürgesetz Satans - dem Reich der Anklage und Verurteilung - hörig geblieben sind.

Gott kann uns nicht zwingen, aus Gut und Böse auszusteigen. Er kann unsere Freiheit nicht verletzen. Wenn wir uns dafür entscheiden, in ihr zu bleiben, ist er gezwungen, uns dort zu lassen, und dort werden wir den Tod ernten. Unser Leben wird abgewogen und die Beweise werden geprüft, damit alle sehen können, nach welchem Gesetz wir uns entschieden haben, zu leben. Transparenz ist der Grund für dieses Untersuchungsurteil. Jedes Gesetz hat sein eigenes Regelwerk. Satans Gesetz verurteilt - Gottes Gesetz spricht sich los. Nach welchem Gesetz leben wir?

Christus ist das Geschenk, das Gott der Welt gegeben hat, um seinen nicht richtenden und nicht urteilenden Charakter zu offenbaren. Das einzige Negative in Bezug auf Gottes Gericht, soweit es Gott den Vater und Jesus den Sohn betrifft, hat mit unserer Reaktion auf das Licht zu tun, das uns gegeben wird. Wir können das Licht annehmen oder ablehnen. Wenn Gott uns die Wahrheit gibt und wir sie ablehnen, dann erlaubt er uns, in die Finsternis zurückzukehren. Seine Hände sind ihm die Hände gebunden.

Die Sintflut war ein Gericht - zweitausend Jahre nach der Erschaffung der Welt. Das Licht des Evangeliums wurde den Vorzeitmenschen gegeben.

> *Denn auch Christus hat einmal für die Sünden gelitten, der Gerechte für die Ungerechten, damit er uns zu Gott führe, indem er im Fleisch getötet, aber durch den Geist lebendig gemacht wurde, durch den er auch ging und den Geistern im Gefängnis predigte, die früher ungehorsam waren, als einmal die göttliche Langmut in den Tagen Noahs wartete, während die Arche vorbereitet wurde, in der einige wenige, d.h. acht Seelen, durch Wasser gerettet wurden (1 Petrus 3,18-20).*

Die Menschen zur Zeit Noahs lehnten das Evangelium Jesu Christi ab, und infolgedessen kam die Flut durch die Hand des Anklägers, des Zerstörers.

Das erste Aufkommen war ein weiteres Gericht - viertausend Jahre von Eden entfernt. Allein der Akt, "Licht", die Wahrheit, auf die Erde zu bringen, brachte auch das Gericht. Jesus sagte:

> *"Zum Gericht bin ich in diese Welt gekommen, damit die, die nicht sehen, sehend werden, und damit die, die sehen, blind gemacht werden". Da hörten einige der Pharisäer, die bei ihm waren, diese Worte und sagten zu ihm: "Sind auch wir blind? Jesus sagte zu ihnen: "Wenn ihr blind wärt, hättet ihr keine Sünde; aber jetzt sagt ihr: 'Wir sehen'. Darum bleibt eure Sünde bestehen" (Johannes 9,39-41).*

Jesus offenbarte den Kindern Israels den Charakter Gottes. Sie sollten der

Welt seine Liebe vermitteln. Aber die meisten von ihnen lehnten Gottes Sohn ab und kreuzigten ihn - die Zerstörung Jerusalems erfolgte vierzig Jahre später erneut durch die Hand des Zerstörers. Durch die Ablehnung der Wahrheit übergaben sich die Menschen zur Zeit Jesu dem Satan.

> *Die Juden hatten ihre eigenen Fesseln geschmiedet; sie hatten für sich selbst den Kelch der Rache gefüllt. In der völligen Zerstörung, die sie als Nation erlitten, und in all dem Leid, das ihnen in ihrer Zerstreuung folgte, ernteten sie nur die Ernte, die ihre eigenen Hände gesät hatten. Sagt der Prophet: "O Israel, du hast dich selbst vernichtet," "denn du bist durch deine Missetat gefallen." Hosea 13:9; 14:1. Ihre Leiden werden oft als eine Strafe dargestellt, die durch den direkten Erlass Gottes auf sie zukommt. Auf diese Weise versucht der große Betrüger, sein eigenes Werk zu verbergen. Durch hartnäckige Ablehnung der göttlichen Liebe und Barmherzigkeit hatten die Juden bewirkt, dass ihnen der Schutz Gottes entzogen wurde und Satan sie nach seinem Willen regieren durfte. Die schrecklichen Grausamkeiten, die bei der Zerstörung Jerusalems begangen wurden, sind eine Demonstration der rachsüchtigen Macht Satans über diejenigen, die sich seiner Kontrolle beugen{GK 35.3}.*

Ein weiteres Gericht wird bald stattfinden - sechstausend Jahre nachdem Adam und Eva die Frucht des Baumes der Erkenntnis von Gut und Böse gegessen haben.

Das Licht von Gottes Charakter wird jetzt gegeben. Gott schenkt seinen Boten auf der ganzen Welt Licht, damit sie es zu allen Menschen tragen können. Das Licht von Gottes Charakter der bedingungslosen Liebe wird die ganze Erde bedecken.

> *Sie sollen weder verletzen noch zerstören in all Meinem heiligen Berg,*
> *Denn die Erde wird erfüllt sein von der Erkenntnis des Herrn*
> *Wie das Wasser das Meer bedeckt (Jesaja 11,9).*

"Wehe dem, der eine Stadt mit Blutvergießen baut,
Wer gründet eine Stadt durch Ungerechtigkeit!
Siehe, ist es nicht des Herrn der Heerscharen
Dass die Menschen arbeiten, um das Feuer zu schüren,
Und Nationen ermüden sich vergeblich?
Denn die Erde wird erfüllt werden
Mit dem Wissen um die Herrlichkeit des Herrn,
Wie die Wasser das Meer bedecken" (Habakkuk 2:12-14).

Und ich sah einen andern Engel fliegen mitten durch den Himmel, der das ewige Evangelium hatte, zu verkündigen denen, die auf Erden wohnen, allen Nationen, Stämmen, Sprachen und Völkern, und der mit lauter Stimme sprach: "Fürchtet Gott und gebt ihm Ehre, denn die Stunde seines Gerichts ist gekommen, und betet an, der Himmel und Erde gemacht hat, das Meer und die Wasserquellen" (Offenbarung 14,6-7).

Wenn dieses Wissen zurückgewiesen wird, wird die Zerstörung durch die Hand des Zerstörers, der in Offenbarung 9:11 beschrieben wird, wiederkommen:

Und sie hatten als König über sich den Engel des Abgrundes, der auf Hebräisch Abaddon heißt, auf Griechisch aber den Namen Apollyon hat (Offenbarung 9:11).

Leider werden viele die Wahrheit über den Charakter Gottes ablehnen. Die Ablehnung dieser Wahrheit stellt sie unter die Gerichtsbarkeit des Zerstörers. Dann wird die Zerstörung durch die Hand des Zerstörers durch die sieben letzten Plagen der Offenbarung sechzehn eintreten.

Wir haben die Freiheit der Wahl. Wir können das Zeugnis Jesu entweder annehmen oder ablehnen - das wird unser Urteil sein. Dieses Urteil bezieht sich darauf, was wir mit allem tun, was Jesus über Gott gelehrt und offenbart hat, insbesondere im Hinblick auf sein Prinzip der bedingungslosen Liebe.

Dieses Urteil trat in dem Moment in Kraft, als Jesus die Wahrheit über Gott erklärte, und wenn wir dasselbe ablehnen, verurteilen wir uns selbst. Was uns verurteilt, ist unsere Annahme oder Ablehnung des Lichtes, das Christus auf Gottes Charakter geworfen hat. Beachten Sie in diesem Zusammenhang seine Worte:

> *Und wenn jemand Meine Worte hört und nicht glaubt, so* ***richte Ich ihn nicht; denn Ich bin nicht gekommen, um über die Welt zu richten, sondern um die Welt zu retten.*** *Wer Mich verwirft und Meine Worte nicht annimmt, der hat das, was ihn richtet –* ***das Wort, das Ich gesprochen habe, wird ihn am letzten Tag richten.*** *Denn Ich habe nicht aus eigener Autorität gesprochen; sondern der Vater, der Mich gesandt hat, hat Mir einen Befehl gegeben, was Ich sagen und was Ich sprechen soll. Und ich weiß, dass sein Gebot das ewige Leben ist. Deshalb spreche ich, was immer ich spreche, so, wie der Vater es mir gesagt hat (Johannes 12,47–50, Hervorhebung hinzugefügt).*

Jesus war das wahre Licht, das in die Welt kam. Er kam, um Licht zu geben, aber die Welt hat ihn nicht angenommen:

> *Das war das wahre Licht, das jedem Menschen, der in die Welt kommt, Licht gibt.*
>
> *Er war in der Welt, und die Welt wurde durch ihn gemacht, und die Welt kannte ihn nicht. Er kam zu den Seinen, und die Seinen nahmen ihn nicht auf. So viele ihn aber aufnahmen, denen gab er das Recht, Kinder Gottes zu werden, denen, die an seinen Namen glauben, die nicht aus Blut, noch aus dem Willen des Fleisches, noch aus dem Willen des Menschen, sondern aus Gott geboren sind (Joh 1,9–13).*

Auch wenn die Welt durch ihn geschaffen wurde, kannte, empfing und akzeptierte die Welt ihn nicht. Die Welt konnte das Prinzip der Agape-Liebe nicht akzeptieren, weil die Welt Satans Gesetz von Gut und Böse vorzog.

Und dies ist die Verurteilung, dass das Licht in die Welt gekommen ist und die Menschen die Finsternis mehr liebten als das Licht, weil ihre Taten böse waren (Joh 3,19).

Für viele macht das Gesetz Satans so viel mehr Sinn als bedingungslose Liebe. Wie können wir schließlich Kriminelle nicht bestrafen? Wie könnte Liebe allein sie reformieren? Wie können wir keine Gewalt anwenden, um unsere Familien, unsere Kinder und uns selbst zu schützen? Wie kann die Ordnung ohne Gewaltanwendung aufrechterhalten werden?

Wahre Liebe zu Gott ruft einen Gehorsam hervor, der blind für Konsequenzen ist - das zeigt sich im Leben der Märtyrer. Daniel und seine Freunde hatten die einzig wahre, richtige Antwort auf das Argument, dass wir der Welt folgen müssen, um uns selbst zu retten:

O Nebukadnezar, wir haben in dieser Angelegenheit keine Notwendigkeit, Ihnen zu antworten. Wenn das der Fall ist, kann unser Gott, dem wir dienen, uns aus dem brennenden Feuerofen befreien, und er wird uns aus deiner Hand befreien, o König. Wenn das aber nicht der Fall ist, dann lass es dir gesagt sein, o König, dass wir weder deinen Göttern dienen noch das goldene Bild anbeten werden, das du aufgestellt hast (Daniel 3:16-18).

Es mag kontra-intuitiv sein, aber Jesus sagte: "Denn wer sein Leben retten will, wird es verlieren; wer aber sein Leben verliert um meinetwillen, der wird es finden" (Matthäus 16,25). Unser Leben um des gewaltlosen Liebesprinzips Gottes willen zu verlieren, wird eine Belohnung bringen, die diese Welt nicht bieten kann - ewiges Leben. Aber selbst dann werden wir davor gewarnt, Gott aus egoistischen Gründen zu folgen:

Obwohl ich in den Zungen der Menschen und der Engel spreche, aber keine Liebe habe, bin ich zu klingendem Blech oder einem klirrenden Becken geworden. Und obwohl ich die Gabe der Weissagung habe und alle Geheimnisse und alles Wissen verstehe und obwohl ich allen

> *Glauben habe, so dass ich Berge versetzen könnte, aber keine Liebe habe, bin ich nichts. Und wenn ich alle meine Güter gäbe, um die Armen zu speisen, und wenn ich meinen Leib zur Verbrennung gäbe, aber die Liebe nicht hätte, so nützt mir das nichts (1. Korinther 13,1-3).*

Die Menschheit ist vom Gesetz des Gottes dieser Welt durchdrungen. Auf die eine oder andere Weise hat der willkürliche Moralkodex Satans unsere Herzen ergriffen. Unsere einzige Hoffnung besteht darin, Jesus die Tür zu öffnen, damit er in unsere Herzen eindringen kann. Er klopft an die Tür. Unsere einzige Hoffnung besteht darin, vor "dem Richterstuhl Christi" zu stehen, denn in ihm gibt es keine Verurteilung, und alle werden aus freien Stücken freigesprochen.

> *Deshalb gibt es jetzt keine Verurteilung derer, die in Christus Jesus sind, die nicht nach dem Fleisch, sondern nach dem Geist wandeln (Römer 8,1).*

Gott ruft uns auf, aus dem System Satans herauszukommen, damit wir nicht an seiner drohenden Zerstörung teilhaben. Er wird uns befähigen, unsere Doppelnatur abzulegen, und er wird uns Seine Gerechtigkeit zuschreiben - Er kann uns von allen "korrumpierenden" Elementen reinigen. Gott wird niemals Gewalt gegen uns anwenden oder unseren freien Willen verletzen, nicht einmal, um uns zu retten. Die Wahl liegt bei uns, und wir müssen uns entscheiden, auf welcher Seite wir stehen.

19

JUSTIZ

Das Konzept der Gerechtigkeit ist für das Verständnis des Krieges zwischen Gott und Satan äußerst wichtig. Warum? Weil Luzifer in diesem speziellen Punkt bei der Eröffnung der großen Kontroverse zum ersten Mal von Gott abwich.

Wenn wir das Wort "Gerechtigkeit" in der Bibel studieren, wird deutlich, dass es ebenso wie zwei Arten von Gericht auch zwei Arten von Richtern gibt - Gottes Gerechtigkeit und Satans Gerechtigkeit. Es gibt eine Gerechtigkeit nach Gut und Böse (Ungerechtigkeit) und es gibt eine Gerechtigkeit nach der Agape-Liebe, die Gerechtigkeit ist. Wir müssen in der Lage sein, zwischen diesen beiden zu unterscheiden, sonst werden wir in den menschlichen Fehler verfallen, "Gerechtigkeit" nach dem Gesetz von Gut und Böse zu interpretieren. Auch hier muss die Bibel unsere Auslegerin und Definitorin von Begriffen sein. Gottes Gerechtigkeit ist niemals von der Barmherzigkeit losgelöst:

> ***Gottes Liebe hat sich in seiner Gerechtigkeit nicht weniger ausgedrückt als in seiner Barmherzigkeit. Die Gerechtigkeit ist die Grundlage seines Thrones und die Frucht seiner Liebe. Es war Satans Absicht gewesen, Barmherzigkeit von Wahrheit und Gerechtigkeit zu trennen. Er wollte beweisen, dass die Gerechtigkeit von Gottes Gesetz ein Feind des Friedens ist.*** *Aber Christus zeigt, dass sie in Gottes*

Plan unlösbar miteinander verbunden sind; das eine kann ohne das andere nicht existieren. Barmherzigkeit und Wahrheit sind miteinander verbunden; Gerechtigkeit und Frieden haben sich gegenseitig geküsst. Psalm 85:10 {DA 762.3, Hervorhebung hinzugefügt}.

Barmherzigkeit und Gottes Gesetz der Liebe sind untrennbar miteinander verbunden. Barmherzigkeit ist Gottes wahre Gerechtigkeit:

Dann kam das Wort des Herrn zu Sacharja und sagte: "So spricht der Herr der Heerscharen:
*'**Wahre Gerechtigkeit** vollziehen,*
Barmherzigkeit und Mitgefühl zeigen
Jeder zu seinem Bruder.
Unterdrücken Sie weder die Witwe noch die Waisen,
Die Ausländer oder die Armen.
Lasst keinen von euch Böses in seinem Herzen planen
Gegen seinen Bruder'" (Sacharja 7,8-9, Hervorhebung hinzugefügt).

Im Heiligtum des Mose wurde die Barmherzigkeit Gottes durch den Deckel dargestellt, der die Bundeslade bedeckte und die Zehn Gebote enthielt. Dieser Deckel wurde der "Barmherzigkeitssitz" genannt. Was ist dieser Barmherzigkeitssitz? Im Wesentlichen ist es Gottes "Thron" (Sitz) der Barmherzigkeit. Gott wies Moses an, wie er den Gnadenthron bauen sollte:

*"Du sollst **einen Gnadenthron aus reinem Gold** machen; zweieinhalb Ellen soll seine Länge und anderthalb Ellen seine Breite sein. Und du sollst zwei Cherubim aus Gold machen; aus gehämmerter Arbeit sollst du sie an den beiden Enden des Gnadenthrons machen. Mache einen Cherub an einem Ende und den anderen Cherub am anderen Ende; die Cherubim an seinen beiden Enden sollst du aus einem Stück mit dem Gnadenthron machen. Und die Cherubim sollen ihre Flügel nach oben ausbreiten und den Gnadenthron mit ihren Flügeln bedecken, und sie*

> *sollen einander zugewandt sein; die Gesichter der Cherubim sollen dem Gnadenthron zugewandt sein. Du sollst den Gnadenthron auf die Spitze der Arche setzen, und in die Arche sollst du das Zeugnis legen, das ich dir geben werde.* ***Und dort werde ich dir begegnen, und ich werde mit dir reden über dem Gnadenthron,*** *zwischen den beiden Cherubim, die auf der Lade des Zeugnisses sind, über alles, was ich dir im Gebot an die Kinder Israel geben werde" (Exodus 25,17-22, Hervorhebung hinzugefügt).*

Die Cherubim sollten aus einem Stück mit dem Gnadensitz gefertigt werden. Sie standen einander gegenüber, und ihre Gesichter sollten auf den Gnadensitz gerichtet sein. Dies ist ein sehr anschauliches Beispiel für die Stellung, die Luzifer vor seiner Rebellion im Himmel einnahm, und ihre Bedeutung im Himmel. Als er das Vertrauen zu Gott brach, wandte er sein Gesicht vom Gnadenthron ab. Damit wies er die Vorstellung zurück, dass Barmherzigkeit und Gerechtigkeit untrennbar miteinander verbunden seien.

Heißt es im Psalmisten:

> *Gerechtigkeit und Rechtschaffenheit sind das Fundament Deines Thrones; Barmherzigkeit und Wahrheit gehen vor Dein Angesicht (Psalm 89,14).*

Gottes Rechtschaffenheit, Gerechtigkeit, Barmherzigkeit und Wahrheit sind untrennbar mit seinem Gesetz der Liebe verflochten und können sich eigentlich nicht widersprechen. Sie sind ein harmonisches Paket, wie Jesus in seinem eigenen Leben und Tod offenbarte.

Da die Barmherzigkeit das "Fundament" von Gottes Thron ist, ist es nicht überraschend, dass von Beginn der Rebellion Satans an der Schwerpunkt seines Angriffs auf Gott genau mit den Themen Gerechtigkeit und Barmherzigkeit zu tun hatte. Als Jesus zu den Pharisäern sprach, wies er darauf hin, dass Gerechtigkeit und Barmherzigkeit die "gewichtigeren Angelegenheiten des Gesetzes" seien.

> *Wehe euch, Schriftgelehrte und Pharisäer, ihr Heuchler! Denn ihr zahlt den Zehnten von Minze, Anis und Kreuzkümmel und vernachlässigt* ***die gewichtigeren Angelegenheiten des Gesetzes: Gerechtigkeit, Barmherzigkeit und Glauben****. Diese hättet ihr tun sollen, ohne die anderen unerledigt zu lassen (Matthäus 23:23, Hervorhebung hinzugefügt).*

Wie wir vorhin gelesen haben, "hatte Satan bei der Eröffnung der großen Kontroverse erklärt, dass dem Gesetz Gottes nicht gehorcht werden könne, dass Gerechtigkeit nicht mit Barmherzigkeit vereinbar sei". Sehen Sie sich dieses Zitat noch einmal an:

> *Bei der Eröffnung der großen Kontroverse hatte Satan erklärt, dass dem Gesetz Gottes nicht gehorcht werden könne,* ***dass Gerechtigkeit mit Barmherzigkeit unvereinbar sei*** *und dass, sollte das Gesetz gebrochen werden, dem Sünder nicht vergeben werden könne.* ***Jede Sünde müsse ihre Strafe erhalten, drängte Satan****; und wenn Gott die Strafe der Sünde erlassen sollte, wäre er kein Gott der Wahrheit und Gerechtigkeit. Als die Menschen das Gesetz Gottes brachen und sich seinem Willen widersetzten, jubelte Satan. Es sei bewiesen, erklärte er, dass dem Gesetz nicht gehorcht werden könne; dem Menschen könne nicht vergeben werden. Weil er nach seiner Rebellion vom Himmel verbannt worden war, behauptete Satan, dass die Menschheit für immer von Gottes Gunst ausgeschlossen werden müsse. Gott könne nicht gerecht sein, drängte er, und doch dem Sünder Barmherzigkeit erweisen {DA 761.4, Hervorhebung hinzugefügt}.*

Was könnte Satan mit der Aussage "Gerechtigkeit war unvereinbar mit Barmherzigkeit" gemeint haben? Meinte er damit, dass Gottes Gerechtigkeit in der Tat unvereinbar mit der Barmherzigkeit sei? Oder meinte er, dass nach seiner eigenen Meinung Gerechtigkeit nicht mit Barmherzigkeit vereinbar sein konnte? Wenn wir die Worte "Gerechtigkeit war unvereinbar mit der Barmherzigkeit" gegen die Aussage "jede Sünde muss ihre Strafe erhalten, drängte Satan" abwägen, müssen wir zu dem Schluss kommen, dass Letzteres der Fall ist - Satan schuf ein neues Konzept von Gerechtigkeit. Wenn sich der Leser erinnert, bedeutet eines der hebräischen Wörter für Ungerechtigkeit, âvôn, auch Strafe. Als bei Luzifer die Ungerechtigkeit bei Luzifer gefunden wurde, entstand der Begriff der Bestrafung.

An einem bestimmten Punkt seiner Rebellion kam Satan dazu, Gerechtigkeit als das Äquivalent von Bestrafung wahrzunehmen, und als er sich gegen die Liebe auflehnte, begann er darauf zu drängen, dass Gott seine neue Definition von Gerechtigkeit akzeptieren sollte. Für ihn wurde die Bestrafung zum zentralen Element des Gerechtigkeitsbegriffs.

> *Als einer im heiligen Amt* ***manifestierte er [LUCIFER] ein überhebliches Verlangen nach Gerechtigkeit, aber es war eine Fälschung der Gerechtigkeit,*** *die im völligen* ***Gegensatz zu Gottes Liebe und Mitleid und Barmherzigkeit*** *stand {RH 7. September 1897, par. 4, Hervorhebung hinzugefügt}.*

> *Sein [SATAN'S] Ziel ist es, Böses anzuzetteln, und wenn er Erfolg hat, wirft er dem Verführten alle Schuld zu, indem er ihn mit den schwarzen Gewändern der Sünde bekleidet vor den Advokaten stellt und sich bemüht, ihm die härteste Strafe zu sichern.* ***Er würde auf Gerechtigkeit ohne Gnade drängen.*** *Buße lässt er nicht zu. Die Strafe, so argumentiert er, kann niemals erlassen werden, und Gott sei gerecht {RH 22. September 1896, par. 7, Hervorhebung hinzugefügt}.*

Wenn wir diese Aussagen mit der Beschreibung des Falles Luzifers durch Hesekiel vergleichen, werden wir einen neuen Einblick in die Art des Angriffs Satans auf Gottes Gesetz gewinnen:

> *Ihr wart vom Tag eurer Erschaffung an perfekt in eurer Art und Weise, bis die Ungerechtigkeit in euch gefunden wurde. "Durch den Überfluss deines Handels wurdest du von innerer Gewalt erfüllt, und du hast*

gesündigt" (Hesekiel 28,15-16).

Nun können wir diese Passage dahingehend interpretieren, dass Luzifer in seiner Art und Weise vollkommen war, bis dieser neue Begriff von Gerechtigkeit, die Idee, dass "jede Sünde bestraft werden muss", in seinem Geist aufkam. So war die in ihm gefundene Ungerechtigkeit ein neues Verständnis davon, was Gerechtigkeit sein sollte, eine bestrafende Gerechtigkeit, eine Gerechtigkeit, die nach Gott überhaupt keine Gerechtigkeit ist.

Nun sind wir mit zwei Arten von Richtern konfrontiert - einer von Gott und einer von Satan. Um sie zu unterscheiden, müssen wir die Heilige Schrift durchforsten, um herauszufinden, welche Gerechtigkeit von Gott und welche von Satan kommt. Die Gerechtigkeit Satans erfüllte ihn mit "innerer Gewalt"; sein Gerechtigkeitssinn führte natürlich dazu, dass er gewalttätig wurde. Daher wendet seine Gerechtigkeit Gewalt an.

In der Bibel wird Gottes Gerechtigkeit oft mit Seiner Rechtschaffenheit gepaart. Wenn Gerechtigkeit im Geist der Gerechtigkeit geschieht, dann ist sie von Gott. Von zentraler Bedeutung für Gottes Gerechtigkeit sind die Konzepte der Güte, der liebenden Güte, der Wahrheit und der Barmherzigkeit. Das ist Seine Gerechtigkeit. Wenn umgekehrt Gerechtigkeit durch Gewalt erreicht wird, dann kommt sie von Satan.

Der Fall der ehebrecherischen Frau ist ein klares Beispiel sowohl für die Gerechtigkeit Satans als auch für die Gerechtigkeit Gottes. Die Pharisäer wollten ihr die Gerechtigkeit Satans geben und waren als solche bereit, sie zu Tode zu steinigen. Jesus gab ihr Gottes Gerechtigkeit: Barmherzigkeit. Die ehebrecherische Frau empfing Gottes Gerechtigkeit, und ihr Leben wurde von diesem Moment an verwandelt.

Betrachten Sie dann die folgenden Verse über Gerechtigkeit:

Er liebt Rechtschaffenheit und Gerechtigkeit*; die Erde ist voll der Güte des Herrn (Psalm 33,5, Hervorhebung hinzugefügt).*

Gerechtigkeit und Rechtschaffenheit sind die Grundlage Deines

Thrones; Barmherzigkeit und Wahrheit *gehen vor Dein Angesicht (Psalm 89,14, Hervorhebung hinzugefügt).*

Der Herr vollzieht ***Gerechtigkeit und Recht*** *für alle, die unterdrückt werden (Psalm 103,6, Hervorhebung hinzugefügt).*

Zion soll mit ***Gerechtigkeit*** *erlöst werden und ihre Büßer mit* ***Gerechtigkeit*** *(Jesaja 1:27, Hervorhebung hinzugefügt).*

In der Barmherzigkeit wird der Thron errichtet werden*; und man wird in Wahrheit darauf sitzen, in der Stiftshütte Davids, und richten und* ***Gerechtigkeit suchen und die Gerechtigkeit beschleunigen****" (Jesaja 16,5, Hervorhebung hinzugefügt).*

Auch werde ich ***die Gerechtigkeit*** *zur Messlinie machen und* ***die Rechtschaffenheit*** *zum Absturz bringen; der Hagel wird die Zuflucht der Lüge hinwegfegen, und das Wasser wird das Versteck überfluten (Jesaja 28,17, Hervorhebung hinzugefügt).*

Siehe, ***ein König wird in Gerechtigkeit regieren, und Fürsten werden mit Gerechtigkeit regieren*** *(Jesaja 32:1, Hervorhebung hinzugefügt).*

Der Herr ist erhaben, denn Er wohnt in der Höhe; Er hat Zion mit ***Gerechtigkeit und Rechtschaffenheit*** *erfüllt (Jesaja 33:5, Hervorhebung hinzugefügt).*

"Ich will dich mit Mir verloben auf ewig; ja, Ich will dich mit Mir verloben in ***Gerechtigkeit und Recht, in Güte und Barmherzigkeit"*** *(Hosea 2:19, Hervorhebung hinzugefügt).*

Diesen Versen zufolge ist Gottes Gerechtigkeit gleichbedeutend mit Güte, Barmherzigkeit, Wahrheit, liebender Güte und Rechtschaffenheit. Da es sich bei der Gerechtigkeit um Rechtschaffenheit, Geradheit und moralische Tugend handelt, muss sie mit Gottes Agape-Liebe und all ihren Eigenschaften in Einklang gebracht werden, sonst ist sie keine Gerechtigkeit. Gewalt wird in Gottes Gerechtigkeit niemals erwähnt.

Das Wort "Gerechtigkeit" bezieht sich auch auf das, was richtig ist. In Bezug auf Gottes Gesetz der Agape-Liebe weist es auf Gleichheit hin, die per Definition unparteiisch und bedingungslos ist. Auch hier gilt, dass Gottes Gerechtigkeit innerhalb der Parameter seiner Agape-Liebe ausgeübt werden muss. Gerechtigkeit, die aus der Agape-Liebe heraustritt, ist eine falsche Gerechtigkeit - sie ist Satans Perversion der Gerechtigkeit.

Satan schuf eine neue Art von Rechtschaffenheit, Geradheit und moralischer Tugend, eine neue Gerechtigkeit, die außerhalb der Agape-Liebe wirkt. Seine Gerechtigkeit ist nicht von Güte, Barmherzigkeit, Wahrheit und liebender Güte erfüllt. Vielmehr ist sie grausam, gemein und zerstörerisch - sie ist gewalttätig. Bedenken Sie die folgenden Worte:

> ***Die verurteilende Macht Satans würde ihn dazu veranlassen, eine Theorie der Gerechtigkeit einzuführen, die mit Barmherzigkeit unvereinbar ist.*** *Er behauptet, als Stimme und Macht Gottes zu fungieren, behauptet, dass seine Entscheidungen gerecht, rein und ohne Fehler sind. So nimmt er seine Position auf dem Richterstuhl ein und erklärt, dass seine Ratschläge unfehlbar sind.* ***Hier kommt seine erbarmungslose Gerechtigkeit ins Spiel, eine gottesverachtende Fälschung der Gerechtigkeit*** *{CTr 11.4, Hervorhebung hinzugefügt}.*

Satan führte "eine Theorie der Gerechtigkeit" ein, eine gefälschte Gerechtigkeit, die "unvereinbar mit der Barmherzigkeit" ist. Das bedeutet, dass seine Gerechtigkeit "gnadenlos" ist - ohne Barmherzigkeit.

Und nicht nur das, er täuschte das Universum, indem er glaubte, seine Gerechtigkeit käme von Gott - "er behauptet, als Stimme und Kraft Gottes zu wirken". Und er besteht darauf, dass seine Gerechtigkeit die richtige ist, dass seine "Entscheidungen gerecht, rein und ohne Fehler sind". "So nimmt er seine Position auf dem Richterstuhl ein und erklärt, dass seine Ratschläge unfehlbar sind.

Dies ist "gottesverachtend", weil Gott die Personifizierung der Barmherzigkeit ist. Tatsächlich ist Satans so genannte Gerechtigkeit für Gott in Wirklichkeit Ungerechtigkeit - und diese Ungerechtigkeit, die durch eine gefälschte Gerechtigkeit geschieht, ist das Wesen der Ungerechtigkeit.

Das erklärt, warum "Jesus die Gerechtigkeit liebte und die Ungerechtigkeit hasste", wie es im Buch der Hebräer heißt:

> *Aber zu dem Sohn sagt er:*
> *"Dein Thron, o Gott, ist für immer und ewig;*
> *Ein Zepter der Gerechtigkeit ist das Zepter Deines Reiches. Du hast die Rechtschaffenheit*
> *geliebt und die Gesetzlosigkeit [Ungerechtigkeit] gehasst;*
> *Darum hat dich Gott, dein Gott, gesalbt*
> *Mit dem Öl der Freude mehr als deine Gefährten" (Hebräer 1:8¬9, Hervorhebung*
> *hinzugefügt).*

Die gefälschte Gerechtigkeit Satans ist eine "zensurierende" Art der Gerechtigkeit, die andere richtet und verurteilt:

> ***Die gefälschte Gerechtigkeit, für die Satan eintritt, wird von Gott verabscheut. Seine Zurechtweisung darf von niemandem nachgeahmt werden, der an göttlicher Barmherzigkeit und Liebe teilhat.*** *Hüte deine eigene Seele, mein Bruder, meine Schwester; achte genau auf den ersten eifersüchtigen Gedanken, auf die erste Anregung,* ***andere zu befragen oder zu verurteilen****. Wir dürfen mit den Gebrechen anderer nicht streng sein, sondern müssen uns eifrig um unseren eigenen Fall kümmern {SW 25. September 1906, par. 10, Hervorhebung hinzugefügt}.*

Andere zu befragen und zu verurteilen ist Teil des Pakets der gefälschten Gerechtigkeit Satans. Es ist nichts Positives daran, andere zu tadeln und zu kritisieren; vielmehr offenbart die Kritik nur einen harten Geist, der versucht, anzuklagen und anzuklagen. Das ist es, was Satan mit unserem moralischen Make-up gemacht hat. Dieser Geist ist weit entfernt von Gottes unparteiischer Güte, Barmherzigkeit und Liebe.

Betrachten Sie die folgenden Verse - sie zeigen, dass die Anwendung von Gewalt im Kontext der Gerechtigkeit ein Widerspruch, eine Perversion ist:

> *Wenn Sie die Unterdrückung der Armen und die* ***gewaltsame Pervertierung von Gerechtigkeit und Rechtschaffenheit*** *in einer Provinz sehen, wundern Sie sich nicht über die Angelegenheit; denn hohe Beamte wachen über hohe Beamte, und höhere Beamte sind über sie (Prediger 5:8, Hervorhebung hinzugefügt).*

> *Im Übertreten und Lügen gegen den Herrn und im Abweichen von unserem Gott,*
> ***Von Unterdrückung und Revolte sprechen,***
> ***Aus dem Herzen Worte der Falschheit erdenken und aussprechen.***
> ***Die Gerechtigkeit wird zurückgedreht,***
> *Und die Rechtschaffenheit steht in weiter Ferne;*
> *Denn die Wahrheit ist auf der Straße gefallen,*
> *Und Gleichheit kann nicht eintreten (Jesaja 59:13-14. Hervorhebung hinzugefügt).*

Gottes Gerechtigkeit kann durch eine falsche, gewalttätige Pervertierung seiner Gerechtigkeit ausgenutzt und blockiert werden. So ist es, dass die Gerechtigkeit "in der Ferne steht", "in den Straßen gefallen ist", "und Gerechtigkeit nicht eintreten kann". Die nächsten Verse zeigen, wie Gewalt und Gerechtigkeit unvereinbar sind, dass aber oft Gerechtigkeit und Rechtschaffenheit zu etwas pervertiert werden, was sie nicht sein sollten:

> *"So spricht Gott, der Herr: 'Genug, oh Fürsten Israels!* ***Beseitigt Gewalt und Plünderung, führt Gerechtigkeit und Rechtschaffenheit aus*** *und*

hört auf, mein Volk zu enteignen', spricht Gott der Herr" (Hesekiel 45:9, Hervorhebung hinzugefügt).

"Sucht den Herrn und lebt, damit er nicht ausbricht wie Feuer im Hause Josefs und es verschlingt, ohne dass jemand es in Bethel löschen kann - ihr, die ihr ***Gerechtigkeit in Wermut verwandelt*** *und Gerechtigkeit in der Erde zur Ruhe legt" (Amos 5,6-7, Hervorhebung hinzugefügt)!*

Laufen Pferde auf Felsen? Pflügt man dort mit Ochsen? Und doch habt ihr ***die Gerechtigkeit in Galle*** *und die Frucht der* ***Gerechtigkeit in Wermut verwandelt*** *(Amos 6,12, Hervorhebung hinzugefügt).*

Wahre Gerechtigkeit ist die Frucht der Rechtschaffenheit. Aber Satan hat dieses Wort in "Galle" und "Wermut" verwandelt - beides schädliche und giftige Pflanzen. Satans Gerechtigkeit ist voller Gewalt und Unterdrückung - sie ist nicht gerecht.

Wir alle kennen Satans Art der Gerechtigkeit recht gut und haben ihre strafende und zerstörerische Natur erfahren. Aus seinem Gerechtigkeitsstil geht nichts Gutes hervor, auch wenn es eine Zeitlang so aussehen mag. Das letztendliche Endergebnis seines Systems ist Entfremdung, Rebellion, Schmerz und Streit, Zerstörung und Tod.

Luzifer war der erste Sünder, und nach seiner eigenen Argumentation hätte Gott ihn bestrafen müssen. Ist das nicht die logische Schlussfolgerung? Aber Gott hat nichts dergleichen getan. Luzifers Verbannung aus dem Himmel war kein willkürlicher Akt Gottes; er verbannte sich selbst, indem er mit jedem Bewohner des Himmels völlig außer Harmonie war. Sie hörten nicht mehr auf seine listigen Täuschungen - der Himmel lehnte seine "Weisheit" ab.

Außerdem war es sein eigener Verstand, sein eigenes Denken, der ihn von der Gunst Gottes verbannte. Luzifer wurde der erste Ungläubige. Aufgrund seiner neuen Auffassung von Gerechtigkeit konnte er weder für sich noch für andere an die Vergebung glauben.

> *Satan, das Oberhaupt der gefallenen Engel, hatte einst eine erhabene Stellung im Himmel. Er war der Nächste zu Ehren Christi. Die Erkenntnis, die er, wie auch die mit ihm gefallenen Engel, über den Charakter Gottes, seine Güte, seine Barmherzigkeit, Weisheit und hervorragende Herrlichkeit hatten, machte ihre Schuld unverzeihlich {Kon 21.1}.*

Luzifer lehnte die Barmherzigkeit selbst ab, und damit beging er die unverzeihliche Sünde. Nicht, weil Gott Luzifer nicht verzeihen könnte - nein, aus Gottes Sicht ist ihm bereits vergeben. Wenn Gottes Liebe bedingungslos und unparteiisch ist, dann ist sogar Satan vergeben. Aber beachten Sie:

> *Es gab keine mögliche Hoffnung auf die Erlösung derer, die die unaussprechliche Herrlichkeit des Himmels erlebt und genossen hatten, die die schreckliche Majestät Gottes gesehen und sich in Gegenwart all dieser Herrlichkeit gegen ihn aufgelehnt hatten.* ***Es gab keine neuen und wunderbaren Ausstellungen der erhabenen Macht Gottes, die sie so tief beeindrucken konnten, wie die, die sie bereits erlebt hatten.*** *Wenn sie sich in der Gegenwart der unaussprechlichen Herrlichkeit auflehnen konnten,* ***konnte man sie nicht in einen günstigeren Zustand versetzen, um sie zu beweisen. Es gab keine Reservekraft der Macht, noch gab es größere Höhen und Tiefen unendlicher Herrlichkeit, um ihre eifersüchtigen Zweifel und ihr rebellisches Gemurmel zu überwältigen.*** *Ihre Schuld und ihre Bestrafung müssen in einem angemessenen Verhältnis zu ihren erhabenen Privilegien an den himmlischen Gerichten stehen {Kon 21.2, Hervorhebung hinzugefügt}.*

Wenn Satan sich gegen die Verkörperung von Barmherzigkeit und Liebe auflehnen konnte, welche Hoffnung gab es dann für ihn, zu Gott zurückzukehren? Er war bereits vollständig dem Gott der Liebe ausgesetzt gewesen - und er lehnte ihn ab. So war er in seiner eigenen Falle gefangen. Er würde schließlich genau die Strafe erleiden müssen, die er für andere formuliert hatte - nicht, weil Gott es verlangte, sondern weil sein eigener Geist es so wollte. Seine Verurteilung wird allein aus seinem eigenen Gesetz von Gut und Böse kommen - aus seinem "bösen Herzen des Unglaubens". Beachten Sie die folgenden Verse:

> *Hütet euch, Brüder, damit nicht in irgendeinem von euch ein böses Herz des Unglaubens entsteht, wenn ihr euch von dem lebendigen Gott entfernt, sondern ermahnt einander täglich, während es "Heute" heißt, damit nicht irgendeiner von euch durch den Betrug der Sünde verhärtet wird. Denn wir sind Teilhaber an Christus geworden, wenn wir den Anfang unserer Zuversicht bis zum Ende standhaft halten, während es heißt: "Heute": "Heute, wenn ihr seine Stimme hören wollt, so verhärtet eure Herzen nicht wie in der Rebellion" (Hebräer 3,12-15).*

"Ein böses Herz des Unglaubens" ist das Einzige, was uns vom Gott der bedingungslosen Liebe trennt. Keiner von uns ist so tief gesunken, dass Gott uns nicht vergeben kann. Keiner von uns ist so verräterisch und böse geworden, dass Gott uns nicht reformieren kann. Die einzige Sünde, die nicht vergeben werden kann, ist die Sünde des Unglaubens an den wahren Charakter Gottes - und das wiederum nicht, weil Gott sie nicht vergeben würde, sondern weil der Unglaube selbst uns vom Gott der Barmherzigkeit abschneidet.

Im Koran wird der Teufel Iblis genannt. Beachten Sie die Definition dieses Wortes gemäß der Encyclopedia Mythica:

> *Iblis ist die Bezeichnung für den Teufel im Qur'an. Obwohl der Begriff "Teufel" von den griechischen Diabolos stammt, leiteten die Muslime den Namen vom arabischen Wort balasa ab, "er verzweifelte", was als "verzweifelt an der Barmherzigkeit Gottes" interpretiert werden kann, aber er ist auch al-Shairan, Satan und "der Feind Gottes". Der letztgenannte Aspekt des Satans ist ein gemeinsamer Glaube sowohl von Muslimen als auch von Christen. Einer Tradition zufolge weigerte*

sich Iblis, als Allah den Engeln befahl, sich vor dem neu geschaffenen Mann, Adam, zu verneigen, weil er, da er aus Feuer gemacht war, sich einem Geschöpf aus Erde überlegen fühlte. Er fährt fort, die Menschen in Versuchung zu führen, insbesondere durch das Flüstern (waswas, "er flüsterte") und falsche Suggestionen (haiif). Am Ende, so glaubt man, wird er nach Jahannam (Hölle) geworfen. Eine weitere gemeinsame Überzeugung beider Religionen ist, dass die universelle Existenz des Bösen im persönlichen Leben gewöhnlich als Folge eines persönlichen Agenten, des Teufels, erlebt wird. Obwohl sowohl Satan als auch al-Shairan identifiziert werden, hat Shairan auch eine eigene Existenz, vielleicht als Anführer der Dschinn, eine Personifizierung der Versuchung. Dies deckt sich mit dem muslimischen Glauben, dass jedes Individuum von zwei persönlichen geistigen Wesenheiten begleitet wird; ein Engel zeichnet alle guten Taten auf, die die Person vollbringt, und ein Shairan, der die schlechten Taten aufzeichnet ("Iblis"). Encyclopedia Mythica aus Encyclopedia Mythica Online. <http://www.pantheon.org/articles/i/iblis.html> [Zugriff am 02. März 2016]).

Das arabische Wort, von dem sein arabischer Name abstammt, bedeutet "er verzweifelte, was als 'verzweifelt an der Barmherzigkeit Gottes' interpretiert werden kann". Iblis verzweifelte an der Barmherzigkeit Gottes nicht, weil Gott keine Barmherzigkeit hat, sondern weil Iblis überhaupt nicht mehr an die Barmherzigkeit glaubte. Beachten Sie, wie er und seine Engel "alle guten Taten" und die "schlechten Taten" der Menschen aufzeichnen. Korinther 13 Korinther 13: Wenn Gott kein Unrecht aufzeichnet und wenn unsere guten Taten nicht unsere Errettung verdienen, dann ist es klar, dass es der Teufel und seine Engel sind, die diese Dinge aufzeichnen. Sie führen Aufzeichnungen, damit sie uns vor Gott anklagen können.

Da hörte ich eine laute Stimme im Himmel sagen: "Nun ist das Heil und die Kraft und das Reich unseres Gottes und die Macht seines Christus gekommen; denn der Verkläger unserer Brüder, der sie Tag und Nacht vor unserem Gott verklagte, ist niedergeworfen worden" (Offenbarung 12,10).

Indem wir nicht an Gottes Barmherzigkeit und Liebe glauben, schneiden wir uns selbst von der Barmherzigkeit ab. Ein "böses Herz des Unglaubens" ist das Einzige, was uns daran hindert, das ewige Leben zu haben. Es ist kein Wunder, dass Paulus es "ein böses Herz des Unglaubens" nennt! Wir müssen uns an der Liebe und Barmherzigkeit Jesu wie an einem Rettungsfloß festhalten.

> *Die Menschen wären nicht länger Sklaven der Sünde, wenn sie sich nur von Satans verlockenden, trügerischen Anziehungskräften abwenden und* ***lange genug auf Jesus schauen würden, um seine Liebe zu sehen und zu verstehen.*** *Es werden sich neue Gewohnheiten herausbilden, und mächtige Neigungen zum Bösen werden im Zaum gehalten. Unser Anführer ist ein Eroberer, und er führt uns zu einem sicheren Sieg. Unser Fürsprecher Jesus bittet für uns vor dem Thron seines Vaters, und er fleht auch den Sünder an und sagt: "Wendet euch, denn warum wollt ihr sterben? Hat Gott nicht alles getan, was durch Christus möglich war, um die Menschen aus dem satanischen Betrug zu gewinnen? Hat er sich nicht selbst hingegeben? Ist er nicht um unseretwillen arm geworden, damit wir durch seine Armut reich werden? Ist er nicht ein auferstandener Erlöser, der je gelebt hat, um für uns Fürbitte zu leisten? Folgt er seinem großen Werk der Buße nicht durch das Wirken des Heiligen Geistes in jedem Herzen?* ***Der Bogen der Barmherzigkeit wölbt sich immer noch über den Thron Gottes und bezeugt die Tatsache, dass jede Seele, die an Christus als seinen persönlichen Erlöser glaubt, ewiges Leben haben wird. Barmherzigkeit und Gerechtigkeit vermischen sich im Umgang Gottes mit seinem Erbe*** *{ST 19. September 1895, par. 2, Hervorhebung hinzugefügt}.*

Können Sie sich das vorstellen - dass es eine unergründliche Zukunft des ewigen Lebens gibt, das jedem Menschen angeboten wird, nicht auf der Grundlage seiner eigenen Güte oder Bösartigkeit, sondern frei gegeben, aber viele werden es verlieren, nur weil sie nicht glauben? Was ist "die Verlogenheit der Sünde"? Es ist derselbe Unglaube, der Luzifers Verstand erfasste, als er von Gottes Gerechtigkeit und Barmherzigkeit abwich. Es ist derselbe Unglaube, den er Engeln und Menschen "eingeflößt" hat:

> ***Das, was Satan den Engeln "ein Wort hier und ein Wort dort" eingeflößt hatte, öffnete den Weg für eine lange Liste von Vermutungen. Auf seine kunstvolle Art und Weise schöpfte er aus ihnen Zweifelsformen. Dann, als er befragt wurde, beschuldigte er diejenigen, die er erzogen hatte.*** *Er legte die ganze Unzufriedenheit auf die, die er geführt hatte. Als jemand, der ein heiliges Amt bekleidet, bekundete er ein überhebliches Verlangen nach Gerechtigkeit, aber es war eine Fälschung der Gerechtigkeit, die im völligen Gegensatz zu Gottes Liebe und Mitgefühl und Barmherzigkeit stand {RH 7. September 1897, par. 4, Hervorhebung hinzugefügt}.*

Satan säte die Saat des Unglaubens, während er den Engeln die Ausdrucksformen des Zweifels entlockte. Das besondere Ziel seiner Saat des Unglaubens war die Gerechtigkeit Gottes. Satan führte einen ganzen Teil der himmlischen Heerscharen in den Unglauben an die Gerechtigkeit Gottes.

Sein Erfolg zeigt sich darin, wie gefallene Engel auf Jesus reagierten, während er hier auf der Erde war. Oft schreckten sie in Angst vor ihm zurück und riefen typischerweise aus: "Bist du gekommen, um uns vor unserer Zeit zu vernichten? Auch sie wurden durch das verurteilende Moralgesetz von Gut und Böse getäuscht und erwarteten, dass Jesus Satans Fälschung der Gerechtigkeit benutzen würde. Das ist die einzige Gerechtigkeit, an die sie jetzt glauben, und als Folge davon sehen sie Gott so.

Die Menschheit wird seit langer Zeit durch Satans Täuschungen gefangen gehalten. Seit Adam von der Frucht des Baumes der Erkenntnis von Gut und Böse aß, tauschen wir Gottes Gerechtigkeit gegen die Gerechtigkeit Satans. Wir interpretieren alles, sogar die Heilige Schrift, mit dem gleichen Filter.

Das Ergebnis ist, dass wir uns von Gott ferngehalten haben, weil wir ihn als verdammend ansehen. Aber jede Verurteilung entspringt ausnahmslos dem Gesetz der Ungerechtigkeit Satans und ist ein Nebenprodukt seiner gefälschten Gerechtigkeit.

> *Nun ist alles von Gott, der uns durch Jesus Christus mit sich selbst versöhnt und uns den Dienst der Versöhnung gegeben hat, d.h. dass* ***Gott in Christus war, der die Welt mit sich selbst versöhnt hat, ohne ihnen ihre Verfehlungen zuzuschreiben****, und dass er uns das Wort von der Versöhnung gegeben hat. Nun sind wir also Botschafter für Christus, als ob Gott durch uns flehen würde: Wir flehen euch im Namen Christi an, lasst euch mit Gott versöhnen (2. Korinther 5,18-20, Hervorhebung hinzugefügt).*

Gottes Barmherzigkeit hört niemals auf, weil die Liebe niemals aufhört. Gott "ist derselbe gestern, heute und in Ewigkeit" (Hebräer 13,8). Es sind die Täuschungen des Baumes der Erkenntnis von Gut und Böse, die sich in unseren Köpfen eingebrannt haben, die uns daran hindern, Seine Barmherzigkeit zu sehen und sie uns anzueignen.

> *Wenn ein Mensch den Standpunkt einnimmt, dass er, wenn er einmal eine Entscheidung getroffen hat, dazu stehen muss und seine Entscheidung niemals ändern darf, dann befindet er sich auf demselben Boden wie Luzifer, als er sich gegen Gott auflehnte. Er hielt seine Pläne bezüglich der Regierung des Himmels für eine erhabene, unveränderliche Theorie {3BC 1161.6}.*

Sind wir offen, die Beweise zu sehen und Gott zu erlauben, unsere Herzen und unsere Denkweise bezüglich seines Charakters zu ändern?

20

FURCHT

Oh, preise den Herrn mit mir, und lass uns gemeinsam seinen Namen preisen. Ich suchte den Herrn, und er erhörte mich und erlöste mich von all meinen Ängsten (Psalm 34,3-4).

Gottes Liebe ist vollkommen. Per Definition hält die göttliche Liebe immer an ihren Prinzipien der Gerechtigkeit fest und weicht niemals von ihnen ab (1. Korinther 13). Freiheit ist ein inhärenter Bestandteil der Agape-Liebe. Ohne Freiheit hört die Liebe auf, Liebe zu sein, und wird zur Sklaverei. Wahre Liebe ruft eine spontane Antwort aus unserem Inneren hervor - ohne äußeren Druck. Wenn Liebe Freiheit gewährt, kann sie nicht auch Gewalt anwenden; sie kann auch nicht willkürlich sein und entscheiden, wann und wo sie Freiheit gewährt. Solche Ungereimtheiten können nicht Teil der Agape-Liebe sein. Agape's Freiheit muss absolut sein. Das bedeutet, dass Agape nicht gewalttätig sein darf. Und wenn Agape nicht gewalttätig sein kann, dann kann sie niemals Furcht hervorrufen.

Genau das hat Johannes, der Apostel, der die engste Beziehung zu Jesus erlebte, geschrieben:

In der Liebe gibt es keine Angst: aber die vollkommene Liebe vertreibt die Angst, denn Angst ist mit Qualen verbunden. Doch wer sich fürchtet, ist in der Liebe nicht vollkommen geworden. Wir lieben ihn, weil er uns zuerst geliebt hat (1 Joh 4,18.19).

Gott ist vollkommene Liebe. In der vollkommenen Liebe Gottes gibt es keine Furcht. Furcht beinhaltet "Qualen". Was meinte Johannes damit?

Im Griechischen ist "Qual" kólasis:

Züchtigung, Bestrafung, Quälerei, vielleicht mit dem Gedanken der Entbehrung" (Strong's Concordance). Kólasis kommt von Kolaphos - "ein Schütteln, ein Schlag - richtig, eine Strafe, die zu dem Bestraften "passt" (passt) (R. Trench); eine Qual, in der Furcht vor dem bevorstehenden Urteil zu leben, sich der Pflicht zu entziehen (HELPS Word-Studies).

Furcht ist eine Reaktion auf Gewalt, auf Bestrafung. Sie beinhaltet "Qualen", weil Bestrafung eine Erwartung von Schmerz hervorruft. Wir leben in einem System, in dem Strafe täglich von anderen und von uns selbst angewendet wird. Die ganze Welt hat in der einen oder anderen Form mit Strafe zu tun. Viele von uns glauben, dass negativer Input notwendig ist, damit positive Dinge geschehen können. Und viele glauben, dass Gott sich stark darauf verlässt. Wagen wir es, dieses Paradigma in Frage zu stellen?

Die Idee, dass die Strafe dem Verbrechen angemessen sein sollte, ist für Satans Gesetz von Gut und Böse von zentraler Bedeutung. Mit diesem Gesetz ist er in der gesamten Menschheitsgeschichte mit verschiedenen Mitteln hausieren gegangen. In Indien ist dies als Karma bekannt, in asiatischen Ländern als Yin und Yang oder Tao. In der westlichen Welt sind die beiden wichtigsten Verbreiter des Moralgesetzes Satans die Freimaurerei und die römisch-katholische Kirche - aber sie sind bei weitem nicht die einzigen Förderer dieses Moralgesetzes. Die Schlange "täuscht die ganze Welt" (Offenbarung 12,9). Die jüngste Ausgabe des Sittengesetzes von Gut und Böse hat einen sehr gütigen und ansprechenden Titel - Soziale Gerechtigkeit. Ignatius de Loyola, der Gründer des Jesuitenordens der römisch-katholischen Kirche, hat diese Bewegung ins Leben gerufen.

Wir brauchen uns aber nicht mehr täuschen zu lassen. Wenn irgendetwas Gewalt enthält, dann wissen wir, dass es nicht von Gott ist, denn Gewalt hat ihren Ursprung in der Ungerechtigkeit, dem Ding, das bei Luzifer "gefunden" wurde. Wenn irgendetwas Furcht verursacht oder als Werkzeug zur Kontrolle benutzt, können wir wissen, dass es nicht von Gott ist.

John sagte: "In der Liebe gibt es keine Angst:" "vollkommene Liebe vertreibt die Angst." Weiter oben im Kapitel sagt er: "Wer nicht liebt, der kennt Gott nicht; denn Gott ist Liebe" (1 Joh 4,8). Was können wir aus diesen Passagen ableiten?

Niemand würde in Frage stellen, dass Gott vollkommene Liebe ist. Hier lernen wir, dass Angst und vollkommene Liebe sich nicht vermischen. In der Tat, "vollkommene Liebe vertreibt die Angst". Das bedeutet, dass wir, wenn wir Angst vor Gott haben, ihn und seine vollkommene Liebe nicht wirklich kennen. Das bedeutet auch, dass, sobald wir Gottes vollkommene Liebe kennenlernen, die Furcht aus uns vertrieben wird und wir keine Angst mehr vor ihm haben werden.

John gibt hier eine tiefgründige Erklärung ab. Er sagt im Wesentlichen, dass es in Gott nichts gibt, was uns veranlassen könnte, uns vor ihm zu fürchten. Wenn wir uns vor ihm fürchten, dann nicht, weil er sich fürchtet, sondern weil wir ihn missverstanden und falsch eingeschätzt haben. Nach diesem Vers würde Gott aufhören, vollkommene Agape-Liebe zu sein, wenn es irgendetwas in Gott gäbe, das uns veranlassen könnte, ihm in Furcht zu antworten.

Zu welcher großen Schlussfolgerung kommen wir? Wenn in der Liebe keine Furcht liegt und die Furcht durch Bestrafung hervorgerufen wird, dann kann Gott, der vollkommene Liebe ist, in der Tat nicht, niemals strafen. Punkt. Eine ängstliche Reaktion ist einfach nicht mit Agape-Liebe vereinbar. Es wäre für uns unmöglich, in Liebe vollkommen gemacht zu werden, wenn in unserer Beziehung zu Gott Furcht im Spiel wäre.

Johannes sagt auch, dass "wir Gott lieben, weil er uns zuerst geliebt hat" (1 Joh 4,19). Wären wir jemals in der Lage gewesen, Gott in Liebe zu antworten, wenn er uns nicht zuerst seine agape Liebe gezeigt hätte? Nein. Warum nicht? Ohne das Wissen um seine Liebe würden wir ihm immer in Angst antworten. Hätte Gott uns nicht seine agape Liebe gezeigt, wüssten wir nie, was wahre, bedingungslose Liebe ist - wir würden nur die bedingte Liebe kennen, die aus der Erkenntnis von Gut und Böse entsteht.

Wir wissen, dass die menschliche Liebe wankelmütig und wandelbar ist; und wir dachten, dass Gott dieselbe Liebe hat wie wir. Deshalb musste Gott uns zuerst seine Liebe zeigen, damit wir den Unterschied zwischen den beiden erkennen, und er tat dies durch seinen Sohn Jesus Christus. Beachten Sie, wie Paulus dies erklärt:

> *Denn als wir noch ohne Kraft waren, starb Christus zur rechten Zeit für die Gottlosen. Denn kaum für einen Gerechten wird man sterben; doch für einen guten Menschen würde man es vielleicht sogar wagen zu sterben.* ***Aber Gott zeigt seine eigene Liebe zu uns, indem Christus für uns gestorben ist, als wir noch Sünder waren*** *(Römer 5,6-8, Hervorhebung hinzugefügt).*

"Als wir noch ohne Kraft waren" - moralisch schwach durch das moralische Gesetz von Gut und Böse, (wir wurden schwach durch ihn, der "die Nationen geschwächt" hat) - starb Christus für uns, "die Gottlosen" ("die Gottlosen" sind anders als Gott). Wir können hier sehen, dass Gott nicht nach einem Verdienstsystem gehandelt hat. Er starb für die Unverdienten - die Gottlosen - und unsere Verdienste hatten keinen Anteil daran.

Aber Paulus geht in diesem Punkt noch weiter. "Denn kaum für einen gerechten Menschen wird man sterben; doch vielleicht würde es für einen guten Menschen sogar jemand wagen zu sterben. Im egoistischen und konditionierten System von Gut und Böse würde es kaum jemand wagen, sein Leben für einen anderen zu geben, ob er nun rechtschaffen ist oder nicht. Aber vielleicht würden wir es wagen, unser Leben für jemanden zu geben, der gut ist - für jemanden, der gut zu uns war, der unsere Liebe verdient. Sicherlich würden wir unser Leben nicht für einen unwürdigen Menschen aufgeben, geschweige denn für einen "gottlosen", bösen Menschen; das ist bedingte Liebe.

"Aber Gott zeigt seine eigene Liebe zu uns" - Gott zeigt seine absolute, bedingungslose Liebe zu uns. Wie? Indem er seinen Sohn schickt, damit er für die Sünder, für die Wertlosen, stirbt. Wir haben Gottes Liebe nicht verdient; wir haben sie nicht verdient. Dennoch hat Er uns trotzdem geliebt und sein Leben für uns gegeben. Welchen größeren Beweis brauchen wir für seine Liebe zu uns?

Wenn wir die Liebe sehen, die Gott durch Jesus Christus über uns ausgegossen hat, dann sollten alle Spuren der Furcht vor Strafe aus unserem Gedächtnis entfernt werden. Es gibt keine Strafe von Gott, und wenn wir seine agape Liebe kennen, kann dies allein unsere Angst vertreiben.

Lassen Sie uns die Angst genauer analysieren. Furcht ist eine verstörende Emotion, die durch den Glauben daran hervorgerufen wird, dass eine bevorstehende schlechte Erfahrung bevorsteht. Furcht erzeugt Panik in unserem Geist und Körper und veranlasst uns zu allen möglichen verzweifelten und sogar irrationalen Verhaltensweisen.

Angst ist nicht nur ein Gefühl, sondern auch ein starker Motivator. Wie oft wurden wir schon einfach aus Angst zum Handeln motiviert? Wir können die Zeiten nicht zählen. Jeder einzelne Mensch musste sich seit seiner Kindheit in der einen oder anderen Form mit Angst auseinandersetzen, und Angst hat dazu geführt, dass wir uns unsicher, unsicher fühlen.

Johannes sagt, dass "vollkommene Liebe die Angst vertreibt", und das bedeutet, dass es in Gottes Reich keinen Platz für Angst gibt - das ist in der Tat eine gute Nachricht! Das System Satans brachte Furcht mit sich, aber indem Gott uns seine agape Liebe zeigt, entfernt er unsere Furcht und ersetzt sie durch Liebe, Zuversicht, Sicherheit und Geborgenheit.

Furcht kam in die Erde, unmittelbar nachdem Adam und Eva die Frucht des Baumes der Erkenntnis von Gut und Böse gegessen hatten. Die Frucht dieses Baumes brachte sie dazu, Gott aus Furcht vor Strafe zu fürchten. Furcht veranlasste sie dazu, sich vor Gott zu verstecken. Sie liefen unnötigerweise vor ihm weg - Gott war nicht gekommen, um sie zu bestrafen. Aber ihr Verstand war von Satans moralischem Gesetz durchdrungen, und Furcht hatte Gottes Liebe verdunkelt und maskiert.

Seitdem hat Gott es mit einer Rasse von Menschen zu tun, die vor ihm weglaufen, und er will nur ihre Freundschaft. Der Vater des verlorenen

Sohnes beobachtete die Straße Tag für Tag in der Hoffnung, seinen Sohn am Horizont erscheinen zu sehen. In dem Moment, als er die Gestalt seines Kindes in der Ferne erkannte, lief er zu ihm, und nicht ein einziger Gedanke an Verurteilung oder Bestrafung kam ihm in den Sinn.

Ist Gott, der Schöpfer, der uns alle Dinge liebevoll geschenkt hat, ein solches Ungeheuer, dass er solchen Schrecken heraufbeschwören sollte? Hat Jesu Offenbarung des Vaters solche Furcht hervorgerufen? Die Antwort ist nein, ganz im Gegenteil. Das Problem liegt nicht bei Gott, sondern bei unserer Sicht auf ihn. Tatsächlich ist uns aufgefallen, dass überall in der Bibel, wenn himmlische Wesen mit Menschen kommunizieren, als erstes gesagt wird: "Fürchtet euch nicht", "Fürchtet euch nicht" oder "Habt keine Angst". Gott hat versucht, uns zu erreichen, aber zuerst muss er unsere Angst beseitigen, damit wir zu ihm kommen und das Leben annehmen können.

Von wem ist Ihrer Meinung nach im folgenden Vers die Rede? Ist es Gott oder Satan?

> *Und fürchtet euch nicht vor denen, die den Körper töten, aber die Seele nicht töten können. Fürchtet vielmehr Ihn, der in der Lage ist, sowohl Seele als auch Leib in der Hölle zu zerstören (Matthäus 10,28).*

Diejenigen, die "den Körper töten, aber die Seele nicht töten können", sind Menschen, nicht wahr? Menschen haben nicht die Macht, unsere Seele zu zerstören. Aber wer ist derjenige, der in der Lage ist, uns zu täuschen und damit sowohl unsere Seele als auch unseren Körper für immer zu zerstören? Natürlich ist es Satan; aber müssen wir Satan fürchten, wenn Gott auf unserer Seite ist? Sehen Sie sich die nächsten Worte dieses Abschnitts an:

> *Werden nicht zwei Spatzen für eine Kupfermünze verkauft? Und nicht einer von ihnen fällt zu Boden, abgesehen vom Willen Ihres Vaters. Aber die Haare auf Eurem Kopf sind alle gezählt. Darum fürchtet euch nicht; ihr seid von größerem Wert als viele Spatzen (Matthäus 10,29-31).*

Einige lesen diesen ganzen Abschnitt und behaupten, dass es Gott ist, den wir fürchten müssen, dass es Gott ist, "der in der Lage ist, sowohl Seele als auch Leib in der Hölle zu zerstören". Aber der Kontext zeigt, dass Jesus uns genau das Gegenteil sagt: Er sagt uns, dass wir den Vater nicht fürchten sollen, denn wir sind "wertvoller als viele Spatzen", die vom Schöpfer zu jeder Zeit einzeln und sorgfältig beachtet werden. Wenn Gott sich so liebevoll um die Spatzen, eine niedere Lebensform, kümmert, was ist dann mit uns? Wir sind für ihn von viel größerem Wert als viele Spatzen zusammen.

Wir sollen uns vor denen hüten, die die vollkommene Liebe nicht verstehen, denn sie werden nicht zögern, uns mit in die ewige Verdammnis hinabzuziehen. Satan ist in der Lage, durch seine Lügen sowohl Seele als auch Leib in der Hölle zu zerstören, und er wird es tun, wenn wir an seinen Täuschungen über Gott festhalten.

Als Jesus auf einem Esel sitzend in Jerusalem eintrat, zitierte Johannes die Prophezeiung dieses Ereignisses, die der Prophet Sacharja gegeben hatte:

> *Dann setzte sich Jesus, als er einen jungen Esel gefunden hatte, darauf; wie es geschrieben steht: "Fürchte dich nicht, Tochter Zion! Siehe, dein König kommt und sitzt auf dem Fohlen eines Esels" (Joh 12,14-15).*

Wenn wir zu Sacharja zurückgehen, sehen wir, dass die ursprüngliche Prophezeiung etwas ganz anderes sagt:

> *Freu dich sehr, o Tochter Zions! Schrei, o Tochter Jerusalems! Siehe, dein König kommt zu dir: Er ist gerecht und hat das Heil, er ist niedrig und reitet auf einem Esel, einem Fohlen, einem Eselsfohlen (Sacharja 9,9).*

Warum hat John die Worte "Freut euch sehr" herausgenommen und stattdessen die Worte "Fürchtet euch nicht" eingefügt? Hat er die Worte "freut sich sehr" so interpretiert, dass sie bedeuten: "Freut euch sehr, statt euch sehr zu fürchten"?

Gott kam in der Person Jesu auf die Erde, und seine Botschaft war laut und deutlich: "Gott kommt; fürchtet euch nicht vor ihm! Seht Ihn an; Er bringt Rettung, nicht Strafe! Er ist demütig, demütig und reitet sogar auf einem Hengstfohlen, dem Fohlen eines Esels, einem Eselsbaby, das nie angeritten wurde, und doch... seht, wie der kleine Esel ihm vertraut, furchtlos!

Sogar die Tiere vertrauen ihm; hätten sie irgendeinen Grund, ihn zu fürchten, würden sie sich ihm nicht nähern! Die Tiere verstehen es. Wann werden wir das? Das Reich der Angst wird in Jesaja 14 beschrieben:

> *An dem Tag, an dem der Herr euch* ***von eurem Kummer, eurer Furcht*** *und der harten Knechtschaft, in der ihr zu dienen bestimmt seid, erlöst, werdet ihr dieses Sprichwort gegen den König von Babylon aufgreifen und sagen: "Wie der Unterdrücker aufgehört hat, so hat auch die goldene Stadt aufgehört! Der Herr hat den Stab der Bösen zerbrochen, das Zepter der Herrscher; er, der das Volk mit einem beständigen Schlag in Zorn schlug, er, der die Völker im Zorn regierte, wird verfolgt und niemand hindert ihn daran. Die ganze Erde ruht und ist still; sie brechen in Gesang aus. In der Tat freuen sich die Zypressen über dich und die Zedern des Libanon und sagen: 'Seit du gefällt wurdest, ist kein Holzfäller gegen uns angekommen'". (Jesaja 14:3-8, Hervorhebung hinzugefügt).*

Wer ist der "König von Babylon"? Wer ist er, der die Menschen auf der Erde unterdrückt und sie mit einem Zepter des ständigen Zorns, der Wut, regiert hat? Die Antwort wird ein paar Verse weiter unten, in Vers 12, gegeben:

> *Wie bist du vom Himmel gefallen, o Luzifer, Sohn des Morgens! Wie bist du zu Boden gefallen, du, der du die Völker geschwächt hast! Denn du hast in deinem Herzen gesagt: 'Ich will in den Himmel auffahren, ich will meinen Thron über die Sterne Gottes erheben; ich will auch auf dem Berg der Gemeinde sitzen, an den äußersten Seiten des Nordens; ich will über die Höhen der Wolken steigen, ich will sein wie der Allerhöchste. Und doch sollst du zur Scheol [GRAB] hinabgeführt werden, in die tiefsten Tiefen der Grube (Jesaja 14:12-15,*

Hervorhebung hinzugefügt).

Luzifers großer Plan, Luzifers Gesetz der Agape-Liebe zu stürzen, wird fehlschlagen, denn Gottes Gesetz ist Wahrheit, und es ist ewig. Gottes Gesetz der Liebe ist die einzige Antwort für Frieden, Koexistenz und Leben. Luzifer wird in die Scheune, das Grab, gebracht werden. Sein Gewaltsystem selbst wird ihn und diejenigen, die sich dafür entscheiden, ihm zu folgen, töten.

Eine Zukunft ohne Angst steht kurz bevor, denn das Reich der Gewalt, das uns durch Angst zu gutem Benehmen motiviert, droht zu implodieren und geht demnächst zu Ende. Dann wird es keine Angst mehr geben:

> *Aber jeder soll unter seinem Weinstock und unter seinem Feigenbaum sitzen, und* ***niemand soll sie erschrecken****; denn der Mund des Herrn der Heerscharen hat gesprochen (Micha 4,4, Hervorhebung hinzugefügt).*

Es wird eine Zeit kommen, in der es niemanden mehr geben wird, der uns Angst macht. Das bedeutet, dass es keine Strafe mehr geben wird, weil es kein moralisches Gesetz von Gut und Böse und keinen Satan mehr geben wird.

Wenn Gott jetzt die Strafe anwendet, dann müsste er sie für immer weiter anwenden, denn Gott ändert sich nicht. Und wenn Gott die Strafe ewig anwenden würde, dann würde auch die Furcht ewig bestehen. Aber Gott greift zum Glück nicht zu solch verabscheuungswürdigen und grausamen Maßnahmen, um Ordnung zu schaffen. Werfen Sie einen Blick auf die Verse, die dem obigen Vers vorausgehen:

> *Es wird aber in den letzten Tagen geschehen, daß der Berg des Hauses des Herrn auf den Gipfeln der Berge errichtet und über die Hügel erhöht wird, und die Völker werden zu ihm fließen. Viele Völker werden kommen und sagen: "Kommt, lasst uns auf den Berg des Herrn steigen, zum Hause des Gottes Jakobs;* ***er wird uns seine Wege lehren, und wir werden auf seinen Pfaden wandeln.*** *Denn aus Zion*

> *wird das Gesetz hinausgehen und das Wort des Herrn aus Jerusalem. Er wird richten zwischen vielen Völkern und starke Nationen in der Ferne zurechtweisen;* ***sie werden ihre Schwerter zu Pflugscharen und ihre Speere zu Sicheln schlagen; Nation wird nicht mehr Schwert gegen Nation erheben und Krieg lernen.*** *Aber jeder soll unter seinem Weinstock und unter seinem Feigenbaum sitzen, und* ***niemand soll ihnen Furcht einflößen****; denn der Mund des Herrn der Heerscharen hat gesprochen (Micha 4,1-4; Hervorhebung hinzugefügt).*

Wie interessant ist es, dass in den letzten Tagen, in unseren Tagen, Gottes Berg, ein Symbol für "Königreich", endlich über Luzifers Reich erhaben sein wird! Luzifer regiert seit sechstausend Jahren, und wir hatten gedacht, dass seine Herrschaft des Zornes von Gott kommt! Aber in den letzten Tagen wird Gottes Königreich errichtet werden. Das bedeutet, dass es noch nicht errichtet oder erhöht worden ist, was wiederum bedeutet, dass die Herrschaft der vergangenen sechstausend Jahre vom Reich Satans ausging, nicht von Gott. Satan hatte bestimmte Grenzen, die er nicht überschreiten konnte, aber er ist bis jetzt der Gott dieser Welt gewesen.

Beachten Sie, was passiert, wenn Gottes Reich errichtet wird: die Menschen gehen zu ihm, um seine Wege, seine Pfade, sein Gesetz zu lernen. Das Gesetz der Agape-Liebe wird von Zion, der Stadt Gottes, ausgehen und "das Wort des Herrn aus Jerusalem", der Stadt des Friedens. Gott wird uns in Gerechtigkeit richten, mit Seiner Agape-Liebe. Er wird sich unserer erbarmen, und Seine Liebe wird uns heilen.

Und beachten Sie auch, was passiert, wenn wir Seine Wege, Seine Pfade und Sein Gesetz lernen: Wir nehmen die Instrumente, die für Gewalt und Tod eingesetzt werden, und verwandeln sie in Instrumente des Friedens und des Lebens. Pflugscharen und Sichelhaken sind Gartengeräte, die dazu dienen, Leben wachsen zu lassen, nicht es zu zerstören. "Nation soll nicht das Schwert gegen Nation erheben, noch sollen sie den Krieg lernen." Und warum? Weil wir die Wege des Herrn gelernt haben, wir haben seine Pfade gelernt, sein Gesetz der Liebe! Wir werden unter unseren Bäumen sitzen, ohne Angst, dass jemand kommt und unsere Häuser und uns zerstört. Welch gute Nachricht!

Können Sie sich vorstellen, wie dieser Vers zu einigen Gemeinschaften in der Welt sprechen wird, die keinen solchen Frieden haben? Gemeinschaften, deren Häuser mitten in der Nacht bombardiert werden? Was uns dieser Vers wirklich sagt, ist, dass Luzifer weg sein wird, zusammen mit seinem System der Gewalt, das Angst in uns verursacht hat.

Sehen Sie sich den nächsten Vers an, aus Zephania:

> *Die Übriggebliebenen Israels sollen keine Ungerechtigkeit tun und keine Lügen reden, noch soll eine trügerische Zunge in ihrem Mund gefunden werden; denn sie sollen ihre Herden weiden und sich niederlegen, und* ***niemand soll sie erschrecken*** *(Zephanja 3:13, Hervorhebung hinzugefügt).*

Wer sind "die Überbleibsel Israels"? Der Vers selbst sagt uns: sie sind diejenigen, die "keine Ungerechtigkeit" tun - keine Ungerechtigkeit. Diese erzählen keine Lügen mehr über Gott - "keine betrügerische Zunge". Sie sehen Gottes wahren Charakter der Liebe und erlauben ihm, sie wieder in sein Ebenbild zu verwandeln - die Agape-Liebe. Diese werden im Reich der Liebe leben, wo ihnen niemand Furcht einflößen wird.

Vollkommene Liebe wird alle Angst vertrieben haben. Wir werden sehen, dass es Gott nicht darum geht, jemanden durch Androhung von Strafe zur Nachgiebigkeit zu zwingen. Aber all dies ist uns so fremd, könnte man sagen. Wie können wir es verstehen, wenn wir nur dieses System der Bestrafung kennen? Stimmt, wie können wir Gottes Wege kennen?

Gott hat eine Lösung für dieses Problem: Seinen Sohn. Gott hat uns Jesus Christus gesandt. Wenn wir auf ihn schauen, können wir Gottes Wege lernen.

Die Prophezeiung des Zacharias anlässlich der Geburt seines Sohnes (Johannes der Täufer) besagt, dass Jesus Christus uns von der Furcht befreien würde, der wir unterworfen waren:

> *"Gesegnet ist der Herr Gott Israels,*
> *Denn Er hat Sein Volk besucht und erlöst,*

Und hat ein Horn des Heils für uns erhoben
Im Haus seines Dieners David,
Wie Er durch den Mund Seiner heiligen Propheten sprach,
Die es seit Anbeginn der Welt sind,
Dass wir vor unseren Feinden gerettet werden sollten
Und aus der Hand aller, die uns hassen,
Die unseren Vätern versprochene Barmherzigkeit zu leisten
Und um Seines heiligen Bundes zu gedenken,
Der Eid, den er unserem Vater Abraham geschworen hat:
Um uns zu gewähren, dass wir,
Aus der Hand unserer Feinde befreit zu werden,
Ihm ohne Furcht dienen können,
In Heiligkeit und Gerechtigkeit vor ihm alle Tage unseres Lebens"
(Lukas 1,68-75).

Und über seinen eigenen Sohn, sagt Zacharias:

"Und du, Kind, wirst der Prophet des Höchsten genannt werden;
Denn ihr werdet vor das Angesicht des Herrn treten, um seine Wege vorzubereiten,
Seinem Volk das Wissen um die Erlösung zu geben
Durch den Erlass ihrer Sünden,
Durch die zarte Barmherzigkeit unseres Gottes,
Womit uns der Dayspring von oben besucht hat;
Um denen Licht zu geben, die in der Dunkelheit und im Schatten des Todes sitzen,
Unsere Füße auf den Weg des Friedens zu führen" (Lukas 1,76-79, Hervorhebung hinzugefügt).

Johannes der Täufer "bereitete" die "Wege" des Herrn vor, indem er die Menschen - alle Menschen - darauf vorbereitete, Ihn zu empfangen, der uns eine wahre Offenbarung des Gottes der Liebe geben würde. Johannes der Täufer würde ihnen "die Erkenntnis der Errettung" geben - er würde ihnen helfen zu erkennen, dass ihre Sünden immer "durch die zärtliche Barmherzigkeit unseres Gottes" vergeben worden sind. Dies ist das Licht, das er "denen geben würde, die in der Finsternis und im Schatten des Todes sitzen" - denen, die unter dem Schatten des Baumes der Erkenntnis von Gut und Böse sitzen.

Hat Jesus in irgendeiner Weise Strafe eingesetzt, um seine Wege zu vollenden? Hat Er jemals Furcht eingesetzt? Die Antwort ist nein, nicht ein einziges Mal sehen wir ihn das tun. Aber, so könnte man sagen, was ist mit der Reinigung des Tempels? Hat Jesus dort nicht Furcht eingesetzt?

Jesus warf keine Tische umher, er kippte sie nur um. Dies war ein symbolischer Akt, kein gewalttätiger. Indem Jesus die Tische der Geldwechsler umwarf, warf er ihre falschen Vorstellungen von Gottes Charakter um, d.h. dass Gott Tieropfer forderte, bevor er uns vergeben konnte. Jesus brachte ihre Traditionen und Rituale durcheinander. Selbstbeherrschung ist eine Frucht des Heiligen Geistes; das ist der Geist Jesu, deshalb muss Jesus Selbstbeherrschung gehabt haben. Eine Person, die in Wut ist, verhält sich anders - sie ist außer Kontrolle, und Jesus war nie außer Kontrolle. Als Jesus den Tempel reinigte, hat er niemanden ausgepeitscht oder Tische im Zorn herumgeworfen. Indem er die Tische umwarf, machte er einen Punkt - er warf ihre Tempeltraditionen um.

Hätte Jesus bei der Säuberung des Tempels Angst eingesetzt, wären die Kinder die ersten gewesen, die vom Ort des Geschehens geflohen wären. Diejenigen, die Angst hatten, kamen von einem Paradigma der Gewalt und Angst, und sie nahmen Jesus von ihrem eigenen Paradigma aus wahr. Wir sehen das Gleiche beim zweiten Kommen; die Bibel stellt dann zwei Gruppen dar. Die eine Gruppe hat Todesangst vor Jesus und bittet darum, dass die Berge auf sie stürzen:

> *Und die Könige auf Erden, die Großen, die Reichen, die Befehlshaber, die Mächtigen, jeder Sklave und jeder Freie verbargen sich in den Höhlen und Felsen der Berge und sprachen zu den Bergen und Felsen: "Fallt über uns und verbergt uns vor dem Angesicht dessen, der auf dem*

> *Thron sitzt, und vor dem Zorn des Lammes" (Offenbarung 6,15-16).*

Gott wählte das friedlichste und gewaltloseste Tier aus, um Jesus zu symbolisieren. Wie zornig ist ein Lamm? Die Angst, die diese Gruppe empfindet, wird nicht durch das Lamm verursacht - sie wird durch das verursacht, was in ihrem Inneren ist, durch ihr falsches Gottesverständnis. Sie glauben an einen Gott der Belohnung und Strafe und nehmen an, dass er kommen wird, um sie zu bestrafen - genau wie Adam und Eva im Garten, als sie sich vor Gott versteckten. Diejenigen, die Gott kennen, werden sich über den Anblick von Jesus sehr freuen:

> *Und es wird an diesem Tag gesagt werden: "Siehe, das ist unser Gott; wir haben auf ihn gewartet, und er wird uns retten. Das ist der Herr; wir haben auf ihn gewartet; wir werden frohlocken und uns über seine Rettung freuen" (Jesaja 25,9).*

In 2 Thessalonichern sagt Paulus, dass sie ihn "bewundern" werden, weil sie an das Zeugnis Jesu Christi über die Liebe Gottes geglaubt haben:

> *Diese [die GOTT NICHT KENNEN UND DIE DEM GOSPEL JESUS CHRISTUS NICHT GEHORCHEN] sollen mit ewiger Vernichtung aus der Gegenwart des Herrn und aus der Herrlichkeit Seiner Macht bestraft werden, wenn Er an jenem Tag kommt, um in Seinen Heiligen verherrlicht und von allen, die glauben, bewundert zu werden, weil unser Zeugnis unter euch geglaubt wurde (2. Thessalonicher 1,9-10, Hervorhebung hinzugefügt).*

Ist Gott in der Lage, unsere falschen Wahrnehmungen von ihm zu ändern? Ja, aber er hat nur einen Weg, dies zu tun - durch seinen Sohn Jesus Christus. Wenn wir dem Zeugnis des Sohnes nicht glauben, gibt es nichts anderes, was Gott aus seinen Mitteln herausholen kann. Jesus ist die letzte Offenbarung, die letzte Wahrheit, das wahre Zeugnis, die vollständige Autorität über Gottes Charakter.

21

ES WERDE LICHT

Die ersten paar Verse der hebräischen Schriften offenbaren eine Metapher, die viel Aufmerksamkeit und Studium verdient. Genesis Kapitel eins, Verse eins bis fünf, besagt:

> *Am Anfang schuf Gott den Himmel und die Erde. Die Erde war ohne Gestalt und leer, und Finsternis lag auf dem Antlitz der Tiefe. Und der Geist Gottes schwebte über dem Antlitz der Wasser. Dann sagte Gott:* ***"Es werde Licht"****, und es wurde Licht. Und Gott sah das Licht, dass es gut war, und Gott teilte das Licht von der Finsternis. Gott nannte das Licht Tag, und die Finsternis nannte er Nacht. So waren der Abend und der Morgen der erste Tag (1. Mose 1,1-5, Hervorhebung hinzugefügt).*

Es ist von großer Bedeutung, dass die Metapher von Licht und Dunkelheit, Tag und Nacht, das erste Thema ist, das uns in der Bibel vorgestellt wird. Diese einleitenden Worte offenbaren nicht nur die Erschaffung der Erde, sondern auch das große Thema der großen Kontroverse zwischen Gott und Satan - des Krieges, der im Himmel begonnen hatte, als die Ungerechtigkeit bei Luzifer gefunden wurde, und der auf der Erde durch Adams Wahl, vom Baum der Erkenntnis von Gut und Böse zu essen, eingeleitet werden sollte. Licht und Finsternis sind die von Gott gewählten Metaphern, die uns helfen sollen, die Wahrheit zu erkennen, die durch die Täuschungen unseres gemeinsamen Feindes vor unseren Augen verborgen wurde. Wie wir gesehen haben, hatten diese Täuschungen in erster Linie mit dem Charakter Gottes zu tun.

Beachten Sie die gleiche Verwendung dieser beiden Wörter im folgenden Vers aus dem Neuen Testament:

> ***Denn es ist der Gott, der befohlen hat, dass das Licht aus der Finsternis aufscheine****, der in unseren Herzen aufgeleuchtet hat, um das* ***Licht der Erkenntnis der Herrlichkeit Gottes im Angesicht Jesu Christi*** *zu geben (2. Korinther 4,6, Hervorhebung hinzugefügt).*

In diesem Vers nimmt Paulus einen direkten Bezug auf Genesis Kapitel eins, Vers drei. Gott befahl am ersten Schöpfungstag, "dass Licht aus der Finsternis aufscheine", als er sagte: "Es werde Licht". "Licht", das "aus der Finsternis leuchtet", impliziert, dass die Finsternis bereits da war, und da die Finsternis Satan darstellt ("Gott ist Licht, in dem es gar keine Finsternis gibt", 1. Johannes 1,5), bedeutet dies, dass er sich bereits gegen Gott und sein Gesetz aufgelehnt hatte. Seine Gegenwart bei der Erschaffung der Erde wird in den obigen fünf Versen durch das Wort "Finsternis" offenbart. Er wirkte bereits aktiv nach seinem Gesetz von Gut und Böse, das im ganzen Universum Verwirrung über Gott verbreitete.

Was war das Licht, das Gott befohlen hatte, aus der Finsternis zu leuchten, gemäß 2. Korinther 4,6? Es war "das Licht **der Erkenntnis der Herrlichkeit Gottes im Angesicht Jesu Christi**". Das bedeutet, dass Jesus, "durch den er [GOTT] auch die Welten gemacht hat (Hebräer 1:2)", am ersten Schöpfungstag dem Universum und der zukünftigen Menschheit "das Licht der Erkenntnis der Herrlichkeit Gottes" offenbarte. Das Licht, das Er befahl, aus der Finsternis zu leuchten (die Finsternis war Satans Anschuldigungen gegen Gottes Charakter), war der eigentliche Prozess der Erschaffung der Erde - die Schöpfung selbst war "das Licht der Erkenntnis der Herrlichkeit Gottes". Was bedeutet das?

Die Bibel weist darauf hin, dass es die Schöpfung der Erde selbst war, die offenbarte, dass Jesus zusammen mit dem Vater der Schöpfer war. Die intelligenten Wesen im Universum wussten, dass der Vater der Schöpfer war, aber sie wussten nicht, dass auch Jesus ein Schöpfer war. Der Akt der Offenbarung Jesu als Schöpfer wurde genau aus dem Grund notwendig, weil niemand wusste, dass er der Schöpfer war. Wie kann das sein, könnte man fragen?

Wenn sich der Leser erinnert, war der Krieg im Himmel zwischen Michael und dem Drachen:

> *Und im Himmel brach Krieg aus:* ***Michael und seine Engel kämpften mit dem Drachen****; und der Drache und seine Engel kämpften, aber sie setzten sich nicht durch, und es wurde für sie kein Platz mehr im Himmel gefunden. Und der große Drache wurde ausgetrieben, diese alte Schlange, die Teufel und Satan heißt und die ganze Welt verführt; er wurde auf die Erde geworfen, und seine Engel wurden mit ihm ausgetrieben. Da hörte ich eine laute Stimme im Himmel sagen: "Nun ist das Heil [DER KREUZ] und die Kraft und das Reich unseres Gottes und die Macht seines Christus gekommen, denn der Verkläger unserer Brüder, der sie Tag und Nacht vor unserem Gott verklagte, ist verstoßen worden. Und sie haben ihn überwunden durch das* ***Blut des Lammes*** *[DER KREUZ] und durch das Wort ihres Zeugnisses, und sie haben ihr Leben nicht bis in den Tod geliebt. Darum freut euch, o Himmel, und ihr, die ihr in ihnen wohnt! Wehe den Bewohnern der Erde und des Meeres! Denn der Teufel ist zu euch herabgestiegen und hat einen großen Zorn; denn er weiß, dass er nur wenig Zeit hat" (Offenbarung 12,7-12, Hervorhebung hinzugefügt).*

Wer ist Michael? Diese Passage selbst enthüllt, wer Er war: Er war Gottes "Christus", "das Lamm", der die Lügen "des Anklägers" besiegte und zerstörte, indem er den wahren Charakter Gottes durch sein eigenes Blut, "das Blut des Lammes", offenbarte:"

> *Insofern also die Kinder [MENSCHHEIT] von Fleisch und Blut teilgenommen haben, hat Er selbst [DAS LAMM, CHRISTUS] ebenfalls*

> *daran teilgenommen,* ***damit Er [DER KREUZ] durch den Tod [DEN KREUZ] den vernichten könne, der die Macht des Todes hatte, das heißt den Teufel*** *(Hebräer 2:14, Hervorhebung hinzugefügt).*

Im Himmel standen Michael und Luzifer nebeneinander als deckende Cherubim. Obwohl Michael Gott war - und das Wort Michael bedeutet "wer ist wie Gott?" -, nahm er die Gestalt seiner Geschöpfe an, genau wie hier auf Erden, als er Mensch wurde.

Der Krieg im Himmel wurde zwischen den beiden deckenden Cherubim, den beiden Beschützern, den Hütern des Gesetzes, ausgetragen. Einer von ihnen hatte sich gegen das Gesetz gewandt und wollte es ändern. Michael, der Sohn Gottes, wollte den Änderungsvorschlägen Luzifers nicht zustimmen. Michael "liebte die Rechtschaffenheit und hasste die Ungerechtigkeit". Er wusste - er, der wahre Gesetzgeber -, dass sein Gesetz so ewig war, wie er und der Vater ewig waren.

Es kam eine Zeit, nachdem die Missetat bei Luzifer gefunden worden war, als Gott alle Engel des Himmels versammelte, um die wahre Identität Christi zu offenbaren, und der Vater selbst die Ankündigung machte:

> ***Der König des Universums rief die himmlischen Heerscharen vor sich her, damit er in ihrer Gegenwart die wahre Stellung seines Sohnes darlege und die Beziehung zeige, die er zu allen erschaffenen Wesen unterhielt. Der Sohn Gottes teilte den Thron des Vaters, und die Herrlichkeit des ewigen, selbst existierenden Einen umgab beide.*** *Um den Thron versammelten sich die heiligen Engel, eine unermessliche, unnummerierte Schar - "zehntausend mal zehntausend und tausende von Tausenden" (Offenbarung 5:11.), die erhabensten Engel als Diener und Untertanen, die sich über das Licht freuten, das von der Gegenwart der Gottheit auf sie fiel. Vor den versammelten Bewohnern des* ***Himmels erklärte der König, dass niemand außer Christus, dem eingeborenen Sohn Gottes, vollständig in seine Absichten eintreten könne, und ihm war es aufgetragen, die mächtigen Ratschläge seines Willens auszuführen. Der Sohn Gottes hatte den***

> ***Willen des Vaters bei der Erschaffung aller Heerscharen des Himmels gewirkt, und Ihm, wie auch Gott, gebührte ihre Huldigung und Treue. Christus sollte noch göttliche Macht ausüben, bei der Erschaffung der Erde und ihrer Bewohner.*** *Aber in all dem würde er nicht entgegen dem Plan Gottes Macht oder Erhöhung für sich selbst suchen, sondern er würde die Herrlichkeit des Vaters erhöhen und seine Absichten der Wohltätigkeit und Liebe ausführen {PP 36.2, Hervorhebung hinzugefügt}.*

"Der König des Universums", der Vater, "rief" alle Engel "herbei", "damit er in ihrer Gegenwart die wahre Stellung seines Sohnes Michael darlege". Sie hatten ihn als einen der ihren gekannt, als einen Engel, einen verhüllenden Cherub. Jetzt sehen sie zum ersten Mal seine wahre Identität, und die Erschaffung der Erde würde die Ankündigung Gottes bestätigen. So sagte der Vater:

> *Denn zu welchem der Engel hat Er jemals gesagt:*
> *"Du bist mein Sohn,*
> *Heute habe ich dich gezeugt"?*
> *Und wieder:*
> *"Ich werde ihm ein Vater sein,*
> *Und er soll mir ein Sohn sein"?*
> *Aber wenn Er die Erstgeborenen wieder in die Welt bringt, sagt Er:*
> *"Alle Engel Gottes sollen ihn anbeten."*
> *Und von den Engeln sagt er:*
> *"Wer macht seine Engel zu Geistern*
> *Und seine Minister eine Feuerflamme".*
> *Aber zu dem Sohn sagt er:*
> *"Dein Thron, o Gott, ist für immer und ewig;*
> *Ein Zepter der Gerechtigkeit ist das Zepter Deines Reiches.*
> *Sie haben die Rechtschaffenheit geliebt und die Gesetzlosigkeit gehasst*
> *[INIQUITÄT];*

Darum hat dich Gott, dein Gott, gesalbt
Mit dem Öl der Freude mehr als deine Gefährten".
Und:
"Du, Herr, hast am Anfang das Fundament der Erde gelegt,
Und der Himmel ist das Werk Deiner Hände.
Sie werden untergehen, aber Sie bleiben;
Und sie werden alle alt werden wie ein Kleidungsstück;
Wie einen Umhang werden Sie sie zusammenfalten,
Und sie werden geändert werden.
Aber Sie sind derselbe,
Und Ihre Jahre werden nicht scheitern".
Aber zu welchem der Engel hat er jemals gesagt:
"Setzen Sie sich zu meiner rechten Hand,
Bis ich deine Feinde zu deinem Fußschemel mache" (Hebräer 1:5-13,
Hervorhebung
hinzugefügt).

Warum macht Gott einen Unterschied zwischen seinem Sohn und den Engeln, wenn nicht aus dem Grund, dass der Sohn vor der Verkündigung unter dem Deckmantel eines Engels stand? Gott hatte die wahre Stellung seines Sohnes vor dieser Verkündigung nicht offenbart. Wie ist das möglich? könnte man fragen.

Nach der Bibel sprach Jesus, als er schuf, und die Dinge entstanden.

> *Unter Glauben verstehen wir, dass* ***die Welten durch das Wort Gottes eingerahmt wurden****, so dass die Dinge, die gesehen werden, nicht aus* ***Dingen*** *gemacht wurden,* ***die sichtbar sind*** *(Hebräer 11,3, Hervorhebung hinzugefügt).*

"Die Welten wurden vom Wort Gottes eingerahmt", und "Dinge, die gesehen werden, wurden nicht aus Dingen gemacht, die sichtbar sind". Dies legt nahe, dass vor der Erschaffung der Erde der Schöpfungsprozess Christi ein unsichtbarer war. Vielleicht könnte man sogar sagen, dass das Universum durch den Sohn inkognito gemacht wurde - niemand wusste, dass es durch den Sohn geschaffen wurde.

Nachdem Satan den Charakter Gottes in Frage gestellt und verleumdet hatte, wurde es (nicht nur für die Rettung der Erde, sondern des gesamten Universums) von größter Notwendigkeit, dass Gott die wahre Natur seines Sohnes offenbart. Warum? Weil er der Einzige war, der die Lügen des Betrügers entlarven und den reinen Charakter des Vaters als Agape-Liebe offenbaren konnte. Jesu Glaubensbekenntnis muss offenbart und seine Autorität festgestellt werden. Die Wahrheit war die einzige Waffe, die Gott in diesem kosmischen Krieg einsetzte.

Die Bibel offenbart an verschiedenen Stellen die wahre Stellung Christi:

> *Mir, der ich weniger als der geringste aller Heiligen bin, wurde diese Gnade geschenkt, damit ich unter den Heiden den unerforschlichen Reichtum Christi verkündige und alle erkennen lasse, was die Gemeinschaft des Geheimnisses ist, das seit Anbeginn der Zeitalter in* **Gott** *verborgen ist,* ***der alles durch Jesus Christus geschaffen hat*** *(Epheser 3,8-9, Hervorhebung hinzugefügt).*

> ***...Denn durch Ihn [DEN SOHN] wurde alles geschaffen, was im Himmel und was auf Erden ist, sichtbar und unsichtbar****, ob Throne oder Herrschaften oder Fürstentümer oder Mächte.* ***Alle Dinge sind durch ihn und für ihn geschaffen worden*** *(Kolosser 1:16, Hervorhebung hinzugefügt).*

Satan hatte Lügen über Gott verbreitet; so befahl Gott, dass die Wahrheit, das Licht, gegeben werden sollte, und er tat es durch seinen Sohn.

> *Gott, der zu verschiedenen Zeiten und auf verschiedene Weise in der Vergangenheit durch die Propheten zu den Vätern gesprochen hat,* ***hat in diesen letzten Tagen durch seinen Sohn zu uns gesprochen****, den er zum Erben aller Dinge eingesetzt hat, durch den er auch die Welten gemacht hat; der der Glanz Seiner Herrlichkeit und das ausdrückliche*

> *Bild Seiner Person war und alle Dinge durch das Wort Seiner Macht aufrechterhielt, als Er durch Sich selbst unsere Sünden gereinigt hatte, setzte sich zur Rechten der Majestät in der Höhe nieder, nachdem Er so viel besser als die Engel geworden war, da Er durch das Erbe einen vorzüglicheren Namen erhalten hatte als sie (Hebräer 1:1-4, Hervorhebung hinzugefügt).*

Gott "schuf die Welten" durch seinen Sohn, Jesus Christus. Der Sohn ist "das ausdrückliche Abbild seiner Person". Und der Sohn bewahrt "alle Dinge durch das Wort seiner Macht". Durch das "Wort seiner Macht" schafft Jesus... "Es werde..."

Dieser erste Beweis, der am Anfang der Bibel gegeben wird, enthüllt, wer Christus ist und was seine wahre Position ist. Es offenbart aber auch, wer Gott ist - sein Charakter - denn Christus ist das "ausdrückliche Abbild des Vaters". Wie werden sowohl der Charakter des Vaters als auch der des Sohnes in Vers eins offenbart?

"Am Anfang schuf Gott Himmel und Erde" (1. Mose 1,1). Der Vater tat dies durch seinen Sohn, der die Verantwortung für die Ausführung des gesamten Schöpfungswerkes hatte. Am Anfang, gleich im ersten Vers, offenbart der Sohn, dass er der Schöpfer ist. Jesus ist der Schöpfer - das ist das Licht, die Wahrheit darüber, wer er ist, "der Vater der Lichter, bei dem es keine Veränderung und keinen Schatten der Wendung gibt" (Jakobus 1,17). Jesus ist "der Vater der Lichter". Das bedeutet, dass Er das letzte Licht darüber ist, wer der Vater ist. Jesus ist das Licht: "der Weg, die Wahrheit und das Leben" (Johannes 14,6).

> ***"Ich bin das Licht der Welt.*** *Wer mir nachfolgt, wird nicht in der Finsternis wandeln, sondern das Licht des Lebens haben" (Johannes 8,12, Hervorhebung hinzugefügt).*

Im ersten Kapitel der Genesis, Vers zwei, setzt die Finsternis ein - dies ist nicht das Werk des Schöpfers. Die Finsternis ist Tod und Zerstörung und ist das Werk des Zerstörers; aber Gott ist das Licht, der Spender des Lebens;

Er ist der Schöpfer, nicht der Zerstörer. Das "Licht" wird in Vers drei noch einmal wiederholt: "Es werde Licht, und es ward Licht."

Welches Licht hat Gott am ersten Tag erschaffen, wenn die Sonne erst später, am vierten Tag, erschaffen wurde? Welches "Licht" wird in Vers drei erwähnt? Dieses Licht könnte nur direkt von Gott kommen, und da dieses Licht kein Licht ist, das wir heute mit unseren Augen sehen können, wie wir den Rest der Schöpfung sehen können (wir sehen es heute nicht im wörtlichen Sinne, wie wir das Licht der Sonne sehen), könnte dieses Licht metaphorisch sein.

Wenn das wahr ist, dann war das Licht, das Gott am ersten Tag schuf, dieses: Als Gott sozusagen seine Ärmel hochgekrempelt hat, als er den Prozess der Erschaffung dieses Planeten begann, begann er zu offenbaren, wer er war, indem er das Licht, die Wahrheit über sich selbst gab. Dies war das Licht, das das Universum noch nie zuvor mit eigenen Augen gesehen hatte - der Schöpfer bei der Arbeit.

> *Denn seit der Erschaffung der Welt werden seine unsichtbaren Eigenschaften klar gesehen und durch die Dinge, die gemacht werden, verstanden, sogar seine ewige Macht und Gottheit (Römer 1,20).*

Man sagt uns, dass das Universum, Engel und intelligente Wesen, die "Sterne" und "die Söhne Gottes", vor Freude schrien, als sie Gott den Sohn im Prozess der Erschaffung der Erde sahen:

> *"...Wer ist das, der den Rat verdunkelt*
> *Mit Worten ohne Wissen?*
> *Jetzt bereiten Sie sich vor wie ein Mann;*
> *Ich werde Sie befragen, und Sie werden mir antworten.*
> *"Wo waren Sie, als ich die Fundamente der Erde legte?*
> *Sagen Sie es mir, wenn Sie Verständnis haben.*
> *Wer hat seine Maße bestimmt?*
> *Sicherlich wissen Sie das!*
> *Oder wer hat die Grenze überschritten?*

Woran wurden seine Fundamente befestigt?
Oder wer den Grundstein dafür gelegt hat,
Wenn die Morgensterne zusammen sangen,
Und alle Söhne Gottes riefen vor Freude?" *(Hiob 38,2-7, Hervorhebung hinzugefügt)?*

Wir haben vorhin gesehen, dass die Bibel Jesus als "den Eckstein bezeichnet, den die Baumeister verworfen haben", und wir haben die Bedeutung des Wortes "Stein" und seine Bedeutung im Zusammenhang mit der Errichtung des Reiches Gottes gesehen. Hier, in Hiob 38,6 und 1. Mose 1, wird dieser "Eckstein" gelegt. Am Anfang, als die Söhne Gottes vor Freude schrien, geschah dies, weil sie sahen, wie Jesus, der metaphorische "Eckstein", geschaffen wurde. Indem Jesus schuf, legte er den Grundstein, die Grundlage all unseres Verständnisses von Gott. Er legte den Grundstein, auf dem das gesamte "Gebäude" der Erkenntnis Gottes errichtet werden sollte - er gab "das Licht der Erkenntnis der Herrlichkeit Gottes". Er zeigte dem gesamten Universum, dass Gott der Schöpfer ist. Und während er dies tat, stand das Universum in Ehrfurcht und "sang zusammen" und "schrie vor Freude". Was für ein Chor muss das gewesen sein! Eines Tages werden auch wir sie singen hören, und was für eine Freude wird das sein! Wir werden uns ihnen anschließen und gemeinsam das Lob unseres Schöpfers singen!

Wenn wir der Spur des Wortes "Licht" in der Bibel folgen, werden wir alle Beweise finden, die nötig sind, um Gott von allen falschen Anschuldigungen Satans zu entlasten. Hier ist Beweisstück Nummer eins für die Verteidigung: "Gott ist Licht". Es ist zweifelhaft, dass irgendjemand bestreiten wird, dass in der gesamten Bibel das Wort "Licht", wenn es metaphorisch gebraucht wird, immer in Bezug auf Gott verwendet wird. Die zahlreichen Verwendungen dieser Metapher schaffen ein so komplexes Informationsnetz, dass es schwierig ist, mit seiner Komplexität Schritt zu halten!

Der Psalmist erklärt in Bezug auf den Schöpfer:

Denn bei dir ist der Brunnen des Lebens; in deinem Licht sehen wir Licht (Psalm 36,9).

Er wird eure Gerechtigkeit hervorbringen wie das Licht und eure Gerechtigkeit wie den Mittag (Psalm 37,6).

Diese beiden Verse sagen uns, dass Gottes Licht eng mit dem Leben, mit der Gerechtigkeit und mit seiner barmherzigen Gerechtigkeit verbunden ist. Gottes Licht ist Seine Gerechtigkeit, und Seine Gerechtigkeit ist Seine Gerechtigkeit, die der "Gerechtigkeit" Satans völlig entgegengesetzt ist.

Im ersten Kapitel der Genesis, Vers zwei, sehen wir die Finsternis bereits bei der Arbeit - "die Erde war ohne Gestalt und leer, und Finsternis war auf dem Antlitz der Tiefe". Was ist diese Finsternis, wenn Gott Licht ist? Diese Finsternis kann nur Satan und seine Prinzipien repräsentieren. Und wir müssen uns immer vor Augen halten, dass Satans Dunkel eine verwirrende und trügerische Dualität enthält - eine Mischung aus vermeintlichem Licht und Dunkelheit. Tatsächlich ist es diese verwirrende Dualität, die dazu führt, dass die Erde "formlos" und "leer" wird, wie wir bald sehen werden.

Wie sollen wir Genesis Kapitel eins, Verse eins, zwei und drei interpretieren? Hat Gott in Vers eins die Erde erschaffen, und hat Satan sie dann in Vers zwei zerstört? Und dann begann Gott in Vers drei, die Erde wieder neu zu erschaffen? Das ergibt keinen Sinn - vor allem, wenn wir uns die hebräische Bedeutung der Worte "formlos" und "nichtig" in Vers zwei ansehen.

Diese Worte implizieren, dass es in dieser Zeit der Finsternis Leben gab, intelligentes Leben, das irgendwann aufhörte zu existieren. Die einzige Möglichkeit, diese beiden einleitenden Verse logisch zu verstehen, besteht also darin, sie als die kürzeste und prägnanteste prophetische Geschichte der großen Kontroverse zu betrachten. Das bedeutet, dass die Verse eins und zwei die Geschichte der Erde von der Schöpfung bis zum Jahrtausend - siebentausend Jahre - zusammenfassen. Gott schuf die Erde, Vers eins, und in siebentausend Jahren zerstörten Satan und sein System von Gut und Böse sie, Vers zwei. Gott sagte voraus, was Satans Erkenntnis von Gut und Böse der Erde und ihren Bewohnern antun würde.

Vers drei beginnt dann wieder am Anfang - jetzt werden wir die Einzelheiten der Geschichte erfahren. Es ist, als ob Gott uns zuerst das große Bild gibt, und dann zerlegt er es, damit wir die kleineren Teile sehen können. Und das große Bild ist: Gott schuf die Erde und Satan zerstörte sie.

Als Gott die Erde schuf, hatte Satan bereits im Himmel rebelliert. Gott ist reines Licht, aber die Finsternis war durch Satan bereits zu Beginn unserer Erdgeschichte gegenwärtig. Der Beweis ist, dass der Baum der Erkenntnis von Gut und Böse im Garten Eden stand. Was dann in Vers zwei geschieht, ist, dass ein Feind hereinkommt und die Erde zerstört: "Die Erde war ohne Gestalt und leer, und Finsternis war auf dem Antlitz der Tiefe" (1. Mose 1 2). Dieser Prozess der Zerstörung der Erde dauert sechstausend Jahre. Im siebten Jahrtausend liegt die Erde im vollständigen und endgültigen Chaos.

Der Apostel Petrus sagt:

> *Aber, Geliebte, vergesst diese eine Sache nicht, dass* ***beim Herrn ein Tag wie tausend Jahre ist und tausend Jahre wie ein Tag"*** *(2 Petrus 3,8, Hervorhebung hinzugefügt).*

Die Schöpfungswoche ist nicht nur eine buchstäbliche Woche, aus der wir unseren Wochenzyklus ableiten, sondern eine symbolische und prophetische Periode von siebentausend Jahren - "beim Herrn ist ein Tag wie tausend Jahre". Jeder Tag der Schöpfungswoche entspricht eintausend Jahren Menschheitsgeschichte. In dieser Ein-Tag-für-eintausend-Jahres-Woche offenbarte uns Gott kurz und bündig die Geschichte der Erde im Zusammenhang mit der großen Kontroverse. So ist die buchstäbliche Schöpfungswoche auch eine ganze symbolische Woche, die uns die Geschichte der großen Kontroverse zeigt.

Jeder Tag der Schöpfungswoche endet mit dem Satz: "So waren der Abend und der Morgen...". "Abend und Morgen" stehen für Nacht und Tag, die für Dunkelheit und Licht stehen. Dies symbolisiert, dass während der sechstausend Jahre der großen Kontroverse die Prinzipien Satans und Gottes, diese "zwei Prinzipien, die um die Vorherrschaft ringen", hier auf der Erde parallel zueinander verlaufen würden. Es gäbe Finsternis - Satans Prinzip - und es gäbe Licht - Gottes Prinzip.

Am ersten Tag teilte Gott Licht und Finsternis - Er offenbarte, dass Er ein Schöpfer ist. Er wies darauf hin, dass wir, da wir in den folgenden Jahrtausenden Zerstörungen erleben würden, nicht verwirrt werden dürften, weil wir glauben, dass dies Sein Werk ist. Indem er "das Licht von der Finsternis" trennte und "das Licht Tag" und die Finsternis "Nacht" nannte, trennte Gott sein Werk, Leben zu geben, von Satans Werk, Leben zu zerstören. Dies legt den Grundstein, den Grundstein für unser Verständnis seines Charakters.

Am zweiten Tag trennt Gott das Wasser oben vom Wasser unten - die Flut fand im zweiten Jahrtausend statt (der einzige Tag, an dem Moses nicht schrieb: "Und Gott sah, dass es gut war"). Am dritten Tag erscheint trockenes Land und pflanzliches Leben entspringt - die niederen Lebensformen. Land, Erde, bedeutet fester Boden, im Gegensatz zu Wasser, das instabil ist. Dies ist der Aufstieg von Gottes Wahrheit auf der Erde, wie sie den Nachkommen Abrahams gegeben wurde. Israel sollte die Erkenntnis Gottes verbreiten, da die Vegetation die Erde bedeckt und Israel im dritten Jahrtausend erschien. Israels begrenzte Kenntnis von Gottes Charakter wird durch die Vegetation symbolisiert - ein geringeres Verständnis, weil die Sonne der Gerechtigkeit noch nicht auf die Erde gekommen war.

Am vierten Tag erschafft Gott die Sonne, den Mond und die Sterne - dies repräsentiert Jesus, die Sonne der Gerechtigkeit, die am Ende des viertausendsten Jahres auf die Erde kam, um "das Licht der Erkenntnis Gottes zu geben". Der Mond, der das Licht der Sonne reflektiert, repräsentiert die Urgemeinde, aus der die sieben Gemeinden der Offenbarung hervorgehen. Diese großen Lichter am Firmament trennen das Licht von der Finsternis: die Wahrheit vom Irrtum, den Baum des Lebens vom Baum der Erkenntnis des Guten und Bösen.

Am fünften Tag erschafft Gott die Wasserkreaturen und die Vögel der Luft. Dies ist die Zeit der frühen Kirche und der Beginn des finsteren Zeitalters. Interessant ist, dass Wasserkreaturen und Vögel der Luft Symbole sind, die in der Bibel verwendet werden, um Satan und seine Engel darzustellen - die großen Fische, die Jona verschlungen haben (Jona 1:17), Leviathan (Hiob 41:1), den Drachen und "alle unreinen Vögel" (Offenbarung 18:2).

Zu Beginn des sechsten Tages lesen wir:

> *Die Erde bringe das Lebewesen nach seiner Art hervor: das Vieh und das Kriechtier und die Tiere der Erde, jedes nach seiner Art"; und so war es. Und Gott schuf das Tier der Erde nach seiner Art, das Vieh nach seiner Art und alles, was auf Erden kriecht, nach seiner Art (1. Mose 1,24-25).*

Auch hier handelt es sich wieder um eine auf Satan bezogene Symbolik. Im römischen Kapitel werden genau die gleichen Symbole verwendet:

> *Indem sie sich für weise erklärten, wurden sie zu Narren und verwandelten die Herrlichkeit des unvergänglichen Gottes in ein Bild, das wie vergängliche Menschen gemacht ist - und Vögel und vierfüßige Tiere und kriechende Dinge (Römer 1,22-23).*

Dies sind Symbole heidnischer Götter. Viele antike Götter wurden als Vögel (Isis und Horus), vierfüßige Tiere (Baal, Osiris) und kriechende Dinge (zahlreiche Schlangengötter) verehrt. Das sechstausendste Jahr beginnt mit dem finsteren Mittelalter und geht in die Renaissance und dann in das Zeitalter der Aufklärung. Kriechende Dinge (Schlangen) sind ein weiteres Symbol für Satan, der hinter diesen verschiedenen Bewegungen stand. Das Zeitalter der Aufklärung ist voll von Lehren der alten Götter Ägyptens, Griechenlands und Roms. Ihre Lehren basierten vollständig auf der Belohnungs- und Bestrafungsdoktrin des Baumes der Erkenntnis von Gut und Böse. Während dieser Zeit war die Kirche Gottes, der Baum des Lebens, unterirdisch, in der Wüste (Offenbarung 12,6-14).

Dann schuf Gott am Ende des sechsten Tages den Menschen nach seinem Ebenbild. Dies ist auch symbolisch dafür, dass am Ende der großen Kontroverse (am Ende von sechstausend Jahren) das Volk Gottes mit seinem wahren Charakter besiegelt wird. Die Tatsache, dass Gott am sechsten Tag sowohl die schleichenden Dinge als auch den Menschen erschafft, ist bedeutsam. Dies steht für die Polarisierung, die Spaltung der Menschheit in beide Seiten der großen Kontroverse. Die Spaltung der Menschen auf der Erde wird in der Offenbarung durch die Versiegelung und das Malzeichen des Tieres erklärt. Die Versiegelung kennzeichnet diejenigen, die auf der Seite Gottes stehen - sie sind nach seinem Bild geschaffen; sie haben das Siegel des Vaters an ihren Stirnen -, seinen Charakter der bedingungslosen, unparteiischen Agape, der barmherzigen Liebe. Sie haben dasselbe Siegel, das Luzifer früher hatte.

Diejenigen, die auf der Seite Satans stehen, erhalten das Malzeichen des Tieres. Sein Volk ist dadurch gekennzeichnet, dass es sich für seine Prinzipien von Gewalt und Gewalt entschieden hat, und ihr Charakter spiegelt sein moralisches Gesetz von Belohnung und Strafe wider.

Der siebte Tag ist das Millennium, der Sabbat der Schöpfungswoche - tausend Jahre Ruhe für die Erde, die in völliger Zerstörung, Leere und Formlosigkeit liegt. Diejenigen, die sich auf die Seite Satans gestellt haben, die "weder Tag noch Nacht Ruhe hatten" (Offenbarung 14:11), ruhen ebenfalls tausend Jahre lang im Tod.

Bevor dieser letzte "Tag" beginnt, am Ende des sechstausendsten Jahres, kommt Jesus und nimmt alle, die Gottes bedingungslose Gnade angenommen haben, mit sich. Sie werden mit ihm regieren tausend Jahre lang (Offenbarung 20:4), während die Erde wüst liegt. Es handelt sich um ein mit groben Strichen zusammengesetztes Gemälde, und die Bibel entwickelt diese Themen an verschiedenen Stellen detaillierter.

Eine kleine Studie des Wortes "war" im ersten Kapitel der Genesis, Vers zwei, bestätigt diese Schlussfolgerungen. In diesem Vers heißt es: "Die Erde war ohne Gestalt und leer"; das hebräische Wort hâyâh-was-auch bedeutet wurde. Hâyâh bedeutet:

> *zu existieren, d.h. zu sein oder zu werden, zu geschehen (Strong's Dictionary).*

Wir könnten diesen Vers also möglicherweise so formulieren: "die Erde wurde formlos und leer" oder "und es begab sich, dass die Erde formlos und leer wurde". Dies eröffnet eine völlig neue Linie des Verständnisses: Wie "geschah es", dass die Erde "ohne Form und nichtig" wurde? Wenn wir uns die Worte "ohne Form" und "leer" anschauen, werden wir zeigen können, wie es geschah.

"Ohne Form"-tôhûw-Mittel:

> *zu liegen; eine Verwüstung (der Oberfläche), d.h. Wüste; bildlich gesprochen, ein wertloses Ding; adverbial, vergeblich:-Verwirrung, leerer Ort, ohne Form, nichts, (Ding von) null, eitel, Eitelkeit, Verschwendung, Wildnis (Strong's Concordance).*

Beachten Sie die Wortverwirrung in dieser Definition. "Leere"-bôhûw-bedeutet:

> *leer zu sein; eine Leere, d.h. (oberflächlich) eine ununterscheidbare Ruine:-Leere, Leere.*

Diese beiden Worte implizieren, dass es früher Leben gab, wo jetzt nur noch Ruin und Verwüstung herrschen. Warum also hat die Erde diesen Zustand der Formlosigkeit und Leere erreicht? Weil Satan die Erde sechstausend Jahre lang durch seine Gewaltherrschaft in einen Zustand des völligen Verderbens gebracht hat - er erreichte dies durch sein gemischtes Prinzip von Gut und Böse - Verwirrung.

Nun werden diese beiden Wörter, tôhûw und bôhûw, später in der Bibel auch verwendet, um den Zustand der Erde am Ende der Herrschaft Satans, am Ende von sechstausend Jahren und während des Millenniums darzustellen. Der Prophet Jeremia erklärte:

> *Ich sah die Erde, und tatsächlich war sie ohne Form (tôhûw) und leer (bôhûw)*
> *Und der Himmel, er hatte kein Licht.*
> *Ich sah die Berge, und sie zitterten tatsächlich,*
> *Und alle Hügel bewegten sich hin und her.*
> *Ich sah, und tatsächlich gab es keinen Mann,*
> *Und alle Vögel des Himmels waren geflohen.*
> *Ich sah, und in der Tat war das fruchtbare Land eine Wildnis,*

Und alle ihre Städte wurden aufgeschlüsselt
In der Gegenwart des Herrn,
Durch seinen heftigen Zorn (Jeremia 4,23-26, Hervorhebung hinzugefügt).

Der Prophet Jesaja beschrieb auch, was mit der Erde geschehen wird, nachdem sie sechstausend Jahre nach Satans moralischem Gesetz von Gut und Böse gelebt hat:

Siehe, der Herr macht die Erde leer und macht sie wüst,
Verzerrt seine Oberfläche
*Und **verstreut seine Einwohner ins Ausland.***
*Das Land wird **vollständig geräumt und vollständig ausgeplündert,***
Denn der Herr hat dieses Wort gesprochen.
Die Erde trauert und schwindet dahin,
Die Welt verkümmert und verblasst;
***Das hochmütige Volk der Erde schmachtet** (Jesaja 24:1, 3-4, Hervorhebung*
hinzugefügt).

Jesaja fährt fort und erklärt uns, warum die Erde in diesem Zustand ist:

*Die Erde ist auch **unter ihren Bewohnern verunreinigt,***
Weil sie gegen die Gesetze verstoßen haben,
Die Verordnung wurde geändert,
Den ewigen Bund gebrochen.
Deshalb hat der Fluch die Erde verschlungen,
Und diejenigen, die darin wohnen, sind verzweifelt.
Deshalb werden die Bewohner der Erde verbrannt,
Und es sind nur noch wenige Männer übrig (Jesaja 24,5-6, Hervorhebung hinzugefügt).

Die Erde war von dem Moment an zur Zerstörung bestimmt, als Adam und Eva vom Baum der Erkenntnis von Gut und Böse aßen. Der Grund für die Zerstörung der Erde ist, dass ihre Bewohner sich von Gottes Gesetz der Liebe entfernt haben, "sie haben die Gesetze übertreten, die Ordnung verändert, den ewigen Bund gebrochen", indem sie nach Satans gewaltsamem Gesetz von Gut und Böse lebten. Infolgedessen sind wir wie er geworden, und wie er wurden wir zu Zerstörern. Durch sein gemischtes Prinzip sind wir es, die die Erde zerstören. All dies ist eine direkte Folge der Übertretung von Gottes Gesetz der Agape-Liebe, des Brechens des ewigen, "ewigen Bundes", des gewaltlosen Gesetzes der Liebe.

Die vollständige Zerstörung der Erde ist eine direkte Folge davon, dass Gottes Gesetz beiseite geschoben und durch Satans Gesetz der willkürlichen Belohnung und Bestrafung ersetzt wurde.

Jesaja beschreibt weiter, wie den Menschen auf der Erde, der "Stadt der Verwirrung", alle Freude genommen wird. Interessanterweise ist das Wort "Verwirrung" in diesem Vers dasselbe Wort, das wir zuvor gesehen haben - das hebräische Wort tôhûw, das im ersten Kapitel der Genesis, Vers zwei, mit "ohne Form" übersetzt wurde.

> ***Die Stadt der Verwirrung (tôhûw) wird aufgeschlüsselt;***
> *Jedes Haus wird verschlossen, damit niemand hineingehen kann.*
> *Auf den Straßen wird nach Wein gerufen,*
> *Alle Freude ist verdunkelt,*
> *Die Heiterkeit des Landes ist verschwunden.*
> *In der Stadt herrscht Verwüstung,*
> *Und das Tor ist von Zerstörung gezeichnet.*
> *Wenn es so mitten im Land mitten unter dem Volk sein soll,*
> *Es soll wie das Schütteln eines Olivenbaums sein,*
> *Wie die Weinlese, wenn die Weinlese beendet ist (Jesaja 24:10¬*
> *13, Hervorhebung hinzugefügt).*

Der Prophet fasst dann zusammen, was mit unserem kleinen Planeten als Folge der Übernahme des verwirrenden Moralgesetzes Satans geschehen wird:

Angst und die Grube und die Falle
Sind auf dir, oh Bewohner der Erde.
Und es soll sein
Dass derjenige, der vor dem Lärm der Angst flieht
Sollte in die Grube fallen,
Und wer aus der Mitte der Grube aufsteigt
Soll in die Schlinge gelegt werden;
Denn die Fenster von oben sind offen,
Und die Grundfesten der Erde werden erschüttert.
Die Erde ist gewaltsam zerbrochen,
Die Erde ist aufgespalten,
Die Erde wird außerordentlich erschüttert.
Die Erde soll hin und her taumeln wie ein Trunkenbold,
Und soll wie eine Hütte wackeln;
Seine Übertretung wird schwer auf ihm lasten,
Und sie wird fallen und nicht wieder steigen.
Es wird an diesem Tag geschehen.
Dass der Herr das Heer der Erhabenen hoch bestrafen wird,
Und auf der Erde die Könige der Erde.
Sie werden zusammengeführt,
Während die Gefangenen in der Grube versammelt werden,
Und wird im Gefängnis eingesperrt werden;
Nach vielen Tagen werden sie bestraft werden.
Dann wird der Mond in Ungnade fallen
Und die Sonne schämt sich; denn der Herr der Heerscharen wird herrschen
Auf dem Berg Zion und in Jerusalem
Und vor seinen Ältesten, herrlich (Jesaja 24:10-13, 17-23, Hervorhebung hinzugefügt).

Hier sind die Könige der Erde sowie die Kirchenführer dargestellt, die das

Volk durch das Gesetz Satans regieren. Sie sind in der Hierarchie von Gut und Böse "erhaben" und beherrschen die Erde durch Gewalt und Gewalttätigkeit. "Sie werden versammelt werden, wie Gefangene in der Grube versammelt werden" - "die Grube" bedeutet in der biblischen Sprache Tod. Jesaja sagt, dass Satan zum Scheol [DEM GRABBEN] hinabgeführt werden soll, in die tiefsten Tiefen der Grube" (Jesaja 14:15). Aber "die Grube" bedeutet mehr als nur den Tod - sie bedeutet den ewigen Tod. Der Psalmist stellt fest:

> *Dass er ewig weiterleben und nicht den Abgrund sehen sollte (Psalm 49,9).*

Satan und seinen Anhängern wird die volle Erfahrung des zweiten Todes bis nach der zweiten Auferstehung erspart bleiben. Seine Anhänger werden nach tausend Jahren "ins Gefängnis eingesperrt" - der Tod - und "nach vielen Tagen werden sie bestraft". Am Ende des Jahrtausends werden sie auferstehen, und dann werden sie die volle Wucht der Verurteilung des Gesetzes Satans zu spüren bekommen - "nach vielen Tagen werden sie bestraft werden". Sie werden nicht von Gott bestraft werden, aber Gott wird ihnen erlauben, die Ergebnisse ihrer Entscheidung, sich an Satans strafendes Moralgesetz zu klammern, voll zu ernten.

Beachten Sie die Worte Jesu bezüglich ihrer Auferstehung, der zweiten Auferstehung:

> *Denn wie der Vater das Leben in sich selbst hat, so hat er dem Sohn das Leben in sich selbst gegeben und ihm die Vollmacht gegeben, auch das Gericht zu vollstrecken, weil er der Menschensohn ist. Wundert euch nicht darüber; denn es kommt die Stunde, in der alle, die in den Gräbern sind, seine Stimme hören und hervorkommen werden - die Gutes getan haben, zur Auferstehung des Lebens, und die Böses getan haben, zur* ***Auferstehung der Verdammnis*** *(Joh 5,26-29, Hervorhebung hinzugefügt).*

"Diejenigen, die Gutes getan haben", haben Liebe, Gnade und Barmherzigkeit als die herrschenden Prinzipien ihres Lebens akzeptiert, ungeachtet ihrer Religion, Rasse, ihres Status oder ihres Alters. “Diejenigen, die Böses getan haben”, haben die Agape-Liebe abgelehnt; sie haben sich dafür entschieden, nach dem gewaltsamen Moralgesetz Satans zu leben. Wer wird sie bestrafen? Sie werden sich selbst verurteilen, und zwar durch das von ihnen angewandte Urteilssystem. Sie haben die Auferstehung der Verurteilung - sie werden von Satans Verurteilungssystem verurteilt werden, für das sie sich eingesetzt haben. Sie “sind schon verdammt”, Johannes 3,18.

In der Offenbarung erweitert Johannes dieses Bild und sagt:

> *Und ich sah einen Engel in der Sonne stehen; und er rief mit lauter Stimme und sprach zu allen Vögeln, die mitten unter dem Himmel fliegen: “Kommt und versammelt euch zum Abendmahl des großen Gottes, damit ihr das Fleisch der Könige, das Fleisch der Hauptleute, das Fleisch der Mächtigen, das Fleisch der Pferde und derer, die auf ihnen sitzen, und das Fleisch aller Menschen, der Freien und der Sklaven, der Kleinen und der Großen, essen könnt.* ***Und ich sah das Tier, die Könige der Erde, und ihre Heere versammelt, um Krieg zu führen gegen den, der auf dem Pferd saß, und gegen sein Heer.*** *Und das Tier wurde gefangen genommen und mit ihm der falsche Prophet, der vor ihm Zeichen tat, durch die er die verführte, die das Malzeichen des Tieres annahmen und sein Bild anbeteten. Diese beiden wurden lebendig in den Feuersee geworfen, der mit Schwefel brannte. Und die übrigen wurden getötet mit dem Schwert, das aus dem Munde dessen hervorging, der auf dem Pferd saß. Und alle Vögel wurden von ihrem Fleisch erfüllt (Offenbarung 19:17-21, Hervorhebung hinzugefügt).*

> *Dann sah ich einen Engel vom Himmel herabsteigen, der den Schlüssel zum Abgrund und eine große Kette in der Hand hielt. Und er ergriff den Drachen, die alte Schlange, die der Teufel und Satan ist, und fesselte ihn für tausend Jahre; und er warf ihn in den Abgrund und verschloß ihn und versiegelte ihn, damit er die Völker nicht mehr verführen sollte, bis*

die tausend Jahre vollendet waren. Aber nach diesen Dingen muss er für eine kleine Weile freigelassen werden. Und ich sah Throne, und sie setzten sich darauf, und ihnen wurde das Gericht übergeben. Und ich sah die Seelen derer, die enthauptet worden waren um ihres Zeugnisses für Jesus und für das Wort Gottes willen, die das Tier und sein Bild nicht angebetet und sein Malzeichen nicht auf ihre Stirn oder auf ihre Hand genommen hatten. Und sie lebten und regierten mit Christus tausend Jahre lang. **Aber die übrigen Toten wurden nicht wieder lebendig, bis die tausend Jahre vollendet waren.** *Dies ist die erste Auferstehung. Selig und heilig ist der, der an der ersten Auferstehung teilhat. Über diesen hat der zweite Tod keine Macht, aber sie werden Priester Gottes und Christi sein und mit ihm tausend Jahre regieren (Offenbarung 20:1-6, Hervorhebung hinzugefügt).*

Diese gesamte Geschichte der Erde ist das, was Genesis Kapitel eins, Vers zwei beschreibt. Dies ist die Geschichte der Sünde von ihrem Anfang bis zu ihrem Ende. Dann teilt Gott in Vers drei das Licht von der Finsternis. Das Licht wird wieder der Finsternis gegenübergestellt, wenn Gott auf die beiden Bäume inmitten des Gartens zeigt - den Baum des Lebens, das Licht, und den Baum der Erkenntnis von Gut und Böse, die Finsternis.

Was die Erde in völliger Verwirrung gehalten hat, ist die Tatsache, dass die Dunkelheit Satans aus einer widersprüchlichen Dualität besteht: Gut und Böse, Licht und Finsternis. Um alle Verwirrung zu beseitigen, gab Jesus Christus dem Apostel Johannes eine klare und präzise Botschaft. Er gab diese Botschaft zuerst seinen Jüngern, und jetzt, am Ende der Welt, öffnet er unseren Geist für dasselbe. Diese Botschaft ist genau an diesem Punkt der Geschichte von besonderer Bedeutung - Gott gibt sie uns, weil er weiß, dass wir dringend die reine und unbefleckte Offenbarung seines Charakters brauchen.

Dies ist die Botschaft, die wir von ihm gehört haben und euch verkünden, dass Gott Licht ist und in ihm keine Finsternis ist (1 Joh 1,5).

In seinen Schriften verwendet der Apostel Johannes zwei Worte, um den Charakter Gottes zu beschreiben. Das erste ist "Licht" (1. Johannes 1,5) und das zweite ist "Liebe" (1. Johannes 4,8). Liebe ist das Wesen Gottes, und das Licht ist ein Symbol für diese Wahrheit in Bezug auf seinen Charakter der Liebe. Was bedeutet "es gibt überhaupt keine Finsternis in Gott"? Wie definiert die Bibel, nicht die Menschen, symbolisch und allegorisch die Finsternis?

> *Wenn wir sagen, dass wir Gemeinschaft mit ihm haben, und in der Dunkelheit wandeln, lügen wir und praktizieren nicht die Wahrheit. Wenn wir aber im Licht wandeln, wie er im Licht ist, haben wir Gemeinschaft miteinander, und das Blut Jesu Christi, seines Sohnes, reinigt uns von aller Sünde (1. Johannes 1,6-7).*

Wenn wir sagen, wir lieben Gott - dass wir Gemeinschaft mit ihm haben -, aber in der Dunkelheit wandeln, belügen wir nicht nur andere, sondern auch uns selbst. Wenn wir im Licht wandeln, wie Gott im Licht ist, "haben wir Gemeinschaft miteinander" - das heißt mit Gott. Dann haben wir auch Gemeinschaft mit Menschen, denn Gottes bedingungslose, unparteiische Liebe verwandelt uns.

Die Erkenntnis Gottes steht immer an erster Stelle. Aus dieser Erkenntnis entspringt unsere Beziehung zu unseren Mitmenschen. Auch die ersten vier Gebote haben damit zu tun, Gott zuerst zu kennen und zu schätzen. Die übrigen sechs stellen dar, wie wir mit unseren Mitmenschen umgehen.

> ***Nun wissen wir dadurch, dass wir ihn kennen, wenn wir seine Gebote halten. Wer sagt: "Ich kenne ihn", und seine Gebote nicht hält, ist ein Lügner, und die Wahrheit ist nicht in ihm. Wer aber sein Wort hält, in dem ist die Liebe Gottes wirklich vollendet.*** *Daran erkennen wir, dass wir in ihm sind. Wer sagt, er bleibe in Ihm, der sollte auch selbst so wandeln, wie er gewandelt ist. Brüder, ich schreibe euch kein neues Gebot, sondern ein altes Gebot, das ihr von Anfang an hattet. Das alte Gebot ist das Wort, das ihr von Anfang an gehört*

> *habt. Und wieder schreibe ich euch ein neues Gebot, welches wahr ist in ihm und in euch, denn die Finsternis vergeht, und das wahre Licht leuchtet bereits.* ***Wer sagt, er sei im Licht, und seinen Bruder hasst, der ist in der Finsternis bis jetzt. Wer seinen Bruder liebt, bleibt im Licht, und es gibt keinen Grund, in ihm zu stolpern. Wer aber seinen Bruder hasst, der ist in der Finsternis und wandelt in der Finsternis und weiß nicht, wohin er geht, denn die Finsternis hat seine Augen geblendet*** *(1. Johannes 2,3-11, Hervorhebung hinzugefügt).*

Nach diesen Versen ist "Licht" Liebe und "Finsternis" Hass. Agape Liebe ist die Frucht der Gerechtigkeit und Hass ist die Frucht von Gut und Böse. Wir hassen, weil wir keine bedingungslose Liebe haben, und wir haben keine bedingungslose Liebe, weil wir nach Gut und Böse handeln. Gut und Böse ist dann die Dunkelheit. Wenn Johannes sagt, dass "Gott Licht ist und in ihm überhaupt keine Finsternis ist", muss er meinen, dass Gottes Liebe rein ist und absolut keine Partikel der Finsternis aus dem Bereich von Gut und Böse enthält.

"Überhaupt keine Dunkelheit" impliziert auch, dass diese Botschaft notwendig war - ein falscher Glaube hatte schon existiert, bevor die Wahrheit eintrat. Es impliziert, dass die Menschen dachten, es gäbe Finsternis in Gott. Die Botschaft Jesu Christi sollte die Welt darüber informieren, dass sie einen schweren Fehler begangen hatte, als sie irgendeinen Aspekt des Reiches der Finsternis dem Charakter Gottes zuschrieb.

Die Dunkelheit ist in sich selbst vollkommen. Wenn die Worte "überhaupt" in Bezug auf Dunkelheit verwendet werden, ist dies eine bewusste Überbetonung. "Überhaupt keine Finsternis" besagt, dass wir in unserer Sicht von Gott - überhaupt - keine Vermischung haben dürfen. Es ist unerlässlich, dass wir seinem Charakter nicht sowohl das Licht (das so genannte Licht) als auch die Dunkelheit von Gut und Böse zuschreiben.

Die Botschaft des Johannes richtete sich an ein Volk, das aus der Bibel an einen Gott glaubte, der mit Finsternis befleckt war. Jesus lehrte, dass die Finsternis ein Charakterzug des Bösen und nicht des Heiligen ist. Das ist die Botschaft, die die Menschheit hören muss.

Der Apostel Paulus stellt fest, dass die Finsternis mit einer falschen Kenntnis des Charakters Gottes zu tun hat:

> *Denn es ist der Gott, der befohlen hat, dass das Licht aus der Finsternis aufscheine, der in unseren Herzen aufgeleuchtet hat, um* ***das Licht der Erkenntnis der Herrlichkeit Gottes im Angesicht Jesu Christi*** *zu geben (2. Korinther 4,6, Hervorhebung hinzugefügt).*

Dieser Abschnitt setzt voraus, dass in den Köpfen des Volkes Dunkelheit über Gott herrschte, insbesondere in den Köpfen derer, denen seine Orakel, das Alte Testament, gegeben wurden. Das "Licht", das hier gegeben wird, ist "die Erkenntnis der Herrlichkeit Gottes im Angesicht Jesu Christi". So sagte Christus:

> *Ich bin das Licht der Welt. Wer mir nachfolgt, wird nicht in der Finsternis wandeln, sondern das Licht des Lebens haben (Joh 8,12).*

Jesus Christus, das Licht des Lebens, beseitigt die Dunkelheit - Er beseitigt unser falsches Verständnis, dass Gott mit Strafe und Tod zu tun hat. Dies ist der vorherrschende Glaube der menschlichen Rasse gewesen. Die Herrlichkeit Gottes ist seine Güte, seine Barmherzigkeit, sein Wesen der Agape-Liebe, die sich in der Person Jesu Christi widerspiegelt, der sagte: "Ich und mein Vater sind eins" (Joh 10,30).

Und der Apostel Johannes sagt über das Zeugnis von Johannes dem Täufer über Jesus:

> *Es gab einen von Gott gesandten Mann, dessen Name Johannes war. Dieser Mann kam zu einem Zeugen, um Zeugnis* ***vom Licht zu geben,*** *damit alle durch ihn glauben mögen. Er war nicht dieses Licht, sondern wurde gesandt, um von diesem Licht Zeugnis abzulegen.* ***Das war das wahre Licht, das jedem Menschen, der in die Welt kommt, Licht gibt*** *(Johannes 1,6-9, Hervorhebung hinzugefügt).*

Indem er sagt, dass Jesus Christus "das wahre Licht ist, das jedem Menschen, der in die Welt kommt, Licht gibt", deutet Johannes an, dass ein falsches Licht gegeben wurde, bis das "wahre Licht" kam.

Die Heilung des Mannes, der von Geburt an blind war, war ein barmherziger Akt, um Satans Werk im Leben dieses Mannes ungeschehen zu machen. Aber seine Heilung hat auch große spirituelle Bedeutung für die gesamte Menschheit, denn Blindheit ist eine Metapher für die Dunkelheit, die den menschlichen Geist durchdrungen hat.

> *Als Jesus nun vorbeikam, sah er einen Mann, der von Geburt an blind war. Und seine Jünger fragten ihn und sagten: "Rabbi, wer hat gesündigt, dieser Mann oder seine Eltern, dass er von Geburt an blind war? Jesus antwortete: 'Weder dieser Mann noch seine Eltern haben gesündigt, sondern dass die Werke Gottes in ihm offenbart werden sollten. Ich muss die Werke dessen, der mich gesandt hat, wirken, solange es Tag ist; es kommt die Nacht, in der niemand wirken kann. Solange ich in der Welt bin, bin ich das Licht der Welt" (Johannes 9,1-5).*

Wie wir waren auch die Apostel vom Wissen um Gut und Böse durchdrungen. Sie fragten Jesus: "Rabbi, wer hat gesündigt, dieser Mann oder seine Eltern, dass er blind geboren wurde? "Jesus antwortete: 'Weder dieser Mann noch seine Eltern haben gesündigt.'" Was sagte Jesus? Waren dieser Mann und seine Eltern nicht Sünder wie der Rest von uns? Sind nicht alle Menschen Sünder?

Was die Apostel in Wirklichkeit fragten, war: "Wessen Sünde hatte eine solche Bestrafung über diesen Mann - seine Eltern - kommen lassen? Sie glaubten, seine Blindheit sei eine Strafe Gottes. Sie dachten nach dem Gesetz von Gut und Böse, dem bedingten Gesetz von Verdienst/Verdienst, Belohnung/Strafe.

Obwohl sowohl der Mann als auch seine Eltern Sünder waren, wollte Jesus die Botschaft vermitteln, dass seine Blindheit keine Strafe Gottes war. Seine Antwort bestreitet, dass Gott nach dem Gesetz der willkürlichen Belohnung und Bestrafung arbeitet. Stattdessen zeigt er, dass das, was Satan für das Böse gedacht hatte, Gott zum Guten wenden konnte - "dass die Werke Gottes in ihm offenbart werden sollten". Das ist Gottes Herrlichkeit.

Durch die Umkehrung der zerstörerischen Werke Satans, in diesem Fall der Blindheit, offenbarte Jesus, dass Gott nicht die Ursache von Krankheiten oder Gebrechen ist. Wäre er es gewesen, hätte Jesus nicht gegen den Willen seines Vaters gehandelt. Jesus hat nie entgegen dem Willen des Vaters gehandelt; er war in völliger Harmonie mit ihm.

Wir werden geistlich blind geboren, blind für die wahre Erkenntnis des Charakters Gottes. Jesus kam, um uns die Augen zu öffnen und uns geistliche Sehkraft zu geben, damit wir Gottes bedingungslose Liebe zu uns sehen können. Das ist die Trennlinie zwischen ewigem Verderben und ewiger Erlösung.

> *Es gibt nur zwei Klassen in der Welt - die Klasse, die Gott kennt, und die Klasse, die ihn nicht kennt. Der geistige Mensch gehört der ersten Klasse an, der natürliche Mensch der anderen;* ***und es ist nach unserer Einschätzung des Charakters des Vaters und des Sohnes, die unsere Klasse bestimmt. Es ist natürlich, dass der Mensch, dessen Seele von der Liebe Jesu durchflutet ist, in Gott seinen Vater und seinen Freund sieht. Er kann und wird andere in Harmonie mit dem Licht, das in die Kammern seines Herzens scheint, lehren.*** *Er wird die Menschen den einen Weg von der Sünde zur Rechtschaffenheit lehren und der Welt den Charakter dessen offenbaren, der der Weg, die Wahrheit und das Leben ist. Durch den Erlösungsplan ist ein Weg vorgesehen, auf dem der Sünder aus den Tiefen des Verderbens nach oben in das Paradies Gottes geführt werden kann. Diese Bestimmung ist durch ein unendliches Opfer seitens des Vaters und des Sohnes verwirklicht worden. Die Liebe Gottes drückt sich für den Menschen in der unschätzbaren Gabe seines Sohnes aus; aber Christus wurde einer verlorenen Welt gegeben, damit wir gerettet werden, nicht in unseren Sünden, sondern von unseren Sünden {RH 10. Februar 1891, Abs. 2, Hervorhebung hinzugefügt}.*

Jesaja hatte prophezeit, dass Jesus Christus, das Licht der Welt, unsere falsche Sicht von Gott korrigieren würde. Jesus zitierte die Worte des Propheten zu Beginn seines Wirkens:

> *Und er verließ Nazareth und kam und wohnte in Kapernaum, das am Meer liegt, in der Gegend von Sebulon und Naftali, damit sich erfülle, was der Prophet Jesaja mit seinen Worten gesagt hat: "Das Land Sebulon und das Land Naftali am Weg des Meeres, jenseits des Jordans, das Galiläa der Heiden:* ***die Menschen, die in der Finsternis saßen, haben ein großes Licht gesehen, und über denen, die in der Gegend und im Schatten des Todes saßen, ist Licht aufgegangen"*** *(Matthäus 4,13-16, Hervorhebung hinzugefügt).*

Hier wird "Dunkelheit" mit "Schatten des Todes" gleichgesetzt. Diejenigen, die in "der Region und dem Schatten des Todes" sitzen, sind in Bezug auf den Charakter Gottes in Finsternis. Der "Schatten des Todes" wird durch das Todesprinzip bestimmt. Wenn der Tod Finsternis ist, kann er nicht von Gott sein, der Licht ist und "in dem es überhaupt keine Finsternis gibt".

Die Ausdrücke "haben ein großes Licht gesehen" und "Licht ist aufgegangen" beziehen sich beide auf Jesus. Er offenbarte, dass "Finsternis" und "Todesschatten" nicht in Gottes Reich gehören.

Die Philosophen des Zeitalters der Aufklärung behaupteten, dass es keine Freiheit ohne Gegensätze geben kann - dass Licht und Dunkelheit gleichzeitig existieren müssen. Das ist genau das, was Satan zu Beginn seiner Rebellion behauptet hatte.

Emmanuel Kant zum Beispiel glaubte, dass der Sündenfall eine Verschiebung vom instinktiven Verhalten zum bewussten, rationalen Denken bedeute und der Menschheit somit die Möglichkeit gebe, eine echte Wahl zu treffen. Was Kant mit "instinktivem Verhalten" meinte, war das einzige, reine Prinzip der Agape-Liebe, das Adam beherrschte, bevor er vom Baum der Erkenntnis von Gut und Böse aß, und mit "rationalem Denken" meinte er die neue Geisteshaltung von Gut und Böse, die Adam, nachdem er von dem verbotenen Baum gegessen hatte, an die gesamte Menschheit weitergab.

Aber seit dem Sündenfall ist Agape nicht mehr unser instinktives Verhalten - Gut und Böse ist nun unsere Vorgabe. Darüber hinaus ist das bewusste rationale Denken, d.h. die Wahl zwischen Gut und Böse, eine Fata Morgana. Eine solche Wahl gibt es in Wirklichkeit nicht, denn Gut und Böse sind zwei Seiten derselben Medaille.

Für Kant war die Idee der Gegensätze, Gut und Böse zu haben, besser als der ursprüngliche Plan Gottes - die Einzigartigkeit der Agape-Liebe. Für ihn ermöglichte es uns ein von Gut und Böse beherrschter Geist, rational zu denken, anstatt nur Roboter zu sein, die von einem einzigen Prinzip beherrscht werden. Seiner Meinung nach war der Sturz daher absolut notwendig, auch wenn er einräumt, dass er Übel und Laster verursacht haben könnte, die der Menschheit vor der Einführung der Dualität von Gut und Böse nicht bekannt waren. Ungeachtet der Übel war ihm dieser neue Zustand der früheren Unschuld und Ignoranz, die vor dem Fall bestanden, vorzuziehen.

In einem Buch, das sich mit den Philosophen und Dichtern des Zeitalters der Aufklärung befasst, zitiert M.S. Abrams Kants Einschätzung des gefallenen Zustands der Menschheit aus dem Aufsatz Conjectural Origin of the History of Man:

> *Der erste Schritt aus diesem Zustand heraus war, auf der moralischen Seite, ein Sturz, und auf der physischen Seite war das Ergebnis dieses Sturzes eine Fülle von Übeln im Leben (folglich eine Art der Bestrafung), die noch nie zuvor bekannt waren (Meyer Howard Abrams, Natural Supernaturalism: Tradition und Revolution in der romantischen Literatur (New York: W.W. Norton & Company Inc, 1971, S. 205).*

Kant konnte sehen, dass der Baum der Erkenntnis von Gut und Böse "eine Fülle von Übeln im Leben" mit sich brachte, und er konnte sogar sehen, dass er Bestrafung mit sich brachte (obwohl er, wie der Rest von uns, wohl dachte, dass es Gott war, der uns bestrafte), und doch hielt er diesen neuen Status quo immer noch für besser als den vorherigen.

Ein anderer Denker, William Blake, stellt fest:

> *Ohne Gegensätze gibt es keinen Fortschritt. Anziehung und Abstoßung, Vernunft und Energie, Liebe und Hass sind notwendig für die menschliche Existenz. Aus diesen Gegensätzen entspringt das, was die Religiösen Gut und Böse nennen. Gut ist das Passiv, das der Vernunft gehorcht. Das Böse ist das Aktive, das der Energie entspringt. Gut ist der Himmel. Das Böse ist die Hölle (William Blake, The Early Illuminated Books, New Jersey: Princeton University Press, 1993, S. 144).*

Und Schiller schreibt:

> *Dieser Abfall des Menschen vom Instinkt - der zwar moralisch Böses in die Schöpfung brachte, aber nur, um darin moralisch Gutes möglich zu machen - ist ohne jeden Widerspruch das glücklichste und größte Ereignis in der Geschichte der Menschheit (Meyer Howard Abrams, Natural Supernaturalism: Tradition und Revolution in der romantischen Literatur (New York: W.W. Norton & Company Inc, 1971, S. 208, 209)*

Wenn Gott Licht und nur Licht ist, welche Wahl bietet er dann in der Weltbetrachtung an? Die menschliche Weisheit argumentiert, dass es Gegensätze geben muss, damit eine wahre Wahl existieren kann. Das bedeutet, dass es Licht und Finsternis geben muss, damit eine wahre Wahl existieren kann. Und doch sagt uns die Heilige Schrift, dass es in Gott überhaupt keine Dunkelheit gibt:

> *Das ist die Botschaft, die wir von ihm gehört haben und euch verkünden, dass Gott Licht ist und in ihm keine Finsternis ist (1 Joh 1,5).*

Luzifer hatte eine Idee, die er für brillant hielt. Diese Idee erfüllte ihn mit Stolz, denn er hielt sie für die ultimative Weisheit: Er erdachte ein Prinzip, das sowohl "Licht" als auch "Dunkelheit" enthielt. Die biblische Metapher von Licht und Finsternis bezieht sich jedoch nicht nur auf Wahrheit und Irrtum, sondern auch auf Leben und Tod. Da sein Baum der Erkenntnis für den Tod verantwortlich ist, bedeutet dies also, dass sich sein Prinzip, das ein so genanntes "Licht" mit Dunkelheit vermischt, als vollkommene "Dunkelheit" herausstellt.

Aber Satan behauptete, sein Gesetz biete Wahlfreiheit, sonst hätte keiner der Engel sie akzeptiert. Gut und Böse schienen zwei verschiedene Konzepte zu vertreten, denn es schien die Idee zu vermitteln, dass eine Wahl innerhalb des Prinzips selbst existiert. Aber von Natur aus konnten Gut und Böse nicht die Wahl bieten, die sie vorzuschlagen schien, weil sowohl das Gute als auch das Böse in Chaos, Zerstörung und Tod gipfelten. Welche Wahl gibt es zwischen zwei so genannten Gegensätzen, die im Tod enden? Die wahre Wahl besteht zwischen Leben und Tod, was bedeutet, dass die wahre Wahl zwischen dem Baum des Lebens und dem Baum der Erkenntnis von Gut und Böse besteht.

Hätte Satan die Kontrolle über das Universum übernommen, wäre die Freiheit ein Ding der Vergangenheit gewesen. Hätte er absolute Autorität gehabt, hätte er absolute, autokratische Kontrolle über die Regierung des Universums gehabt, und als solcher hätte er es nicht zugelassen, dass etwas anderes neben seinem Gesetz von Gut und Böse existiert. Er hätte Gott selbst abgeschafft, wenn er es hätte tun können.

Das Gesetz Satans garantiert, dass es keine verfügbaren Alternativen gibt, da der Mangel an Freiheit durch die Willkür seines Prinzips von Natur aus gegeben ist. Deshalb charakterisiert die Bibel sein Reich als Sklaverei. In diesem Bewusstsein kam Jesus, um uns die wahre Alternative zu geben, die Lebensweise, ohne die wir auf ewig verloren wären.

In der Bibel ist Ägypten eine Art von Sünde und Ungerechtigkeit, die das Prinzip von Gut und Böse darstellt. Die Sklaverei Israels in Ägypten symbolisiert die Sklaverei der gesamten menschlichen Rasse nach Satans Prinzip von Belohnung und Strafe. Warum wurde Ägypten als Symbol für die Regierung Satans gewählt? Dafür gibt es einige sehr gute Gründe.

Im alten Ägypten wurde die "Weisheit" den ägyptischen Priestern direkt von den Göttern gegeben. Die Götter Ägyptens lehrten sie das Gesetz von

Gut und Böse und nannten es "Zivilisation". Belohnung und Bestrafung ist das Gesetz, das Ägypten regierte, und der Beweis dafür findet sich in ihren Symbolen: Die Pharaonen werden so dargestellt, als hielten sie den "Gauner und den Dreschflegel" - Symbole des Belohnungs- und Strafsystems - in der Hand. Ihre Kopfinsignien stellen die Kobra (Schlange) im Angriffsmodus dar. Die Menschheit wird seit Adam und Eva in der Sklaverei der Erkenntnis von Gut und Böse gehalten - wir sind alle im spirituellen Ägypten, gefesselt als Sklaven unserer fleischlichen, dualistischen moralischen Natur von Gut und Böse seit unserer Geburt.

Moses, der das Volk aus Ägypten herausführte und dem das Gesetz gegeben wurde, war eine Art Jesus, der selbst der Gesetzgeber war. Jesus würde das Volk vom verdammenden Gesetz der Schlange wegführen und es in die Sicherheit von Gottes Gesetz der Barmherzigkeit bringen - in sein Reich der bedingungslosen, unparteiischen Liebe - in das Gelobte Land. Indem Christus uns die Wahrheit über den Gott der Agape-Liebe gibt, kann er uns von Satans System von Belohnung und Strafe befreien und uns nach Kanaan führen, in das Land, in dem Milch und Honig fließen und wo Agape-Liebe und -Gerechtigkeit herrschen.

Gott gewährt allen seinen intelligenten Wesen Wahlfreiheit. Der Beweis ist, dass Satan ohne Freiheit nicht in der Lage gewesen wäre, das tödliche Wissen von Gut und Böse in das Universum einzuführen. Aber Jesus versprach uns, wenn wir die Wahrheit über Gottes Charakter annehmen, dass wir von Satans Täuschungen befreit werden, die uns in den Tod führen. Christus gibt die Wahrheit, aber unsere Entscheidung, daran zu glauben und sie anzunehmen, bleibt bestehen.

Wir hoffen, dass die in diesem Buch enthaltenen Beweise dem Leser helfen werden, Entscheidungen zu treffen, die zu Hoffnung, Frieden, Liebe und Leben führen. Gott liebt jeden von uns mit einer unendlichen Liebe, und es ist sein Wille, dass wir ewig mit ihm zusammen sein werden.

> *Denn ich bin überzeugt, dass weder Tod noch Leben, weder Engel noch Fürstentümer noch Mächte, weder Gegenwärtiges noch Zukünftiges, weder Höhe noch Tiefe noch irgendeine andere Schöpfung uns von*

der Liebe Gottes, die in Christus Jesus, unserem Herrn, ist, scheiden können (Römer 8, 38 bis 39).

Die Liebe hat sich unter uns darin vervollkommnet: damit wir am Tag des Gerichts Kühnheit haben; denn so wie er ist, so sind wir in dieser Welt. In der Liebe gibt es keine Furcht; aber vollkommene Liebe vertreibt die Furcht, denn Furcht beinhaltet Qualen. Doch wer sich fürchtet, ist in der Liebe nicht vollkommen geworden. Wir lieben ihn, weil er uns zuerst geliebt hat (1. Johannes 3,17-19).

Gottes bedingungslose Agape-Liebe, wie sie sich in Jesus Christus offenbart hat, ist ein festes Fundament, von dem uns nichts erschüttern kann. Das Wissen um seine unveränderliche Liebe wird uns in die Lage versetzen, die vor uns liegenden schwierigen prophetischen Zeiten zu überstehen und ihm ohne Furcht von Angesicht zu Angesicht zu begegnen. Mögen wir alle das Licht Seiner bedingungslosen Agape-Liebe, wie sie sich in Jesus Christus offenbart hat annehmen.

22

ANHANG

SCHLÜSSEL ZU EGW-ABKÜRZUNGEN

AH. Adventistenheim, Das

1BC Bibelkommentar, Die SDA , Band 1 (2BC für Band 2 usw.)

CCh Ratschläge für die Kirche

COL Christ's Objekt Lektionen

Con Konfrontation

CT Berät Eltern, Lehrer und Schüler

CTr Christus Triumphiert

DA Sehnsucht der Zeitalter, Die

DD Dunkelheit vor der Dämmerung

Ed Bildung

EP Aus längst vergangener Ewigkeit

EV Evangelisierung

EW Frühe Schriften

HF Von hier bis in die Ewigkeit

LHU hebt ihn hoch

MB Gedanken vom Berg des Segens

MM Medizinisches Ministerium

Ms Manuskript, E. G. White

PP Patriarchen und Propheten

RC Christus widerspiegeln

RH Review und Herald

1SM Ausgewählte Botschaften, Buch Eins (2SM für Buch 2 usw.)

1SP Geist der Prophetie, Der, Band 1 (2SP für Band 2, usw.)

ST Zeichen der Zeit

SW Südliche Arbeit, Die

About the Author

Der Dienst von Oswald und Denice Grant, Grace Unlimited Ministries, ist ganz dem Dienst gewidmet, Versöhnung zwischen Mensch und Gott zu bringen, indem die Lügen beseitigt werden, die die Menschheit über Gott geglaubt hat, Lügen, die die Angst fördern, die uns von Ihm getrennt hält.

Wir glauben, dass Jesus Christus allein uns die wahre Offenbarung Gottes gegeben hat und immer noch gibt. Die Einzigartigkeit von Jesu Einsicht in den Vater übersteigt alle früheren und späteren Darstellungen Gottes, die nicht mit seiner Charakterisierung des Charakters der Liebe des Vaters übereinstimmen.

Wir glauben, dass die ganze Schrift im Licht von Jesu Offenbarung des Charakters Gottes verstanden werden muss, und dass sie mit dem Prinzip harmonieren muss, das am Kreuz so deutlich demonstriert wurde: selbstaufopfernde, bedingungslose Liebe.

Wir glauben, dass Gott die ganze Welt liebt. Jesus, der Same, der durch den Samen Abrahams in die Welt gekommen ist, ist die Erfüllung der Verheißung, die Abraham gegeben wurde, dass durch ihn alle Geschlechter der Erde gesegnet werden würden. Das schließt alle ein, ohne Unterschied der Hautfarbe, der Rasse, des Glaubensbekenntnisses oder irgendeiner anderen Schranke, die zwischen den Völkern der Erde bestehen mag.

Wir glauben auch, dass Gott Licht ist und dass es in ihm überhaupt keine

Finsternis gibt. Wie durch Jesus Christus gesehen, der kam, um ihn zu offenbaren, ist Gott ein reines Wesen ohne Mischung von Gut und Böse. Gott ist Leben. Gott ist Liebe. Gott ist Licht.

Wir glauben, dass die grundlegende Ursache für Luzifers Fall seine Rebellion gegen Gottes ewiges Gesetz der Agape-Liebe war. Luzifer glaubte, dass Gottes Gesetz ineffizient war, um die Ordnung im Universum aufrechtzuerhalten, und dass es dem Menschen die Freiheit der Wahl nahm. Er ersann ein alternatives Gesetz, das eine Mischung aus Licht und Dunkelheit war und das durch den Baum der Erkenntnis von Gut und Böse im Garten Eden repräsentiert wurde. Luzifers Gesetz ist das Gesetz der willkürlichen Belohnung und Bestrafung, und es nutzt Gewalt als Motivation für die Aufrechterhaltung der Ordnung. Durch Bestechung und Androhung von Strafe hat Luzifer die Erde sechstausend Jahre lang regiert.

Wir glauben, dass, sobald Gottes Liebe als das gesehen wird, was sie wirklich ist, und sobald Satans grausame und harte Regierung in ihrer Fülle verstanden wird, ein Teil der menschlichen Rasse ihn ablehnen wird, und dann wird er unter unseren Füßen zertreten werden (Römer 16,20).

You can connect with me on:

- https://godontrial.org
- https://twitter.com/guministries
- https://www.facebook.com/graceunlimited77godontrial
- https://members.gotontrial.org

Also by Oswald and Denice Grant

Die Serie "Gott auf Probe"

Nur sehr wenige Bibelwissenschaftler haben eine zufriedenstellende Erklärung für den Baum des Lebens und den Baum der Erkenntnis von Gut und Böse gegeben. Die Gott auf Probe Serie von Oswald und Denice Grant befasst sich mit der Rebellion Satans gegen Gott und erklärt die Bedeutung des Baumes des Lebens und des Baumes der Erkenntnis von Gut und Böse im Kontext des Krieges zwischen dem Schöpfer und dem bedeckenden Cherub. Die beiden Bäume, die in der Mitte des Gartens Eden platziert sind, stellen symbolisch die Themen des Krieges (GR. polemos) zwischen Gott und Satan dar und erklären, was Sünde wirklich ist und wie der Baum der Erkenntnis von Gut und Böse dabei eine Rolle spielt. Es grenzt auch das Reich Gottes vom Reich Satans ab und gibt jedem die Ehre, die ihm gebührt. Diese Bücher beseitigen die Verwirrung, die es über Gottes wahren Charakter des Lichts gegeben hat, und stellen seinen Namen von jeglicher Beteiligung an Satans Reich der Finsternis, der Zerstörung und des Todes frei.

Auf das erste Buch der Gott auf Probe Serie, Die Dämonisierung Gottes Unmaskiert, folgt Gott auf Probe: Wurden wir belogen? Ist Gott ein Mörder? und Der Zorn Gottes Unmaskiert. Zusammen eröffnen diese drei Bücher dem Leser eine völlig andere Sicht auf Gott, indem sie den Schleier der Lügen lüften, der seine Sicht auf Gott vernebelt hat. Sie trennen die Wahrheit, die vom Baum des Lebens ausgeht, von den Lügen, die tief in den Baum der Erkenntnis von Gut und Böse eingebettet sind. Letztendlich, mit dem kommenden Siegel und Zeichen, von dem im Buch der Offenbarung gesprochen wird, wird jeder von uns von einem dieser beiden Bäume essen. Wir sind aufgerufen, eine Wahl zu treffen, und diese Bücher liefern die Informationen, die man braucht, um eine solche Wahl zu treffen. Eine Pflichtlektüre für den Sucher des wahren Gottes!

Die Dämonisierung Gottes Unmaskiert

Die vielleicht klarste Informationsquelle über die Bedeutung des Baumes der Erkenntnis von Gut und Böse, das erste Buch in die Serie Gott auf Probe, "Die Dämonisierung Gottes unmaskiert", zeigt anhand der Bibel, wie das Todesprinzip, das durch den Baum der Erkenntnis von Gut und Böse dargestellt wird, Gott dämonisiert hat und ihn wie seinen Erzfeind, Satan, den Zerstörer, aussehen ließ. Dieses Buch ist eine tiefgründige Studie über die Unterschiede zwischen dem, was die beiden Bäume inmitten des Garten Eden repräsentieren, und es ist sicher, dass es die Fragen des Krieges zwischen Gott und Satan an den richtigen Platz rücken und die Verwirrung beseitigen wird, die seit Jahrtausenden hinsichtlich des wahren Charakters Gottes besteht.

Der Zorn Gottes Unmaskiert

Vielleicht eines der am meisten missverstandenen und falsch dargestellten Themen in der Bibel, "der Zorn Gottes" muss mit der Offenbarung Gottes durch Jesus Christus harmonieren, sonst wird es zu einem Widerspruch. "Der Zorn Gottes" ist ein biblischer Begriff, der nicht wörtlich genommen werden kann, so wie andere Begriffe und Ausdrücke auch nicht. Dieses Buch befasst sich mit "dem Zorn Gottes", indem es uns die Bibel selbst die Antworten geben lässt, Beispiele aus der Vergangenheit betrachtet, tief in die Bedeutung der hebräischen und griechischen Wörter eindringt und ein sorgfältiges Studium des ersten Kapitels von Römer vornimmt. Was dabei herauskommt, ist ein völlig anderes Bild vom "Zorn Gottes" als das, was man erwarten würde. Die Punkte scheinen sich endlich zu verbinden und bringen das harmonische Ganze ins Blickfeld. Gott kann im Kontext eines wahren Verständnisses des "Zorns Gottes" immer noch Liebe sein; und das Evangelium - die gute Nachricht - kann in der Tat immer noch eine gute Nachricht sein!

www.ingramcontent.com/pod-product-compliance
Lightning Source LLC
LaVergne TN
LVHW010050170826
845678LV00012B/2101

* 9 7 8 1 7 7 7 5 2 6 0 1 6 *